U0711504

杭州师范大学法治中国化研究中心

（第二辑）

法治中国化研究

FAZHI ZHONGGUOHUA YANJIU

"传统法智慧与移植法制本土化改良"国际学术研讨会暨
中国法律史学会2013年会论文选辑

范忠信　主　　编
余钊飞　执行主编

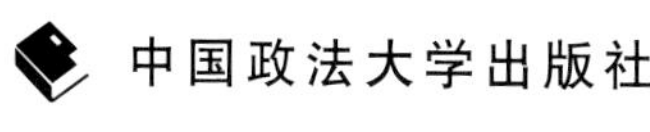

中国政法大学出版社

2014・北京

图书在版编目（CIP）数据

法治中国化研究. 第2辑/范忠信主编. —北京:中国政法大学出版社，2014.8
ISBN 978-7-5620-5600-3

Ⅰ. ①法…　Ⅱ. ①范…　Ⅲ. ①法治－中国－文集　Ⅳ. ①D92-53

中国版本图书馆CIP数据核字(2014)第197758号

出 版 者	中国政法大学出版社
地　　址	北京市海淀区西土城路 25 号
邮寄地址	北京 100088 信箱 8034 分箱　邮编 100088
网　　址	http://www.cuplpress.com（网络实名：中国政法大学出版社）
电　　话	010-58908285(总编室)　58908334(邮购部)
承　　印	固安华明印业有限公司
开　　本	720mm×960mm　1/16
印　　张	23.25
字　　数	400 千字
版　　次	2014 年 8 月第 1 版
印　　次	2014 年 8 月第 1 次印刷
定　　价	49.00 元

编者叙

这是《法治中国化》年刊的第二辑，是去年十月杭州法史年会论文的选辑。

按照中国法律史学会的多年惯例，年会承办单位应将与会论文结集成册正式出版，以纪年会盛况，以便同仁交流，于是有了这本文集的选编出版之事。

2013年10月10日~11日，由中国法律史学会主办、杭州师范大学承办，浙江理工大学、中国计量学院、浙江财经大学协办的“传统法智慧与移植法制本土化改良国际学术研讨会”暨中国法律史学会2013年会，在杭州花港海航酒店举行。来自中国社会科学院、中国政法大学、中国人民大学、北京大学、西南政法大学、西北政法大学、华东政法大学、中南财经政法大学、杭州师范大学等一百多所内地高校及台湾、香港、澳门地区部分高校的学者、专家二百余人，以及来自美国、日本、韩国等国家的学者十余人参加了西子湖畔的这场为期两天的学术讨论。

这次会议的研讨主题是“传统法智慧与移植法制的本土化改良”，是经法律史学会执行会长们电话或邮件磋商于一年多前确定的。这一课题，我们相信能够引起同仁相当程度的关注，因为改革三十多年后的中国面临着以法制巩固成果开创未来的最紧迫任务，因为经过三十多年的积累，法史学界应能就这一问题有所贡献或建言了，还因为中共十八大报告明确提出了“建设优秀传统文化传承体系，弘扬中华优秀传统文化”的纲领目标。基于这一判断，2011年11月11日在海口中国法律史学会2012年会上，我代表次年年会承办单位正式向全体与会学者公布了2013年会的这一主题，还正式公布了“中国法律史学会2013年会有奖征文方案”。有奖征文方案一方面宣布了对明显合乎主题及体例要求的论文给予奖金、为获奖者提供参会全部费用、收入文集从优付稿酬等奖励措施，另一方面就该主题研究的问题切入和写作体例等提出了非常具体的建议。此后近一年时间里，我们多次在中国社科院法学所、中国政法大学、中国人民大学、西南政法大学、中南财经政法大学、华东政法大学、杭州师范大学等七家高校的法律史学术网站上公布这一有奖征文方案，并数次发布论文写作提示或催告。在那份“有奖征文方案”中，我们的具体建议是：

> 请各位同仁紧扣“传统法智慧与当代中国法制弊端矫正”或“传统法智慧与当代中国法制本土化改良”的主题撰写论文。具体建议：
>
> 1. 从查明当代各部门具体法律制度（特别是受苏联、西方影响形成的各具体事宜法律制度）的实际弊端（即“显法制”与“潜规则”互异，文本法制在实际生活中无法落实，或强行落实引起显著“副作用”等）出发；
>
> 2. 反省这些弊端产生的各种根源（历史根源、文化根源、社会根源、政治根源、经济根源等）；
>
> 3. 总结并阐发与此一具体制度（或此一弊端解决）有关的中外传统法律智慧（理念、原则、制度、习惯等）；
>
> 4. 最后据中外传统的此种具体智慧郑重提出当代中国法制具体弊端的除弊或改良方案。
>
> 希望各位以法律史学人的深厚学术功力，推动当代中国法制向更合乎中国民族精神或文化传统、与中国国情和社会现实之间更少扞格的方向改良。期待展现出法律史学人为当代法制建设所能作出的、其他学科的学人无法替代的特殊贡献。

这一建议也可以看作为回答朱苏力兄当年“什么是你的贡献”的质问而发出的合作吁求。确定这一主题和奖励方案时，我们比较乐观，认为这一建议应有所回应或收获，因为同仁们平时就这一问题私下谈论比较多且认为很重要；一些青年学者平时服膺历史法学又苦无课题经费，应会关注这一问题和路径；况且公布主题提前了一年，以便大家有足够时间准备。不过，最后结果却有些出乎意料：直至开会当日，我们共收到149篇与会论文，虽选取其中94篇印制会议临时论文册（上、下），但没有发现一篇直接与征文要求一致——无论是主题紧扣程度还是体例采纳程度，都没有正式回应征文要求者。所以，有奖征文活动实际上无疾而终了。在当今这样一种学术体制之下，要整合同仁们的研究力量以聚焦于一个较为专一和痛切的学术问题，远比我们想象的要难。

尽管如此，编辑出版文集的惯例还是必须坚持下去。虽然直接合乎会议主题和体例要求的文章很少，但间接与年会主题有关的论文还是不少。多年来的法律史研究，本来就是一种各人在“自留地”内自种自收的研究。学者们各自秉持平素的问题关注和技术风格，“孤芳自赏”地写着自己的论文，并将其中的一篇投给了年会，以文会友，也是多年年会的征文惯例。每次年会虽然都预设主题，但最后情形莫不如是。好在这些文章或探究阐释中华传统法律文化的智慧精华，或省思中国法律近代化的得失利弊，均或多或少地间接回应了本次年会的主题。这样的文章大致有六十多篇，因而本文集的编选仍有可能。

在年会结束后十余日内，我们就将选录参会论文编辑正式文集出版一事提上日程。先是以电子邮件、手机短信、纸质信函等方式向与会的六十余位学者就编印年会正式文集（《法治中国化研究》年刊第二辑）出版事宜征询意见。对于全部149篇参会论文，不管当时是否收入会议临时论文册，都一视同仁地列入选择对象。只要系相对比较接近年会主题的论文，都正式向作者发函征求同意。最后回函同意我们收录的只有三十多人，后来陆陆续续又有人来函放弃收录，加之有些本已允许收录的文章却被陆续发现已刊发于其他学术期刊，这样一来，最后只有二十余篇可供收录了。这是一件很令人惋惜的事。究其原因，多少也有些无奈——文章交给核心期刊发表更有科研考核指标价值，而收入会议论文集则无此考核价值。当今科研评价体制如此，大家发表文章时不能不有所考虑。我也听别的朋友讲过，最近数年间，因为科研考核指标的扭曲，编辑年会论文集、组稿办学术年刊，都远不如从前受待见了，都有些惨淡经营的感觉。一旦“身份制”因素被看重，“学术性”考虑势必大大淡化，学术研究就不再是以“义”（学术）合而是以“利”（指标）合了。

感谢所有慨允收录论文的同仁。本文集的编选出版过程虽略有坎坷，但法律史学术研究特别是“传统法智慧与移植法制的本土化改良”的事业终将在艰难坎坷中持续下去。即使是不能很快燎原的星星之火，也有特别的存在价值；寒夜的烛光也昭示着光明的希望。

在论文集出版前，叨述文集编选原委及艰辛，以代书序，以祈存鉴。

范忠信

2014年4月30日

于余杭古镇凤凰山下

目录
CONTENTS

"仁"的温情与智慧：寻找中国法律文化的原始精神

武树臣 *

开场白："仁"是什么？

"仁"是春秋时代兴起的字眼儿。"仁"是孔子思想的核心，也是中国传统文化史上的一个非常重要的观念，是推动古代法律文化从野蛮走向文明的精神杠杆。那么，"仁"是什么？按照孔子的概括，"仁"的观念有几层含义：其一，《论语·学而》中"孝悌也者，其为仁之本与"的"仁"是血缘亲族范围内含有差异性的伦理道德；其二，《卫灵公》中"己所不欲，勿施于人"的"仁"是社会范围内相互平等普遍适用的行为准则；其三，《颜渊》中的"仁者爱人"，是对"仁"的高度概括，也是"仁"的基本精神。东汉许慎《说文解字》释"仁，亲也"，似乎缩小了"仁"的适用空间。"仁"高于"礼"的地方，就在于"仁"具有平等性从而获得普遍性。那么，"仁"发生在什么时代，是春秋、西周，还是殷商？"仁"的"爱人"的基本精神又来源于何处？

一、一个待深究的问题：甲骨文里面有"仁"吗？

罗振玉《殷墟书契前编》（2·19·1）曾收《甲骨文编》一版甲骨卜辞，其中有一字形疑似"仁"字，这是甲骨文中仅存的一例。有学者对此字形持肯定意见。但由于该卜骨残断，断自"仁"字形的上方，故产生疑问。又有学者判断，"仁"字之"二"与下方的"一"均为卜辞的序号，故该字形不是"仁"。甲骨文中无"仁"，这似乎成了学界的主流看法。而这一结论，郭

---

* 作者系山东大学文科一级教授，博士生导师。

沫若早在20世纪50年代就已做出——“仁字是春秋时代的新名词，我们在春秋以前的真正古书里面找不出这个字，在金文和甲骨文里也找不出这个字。”[1]但是，“仁”字和“仁”的观念是在孔子生活的春秋时代突然爆发式地产生的吗？在春秋之前的西周、殷商，甚至更早，“仁”真的毫无踪迹吗？

二、从东夷风俗中去寻找“仁”：“夷俗仁”与“抵足而眠”

《说文解字》说：“夷俗仁。”那么，我们应当通过东夷风俗去寻找“仁”。这是因为：其一，商代甲骨文已经是十分成熟的文字，在商代之前，应当存在一个漫长的文字形成过程。其二，殷商是东夷民族的一支，在文字形成过程中，东夷民族的风俗习惯和生活经历自然会融入文字当中。换句话来说，当某个文字被创造出来的那一刻，就已具备了如此表现的必然性。其三，东夷民族是一个古老民族，她曾经创造众多物质和精神文明成果，从而为文字的产生提供了客观条件。其四，甲骨文多为象形文字。象形文字的造字规律为我们探寻其原始含义提供了可能。

其实，甲骨文里面有“仁”字，即被学者判定为“化”的字形。徐中舒认为：“化”字“象人一正一倒，所会意不明”。[2]刘兴隆认为：“化”字“象一人上下翻腾以示变化”。[3]“化”字中的“匕”字本来就是“人”字，后来，当“人”、“匕”合成“化”字时，“化”、“仁”两字就各自分化出来了。战国时期的“化”字写作“S刀”，与一正一倒的“化”字已相去甚远了。甲骨文“化”字字形由一个正立的“人”和一个倒立的“人”相并组成，像二人躺在床铺上面，以背靠背、抵足而眠。寒冬时节，人们外出行猎，夜宿荒野，抵足而眠，“相亲以热”。正如泉涸之鱼“相濡以沫”一样。这正是“相人偶”的本义。后来从“相人偶”派生出“仁者爱人”和相互对等、匹配及公平之义。而“化”（货，上化下贝）最初表示公平交易，后来演化成作为一般等价物的货贝。可以说，甲骨文中的“化”字就是最早的“仁”字。“仁”字是殷商甲骨文记载东夷风俗习惯的生动一例。

三、“人相偶（耦）”：“仁”本质特征的一个相互对应匹配的观念

“仁”的本质特征是“相人耦”，亦即“人相偶”。段玉裁《说文解字

---

〔1〕 郭沫若：《十批判书·孔墨的批判》，人民出版社1954年版，第75页。
〔2〕 徐中舒主编：《甲骨文字典》，四川辞书出版社1989年版，第912页。
〔3〕 刘兴隆：《新编甲骨文字典》，国际文化出版公司2005年版，第504页。

注》："《中庸》曰：仁者，人也。注：人也，读如相人偶之人，以人意相存问之言。《大射仪》：揖以耦。注：言以者，耦之事成于此意相人耦也。《聘礼》：每曲揖。注：以相人耦为敬也。《公食大夫礼》：宾入三揖。注：相人耦。《诗·匪风》笺云：人偶能烹鱼者，人偶能辅周道治民者。正义曰：人偶者，谓以人意尊偶之也。《论语》注：人偶同位，人偶之辞。《礼》注云：人偶相与为礼仪皆同也。按：人耦犹言尔我亲密之词。独则无耦，耦则相亲。故其字从人二。"东汉郑玄以"相人偶"注释"仁"，并非其个人的感悟，事实上，"人相偶"代表着汉代知识界对"仁"的普遍理解。"仁"就是人与人相匹配，你如何待我，我便如何待你。从这个原则出发便派生出夫妇、母子、兄弟、姐妹、朋友和同胞之间互相友爱、相互尊敬的心态、感情和礼仪。不仅如此，"人相偶"所蕴含的相互对等、互相匹配的思维架构，曾经渗透并影响着古代社会生活的各个领域。

四、"人相偶"的普遍精神反映在古代社会生活的各个领域

"仁"所构建的相互对应、相互匹配的观念结构，影响并塑造了古代社会生活的各个领域。正如《春秋繁露·楚庄王》所谓："百物皆有合偶，偶之合之，仇之匹之，善矣。"

（一）亲人之间："弔"（夷）与三年之丧

"弔"字是"夷"的另一个字形。"弔"字是由"从人从弓"的古字形演化而来的。《说文解字》："弔，问终也。古之葬者，厚衣之以薪，从人持弓，会殴禽。""弔"的对象是"葬者"，"葬者"的位置是"中野"。"弔"的目的是"问终"，"问终"的附带行为是"会殴禽"。

《易·系辞下》："古之葬者，厚衣之以薪，葬之中野，不封不树，丧期无数。后世圣人易之以棺椁。""丧期无数"，实际上意味着"葬者"长期不死，或随时能够活转过来。古人对"死"这一现象的认识与今人不同。《说文解字》："死，澌也。人所离也。从歺从人"；"死字从歺从人，即以人见歺骨为死，故所从的人有作俯首察看歺骨形的，意指其人在确认，确定葬者是死定了，没有回生的可能了"。[1]水流尽则现白骨，白骨现则人死。"死"是死的主体被周围的活人们最终确认死亡的一个漫长过程。这个过程即所谓"丧期无数"，这便道出了东夷"夷俗仁"，"仁者寿"，有"不死之国"的深层次的文化依据。《急就篇》："丧弔悲哀面目肿。"颜师古注："弔，谓问终者也，

〔1〕 周清泉：《文字考古》，四川人民出版社2003年版，第266页。

于字人持弓为弔，上古葬者衣之以薪，无有棺椁，常若禽鸟为害，故弔问者持弓会之，以助弹射也。”《吴越春秋》卷九：“古者人民朴质，饥食鸟兽，渴饮雾露，死则裹以白茅投之中野。孝子不忍见父母为禽兽所食，故作弹以守之，绝鸟兽之害，故歌曰：断竹续竹，飞土逐肉。”

所谓“丧期无数”，盖即后世“三年之丧”的原型。子女对已葬之父母的经久不息的由衷祈盼和深切惦念——他们能活过来吗？有没有野兽伤害他们呢？这种发自肺腑的惦念之情就是后来的孝。《礼记·坊记》：“殷人弔于圹，周人弔于家。”“三年之丧”不是周礼的规定，〔1〕而是东夷和殷人的古老习俗。《列子·汤问》：“楚之南有炎人之国，其亲戚死，朽其肉而弃，然后埋其骨，乃成孝子。”

（二）男女之间：“𡰥”、“丼”、“𪂴”——文身与“同姓不婚”

文身是东夷的古老习俗。《礼记·王制》：“东方曰夷，被发文身。”“文”字的本义就是文身。《说文解字》：“文，错画也，像交文。”朱芳圃《殷周文字释丛》：“文即文身之文，象人正立形，胸前之丿（音 XU）即刻画之纹饰也。文训错画，引申之义也。”〔2〕甲骨文中的“𡰥”字是“夷”字的又一个字形。“𡰥”字由两部分组成：一是“尸”，代表东夷之“人”；二是“辛”，即文身的刀具。如此，则“𡰥”字的本义是“有文身标记的东夷人”。

学界对甲骨文的“丼”（井中有人）字有“囚”、“死”、“葬”等不同解释。我认为该字反映了文身活动。“井”、“爻”的本义都是“校”。“校”是文身的辅助用具。《说文解字》：“校，囚具也。”《易经》中有“何校灭耳”、“履校灭趾”、“其人天且劓”、“噬肤灭鼻”诸种刑罚手段。“天”即黥额。施行这些刑罚自然离不开刑具。“校”即《易经》“困于株木”的“株木”。日本汉文字学者白川静先生认为：“井有二义：用于刑罚时作首枷之形，用于铸造时做模型的外框之形。……刑罚的刑和范型的型原本均作井、刑，都是作外框之用，为同一语源。”〔3〕将“井”释为“首枷”，颇具创意。在古文字当中，井、交、爻、文都是相通的字。〔4〕可以推测，“校”是木制的用来固定被刑人身体某部位的专用器械。这种囚具的前身是文身用具。因此，“丼”的本义是文身。

---

〔1〕 傅斯年：“周东封与殷遗民”，载《傅斯年全集》第三卷，湖南教育出版社 2003 年版，第 243 页。

〔2〕《汉语大字典》（缩印本），四川辞书出版社 1992 年版，第 909 页。

〔3〕［日］白川静：《字统》，东京平凡社 1994 年版，第 226 页。

〔4〕 周清泉：《文字考古》，四川人民出版社 2003 年版，第 663、666、669 页。

殷人文身是成童、成人礼的重要内容。其大致情形是：殷人八岁行成童礼，即在儿童额上文出各种花文。甲骨文"童"字上有"辛"，即其证明。成童礼的文化功能是杜绝母与子、父与女之间的性行为。即儿大避母辈之女子，女大避父辈之男子。女子十四岁行成人礼，即"笄"礼。甲骨文"妾"上有"辛"，即其证明。除了梳新发型之外，还要文乳。甲骨文中有十七个类似"爽"字的字形，"爽字形以两乳为主题，显示女性的文身"。[1]男子二十岁行成人礼，除改变发型之外，还要文胸。甲骨文、金文的"文"字中间也有十余种花纹，而且"文"字形本身就是一个文身的人形。文身之后的男女即为成人，开始享受结婚等成人的权利并履行成人的义务。如《周礼·媒氏》所谓"以仲春之月合男女，于时也，奔则不禁"。[2]文乳、文胸的文化功能是杜绝兄弟与姐妹之间的性行为。上述文身符号与宗教禁忌密切联系，因此能够有效地规范人们的性行为。后世的"同姓不婚"即源于此。这些文身习俗当源于东夷。

文身的执行者是"廌"。甲骨文中有"御廌"，即"执法小吏"。[3]甲骨文又有"廌协王事"。[4]其职能应当比较多，其中就包括教育。《孟子·滕文公上》："校者教也。"执法小吏兼管教育是很自然的事情。"御廌"兼有教育之职，身边自然离不开教具"爻"、"井"。甲骨文中便有了左爻右廌的【𢊁】字和左廌右井的【𦨁】字。[5]而最正规的教育就是文身之礼。殷人进入中原，建立新王朝，正式进入农业社会，从而逐渐淡化并最终放弃了文身习俗；殷商王朝与东夷多次争战，俘获夷人以之为俘虏、奴隶。夷人的文身成为犯罪的符号；文乳、文胸由于被衣服所遮盖，不易辨认，于是，额上的文身图案便成为奴隶的专用符号，于是，文身终于演变成了黥刑。"周因于殷礼"，"刑名从商"，周人沿用了殷人的制度，黥刑就被延续下来了。后来，当人们面对黥刑的时候，那些在东夷人强健身躯上闪现的美丽动人的文身图案早已荡然无存，只剩下血淋淋的刀锯。

[1] [日] 白川静：《金文通释》第6辑，神户白鹤美术馆1964年版，第303页。

[2] 以上均见周清泉："商人的成童巫礼"、"商人的成人巫礼"，载周清泉：《文字考古》，四川人民出版社2003年版，第559～717页。

[3] 郭沫若：《出土文物二三事》，人民出版社1972年版，第26页。

[4] 胡厚宣编：《战后南北所见甲骨录》（中册），北京来薰阁书店1951年石印本，第51页。

[5] 刘兴隆：《新编甲骨文字典》，国际文化出版公司2005年版，第616～618页；沈建华、曹锦炎：《甲骨文字形表》，上海辞书出版社2008年版，第81页；白冰：《青铜器铭文研究》，学林出版社2007年版，第305页。

（三）邻人之间："不富以其邻"、"迷逋复归"、"无平不陂，无往不复"

在远古社会，在众多氏族和部落之间，已经形成了相互交往的行为准则。这些行为准则为维护社会的安定与发展曾经发挥了重要作用。这些行为准则在《易经》中可略见一斑。

首先是"不富以其邻"，即不能通过侵害邻人的手段来致富。这是一条古老的道德准则。《易经·恒》："不恒其德，或承之羞。"是说人们如不能长久保有德行，就免不了遭受耻辱。

其次是"迷逋复归"。迷，指牛、马、羊跑失，或遗失其他财物；逋，指臣、妾、童、仆等奴隶逃亡；复归，指归还原主。按当时的法律和惯例，凡得到上述财物或奴隶的，应呈报专门机关，归还原主，并可以从原主那里得到偿金，否则将引起诉讼。如《无妄》："无妄之灾，或系之牛，行人之得，邑人之灾。"捡了别人跑失的牛而不上报，"行人"受理失主的起诉，便在遗失牛的地方进行大搜查，这是当地人的耻辱。《讼》："不克讼，归而逋，其邑人三百户无眚。"当地人捡到逃亡的奴隶后归还原主，以后奴隶再次逃亡，失主不能以"诱逃"为由控告当地人，因为他们没有过错。同卦："不克讼，复，即命谕安。"不论拾者有什么过错，只要把失物归还原主，双方就应相安无事，不能再提起诉讼。

最后是诚实交易。《易经·泰》："无平不陂，无往不复。"平，议也，指契约；陂，借为贝，移予也，指把财物从此地迁至彼地。往、复，指货物、货币的交换往来。全句意思是：买卖双方如未达成协议，卖方则无义务送货；卖方不送货，买方也无义务交出价金。《复》卦载："朋来无咎，反复其道，七日来复，利有攸往。"是说买方把一部分货币先送到卖方，卖方便送去货物，买方接到货物后又交来全部价金，这对买卖双方均有利。可见，这是一宗先交付定金又分期送货的较复杂的买卖。当时的买卖交易原则可以用《拿破仑法典》（即《法国民法典》）第1612、1702、1650条作注解。[1]

（四）人鬼之间："尸"（夷）与祭祀之礼

在甲骨文当中，"尸"是"夷"字的另一个字形。[2]"尸"的最初意义

---

〔1〕《拿破仑法典》第1612条："在买受人未支付价金且出卖人并未同意于一定期间后支付价金的情形，出卖人不负交付标的物的义务。"第1702条："称互易者，谓当事人双方约定互相以物交换他物的契约。"第1650条："买受人的主要义务，为按照买卖契约规定的时日及场所支付价金。"参见《法国民法典》，李浩培、吴传颐、孙鸣岗译，商务印书馆1979年版，第227、238、231页。

〔2〕徐中舒主编：《甲骨文字典》，四川辞书出版社1989年版，第942页；刘兴隆：《新编甲骨文字典》，国际文化出版公司2005年版，第524页。

是宗庙之尸，其形本是"人"形，只是双腿高悬，即凭几高坐之状。这种姿势非日常生活中所常见者，仅表示祭祀场合中专职人物的特殊姿态。

宗庙之尸是沟通人间与鬼神世界的媒介。其具体作用有以下几点：一是象征故去的祖先，使活人有所寄托。二是代表鬼神接受活人的贡献。三是通过卜问来转达鬼神的启示。最后一点也是最重要的，即何休所谓的"祭必有尸者，节神也"。所谓"节神"，即协调诸神之间的关系。"尸"是维系商王祖先神和贵族祖先神之间的桥梁。殷人有"合祭"的习惯，即《尚书·盘庚上》所谓"兹予大享于先生，尔祖其从于享之"，是说殷先王与诸侯众臣之先祖一同享祭。"在祭祀时，仍然将其族区别看待，让其本族贡纳牺牲，不使之与同姓贵族混淆"。[1]这种"合祭"习惯符合殷人的神权思想。《尚书·盘庚中》载："乃祖乃父丕乃告我高后曰：作丕刑于朕孙，迪高后乃崇降弗祥。"是说群臣的祖先须经殷先王同意，才能降罚于自己的子孙。群臣祖先的请示和殷先王的命令需要通过一个媒介来实现。在"合祭"中，殷王与群臣皆来参加祭祀，君臣都送来祭品，祭品可能有别，应当一一标识。尸的作用之一就是分别代表殷先王和诸侯的祖先神接受殷王和诸侯的贡献，并代表众臣之祖先神表示对殷王之祖先神的敬畏和遵从。

（五）人神之间：对战神蚩尤的崇拜——"琮"与"豊"的起源

据传，蚩尤是东夷民族的部落领袖，其图腾是鹰。蚩尤是五兵、五刑和"灋"的创造者。在史前时代，蚩尤就被视为战神加以祭祀。其证据有二：一是良渚文化出土的玉琮，玉琮上面的神人面纹和兽面纹可能就是蚩尤和鹰的形象；二是甲骨文的礼（豊、豐）字，礼的原始含义是对战胜之神的崇拜和祭祀。

甲骨文的"礼"字写作"豊"、"豐"。《说文解字》："豊，行礼之器也。从豆象形，读与礼同"；"豐，豆之丰满者也，从豆象形"；"豆，食肉器也。从口象形"。王国维《观堂集林·释礼》：（礼）"象二玉在器之形。古者行礼以玉"；"古【丰】【玨】同字"，"盛玉以奉神人之器谓之豊，推之而奉神人之酒醴亦谓之醴，又推之而奉神人之事通谓之礼"。可见，"礼"与祭祀活动相关，祭祀又与玉相关。玉是探讨礼的一把钥匙。在甲骨文的"豊"字中，豆中盛有一对并列的"丰"，即丰丰。《易经·丰》说："丰，享，王假之。"是说王用"丰"来祭享鬼神。甲骨文的"丰"就是"玉"字。"丰"代表什么呢？代表一串玉。《说文解字》说："玉，石之美者。……象三玉之连，丨

[1] 刘源：《商周祭祖礼研究》，商务印书馆2004年版，第318页。

其贯也。”用一根绳索或细木棍儿穿上三块玉，就是玉字。这里就出现一个有意思的问题：三块玉穿起来就是玉字，那么这三块玉又各自是什么样子呢？它又叫做什么呢？

这三块玉就是琮。琮、玦、韘都是拉弓射箭的辅助用具。其用法是：左手持弓，左手大拇指上戴琮，左手大拇指横立与弓和弓弦组成的平面相垂直，将箭杆前端搭在琮上方。右手握玦以拉弓弦，纳弓弦于玦内，这样既可以充分用力，又保护手指。韘戴在右手大拇上，射箭时用韘侧面突起的部分拨动玦内勾住的弓弦，令弓弦一瞬间从玦的缺口处滑弹出去。《韩诗外传》言射之道云：“手若附枝，掌若握卵，四指如短杖，右手发之，左手不知，此善射之道也。”是说，左手持弓如握树一样稳定，右手握玦如握鸡蛋般灵巧，箭杆擦琮而过，而左手不觉。正因为琮是武器，故《公羊传·定公八年》说：“琮以发兵。”同时，玉玦也是武器，所以才有战前诸侯授将军弓、矢、玦的做法，例如，《左传·闵公二年》所载的“冬十二月，狄人伐卫。……公（卫懿公）与石祁子玦，与甯庄子矢，使守”可证玦同矢一样属于战斗武器。玉琮、玉玦被称为宝玉，并与弓箭联称为“宝玉弓矢”，《左传·定公八年》中的“阳虎说甲如公宫，取宝玉大弓以出”及《左传·定公九年》中的“阳虎归宝玉大弓”可证宝玉并不是一般的玉器，可能就是琮、玦、韘。中国古代以玉为尚，并形成浓重的玉文化传统，很可能源于此。

玉琮的前身是骨琮。骨琮起初是野兽的骨头，是战利品，后来又成为武器弓箭的配件。因此古人把骨琮、玉琮当作祭品来祭祀神灵，一方面对神箭手表示赞颂和纪念，另一方面祈求神明来保佑他们射得准，借以获得更多猎获物或者战胜敌人。东夷部落最初靠捕猎为生，又最早发明了弓箭，他们可能最早用玉琮作为祭祀的物品。久而久之，玉琮从祭祀的物品衍化成祭祀的对象——战胜之神。标志着这一转变的就是玉琮上出现了神徽。“典型的骨牙琮刻有三组纹饰”，琮形的抽象化，即是三横一竖的“王”字或“丰”字。同时，可以设想，用一根木棍或绳索把三个琮贯穿起来，也构成“王”或“丰”。最初的“王”可能就源于战功卓著的射猎高手。故《韩非子·五蠹》说：“王者，能攻人者也。”良渚文化出土玉琮上的“神徽”即神人兽面纹饰可能就是蚩尤和独角兽，也就是后来在三代常见的饕餮纹。其形的特点是：人有双眼，兽有双目，合起来是四目；人有双手，兽有四足，合起来是六手（足），这和《述异记》所谓的蚩尤“人身牛蹄四目六手”和“目在腋下”的记载相合。良渚文化出土玉琮上的神人兽面纹正是蚩尤之人面纹和廌之独角兽面纹的合成。蚩尤作为东夷部落的领袖，发明了“五兵”，横行天下，故被后世尊为战胜之神。据《尚书·吕刑》载，蚩尤还发明了"五刑"和"灋"。"灋"字当中的"廌"正是蚩尤部落的图腾独角兽。皋陶是东夷的领袖，也是最早的法官。"神兽的产生正是古代第一法官产生的时代，其巧合不是无因的。"[1]

（六）赏罚之间："用命赏于祖"【㦗】与"弗用命戮于社"【𪊨】

我们可以推断：最早的法是军法，最早的法官是军事法官。因为最初的国家大事就是祭祀和军事。《尚书·甘誓》："用命赏于祖，弗用命戮于社。"即对有功者行赏于祖先神前，对有过者施罚于社稷神前。这是战前发布的军令，大家必须服从。战后法官以此行赏施罚。据传，最早的法官是皋陶。《诗经·鲁颂·泮水》："淑问如皋陶，在泮献囚。"郑玄笺："善听狱之吏如皋陶者。"我猜测，皋陶与独角兽廌之间有着密切联系，否则皋陶为什么可以仰仗一角神羊来决狱，廌又怎么成了法官的名称了呢？"赏"即"庆"（慶），于是，甲骨文里面有左心右廌的【㦗】字，又有了左廌右丄的【𪊨】字，心代表庆功时的喜悦，丄即古代的社字。

（七）神判法与人判法："箕子之明夷"、"明用稽疑"与"灋"的本义

关于"夷"的构造有三说：《说文解字》的"夷，从大从弓"之说，陈梦家的"从矢从弓"之说[2]和黎祥凤的"弓矢之合书"之说。[3]三说之中以后两种为宜。"夷"的古字由弓、矢组成，弓、矢与东夷民族有关。弓箭是远古人类重要的工具和武器。在日常生活中，常常发生由猎获物的归属或者伤害赔偿引起的纠纷，判断纠纷最可靠的证据就是弓矢。诉讼中双方在出庭时都要出示证据即"明夷"。"夷"即弓矢。《周易·明夷》有"箕子之明夷"，与《尚书·洪范》载明的箕子所言"洪範九畴"之七——"明用稽疑"的意思是一致的。[4]

古代的法写作"灋"，其中有"去"字。《说文解字》："去，人相违也。"甲骨文"去"字字形是上"矢"下"弓"。"夷"字与"去"字的本义正好是相反的——"夷"的古字形表示矢、弓合一，意即弓与矢上面的符号是一

---

〔1〕瞿同祖：《中国法律与中国社会》，中华书局1981年版，第253页。

〔2〕陈梦家："佳夷考"，载《禹贡半月刊》第5卷第10期（1936年）。

〔3〕黎祥凤：《周易新释》，辽宁大学出版社1994年版，第185页。

〔4〕武树臣："从'箕子明夷'到'听其有矢'——对《周易》'明夷'的法文化考察"，载《周易研究》2011年第5期。

样的；“去”字字形则表示弓与矢的符号是不一样的。法官由此可以作出裁决。[1]就目前史料来看，西周始有“灋”字。“廌”是神兽的符号，“去”是证据制度的符号，法官判案离不开证据弓矢，于是甲骨文有了左廌右矢的【𪊑】字。我们也许可以这样推测，古“灋”字就是在西周初期神权动摇人事兴起的特殊社会背景之下，在总结以往法律实践经验基础上被创造出来的一个新字。而其造字之意图最迟至殷末即已形成。“灋”字是古代神判法向人判法整体过渡的一个标志。

“明夷”的证据制度被后世所继承。《周礼·秋官司寇·大司寇》：“以两造禁民讼，入束矢于朝，然后听之”；《国语·齐语》：“坐成以束矢”，韦注：“两人讼，一人入矢，一人不入则曲”；《管子·中匡》：“无所诎而讼者，成以束矢”；《睡虎地秦墓竹简·为吏之道》：“听其有矢，从而则之。”至此，古老的风俗已经从一种抽象的仪式上升为国家制度。

结束语：孔子的“仁”学说——一个互相宽容友爱的理性世界

东夷民族留给中华民族的最伟大的遗产莫过于“仁”。“仁”不仅是中华民族的基本精神，也是中国传统法律文化的精髓。东夷民族对中华民族贡献巨大，其中包括来源于习俗的“仁”的原始观念。建立新王朝的周人不提倡“仁”而提倡“德”，应当是有原因的。首先是因为“仁”未能与“天命”建立联系，而“德”却能够与天命建立联系，“怀保小民”、“明德慎罚”，施德于民，正是为了保有天命；其次，“仁”讲求“人相偶”，人与人、族与族平等友好地相处。当时严峻的政治形势之下，让刚刚取胜的周人与战败的殷民族、东夷民族讲平等，恐怕还没有这样的条件；最后，“仁”的观念源于东夷风俗，与周人的文化传统无切合之处，一时难以消化融合。一直到了春秋末年，“礼崩乐坏”，周人的典章文物渐渐失去昔日的权威，东夷民族的“仁”的观念才悄悄恢复，最后经过孔子的加工改造，使“仁”成为古代中国最重要的哲学观念和思想体系，同时也成为促进中国古代法律不断从野蛮走向文明的精神杠杆。

“仁”的本质特征是“人相偶”，或曰“相人耦”。夫与妇、母与子、兄与弟、姐与妹和同胞氏族成员之间互相友爱之义都是从“人相偶”派生出来的。“仁”作为一种风俗和观念，从一开始就专注于人与人的对应关系，注重

---

〔1〕 武树臣：“寻找最初的‘法’——对古‘法’字形成过程的法文化考察”，载《学习与探索》1997年第1期。

此方与彼方的感情联系和相互的责任。因此，从某种意义上可以说，“仁”天生具有疏远鬼神的内在倾向。西周初期形成的“以德配天、”“怀保小民”、“明德慎罚”的“德治”思想，是对“仁”的第一次政治化和政策化。但是，由于礼的制约，使得这次政治化和政策化被大打折扣。到了“礼崩乐坏”的春秋时代，作为殷之后裔的孔子终于有机会对“仁”进行加工和提炼。孔子在“仁”的旗帜下对传统思想成果重新审视并加以改造和作出取舍：他在一定程度上挣脱了以往狭隘的先天血缘界限和神权思想的羁绊，改造了西周之礼，提升了西周之德，最后把它们融进统一的仁学体系当中。“仁”是人类自觉的一个标志。在“仁”的世界里，一个人的存在是以他人的存在为前提的。正因如此，人必须首先善待他人。这也正是“仁者爱人”的精髓所在。欧洲“文艺复兴”时代的“人文主义”是通过神的折射来发现“人”的价值，孔子的“仁”则是一个人从对方的瞳孔中发现自己的存在。尽管孔子“仁”的思想不可避免地受到旧的社会关系和思想的制约和羁绊，但是，“仁”的最深切理念总是悄悄地与个体自然人相联系着。而对个体自然人文化的历史精神的关注，常常与社会文明前进的方向不谋而合。

法律激励与中外法律文化比较：从伏尔泰赞美中国法律谈起

倪正茂 *

法国思想家伏尔泰[1]在其《风俗论》[2]中，曾盛赞中国法律优于“别的国家”。他写道：“在别的国家，法律用以治罪，而在中国，其作用更大，用以褒奖善行。若是出现一桩罕见的高尚行为，那便会有口皆碑，传及全省。官员必须奏报皇帝，皇帝便给应受褒奖者立牌挂匾。前些时候，一个名叫石桂（译音）的老实巴交的农民拾到旅行者遗失的一个装有金币的钱包，他来到这个旅行者的省份，把钱包交给了知府，不收取任何报酬。对此类事知府都必须上报京师大理院，否则要受到革职处分；大理院又必须奏禀皇帝。于是这个农民被赐予五品官，因为朝廷为品德高尚的农民和在农业方面有成绩的人设有官职。应当承认，在我们国家，对这个农夫的表彰，只能是课以更重的军役税，因为人们认为他相当富裕。”[3]伏尔泰赞美中国法律的文字，还可见诸《风俗论》的其他几处。他在赞美中国“……几乎所有法律均以对赏善惩恶……的认识为基础……”的同时，指斥对此有所贬斥的“局处西方一隅”

---

* 作者系上海政法学院终身教授，博士生导师。

〔1〕 伏尔泰本名为弗朗索斯·马雷·阿鲁埃特（Francois-Marie Arouet，1694～1778年）。法国启蒙思想家。“他多才饱学、博大精神，既是哲学家、史学家、政治家，又是诗人、小说家、戏剧家。他的成就遍及人文学科的所有部门，而且在他所涉足的每一个领域，都成为才华横溢的巨匠。”见叶秀山、傅乐安编：《西方著名哲学家评传》第5卷，山东人民出版社1984年版，第58页。

〔2〕 《风俗论》为伏尔泰所撰《论各民族的精神与风俗》一书的简称，是其历史学著作《路易十四时代》的姐妹篇，开篇于1740年，于1756年完稿，在日内瓦出版。此后他仍不断审阅，加以修改充实，直至他去世的1778年，还对该书有所增补。现行中译本为商务印书馆于2006年印行，为《汉译世界学术名著丛书》中的一种，译者为中山大学梁守锵等6人。

〔3〕 见［法］伏尔泰：《风俗论》（上册），梁守锵等译，商务印书馆2006年版，第250～251页。这里的“别的国家”泛指世界各国，主要是指欧洲各国，特别是指法国。

的“我们中的某些人”抱有“举动”“轻率”的“狂热情绪”。[1]他赞扬“中国的法律不谈死后的惩罚与褒赏；中国人不愿肯定他们所不知道的事。他们与一切开化的伟大民族之间的这一差别是惊人的。”[2]伏尔泰还指出：“中国政府在几乎所有的诏书中都祈求‘冥冥上苍’要‘赏罚公正’。”[3]

伏尔泰之赞美中国法律，给我们以重要的启迪：其一，中国近代以前的法律，至少在重视奖赏激励方面，是有别于“别的国家”的；其二，不妨从对法律激励的认识根源上去探究，古代中国几乎在一切方面都较之“别的国家”发达，而近代以来却颠倒过来的原因，从而确认中外法律文化的重大区别点；其三，要密切联系法律在实际生活中的运用与作用并进行法律比较。

一、法的奖赏激励功能

法有三大功能：组织管理、惩戒、奖赏激励。组织管理、惩戒、奖赏激励作为法律的三大功能，犹如鼎之三足。三足存，则鼎立；三足缺一，则鼎不立。人类众多，散处四方，各有活动而又要互相协作、紧密联系，组成运行有序的社会，就需要组织管理类法律；人心各异，利害不同，难免纷争，因而需要对一味损人利己、横行霸道者有所制约、惩戒，于是有了惩戒类法律；人心虽殊，趋利则一，向上向善，应予奖掖，故又需要激励法。三者合一，有机联系，则社会进步迅速；三者缺一，或互相龃龉，则社会进步迟缓。于是有“法学家”研究法律以求社会之合理组织、管理之卓有成效、进步之正常有序、人们之福祉日增。然而随着社会之变迁、法律之异化，一方面，组织管理类法律日见其繁多严密，惩戒类法律日见其复杂严苛，研究者趋之若鹜，于是组织管理法学（如行政法学）、惩戒法学（如刑法学）学人众多、队伍庞大，著作论文则车载斗量、汗牛充栋、繁如星海、难以胜计；另一方面，激励类法律却长期萎缩，对激励法作总体研究的学者则寥若晨星，总体性研究激励法的著作也踏破铁鞋而难寻觅。此种景象，真可谓法学园苑的一大奇观。

此种奇观，不禁令人扼腕叹息。它一不符合法律之本性，二有悖于法律创制之初衷，三不利于社会之进步，尤其是不利于科技之发展、经济之繁荣以及人类真善情操之培育。

---

[1] [法] 伏尔泰：《风俗论》（上册），梁守锵等译，商务印书馆2006年版，第89页。
[2] [法] 伏尔泰：《风俗论》（上册），梁守锵等译，商务印书馆2006年版，第90页。
[3] [法] 伏尔泰：《风俗论》（上册），梁守锵等译，商务印书馆2006年版，第253页。

作为人类的创造物，法律不是从地狱唤出的折磨自己的魔鬼，而是从天堂请得的帮助增进自身福祉的天使。如果法律除组织管理社会之外，余力尽皆用以惩罚，则法律难免“冷酷”之咒矣！

法律创新之初衷，窃以为首在激励人们战天斗地、创造幸福。中国历史上有文字记载的第一部法律，即夏禹之子夏启发兵攻打有扈氏时发布的军令。该军令仅约80个字：“王曰：嗟！六事之人，予誓告汝：有扈氏威侮五行，怠弃三正，天用剿绝其命，今予惟恭行天之罚。左不攻于左，汝不恭命；右不攻于右，汝不恭命；御非其马之正，汝不恭命。用命，赏于祖；弗用命，戮于社，予则孥戮汝。”寥寥80个字，谓之为“一部法律”，是因为它所蕴含的丰富内容可以分为四个部分：一为攻伐有扈氏的原因；二为攻战中的行为组织；三为奖励规定；四为惩罚规定。其中，“用命，赏于祖”就是激励性法律规范。对这部法律，有两点特别值得注意：首先，激励性法律规范被夏启置于惩戒性法律规范（“弗用命，戮于社”）之前，可见对法律激励功能之重视；其次，从目前发现的史料看，这是中国历史上最早发现的法律，也就是说，中国历史上最早出现的法律规范是激励性法律规范。

自夏之后，商周、秦汉、魏晋南北朝、隋唐五代、宋元明清，朝朝代代，期间的法律激励虽不明显，却也约略可见。夏商之奖励征战，为的是扩展地盘、俘虏敌人，亦即获取劳动资料与劳动力。秦代法律规定经“课”即评比的程序激励生产，取得了极为明显的效果。在“战国七雄”中，秦国因为地处西陲，地瘠民贫，远比齐、燕、赵、韩、魏、楚落后，但竟出现了“秦王扫六合，天下成一统”的独霸结局。秦国经济实力得以高速成长，一个重要原因就在于法律激励。在拙著《激励法学探析》一书中，笔者以近100页的“附录”，从“中国古代激励法思想在各大学派中的体现”、“中国古代激励法思想一脉相承从无间断”和“中国古代激励法思想从无间断地体现在所有朝代的法制中”三个方面，考察了“一以贯之的中国古代激励法思想”，可供同仁研究参考。[1]

多半是囿于学识浅薄、孤陋寡闻，笔者鲜见外国思想家中有热情论及、孜孜钟情于法律性奖赏激励的，从苏格拉底、柏拉图、亚里士多德到托马斯·阿奎那，从西塞罗到霍布斯、洛克、卢梭、康德、黑格尔，都少有关于奖赏激励的论述。孟德斯鸠在其《论法的精神》中有极少几处提及。功利主

---

〔1〕 参见倪正茂：《激励法学探析》，上海社会科学出版社2012年版，附录一：“一以贯之的中国古代法律激励思想”。

义法学家边沁少量的某些论述庶几接近赞同奖赏激励，但未见点题，更未见展开。也许是鉴于这种状况，美国斯坦福大学的弗里德曼教授在其《法律制度》一书中写道："法学研究总的说来对奖赏注意不多。"[1]对弗里德曼的这一判断可作如下解析：正是由于西方各国的思想家鲜有论及奖赏，而古代西方各国的法律中也鲜有关于奖赏的法条规定，所以，"法学研究"处于"对奖赏注意不多"的状况。

二、中国传统法律文化中法的激励效应

社会的进步，包括经济的发展，文化的发达，军事的强盛，都是由多方面的因素促成的。因素之一，即为该社会的法制状况。而且，在社会进步的诸多因素中，法制状况这一因素特别重要，甚至往往起决定性作用。近三十年来对"人治"与"法治"的举国关注，就说明了这一点。"法治状况"包括立法状况、司法状况、执法状况、守法状况。由于立法是司法、执法、守法的基础，因此，作为前提性条件的立法状况便居于特别重要的地位。由于法有组织管理、惩戒与奖赏激励三大基本功能，因此，立法者必须兼顾三者，立法成果也必须同时体现此三者。

中国古代法律文化传统的一个重要特点，即重视法律激励。它表现在各家各派的思想家们比较一致地既重视"罚"，也重视"赏"；表现在历朝历代的立法都兼顾了"罚"与"赏"。这对社会经济、文化、军事的发展，起了极大的促进作用。以秦为例，秦之迅速强大，有功者当首推商鞅。商鞅相秦推行改革方略，概而言之，关键在于用了一个"赏"字。他先是以"立木为信"，以极端的重赏昭告天下他是言而有信的。在此基础上，他推出了三项改革措施，其中两项是法律激励，即"一奖军功，二奖耕织"。其结果是地瘠民贫的弱小秦国迅速强大，终至战胜原来远远强于秦的其他六国。

秦亡汉兴，汉初即在法律激励上大做文章。如汉惠帝四年（前 191 年）除秦之《挟书律》，高后元年（前 187 年）"除三族罪、妖言令"，汉文帝元年（前 179 年）"除收孥相坐律"，汉文帝二年（前 180 年）"除诽谤律"等。这些举措，对激励儒学及其他学术流派的发展及思想的解放，产生了重大的促进作用。所以，尽管汉初君臣崇奉"黄老之学"，但其他各个学术流派，尤其是儒学，也都得到了发展。在经济上，汉高祖二年（前 205 年）下令："故

[1]［美］弗里德曼：《法律制度》，李琼英、林欣译，中国政法大学出版社 1994 年版，第 91 页。

秦苑囿园池，令民得田之。”“田”，即“佃”，就是将公田出租给贫农。此后，西汉宣帝、元帝时，东汉公元66年、84年、86年、107年当政者都曾下令赐贫农公田以耕种。另外汉初实行较轻的十五税一，汉景帝时改为三十税一，当然更轻了。[1]这些劝课农桑的田令、税制，大大激励了贫民事农业桑的积极性。此外，在商业、手工业方面，汉代的法律激励措施也是积极、具体的。所以，汉初迅即出现了史称“文景之治”的社会、经济大发展，以至整个汉代四百余年总体来说发展迅速，这是有其必然性的。这种必然的发展，无疑与十分重视法律激励功能的发挥密切相关。相较于世界上“别的国家”，此后中国唐、宋、明、清（前期、中期）等朝代的经济发展、文化繁荣、国力强盛，也与重视法律激励有密切关系。

但是，近代以来，情况发生了逆转性的大变化。这一变化，与对法律激励的认识及相关的法制举措有重大的关系。

窃以为，关于奖赏激励之法的功能与价值，世界史上最值得研究的一个现象，就是立国仅二百余年的美国。美国在前一百年即迅捷崛起成为世界经济头等强国，从此之后久久雄踞霸主地位，其原因当然是多方面的，但激励性立法之功，当居前列。美国立国后不久，即于1790年制定了专利法。当时的美国总统夸其“为天才之火浇上了利益之油”。自此以后，美国科技发展蒸蒸日上，经济进步一日千里。美国1800年的年专利授予量为46件，至1900年年授予量即达26 499件，并在这一年首次在经济总量上超过英国而成为世界头等经济强国。传统的说教是，美国在第一次世界大战、第二次世界大战中“发了战争横财”，所以成了强国。但事实是，早在第一次世界大战之前十多年，美国即已超过英国。

与美国形成鲜明对比的则是曾经盛极一时的中国。近代中国与昔日相比国势一落千丈，成为世界列强瓜分豆剖的欺凌对象，科技、经济极其落后。究其原因，当然也是多方面的、错综复杂的；但不重视激励教育、科技之立法，可以说是重要原因之一。有清一代，视科学技术为“奇技淫巧”；开科举士，没有科技人才一隅之地。倒是太平天国后起之秀洪仁玕颇有见识，他曾建议天王洪秀全确立专利制度。可惜其时“天国”已近末路，内讧迭起，乱象环生，无暇顾及科技、经济的发展了。此后虽有清末及北洋时期、民国时期的专利立法和其他激励经济发展的立法，但兵连祸结，内争不已，根本不可能得到有效实施。新中国成立之后，在“左”的思想干扰下，盲目迷信精

---

〔1〕《汉书·食货志》。

神力量，实行计划经济，虽也颁行过一些奖赏激励之法，但因整个法治环境不佳，法制建设滞后，对以法激励科技发展未能提到应有的认识高度。中国在主观上高度重视法律激励，是20世纪80年代的事，而真正有专利法，是在1984年。与美国比较，落后了将近二百年。

1984年《专利法》颁布之后，专利申请渐成热潮。与此同时，全国召开了首届科技立法工作会议。此后，技术合同法、科技奖励法、科学技术进步法等激励科技发展的立法相继出台，形成了一个又一个热潮。这些激励性立法虽然粗糙，不很成熟，但对科技人员来说，几近旱苗得雨、如鱼得水，大大激发了科技创造的热情，从而有力地带动了经济的发展。今天中国经济的发展速度、发展规模、发展成就之所以为世人瞩目，激励法是功不可没的。

综上所述，笔者认为，或可从对法律激励的认识根源上揭开古代中国几乎在一切方面较之“别的国家”发达，而近代以来却又颠倒过来的症结。至少，应当承认，重视法律激励，是中国法律文化的优良传统；应当重视中外各国在对法律激励的认识及有关的制度建设方面的比较研究。

三、比较视野下的中国法律文化

总体而言，迄今为止，中外各国的比较法学研究，无论是法系比较，还是法律比较、法律体系比较、法律原则比较、法律规范比较、法律概念比较等笔者所指称的“制度法律文化比较”，大体上是理念先行而与实际脱节的。这个“理念”，概而言之有以下几个特点：一是西方法律优于中国法律；二是以西方国家的法学学术话语体系为依归；三是就法论法。

对于第一个特点，只要看看相当流行且为绝大多数中国学者顶礼膜拜的比较法学著作内容，就可了然于胸了。20世纪80年代以来，在国内流传最广、被引用得最多的两本比较法学译著，一为法国勒内·达维德所著的《当代主要法律体系》[1]，一为德国K. 茨威格特与H. 克茨所著的《比较法总论》。[2]《当代主要法律体系》一书分述了“罗马日耳曼法系”，占116页；“社会主义各国法”，占140页；“普通法”，占134页；“其他法”，占117页。其中，“中国法”被置于其他法的“远东各国法”编中，总共只有13页；不但始终未提及“中华法系”，而且只用了不到5页的篇幅论及辛亥革命前的中

---

〔1〕［法］勒内·达维德：《当代主要法律体系》，漆竹生译，上海译文出版社1984年版。

〔2〕［德］K. 茨威格特、H. 克茨：《比较法总论》，潘汉典、贺卫方、高鸿钧译，贵州人民出版社1992年版。

国法律思想。《比较法总论》一书共664页，关于中国法的文字只占7页。至于国内法学家撰写的“权威性的比较法学著作”，如《比较法总论》,〔1〕大致是大陆法系、英美法系、苏维埃法、当代中国法各100页左右；而其中苏维埃法与中国法只是罗列其宪法、行政法、刑法、民法、诉讼法等，未作任何比较；甚至，“中国法”部分根本未涉中华法系只言片语。可见，不仅外国人写的，即使是中国人写的法系比较著作，也都是置中华法系于蔑如，“西方中心主义”（或曰“欧美中心主义”）表露得十分鲜明，西方法律优于中国法律的观点跃然纸上。且不说这在根本上是荒谬的，至少与伏尔泰的观点相左十万八千里。

对于第二个特点，只要看看当今的任何一本比较法学著作就可了然。从“公法”与“私法”的划分，到宪法、行政法、民法、刑法、诉讼法的划分；从法系、部门法的划分，到法律概念的名称确定；从形形色色的法学理论体系到五花八门的法学学术用语，一无例外地都是“进口产品”。

对于第三个特点，笔者想指出的是，迄今为止，几乎所有的比较法学著作，大抵只是在既定的法系、法律体系、法律、立法、司法、执法、守法等法律行为以及法律思想等范围内做长短优劣的比较。尽管这样的比较是必要的，对学术体系的建立，学术思想的科学性、逻辑性的提高等，不仅不可或缺，而且意义重大，否则学术水平是难以提高的。但是，理论若脱离实际，尤其是像法学这样实践性极强的社会科学，一旦脱离了它所产生的社会实践，对其是非对错，是不可能作出科学断定的。论者当然可以就法律激励的心理学、管理学、人性学基础等推论其必要性，但若不与法律激励实施之时的社会状况及实施效果结合起来分析，就难以得出正确的结论，至少所得结论可行度不大。本文尝试将法律激励与中国古代社会经济、文化、军事发展迅速而近代以来急剧衰落的实际状况的关系，和美国立国以来充分运用法律激励使国力迅速提升加以对比，得出了重视法律激励是中国法律文化之优良传统的结论。推而广之，若要通过法律比较求得切实的社会效用，就应尽可能地与实际相结合。

从以上三个方面的分析可以得出这样的结论：比较法学研究应在既有成绩的基础上，作研究方法的改革，其要义之一是，将纯然的法律范畴内的比较，放到法与社会的关系中去进行。这样的比较，或可进而帮助我们认识到：中国古代的法律文化传统中，有许多奇珍异宝尚待发掘；中国古代的许多朝

〔1〕 沈宗灵：《比较法总论》，北京大学出版社1987年版。

代（如汉、唐、宋、元、明、清）都国祚绵长，大多数有数百年之久，其时的法律思想、法律制度的精华，不应轻易否定；古代世界的四大文明中，古埃及、古希腊、古印度文明都衰亡灭失了，唯有中华文明绵亘流传至今，它所内蕴的中华法系所体现的中国古代法律文化，包括其内蕴的整个法学学术话语体系或其中的一部分，还可以为今天建设法治国家所用。

中国法律文化的理性重构：全球化背景与中国场域

于语和 *

文化就是一面多棱镜，从不同方向审视会得出不同的“镜象”。近代以来，无论是西方学者，还是中国学者，都曾对文化一词展开过深入的探讨。始于20世纪80年代的“文化热”，使得包括法学在内的社会科学领域的各路学者纷纷加入讨论的行列，“法律文化”一词也随之而出现。当下，法学界对于法律文化的探讨虽然没有先前的如火如荼，但却一直没有停歇，其根本理由在于，一方面，文化是个宽泛的学术词语，可以被套用到不同的学科领域，因此，法律文化被“滥用”的可能性也就大大增加了。另一方面，受中国传统法学研究，特别是法理学、法律史学研究“宏大”叙事习惯的影响，法律文化容易被置于不同的理论问题及实践问题的总提纲中。那么，如此被“滥用”的法律文化，对其还是否有探讨的必要？如何才有探讨的可能？对于前者的回答当然是肯定的，因为，法律文化的存在，作为一种“制度性事实”是被学界众所公认的。关于后者，我们知道，从社会科学研究的方法论视角来看，任何一个学术理论或概念，势必都有一个需要关注的要素，即语词可能适用的边界和范围，法律文化一词亦莫能外。不论是探讨中国传统法律文化，还是探讨西方法律文化，都离不开对形成法律文化背景的“场域（field）”的认识，离不开对其可能适用的边界及范围的有效界定，惟有此，社会科学的研究才是可能的。换言之，对于法律文化这一概念的探析，并不是一定要追求那种哲学意义上的思辨与玄想，而是要在既往的社会实证经验及事实的基础上予以总结、概括，确定形成其文化背景的具有一般性、共通性的“质素”，然后才能确定法律文化的范畴。

* 作者系南开大学法学院教授，博士生导师。

综上所述，在本文中，笔者首先试图梳理出中西学者们关于文化概念的经典描述，一种由对于过往理论的共性总结到提炼新理论的思辨路径；其次，以中国法律史为语境，提炼出文化与法律文化的“中国式理解”，其中兼及法律史发展进程中的器物层面与制度层面，一种以实践为基础的理论透析；再次，以全球化为视角，概括出在中国法律史的历时性叙事中，中国传统法律文化的根本特质、内在精神及演进特征；最后，以中国传统法律文化的传承与变迁为视角展开，结合全球化的时代语境，探求如何理性建构中国传统法律文化，最终使之具有与全球化对话的基本条件。

一、文化与法律文化——中国法律史场域的解读

文化，是一个具有多重意义的经典词汇，在西方学者对于文化的各种各样的定义中，泰勒对于文化的定义尤为值得关注。他认为，所谓文化或文明乃是包括知识、信仰、艺术、道德、法律、习惯以及其他人类作为社会成员而获得的种种能力、习性在内的一种复合整体。[1]

在对文化进行定义的早期中国学者中，最具有代表性的是近代思想家胡适与梁漱溟二位先生。胡适将文化理解为文明社会形成的生活的一种方式。梁漱溟将文化涵括为“人类生活的样法”。而当代中国著名法学家张文显教授则在总结中西学者关于文化定义的基础上，结合人类、社会、成员等诸多关键性“质素”，提出了一种新型的文化概念。他认为：“文化产生于人类的联合，同时它也使人类的联合成为可能。它赋予人比解剖学更多的内涵。但是，为使得人们能够在社会中生活，文化要付出代价维护统一性的变量；它强调社会成员履行规定的义务。文化产生于人类的联合，同时它也使人类的联合成为可能。它赋予人比解剖学更多的内涵。但是，为使得人们能够在社会中生活，文化要付出代价维护统一性的变量；它强调社会成员履行规定的义务。”[2]作为文化整体框架中的一个分框架，法律文化与文化是个别与一般、部分与整体、子系统与系统的关系。因此，它必然具有文化现象共有的一般性质、特征和功能，而且与其他子文化系统，如宗教文化、道德文化、政治文化等相互作用、互为补足。脱离总体文化，与其他文化子系统不相干的单

---

〔1〕［英］泰勒：“文化之定义”，顾晓鸣译，载庄锡昌主编：《多维视野中的文化理论》，浙江人民出版社1987年版，第98页。

〔2〕张文显：“法律文化的释义”，载《法学研究》1992年第5期。

纯的法律文化是不存在的[1]。

以上关于文化与法律文化的阐释，为我们从理论视角总结一般性文化的诸要素提供了具体样本。不难发现，上述学者关于文化的论述中，有这么几个因素值得关注：①文化离不开社会，社会是文化生存的土壤；②文化离不开生活；③文化是可变的；④法律文化是文化的一个子系统，其必然具有文化的一般性特征。

虽有上述诸多关键性质素为我们审视并抽象出法律文化的理论范畴提供了实证材料，但在中国法律史的历时性“叙事”中，若是以中国社会为特定场域，以现实生活为历史背景，同时结合社会动力学与社会静力学理论，势必得出所谓中国传统法律文化的法律史语境的理解就是中国传统历史上有关法律论域的“器物”范畴及“制度”理论的一种实然状态这样一种结论。换言之，中国传统法律文化，其实质即是以中国历史上具有代表性的“器物”层面的法典及“理念”层面的法律的内在精神为表现形态的。

二、中国法律史叙事中的传统法律文化——根本特质与内在精神

在中国法律史的特定场域中，中国传统法律文化主要体现为一种“器物”与“理念”的叙事形态，这其中又以根本特质与内在精神为其主要质素。

（一）中国传统法律文化的根本特质

1. 形式意义上的特质——成文法典化。中国传统法律文化始终离不开各个历史阶段颁布的一系列成文法典，如果从普遍认可的中国古代历史上第一部成文法典《法经》算起，中国的法典编纂史距今已有两千余年。如果从更为早期的《洪范》算起，则法典编纂史的时限就要再翻一番。现将历代法典之名目简列如下：《洪范》→《吕刑》→《法经》→《秦律》→《九章律》→《北齐律》→《开皇律》→《唐律疏议》→《宋刑统》→《大元通制》→《大明律》→《大清律例》。[2]

揆注此表，我们即会发现成文法典俨然构成了“器物”层面的中国传统法律文化或文明的最为明显的质素。其实，出现这一“景象”的个中原因自然不难理解。专制王朝之下，历朝历代之政权掌有者都以制定适应于本朝代国事民情、符合一己之专制王权统治的成文法典为要务。如唐高宗在位期间，

〔1〕［美］埃尔曼：《比较法律文化》，贺卫方、高鸿钧译，生活·读书·新知三联书店1990年版，第17页。

〔2〕张中秋：《中西法律文化比较研究》，中国政法大学出版社2006年版，第85页。

颁行了影响甚远并曾成为亚洲许多国家立法典范的《唐律疏议》，明太祖朱元璋登基伊始，即通过总结历代立法经验与教训，颁行了具有鲜明时代特色的《大明律》等。相较于历史上其他较早文明国家颁行的一些法典，如《乌尔纳姆法典》、《汉谟拉比法典》、《苏美尔法典》等，中国传统法律史叙事中出现的一系列法典，从内容、体系上都毫不逊色。再从法律的“工具理性”（Instrumental Reason）之视角来看，通过法典的颁行，统治者们将法律作为一种维护国家政权稳定、强迫被统治者思想上与理念上顺从的工具。

2. 实质意义上的特质——公法化。虽说中国法律史上颁行的诸多法典在时间顺序上出现了刑、法、律等名称上的更替。然而，《尔雅·释诂》曾云：“刑”，法也。“律”，法也。古代之刑、法、律虽在字体构造上各有迥异，读音也不甚相同，但其意思却基本接近。“公法化”，主要是刑法化，构成了中国传统法律文化的另一个根本特质。

关于这点，或者可以从日本著名学者滋贺秀三的论述里找到佐证。他说：“纵观世界历史，可说欧洲的法文化本身是极具独特性的。而与此相对，持有完全不同且最有对极性的法文化的历史社会似乎就是中国了，这一点大概已为大多数人所肯定，在欧洲，主要是以私法作为法的基底和根干；在中国，虽然拥有从古代就相当发达的文明的漫长历史，却始终没有从自己的传统中生长出私法的体系来。中国的所谓法，一方面就是刑法，另一方面则是官僚统治机构的组织法，行政的执行规则以及针对违反规则行为的罚则所构成。”[1]确实，相较于早期欧洲诸国的法律文化——如古希腊梭伦立法中就含有不少发展私有制的规范——中国传统法律文化所散发的是一股浓浓的“公法味”，这从如上成文法之字面也不难体认，虽说不能否认传统中国成文法典中也载有若干关涉婚姻、契约、家庭继承等条文，然而其大多规定都是以刑法为基底的。

（二）中国传统法律文化的精神内核

法典化与公法化俨然构成了中国传统法律文化的根本特质，那么，中国传统法律文化的精神内核究竟是什么呢？

关于法的“精神”，孟德斯鸠曾说：“法律应该和国家的自然状态有关系；和寒、热、温的气候有关系；和土地的质量、形式与面积有关系；和农、猎、牧中人们的生活方式有关系。法律应该和政制所能容忍的自由程度有关系；

---

〔1〕［日］滋贺秀三等：《明清时期的民事审判与民间契约》，王亚新、梁治平编译，法律出版社 1998 年版，第 2 页。

和居民的宗教、性癖、财富、人口、贸易、风俗、习惯相适应。最后，法律和法律之间也有关系，法律和它们的渊源，和立法者的目的，以及和作为法律建立的基础的事物的秩序也有关系。……这些关系综合起来就构成所谓“法的精神”。[1]揆诸法律史，学界关于中国传统法律文化的“内在精神”究竟是什么一直存在争议，其中出现过的较有代表性的观点主要有法治文化、仁礼文化、人治文化等。

1. 法治文化。早在19世纪末期，康有为在其上奏的《请定立宪开国会折》中即写道：“春秋改制，即立宪法，后王奉之，以至于今。盖吾国君民，久皆在法治之中，惜无国会以维持之耳。今各国所行，实得吾先圣之经义，故以致强；吾有经义，存空文而不行，故以致弱。”[2]不少学者以康氏之奏折为历史之考据，倡言康氏文字虽简短，但其核心即是对于“法治”的承认。需要注意的是，此处康氏所言“法治”与先前古希腊先哲亚里士多德所谓之“法治”还尤为不同，亚氏以为：法治理应涵括两重要义：已成立的法律秩序获得普遍的服从，而大家所服从的法律本身又应该是制定的良好的法律。[3]其间，法的适用的普遍性、平等性是关键，而康氏理解之“法治”较为局限，由于皇权在上及官僚特权，因此，同种犯罪，达官贵人与一般庶民难以得到平等对待。

2. 仁礼文化。《礼记·仲尼燕居》云：“制度在礼。”又孔子曰：“安上治民莫善于礼。”[4]《中庸》亦有“仁者人也，亲亲为大；义者宜也，尊贤为大”之说。[5]民国时代的不少法学家都通过引用古语中较为经典的章句，来阐释中国法律文化的精神涵义。“礼”、“仁”乃儒家社会统治秩序下的人际交往基准，其功用主要在于使得身份之高低、尊卑及老幼、亲疏及贵贱得到清晰的区分。这种对于历史的偏执性体认，不免以偏概全。正如韩非子曾云：“法不阿贵，绳不绕曲，法之所加，智者弗能辞，勇者弗敢争，刑过不避大臣，赏善不遗匹夫。”[6]法家对于法律本质的总结，其基本追求是所有庶人于法律面前的地位平等，“礼”不能构成社会上下君主和众臣统治的制度性障碍，“礼”亦不能成为适用严刑峻法的绊脚石。

---

〔1〕［法］孟德斯鸠：《论法的精神》，张雁深译，商务印书馆1976年版，第5页。
〔2〕法学教材编辑部：《中国法律思想史资料选编》，法律出版社1983年版，第820页。
〔3〕［古希腊］亚里士多德：《政治学》，吴寿彭译，商务印书馆1965年版，第199页。
〔4〕《孝经·广要道》。
〔5〕《礼记·中庸》。
〔6〕《韩非子·有度》。

3. 人治文化。著名学者张中秋教授认为："人治应有不同之定义。倘若从法的精神来理解，它是指法在本质上所体现的是拥有极权的个人或极少数人的意志，蕴含这种意志的法既是极权的一部分，又是维护极权的工具，从而在政治上构成一种专制的治理模式。人治与法治是两个相互对立的概念（其对立源于意志的属性），人治意味着不存在近代意义上的民主和宪政，在政治上表现为专制。"[1]中国古代传统法律文化素来以严刑峻法为其外在表现，"笞、杖、徒、流、死"更是构成了封建时代刑罚的主要样式。以死刑（主要有斩与绞两种形式）为例，其决定权大多掌于皇帝之手。皇帝诏令乃是人治最为典型的表现，纵使法律条文多么确凿无误、明晰易懂，但它唯独不能逾越皇权之上。

如上关于中国传统法律文化精神的表述都有一定的代表性，且具有相当的说服力。然而我们在此却提出不同的观点。肇始于两千多年前的"诸子文化"，不论是重视"仁礼"的儒家，抑或是强调"无为而治"的道家，还是侧重"以法之治"的法家。他们的思想学说于中国法律史的历时性叙事中虽只为一瞬，然相较而下，儒家文化却在那"一瞬"中，悄然给后世埋下了影响至深的精神"种子"，"儒学"穿透于中国古代民众的伦理道德、生产生活、价值诉求的整个过程。日本学者大木雅夫也曾指出："古代中国诞生了丰富多彩的思想，呈现出百家争鸣的局面。但是长久占据中国公认教学地位的仍属儒学。"[2]

职是之故，若真的将中国传统法律文化的精神内核以"一言而蔽之"的话，则"儒家文化为本，其他文化为辅"实为允当。虽说随着时间的推移，从早期的先秦儒学、两汉儒学、宋明理学再到近现代新儒学，其内容、形式及社会功能也在相应地变化与发展。但是，毋庸置疑的是，在中国传统法律文化形成、发展的过程中，儒家文化的"基因"已被深深刻进了"法制精神"之中。从汉武帝时儒学成为社会正统思想以来，整个中国的历代法典无不是处处体现着"儒学"的深刻要义，但是，基于专制统治的需要，法家文化、道家文化也对于中国法律文化产生了一定的影响。应该说，这种"以儒为本，兼采各家的文化演进模式"不仅构成中国传统法律文化前后相续的内在脉络，更成为中国传统法律文化的精神内髓、中国法律史叙事中最为宏观的景象。

---

〔1〕 张中秋：《中西法律文化比较研究》，中国政法大学出版社2006年版，第311页。

〔2〕 ［日］大木雅夫：《东西方的法观念比较》，华夏、战宪斌译，北京大学出版社2004年版，第86页。

三、全球化背景下中国传统法律文化的历时性“境遇”

当载有深厚“儒学基因”的“法律文化之舟”从遥远的先秦“港口”，历经汉、隋、唐、明、清等一条条岁月长河，缓缓驶入20世纪的时间“港口”时，碰到的却是全球化这一巨浪。

而今，全球化这一词语已然不再陌生，但对于究竟何为全球化还难以形成定论。有观点认为，所谓全球化，意指国家及地区间联系不断增强，人类生活在全球规模的基础上发展及全球一体意识的崛起，经济、政治、文化交往日益紧密。更有观点认为，全球化即指世界被“压缩”成一个整体。关于全球化之肇始同样也是仁者见仁，智者见智。有观点以为全球化起始于20世纪初叶，也有观点认为全球化起自于哥伦布发现新大陆，更有观点将全球化之起源追溯到遥远的史前时期。于此，为了更好透析中国传统法律文化在全球化背景下的完整衍化进程，就让我们暂且将全球化作一最为广义的理解，即将其于中国之肇始，定格在秦始皇统一国家之时。自此至今，在中国法律史的历时性进程中可将中国传统法律文化的历史“境遇”分为四个阶段：

（一）固守与抵抗

自公元前221年秦始皇统一国家至公元1912年清政府政权的灭亡，在此两千余年的历史长廊中，中国传统法律文化始终以封建式经济形态为基础，生产力决定生产关系，经济基础决定上层建筑。这个由卡尔·马克思对于社会科学研究的经典总结，同样适用于中国传统法律文化的历史境遇中。由于经济形态的不变性、政治体制也尤为恒定，政治体制恒定，必然亦使得历代国家之特质未有本质性的变革。因此，中国传统法律文化一直固守着自己的根基，对于全球化之侵袭亦表现出较为强劲的“抵抗力”。

（二）兼采与交融

然而，历史并不代表一成不变，更不意味着停滞不前。发生于20世纪初的辛亥革命，革除了统治中国两千多年的封建帝制，使得延续千年封建体制下的诸多弊端诟病也得以部分忝灭。革命党人旋即建立起了“资产阶级意义”上的共和国。随之，儒家思想受到很大的冲击，思想文化战线呈现出多元化特色：封建政治思想、资产阶级改良主义、资产阶级革命理论、社会主义、法西斯主义等，走马观灯似地被思想界所宣传、鼓吹。[1]面对西方传入的自

〔1〕 赵立新、毕连芳：《近代东亚的社会转型与法制变迁》，中国社会科学出版社2006年版，第25页。

由、民主、平等等先进理念，彼时国人掀起了一场顺应全球化，主要是“西洋化”的“学习运动”。举凡生活样式，言行举止再到法律制度与原则、法律规则与体系，无所不包，无所不有。尤为值得注意的是，就在此时，一批批怀抱法律救国、发奋图强的年轻学子们也远渡重洋，于海外学习法律，他们中就包括后来担任上海特区法院的院长吴经熊、国民政府最高法院首席检察官戴修瓒、国民党立法院委员燕树棠等，这些青年学子们在海外学习法学的经历，也为移植西方法律文化至中国做出不小的贡献。随后，国民党六法全书之颁布，终于使得中国传统法律脱去了旧日之外衣，登上了法律近代化的靓丽舞台。在这一时段中，中国传统文化的历史语境是由多种“文化形态”构成的，或许是出于文化落后主义的不得不然，或许是出于变革鼎新的奋发图强，总之，这个时代的中国传统法律文化，无论是来自于官方，还是出自于民间，都表现出一种兼采与交融的态势。

（三）迷信与单一

公元1949年，中华人民共和国建立。历史也注定了由此来翻开了新的篇章。如何才能制定出符合广大人民利益的法律、法规，成了党和国家领导人所迫切面临的难题。虽说此前根据地时期已有若干法律、法规存在。但鉴于体系的粗陋、立法技术的缺陷，很难满足民众对于法律的价值诉求。因此，在总结根据地时期法制经验的基础上，苏联的土地法、婚姻法、刑事法律等实体法受到重视，经济法的观念也被移植到国内。[1]犹如20世纪50年代初颁布的《婚姻法》，就基本移植了苏联早期之婚姻家庭法；新中国第一部《宪法》也基本是对于苏联1936年《宪法》的完全复制。可以毫不夸张地说，新中国成立初期的法律文化中无不带着浓烈的苏联法烙印，对于苏联法的移植更是构成了社会主义初期中国法律文化的美丽风景。然而，法律文化的展开终究脱离不了经济这一根本基础，1958年的“大跃进”以及紧随而至的“文化大革命”，使得法律的发展遭到了史无前例的重创。

（四）开放与转型

20世纪70年代末期，邓小平同志以其敏锐的慧眼，大胆提出了改革开放的构想并将其付诸实践，彼时，全球化之文化心态就是以美国为首的西方化文化。资本主义政治、经济、文化的模式似乎演变为世界发展的主文化。社会主义老大哥苏联则因体制僵化、经济停滞、民族问题诸多而矛盾迭出，终在20世纪90年代初期陷于解体。有鉴于此，邓小平同志在1992年南行讲话

---

〔1〕何勤华等：《法律移植论》，北京大学出版社2008年版，第163页。

时便把学习借鉴外国经验提高到决定社会主义命运的高度，他说："社会主义要赢得与资本主义相比较的优势，就必须大胆吸收和借鉴人类社会创造的一切文明成果，吸收和借鉴当今世界各国包括资本主义发达国家的一切反映现代社会化生产规律的先进经营方式，管理方法。"此席讲话一经传播，顿时间，法学界再次兴起了一股西洋法律移植热潮，从法学方面看，美国、英国、日本等发达国家的法律著作被不断引介入中国。从立法技术方面看，刑事、民事诉讼法等立法技术中开始融合了不少西方意义上的程序、程式；从法制观念方面看，自由、民主、法治开始渐渐映入人民的眼帘。一时间，中国似乎又回到了清末变法后"法律移植"的时代，传统法律文化在不断放开胸襟的同时却又面临着新的转型。

四、中国传统法律文化的理性重构——与"全球化"对话何以可能

21 世纪的今天，中国在政治、经济、文化等方面的影响力早就冲出亚洲，走向世界了。然而，客观来说，从制度及体系建构等层面来审视全球化背景下的中国传统法律文化，保守与先进、传统与现代、东方与西方，各种矛盾、冲突还较为明显。面对全球化背景下的各种法律文化之冲击，早在 20 世纪末期，我国学术界就展开了对于中国传统法律文化与西方法律文化之间关系的各种争论。一种看法以为，中国传统法律文化具有特殊性，与西方传统法律文化在生成背景、演进方式等方面都大为不同，因此，我们应该从传统本土资源出发，发挥传统和惯例的强大优势，深挖中国法的精神意蕴；另有一种看法认为，现今世界正在被全球化这一运动浪潮所包围，中国作为世界上最大的"想象的共同体"（Imagined Communities），其传统法律文化中的儒家伦理、礼仁纲常已经不敷全球化的法律发展需要，惟有脱离自身传统再去全面融入世界主流法律文化，才能使得中国在未来法律文化竞争中拔得头筹。其实，全球化巨浪下的种种关于法律文化发展路径的争论，可理解为对于外国法律文化的态度问题，究竟是"移"还是"不移"。更进一步来说，若要适应于全球化的文化巨浪，我们如何重新理性建构中国传统的法律文化，以使之具备与全球化对话的能力？

（一）深切关注法律移植过程中的"本土化"改造

中国本土的法制资源尤为丰富。在中国文化的组成部分中，既包括占主导地位的儒家文化，也包括诸多少数民族文化。近现代以来，西方文化影响中国颇多，其中有的内容已经融入到了我们的传统文化之中。即使在儒家文化的影响范围之内，也存在着多元性，既有北方文化，也有南方文化；既有

徽州文化，也有江浙文化。这些文化中当然包含着丰富的法文化。法文化本就是特定民族的文化意识与价值观念的集中体现，任何两个国家的法文化都存在着诸多不同。企图略过法律文化之本土化改造，就想悄然使得两种法律从“文化桥梁”上实现有效衔接，那基本上不太可能。因之，本土化是进行法律移植的前提与基础，离开本土化，一味索求顺应全球化，最终必会陷进法律移植的“死胡同”。

（二）在对外来法律移植之前，理应慎重分析其法律文化背后所涵盖之价值变量、适用效率、运行成本等要素

西方法律文化离不开西方法律史叙事中的各种关键性质素，如制度层面的民主、自由，价值层面的公平、正义，不同的环境势必形成不同的价值观、理念观。因此，在移植西方法律文化之前，即应对它的“文化根底”做一番有序梳理，厘清其法律在文化这一大系统之衍进中呈现出来的客观性态势，透视其法律文化背后所藏有的实然效率。断然不能仅凭一时之旨趣，想拿什么就拿什么，拿了什么就用什么，随便乱用一番。此外，嫁接了外来法文化的本土法律文化在运行过程中，检验其是否成功被移植的一个最佳标准，即“适用效率”。假使我们从外国移植了某项婚姻法的规范，于国内适用后发现，其不仅对于现代青年男女的婚姻纠纷解决效用明显，还对于男女双方婚姻权利保障尤为尽善，这样的移植，就是积极有效的移植，相反，则不是。最后，被移植的法律在本国适用后还离不开“运行成本”的测算。在对外来法律实现移植之时，忽略了“运行成本”的精确分析，定会使得我们的移植超出预期，加大法律运行中的种种负担。

（三）移植外国法律，离不开对移植国的民族“性格基因”做出合理透析

美国人的追求个性、德国人的行事严谨、英国人的绅士低调，所有这些“性格”因素对于民族国家的立法、司法、执法都有一定的影响，无论是从道德之维，伦理之维去探析法律规范的制定、适用，都不难发现民族“性格基因”的客观存在性。如果把美国人的那种关涉个人主义价值观的权利取向拿来替代社会主义国家的集体价值观，定会出现移植后的“变异”，甚至会导致整个法律体系的崩塌。因此，“移植”不仅是我们顺应全球化，也是走中国特色社会法律之路的必然选择。对此，我们决不能刻意保守，更不能执意茫然。理性、有效是我们思考之根本，科学、谨慎是我们应有之态度，离开对于这些基本因素的考量，我们的移植就会迷失方向，我们的法制也会定然停滞不前。

五、余论

中国传统法律文化研究也好，比较法律文化研究也好，离不开对于中国场域的特定关注。在法律史的历时性叙事中，中国传统法律文化作为一种表现为器物层面的法典与制度层面的法律意识及精神的文明形态，随着全球化背景下社会变迁而不断发生着改变。但是，中国传统法律文化，一种以传统为时间性积淀的文明形态，逃脱不了传统的“牢笼”。关于传统，伽达默尔提出：“传统确实是被存续的，但却是有选择地被存续，是在历史变化中主动地被存续的。这也就是为什么历史上有的东西历久弥新，而有的东西却很快就湮没无闻了。我们始终处在传统中，而传统始终是我们的一部分。”[1]

传统是变革的基础，亦是变革的动力。中国传统法律文化在全球化背景下的理性重构，归根结底，就是在理性追溯中国传统法律文化的同时，积极汲取西方的、适合于中国场景的法律文化的进程。但是，问题的关键在于，我们一定要对中国传统法律文化重构过程中的新的法律文化素质进行学理及实践上的论证，而关于如何论证以及论证的方法论等问题，还有待于我们所有法学同仁的进一步探索。

---

〔1〕［德］汉斯·格奥尔格·伽达默尔：《诠释学Ⅰ：真理与方法——补充和索引》，洪汉鼎译，台北台湾时报文化出版有限公司 1993 年版，第 382 ~ 387 页。

传统诉讼中的“情判”：运作机制及现代意义

刘军平[*]

中国传统法律文化积淀深厚，受此影响，在中国传统诉讼中形成了极具特色的“情判”模式。“情判”是指中国古代的司法官在司法审判过程中，在认定案件事实的基础上，依据“情”或“情理”来作出判决的一种审判模式。情判的主体是各级司法机关，具体来说是指执掌司法审判权力的各级官吏。上至皇帝，下起县令，都有可能成为情判的主体。情判的依据则主要是一个“情”字，即所谓“情理”。本文拟专章分析其运作机制，并在此基础上探讨情理在当代司法中的实践及其意义。

一、传统诉讼中“情判”的运作机制

奠基于传统法律文化背景之下的“情判”模式，在司法审判的实践中有一套独特的运作机制。对此可从四个方面进行分析，即：“情判”的启动、“情判”的事实认定、“情判”中的调处和息、“情判”的判决拟定。

（一）“情判”的启动

按主体不同，“情判”的启动可划分为三种类型：当事人启动、他人启动、官府启动。当事人启动既包括当事人向官府告发，还包括当事人主动向官府投案自首。他人启动则主要指当事人以外的其他人，如当事人之亲邻好友或地方缙绅所提起之审判。官府启动包括官府或官吏依职权主动发现案情并提起审判，既包括接受百姓之呈报而主动追究犯罪并因此提起审判，还包括接受上司衙门所发回或委派审判。在上述三种启动形式中，最为常见的当属当事人启动。这是因为“情判”所涉及的案件主要是户婚田土类的民事案

* 作者系湘潭大学法学院副教授，法学博士，硕士生导师。

件，此类案件关系百姓的切身利益，而且往往被视为民间“细故”，不太受国家重视，故其启动多由当事人所提起。

（二）“情判”的事实认定

与其他审判模式相比较而言，中国传统诉讼之“情判”中事实认定的特殊之处在于情或情理在其中占据关键性的地位。这种事实认定与随后的调处和息及判决的拟定具有紧密的关联。在通常情形下，案件的真相对于事实的认定及判决的拟定具有重要意义，事实的认定应当在案件真相的基础上进行，所以历代的司法官都对此极为重视，他们都致力于采用各种方式去发现和探明真相。但是，在不少特殊情况下，案件的真相却无法探寻，即使能够探寻到案件的真相，案件的真相可能又会与情或情理的实现有所妨碍，从而影响合乎情理之判决的作出，所以，中国古代的司法官们有时又不太重视案件真相的探寻，在极个别情形下甚至还隐瞒案件真相，并在此基础上进行事实认定和判决拟定。由此可见，根据司法官在进行事实认定时对于探寻案件真相的态度不同可划分为两种情形：积极探寻案件真相和忽视或隐瞒案件真相。以下试对这两种情形分别析之。

1. 积极探寻案件真相。在大多数的情况下，中国传统诉讼之“情判”中的司法官都致力于采用各种行之有效的方法来探明案件真相，进行事实认定。关于探究案件真相的方法、技巧或曰艺术等，在著名的案例集《折狱龟鉴》及《折狱龟鉴补》等著作当中有相当多的记载，其间的案件真相或可称之为案情之“情”。[1]但就中国传统诉讼之“情判”来说，则主要指的是作为审判依据的“情”。在很多情况下，司法官都是通过探究案情之“情”，来寻找作为判决依据之“情”的情或情理，并据此作出判决。笔者初步总结了六种探究真相的方法：①在相同当事人之间另起诉讼，以对前案事实作出证明。②通过人之常情来推理和认定案件事实的真相。③察言观色以判明真相。④仔细审核相关证据，查阙找疑。⑤捏造虚假案情迫使当事人主动说出真相。⑥用真情来感化当事人，使之主动说明案件真相。可举一例，对第⑤项方法略作说明：

永嘉民有弟质珠步摇于兄者，赎焉，兄妻爱之，绐以亡于盗，屡讼不获直，往告长孺，长孺曰：“尔非吾民也。”叱之去。未几，

〔1〕《折狱龟鉴》当中专辟有《鞫情》一节，以分析各种查明案件事实真相的方法，此或可称之为鞫情之术或曰审判技巧。

> 治盗，长孺嗾盗诬兄受步摇为赃，逮兄赴官，力辨数弗置，长孺曰：“尔家信有是，何谓诬耶！”兄仓皇曰：“有固有之，乃弟所质者。”趣持至验之，呼其弟示曰：“得非尔家物乎？”弟曰：“然。”遂归焉。其行事多类此，不能尽载。[1]

此案中，哥哥占有弟弟的财物，谎称被盗而不归还。对此，司法官故意让某盗贼诬告该财物乃是赃物并已交给了哥哥，然后借此将哥哥抓来。哥哥为给自己洗清冤屈，被迫承认家中确有此物，不过却是弟弟之物。由此真相大白。

2. 忽视或隐瞒案件真相。在中国传统诉讼之“情判”当中，案件真相的探明固然重要，但是有时实在难以探明也不影响合乎情理之判决的作出。甚至在某些极端情形下，司法官还要故意掩盖案件真相之暴露，并在虚假的案情基础上作出合乎情理的判决。如以下案例：

> 浙江某孝廉，娶妻某氏，琴瑟不调。一日孝廉自外归，见僧于室，双缚呈官。时已暮矣，县令某谓：“夜已深，故令押下，来日听审。”孝廉归，令乃解缚，传入密室，先谕僧曰：“汝想误入孝廉家，因疑致讼耳。”僧曰：“诺。”次语妇曰：“汝系名门，断无意外，想夫妇不睦耶？”妇曰：“诺。”询明僧居某寺方丈，即遣去。而重赏官媒，俾觅一老尼来。尼至，令曰：“事无他苦，完人名节，汝又得财，但须小缚片时耳。”因以尼与妇同缚。次早坐堂，皇讯僧奸状，极口呼冤。问：“何冤？”曰：“某非僧，乃尼耳。乌能奸？”令曰：“有是乎？”令官媒验之，确为尼。观者云集，皆咎孝廉。孝廉语塞而不知其故。令徐责孝廉错误，命出钱十千与尼。退堂后，传其夫妇入，各婉讽而切责之，二人皆感泣。因收孝廉为门生，而命夫人收妇为义女，舆马送归，遂为夫妇如初。居半载，五鼓过，某寺拈香，主僧未起，擒出痛杖之，立逐出寺。孝廉益感而人无知者。后孝廉生二子，夫妇偕老。令去官，官媒始泄之。[2]

这一案件的处理极有特色。此案事实非常清晰，证据也十分确凿，孝廉夫妇感情不和，导致其妇与他人产生外遇，还被捉奸在室。但是，一旦据以

---

〔1〕《元史》卷一百九十《胡长孺传》。

〔2〕《折狱龟鉴补》卷三《尼代僧灾》，陈重业译注，北京大学出版社2006年版，第359～360页。

定罪量刑的话，必然会造成孝廉夫妇家庭破散，名誉扫地。为了挽救这一家庭，也挽救孝廉夫妇之名誉，县令竟然故意掩盖案件真相，曲为维护。这无疑是一种“情判”的特殊表现，其目的在于维护社会和谐，其所采用的方法与手段也令人称奇。

（三）“情判”中的调处和息

调处和息是指在当事人双方发生纠纷或矛盾时，由独立的第三人居中主持，在对纠纷各方情况进行调查了解之后，进行说服、感化和教育，使当事人认识到自己存在的问题与缺陷，并互作让步，接受调解人所提出的解决办法，从而消弭讼争，达致和谐与无讼的境界。调处和息是中国传统诉讼审判中常见的解决纠纷的办法，它构成了传统中国法律生活中最经常、最主要的内容之一。[1]由“情判”的性质所决定，调处和息更是在其中被大量运用。

1. 调处对象。根据调处所涉案件当事人之间的关系，我们可将“情判”的调处对象区分为两种：当事人之间有亲缘关系的案件和当事人之间并无亲缘关系的案件。在当事人之间有亲缘关系的案件当中，由于彼此之间特殊的亲缘关系，调处的运用具有足够的可能性和较高的有效性。而这当中，又属父母与子女之间、兄弟姐妹之间的关系为主。《名公书判清明集》中载有对关于兄弟争嗣案件所作的判词：

> 叶秀发无子，本县援经据法，谓孙与吴皆异姓，不应立，只当于同宗昭穆相当者求之，可谓名正言顺。若论昭穆相当，则容之、詠之皆秀发堂弟，而容之子慧孙、詠之子寄孙皆可立也。……大义所在，亲兄瑞之之无后，重于堂兄秀发之无后，舍亲就疏，此其意为义乎？为利乎？盖秀发生理颇裕，瑞之家道侵微，容之、詠之徇利忘义，遂阋于墙而不顾，讼于官而不耻，甚至诬其母以偏受，人情至此大不美。官司若不早与平心区处，非特瑞之、秀发身后俱失所托，而容、詠手足之义，参商益深，甚非所以慰母心而厚风俗也。欲唤上容之、詠之，当厅以慧、寄二名焚香拈阄，断之以天，以一人为瑞之嗣，以一人为秀发嗣，庶几人谋自息，天理自明，存亡继绝，安老怀少，生死皆可无憾。[2]

---

〔1〕 胡旭晟：“中国调解传统研究——一种文化的透视”，载胡旭晟：《解释性的法史学——以中国传统法律文化的研究为侧重点》，中国政法大学出版社2005年版，第331页。

〔2〕《名公书判清明集》，中华书局1987年版，第203~204页。

本案中，拈阄立嗣实乃无奈之举。瑞之、容之、詠之三人为亲兄弟，秀发为三人之堂兄。瑞之和秀发二人皆无后，但两人一贫一富。容之和詠之争相立嗣于富裕之堂兄，却不愿立嗣于贫穷之亲兄。由此产生纷争，大伤兄弟亲情，即所谓“徇利忘义，遂阋于墙而不顾，讼于官而不耻”，导致“人情至此大不美”。如何解决，现行法律对此亦显无奈，唯有拈阄立嗣，方能使争议平息，亲情得以维护，家庭得以安宁，“焚香拈阄，断之以天，以一人为瑞之嗣，以一人为秀发嗣，庶几人谋自息，天理自明，存亡继绝，安老怀少，生死皆可无憾”。

在并无亲缘关系的当事人之间所发生的案件，因其案件特殊性质，也往往运用调处和息的形式来解决纠纷。梁时陆襄曾审理过邻居两家之争：

> 又有彭李二家，先因忿争，遂相诬告，襄引入内室，不加责诮，但和言解喻之，二人感恩，深自咎悔。乃为设酒食，令其尽欢，酒罢，同载而还，因相亲厚。民又歌曰：“陆君政，无怨家，斗既罢，仇共车。”[1]

此例中，经由司法官的调处，原本相互为仇的邻居两家竟然成为相亲相爱的朋友，由此可见调处的力量与效果，当然，这与司法官本人的智慧是分不开的，不仅如此，当时社会的风气及君臣上下对于诉讼审判的态度也决定了司法官会不遗余力地采取这么一种手段来解决纠纷。对此，郑克评价道：“夫异姓之疏也，诬告之怨也，犹可和解，使相亲厚，况亲族之不睦者乎？彼犹未容责诮，此可遽加严法乎？矜谨之士，宜鉴于兹，故并着焉。”[2]此可谓良言矣。

2. 调处手段。实行调处和息是司法官在“情判”过程所追求的目标，但是必须辅之以一定的方法与手段，才可奏效，为此，中国古代的司法官在调处和息时，往往运用特殊的手段达致双方和解息讼的目的，如下例：

> 记在甘州时，有兄弟白首构讼，心甚恶之。兄诉弟不法种种，予曰：“是当立毙杖下，即命尔自行杖，庶快尔心。”命隶取杖付之。其兄尽力一挥，直欲立死其弟，余意正怫然，故语之曰：“须三杖了

---

〔1〕《梁书》卷二十七《陆襄列传》。

〔2〕（南宋）郑克：《折狱龟鉴·严明》之《郎茂敦论》。

却尔弟命也。”其弟从阶下忽仰首望兄呼一声，其兄勃然良心触发，急舍杖趋前，抱弟而起。弟揽兄足，兄拊弟背，放声大哭。予亦为泣下，旁观吏卒至不能仰视。当其赴诉咆哮，直有不可解之怨毒；即其举杖之时，亦未见有半点之怜惜也；问官含怒嗔呵，亦未尝示一言之解劝也。只其弟仰首一呼，不知其兄从前怨恨销归何处。胥徒府吏，抑且尽仁人孝子，为其兄弟感触，亦各含辛堕泪。斯时堂上无官司，两旁无役卒，堂下亦无罪人，只有贤兄悌弟，蔼然仁孝之意充满户庭。……[1]

在此兄弟相讼之案中，司法官调处的手段竟然是命兄杖弟，就在下手的那一刻，弟弟的一声“哥”唤起了哥俩心中无限的兄弟之情，甚至感动了司法官及其他衙役诸人。所有的怨恨都在这一声“哥”当中烟消云散，这说明兄弟二人心中仍存仁孝之心，也正因此，方可实现调解的效果。按照司法官的理想，如能将此仁孝之心推而广之，则“真可刑措不用，其去三代不远矣”。这段记述真是一篇好的教化文字，也正凸现了文人之判的本色。

3. 调处程序。中国古代的司法官调处和息并不是随意而为，而是精心设计的，如下例：

单县乡绅张某，与其侄某等构讼六年。藩宪委予至曹府提讯，先谕绅以“你做令十年，归，乃与侄讼，诸多违碍”，继斥其侄“汝等俱生监，何不知礼律，讼其伯，自讨死”。两造先各有畏心。查侄父本绅胞弟，绅以出为叔后，侄降为功服。绅无子，先抚养次侄为子，教读完娶，以不才归宗。绅又抚其第三侄，更不肖，仍归宗。绅后有妾子二人。侄谓是他人儿，买两媒婆诡闹于街。一婆云：“汝何能？但能为某绅买他儿，得衣食！”一答云：“与你何干！”又以他故纵健役，带悍妇多人闹绅，并扛控于上，又贴匿名帖于城。绅故不与人交，侄结书院师及诸名人为关说。闻委予，则一夜行数百里之书信以健骡递至，乃于次日彻底讯结。两造证多显宦子弟，皆跪而挢舌。予闻张氏邑名族，绅与弟素友爱，远宦十年，以其数万金产托弟经理。比归，弟出入簿，绅不一阅。今乃如是，是可化也。

[1] “《折狱龟鉴补》卷一《命兄杖弟》”，载陈重业主编：《折狱龟鉴补》译注，北京大学出版社2006年版，第96～97页。

又次日，设多座于书院，命绅及诸证两傍坐，令其三侄跪，听训法言巽语几千言。侄痛苦认罪，呼伯求救。绅亦长跪，认教子侄不谨，且亦有不善处事过。众证亦跪认不能和解，求免究辩。哭声满屋，观者如堵墙，皆感服。予乃为清理一切，重责听嘱扰闹扛控之健役，令其三侄百叩伯前，具悔过结。请于上司，上司亦服之。[1]

此案的调处过程大致可分为这么几个阶段：第一个环节是受案。司法官接受省里布政使的指派而审理此案。第二个环节是训谕。大凡司法官进行调处之前，总要进行一番训谕。在本案中，无论孰是孰非，司法官先将当事人双方训斥一顿，这样就使得双方对司法官有了敬畏之心。第三个环节是调查。没有经过仔细的调查，就难以发现案件事实，也就难以作出准确判断。本案中，司法官通过自己的调查，大致了解了案情，从而心中有数。第四个环节是当面进行调处。经过训谕使得当事人已心存敬畏之心；再经过调查，又对案情有了基本的把握，这时司法官即凭借自身的威权对当事人再次进行儒家伦理的宣讲。逐步唤起当事人双方的亲情与友爱，并各自作出让步，这时司法官就顺势进行调解，并对相关唆讼的外人进行适当处罚，并要求当事人具结。这样就使一件积讼多年的案件终于被调解成功了。

（四）“情判”的判决拟定

自“情判”开始启动，司法官对案件事实进行认定之后，紧接着根据情或情理对案件作出判决。对于司法官所拟定的判决，我们可将之大致分为两种情形。

1. 情法兼顾。中国古代的司法官在进行司法审判时，总是力图做到情与法的兼顾。诚所谓：“法意、人情，实同一体。徇人情而违法意，不可也；守法意而拂人情，亦不可也。权衡于二者之间，使上不违于法意，下不拂于人情，则通行而无弊矣。”[2]但如何做到情法兼顾呢？惟有“酌情据法，以平其事”，“明其是非，合于人情而后已”。[3]清朝名幕汪辉祖亦曾言为吏者应当“体问风俗，然后折中剖断，自然情、法兼到”。[4]他认为只要司法官仔细体察人情俗尚，然后折中处理，自然能实现情法兼顾的目标。

为维持孝道，自唐以来历代法律皆对居父母丧而身自嫁娶者予以严厉处

〔1〕《折狱龟鉴补》卷一《息叔侄讼》，陈重业译注，北京大学出版社2006年版，第98~100页。

〔2〕《名公书判清明集》，中华书局1987年版，第311页。

〔3〕《名公书判清明集》，中华书局1987年版，第215页。

〔4〕（清）汪辉祖：《学治臆说》卷上。

罚，清朝也是如此。清朝时曾有一百姓名周四，他居父母丧而娶周氏为妻。按当时法律，居父母丧而身自嫁娶者，杖一百，离异。这是非常明确的法律规定，但因此类事件发生较多，故在实践中又往往酌情处理。清朝中央刑部贵州司的官员在详查相关律例后指出：

> 盖律设大法而例本人情，居丧嫁娶虽律有明禁，而乡曲小民昧于礼法，违律而为婚姻者亦往往而有。若必令照律离异，转致妇女之名节因此而失，故例称揆于法制似为太重，或名分不甚有碍，听各衙门临时斟酌，于曲顺人情之中仍不失维持礼法之意。凡承办此等案件，原可不拘律文断令完聚。若夫妻本不和谐，则此等违律为婚既有离异之条，自无强令完聚之理。所有该司审办周四居丧娶周氏为妻一案，自系临时斟酌，于律例并无不合，应请照办。（道光十一年说帖）〔1〕

在此案中，值得我们注意的是这么一句话："盖律设大法而例本人情。"这句话可谓全案判决之核心，极为重要。它说明律文的规定往往是较为原则抽象的，尽管在其立法的过程中也充分考虑到了情理的因素，但由于实际情况千差万别，若要将律文的内容更好地应用于具体案件，必须要"临时斟酌"、"曲顺人情"，如此方可使"情"与"法"相协调。

2. 弃法顺情。在中国传统诉讼之"情判"中，情法兼顾固然是判决拟定的首要目标，但是，由"情判"的内在本质及价值取向出发，当法无明文规定或法与情之间发生冲突或矛盾时，司法官通常便会摒弃国法，转而依据情或情理作出判决。

司法审判中，法无明文规定的情形相当多，这是因为，法律条文是有限的，而生活则是复杂多变的。以有限的法律条文根本无法应对无限的生活事实。此时，唯有依据情或情理作出判决。法与情合时，司法官自可依法而判，这自不必多说。但值得注意的是当法与情冲突时，司法官就依情而判了。这在州县自理的户婚田土类案件中表现得更为明显，如下例：

> 禀悉。尔真可怜极矣。年未四岁，怙恃见背；嫁甫一载，藁砧远游。深闺幽闱，不免凄凉；秋月春风，等闲虚度。陌头杨柳，丝丝牵少妇之愁；枝上鹊声，夜夜起辽西之梦。而且夫家少伯叔之依，

〔1〕《刑案汇览》卷七《居丧嫁娶可以原情免其断离》。

> 母族无弟兄之靠。茕茕孑立，无以为生。屡牒公厅，请求改醮。历任县主均以风化伦纪为言，劝尔苦守。本县何人，独敢外是？然览尔禀牍，心为恻然。查尔夫出门经商，五年无耗，其存其亡，家莫闻知。即果尚在人间，而五载不返，弃予如遗，亦已无伉俪之情。琵琶别抱，在风化伦纪上，虽不无瑕疵，而以人情言，则固无间也。王道不外人情。尔能守志，则忍死以待可也。如不能者，则改醮亦非所禁。本县固不能准尔改醮，然亦不禁尔改醮也。此批。[1]

某少妇的丈夫外出经商，五年未回，亦无任何音信，妇人无依无靠，亦无以为生，屡次向官府提出改嫁，但都被驳回。袁枚任内，该少妇再次向其提出请求。这令袁枚左右为难，若以封建礼教“从一而终”之原则而言，自难同意。但是想起一青春少妇就这样凄苦度日，即以人之常情度之，亦觉太不近人情。司法官只能尽量使情理与法律相合。因为“王道不外人情”，所以“琵琶别抱，在风化伦纪上，虽不无瑕疵，而以人情言，则固无间也”。最终司法官对其要求予以默认，即“本县固不能准尔改醮，然亦不禁尔改醮也”。

二、情理在当代司法中的运用实践

在当代司法实践中，关于“情判”是否存在并无定论。但笔者以为，“情判”作为中国传统诉讼法律文化的重要一环，它至今仍然存在。“情判”制度不但在中国传统诉讼中扮演着极其重要的角色，即使对当代诉讼而言，它仍在或隐或显地产生影响。因为，“情判”是因传统文化而生的一种制度，在制度所赖以生存的文化未消亡的情况下，文化所孕育的制度也不会就此消亡，它会顽强地在司法审判实践中发生作用。[2]梁治平先生亦曾指出：“与现实生活的丰富相比，法律的安排总不能免于简陋之机。……在司法中，总少不了善体法意，顺遂人情。”[3]因此，“情”或“情理”在司法中是绕不开的因素。

（一）情理在民事诉讼中的运用实践

民事诉讼是平等主体间的诉讼权利与义务关系，双方当事人地位平等，民事法律关系的精髓是意思自治，而“情”是探究当事人意思的关键。在民

---

〔1〕（清）袁枚：“空房少妇”，载金人叹、吴果迟编著：《断案精华——大清拍案惊奇》（上册），海峡文艺出版社2003年版，第67～68页。

〔2〕刘军平：“中国传统诉讼中的‘情判’现象及其分析”，载《求索》2007年第7期。

〔3〕梁治平：《法意与人情》，中国法制出版社2004年版，第234页。

事诉讼中恰当地运用情理，能够有效地解决纠纷，促进社会的和谐稳定。在我国当代民事诉讼中，存在大量运用情理的案例，可举侯耀文遗产案作一说明。

> 著名相声演员侯耀文于2007年6月23日因病去世。生前并未留下遗嘱。2009年2月7日，侯耀文长女侯瓒将同父异母的妹妹侯懿珊起诉到北京市西城区人民法院，要求依法分割侯耀文名下的各项银行财产和其他金融机构的财产。2009年6月23日，侯瓒向西城区法院提交申请，要求将原本作为被告的妹妹侯懿珊变更为原告，而追加了侯耀文的哥哥侯耀华、侯耀文、生前好友牛成志以及侯耀文弟子郭晓小夫妇四人为被告，要求返还及赔偿相应遗产。2010年6月4日在西城区法院的协调下，双方当事人达成和解。[1]

本案的审理过程可谓一波三折，这里我们不讨论媒体的炒作。单就案件结果来说，体现了情理在遗产继承纠纷中的作用。双方当事人本是一家人，为了遗产对簿公堂，于情于理都说不过去，本案主审法官也注意到了这一点，力争在审判中多考虑情理因素，让双方当事人和解或者调解结案。经过努力，原告侯瓒和其伯父侯耀华终于达成和解协议。后来在接受采访时，侯耀华称："我们可能会在法律层面上输掉这场官司，但我们在道德上是胜利的……"[2]

在本案中，我们看到民事诉讼中运用情理的另一种方式，在继承等家庭成员之间的纠纷当中，法官会尽量争取以调解或和解结案，这样不仅有利于双方当事人以后的生活，维系彼此之间的亲情，并且符合中国传统的道德标准。在调解或和解的过程中，法官动之以情，晓之以理，使案件得以圆满解决，既合乎法律规定，又兼顾人情关系。虽然有些案件不能在判决书中体现情理的运用，但是在案件审理的过程中，在调解或和解的协议中，情理依然是十分重要的因素，在调解或和解协议中顾及情理则可使调解的成功率大大增加。

近年来，随着我国民事司法的改革，实务中也出现了一些新的运用情理的现象。"法官后语"就是这样。所谓"法官后语"，又叫"法官寄语"，一

---

〔1〕"解密侯耀文遗产案背后：亲情最难以割舍"，载《国际金融报》2010年8月27日。

〔2〕"解密侯耀文遗产案背后：亲情最难以割舍"，载《国际金融报》2010年8月27日。

般出现在判决书的最后，是指法官在制作完判决书后有感而发写出的劝诫性的语言。一般不涉及法律问题，主要是从情理上让当事人悔悟。在建设和谐社会的进程中，笔者以为这种做法是值得肯定和推广的，其有利于解纷活动的进行。我国第一份“法官后语”出现于南京市建邺区人民法院的民事判决中。[1]自此之后，各种形式的“法官后语”在判决书中层出不穷。如厦门市海沧区法院的一份判决书上的“法官后语”是这样写的：

> 区区用水、同室操戈，一拘一伤、身心俱疲；对簿公堂、已伤亲情；一朝诉讼、三番调解，年已不惑、奈皆坚拒，族中晚辈、如何效仿？和谐社会、你我共创，望止争息讼、握手言和、延续亲情！[2]

短短数语，写进了当事人的心坎，触及了当事人的软肋，让当事人体会到纠纷不是不能解决的，于是顺利地握手言和。让当事人自己“动情”，以达到解纷之目的，这就是情理的力量。在民事审判中，情理的运用是经常的，有些案件还必须考虑情理的因素，不然很难作出公正的判决。比如有些法无明文规定的案件，在处理中要根据公平原则等民法基本原则进行裁判，这时需要法院在全面审查的基础上广泛考虑情理因素，从而作出公正的判决。民事审判中情理的运用是当代民事司法中不可或缺的。

（二）情理在刑事诉讼中的运用实践

刑事诉讼的目的之一是将犯罪分子绳之以法，并借此来调整社会秩序。因刑事诉讼有可能对犯罪嫌疑人科以刑罚，故必须要有确定性。但是在刑事诉讼中，往往会有一些案件在依法处理后并不能实现实质正义，甚至出现与正义背道而驰的情况，在这些情形下，刑事诉讼中情理的运用就显得尤为重要。在刑事司法实践中，同样不乏运用情理的案件。兹举著名的许霆取款案作一说明。

> 许霆系广州市某单位保安。2006 年 4 月其在广州市商业银行 ATM 机上取款时，利用银行 ATM 机系统升级出现的系统漏洞恶意取款。许霆的银行卡余额本来只有 170 多元，其取款时本来计划取款

---

〔1〕 王聪：“南京首现人性化‘法官后语’判决书”，载《京华时报》2002 年 7 月 21 日。

〔2〕 蒋升阳：“厦门海沧区法院推行‘法官寄语’判决书‘以情动人’”，载《人民日报》2009 年 11 月 2 日。

100元，但无意中输入了取款金额1000元，取款机真的吐出1000元现金，这时许霆查看自己的账户余额，发现余额只少了1元。许霆发现这个漏洞后，用自己的银行卡在该自动取款机上不断取款。从当天晚上9点多到凌晨1点多，分170多次取出现金17万余元。案发后，许霆携款潜逃，后在宝鸡市落网。审理此案时，法官颇为难。因为虽然该案案情简单，证据确凿充分，且被告人许霆对本案事实供认不讳，但是本案属于新的犯罪形式，我国刑法对此种犯罪并没有作出规定。在一审时，许霆的辩护人为许霆做侵占罪的轻罪辩护，其认为许霆的此种行为构成侵占罪，法定最高刑为5年。而公诉机关却指控许霆犯盗窃罪，且数额巨大，依照刑法可以判处无期徒刑，控辩双方分歧很大。法院在综合考虑案情和各种情况后，采纳了公诉方的观点，一审判决许霆盗窃罪成立，判处无期徒刑，剥夺政治权利终身，并处没收个人全部财产，把违法所得17多万元还给银行。〔1〕

一审判决后，舆论哗然，普遍认为法院判决量刑过重。在自动取款机系统出错的情况下，许霆的这种做法在情理上是能够让人接受的。法院的判决虽然有法律依据，但在情理上却很难说通。于是许霆提起了上诉，上级法院在审查本案后发回原审法院重审。重审法院作出了如下判决：认定被告人许霆犯盗窃罪，虽然数额巨大，但是许霆有很多“偶然”的犯罪因素，综合以上情况，在法定刑以下判刑，判处许霆有期徒刑5年，并处罚金2万元，把违法所得17余万元还给银行。〔2〕

重审判决至今已经生效，本案当事人许霆现在正在服刑。但是就本案来说，在“法无明文规定”的情况下，司法机关是如何进行裁判的呢？从一审的无期徒刑到重审的5年有期徒刑，这一巨大的刑期差距是不能用正常的思维来解释的，这里我们不能不考虑司法机关在审理该案时的“情理”因素：许霆的这种行为和蓄意盗窃是有根本区别的，更多的是临时起意，判决过重在情理上说不过去，法院考虑到了这一特殊情况，作出了5年有期徒刑的重审判决。这个判决还是受到了“情理”因素的影响，人性化地减轻了许霆的

〔1〕 见广东省广州市中级人民法院刑事判决书（2007）穗中法刑二初字第196号。
〔2〕 见广东省广州市中级人民法院刑事判决书（2008）穗中法刑二重字第2号。

刑罚。这一判决结果无论是许霆本人还是普通公民，都是可以接受的。同时也实现了法律的公平公正，实现了实质正义。在本案中，我们看到了刑事司法中运用情理导致的在法定刑以外判刑。

（三）情理在行政诉讼中的运用实践

行政诉讼体现不平等主体之间的诉讼权利与义务关系，诉讼主体之间的不对等性给行政诉讼的公平公正提出了更高的要求。我国行政法上也规定了一系列原则来保障行政诉讼的公正性，其中最引人注目的原则之一是合理性原则。而践行合理性原则的关键则是司法机关在行政司法实践中运用情理来解决纠纷，以下试举北京市工商局违反“过罚相当”案作一说明。

2005 年 10 月 17 日，北京市工商行政管理局对北京金洋天蓝科技发展有限公司（以下简称金洋公司）作出行政处罚决定：因金洋公司未经工商行政管理机关核准变更登记的情况下，擅自搬迁公司住所。市工商局曾于 2005 年 4 月 8 日下达责令改正通知书，限金洋公司 30 日内改正违法行为，至 2005 年 7 月 24 日被查处之日，当事人仍未改正。市工商局依据《公司登记管理条例》第 63 条规定，对金洋公司罚款 10 万元。金洋公司不服，诉至法院。[1]一审法院经审理认为，北京市工商局在本案事实认定和程序适用上均符合法律规定，但是在处罚幅度上有失分寸。本案当中，金洋公司并不存在从重处罚的情节，对其处 10 万元罚款过重。于是法院认定北京市工商局对金洋公司的处罚违反过罚相当原则，显失公正，应当予以纠正。遂变更处罚金额为 2 万元人民币。

本案中，法院在罚款数额的认定上运用了情理，评估了案件的客观情况，擅自改变公司住所与法律所规定的“从重”情节相差甚远，这一点主审法官是靠情理来把握的。因为改变公司住所，就常情来看，并非严重情节，因此，法院合理地改变了处罚数额。在行政处罚案件中，处罚额度的把握属于行政机关自由裁量的范畴，而正是处罚额度这一法律赋予执法者的自由裁量权在司法实践中必须依靠情理来把握，自由裁量权的运用应当考虑情理的因素，全面评估案件的事实，在法律规定的范围内作出合情合理的处罚决定。

以上案例选自各高级人民法院所编的案例指导，对各地市法院的司法实践具有指导意义，这些案例特殊性当中蕴含着普遍性。通过对这些案例的探析，笔者以为，在行政诉讼这种比较敏感的“民告官”案件中，情理的运用

〔1〕 北京市高级人民法院编：《北京法院指导案例》第 5 卷，知识产权出版社 2010 年版，第 264 页。

不是偶然的，而是显得尤为重要，体现了老百姓与政府部门对话时的人性化关怀，它是司法公正的一种保障，是实现实质正义的客观需要，同时也是建设和谐社会的重要组成部分。

三、情理在当代司法实践中的意义

任何社会的法律都是为维护并巩固其社会制度和社会秩序而制定的，[1]情理作为我国传统的社会秩序维持中一个重要的元素，一直在司法实践中发挥着重要的作用。在礼治与法治之间，在传统与现代之间，情理正发挥着其应有的作用，维系着中国诉讼审判和乡土司法当中“礼”与“法”之间的平衡。但是因为情理自身的不确定性、非实定性以及无形性等弊端，其在司法中亦有很大的消极作用。

（一）积极作用

情理之所以成为司法者在司法中经常考虑的重要因素，很重要的原因就是情理不仅对纠纷的解决有实实在在的作用，而且在法律的修改过程中及解决法律的滞后性等方面都具有一定的指导意义。具体来说，情理在司法中的积极作用主要表现在以下几个方面。

1. 弥补法律规定的不足。作为上层建筑的一部分，法律亦取决于经济基础。法律不是万能的，根据马克思关于法律的经典理论：法律以社会为基础，而社会是纷繁复杂的，法律制定出来以后不可能调整所有的社会关系，总有法律不能调整或调整不到的社会关系存在。尽管当代中国的法律体系在不断完善过程中，并且已经形成了中国特色社会主义法律体系，但由于经济的飞速发展，法律的盲区仍然大量存在。由此，在当代中国司法中，普遍存在法律不能调整或调整不到的社会关系，此时，情理可以有效地弥补法律的不足。这种弥补主要体现在两个方面。

第一，在法无明文规定的情况下，法官依据法律裁判出现困境时，情理可以成为解决这一困境的有效方式。法官可以根据自己对案件的了解，综合各种情况，依据情理来作出公平的裁判。这种裁判虽然没有法律条文作为支撑，但是这个裁判是符合法律的基本精神的。也就是说司法官根据情理所作出的判决是正确的，是经得住考验的，是站得住脚的，是当事人乐于接受的。司法官适用法律的困境多发生在正常的诉讼过程中，即按法定程序提起的民事、刑事和行政诉讼中，因为只有在正常的诉讼过程中进行的裁判才发生法

---

〔1〕瞿同祖：《中国法律与中国社会》，中华书局2003年版，第1页。

律的适用。上文中提到的许霆盗窃案正说明了这一点，该案的最终判决应该说实现了实质正义，是情理弥补法律不足的一个体现。

第二，在中国广大的乡土司法过程中，情理的适用是常态。在我国基层地区，尤其是在广大农村和山区，是很难看到法律的正式适用的。正如上文所提到的那样，当事人解决纠纷一般是靠族长或有权威的人，至多去找政府来解决问题，很多时候驻村干部等人就把纠纷解决在田间地头，或者乡镇的派出法庭出面进行调解，而走正式的法律程序几乎放在了被遗忘的角落。这是我国乡土司法的现状，也是我国司法状况的一个不足。在这里，情理大有作为，不同的解纷者在运用大家都认同的情理进行调解或和解。情理对法律不足的弥补在此处尽现无余。

2. 为立法和修法提供参考。法律是在不断发展中完善的，没有哪一部法律制定出来就完美无缺、一成不变。任何优秀的法典都是经过若干次修改而成的。在法律制定和修改的过程中，立法机关是从司法实践中不断吸取经验教训的。有学者指出，中国传统诉讼文化的价值取向支配着国家和个人的观念和活动。[1]我们在此所讨论的司法中的情理，作为中国传统诉讼文化的重要内容，亦支配着立法者，并对立法和法律的修改产生了深远的影响。立法机关注意到了这样的情况，在我国刚刚生效不久的《侵权责任法》当中针对此种情况专门规定了公平责任的原则。[2]各地市也在地方性法规中明确了见义勇为的责任承担原则，[3]这亦是情理对民事立法的影响。在法律的制定和修改中注重情理的因素，制定或修改的法律会在司法实践中产生更好的效果，法律会更加完善。因此，情理对立法和法律修改的参考作用是不容忽视的。

3. 更好地实现司法的法律效果、社会效果和政治效果的统一。在司法实践中追求法律效果、社会效果的统一，是20世纪90年代末最高人民法院提出的两个效果相统一的要求。近年来，随着构建和谐社会思想的提出，最高人民法院要求在司法中努力实现法律效果、社会效果与政治效果的“三者统一”。如今，“三者统一”已经成为中国特色社会主义法治理念的重要内容之一。在司法中实现法律效果、社会效果和政治效果的统一，是追求公平正义、体现执法为民、促进社会和谐的重要标志。

---

〔1〕 胡旭晟：“中国传统诉讼文化的价值取向”，载中南财经政法大学法律史研究所编：《中西法律传统》第2卷，中国政法大学出版社2002年版，第168页。

〔2〕 见《中华人民共和国侵权责任法》第23条。

〔3〕 如《成都市见义勇为行为审核认定办法》等地方性规章。

我国目前城乡二元结构十分明显，13亿人口中仍然有7亿多农民，广大的农村社会仍然是以姓氏或家族为基础而聚居的“熟人社会”，他们崇尚传统。即便是在城镇，在我国几千年传统文明的熏染下，仁义礼智信，温良恭俭让等传统的道德观在国人心中也根深蒂固。在这样的社会结构下，老百姓一旦惹上官司，他们并不关心案件的程序合不合法，适用法律是否正确，他们只关心自己承不承担责任，承担多大责任，案件处理结果是否合情合理。在这样的情况下，我们追求司法中的法律效果、社会效果与政治效果的统一仅依靠法律尚不足以保证，而司法中的情理是保证案件处理结果合情合理的重要因素。通过上文的案例我们亦可以看出，无论是在一般的诉讼程序中还是在乡土司法中，裁判者运用情理作出的裁判结果是能为当事人和广大老百姓所认可和接受的。而当事人和老百姓对裁判结果的接受也从侧面说明了该裁判结果已经在很大程度上实现了法律效果、社会效果和政治效果的统一。情理在实现司法的法律效果、社会效果与政治效果之统一的作用上，笔者以为是应当值得肯定的。

（二）消极作用

唯物主义辩证法认为，世界上的事物都具有两面性，司法中的情理也不例外。情理在现实中是一种虚无缥缈的东西，其运用存乎人心，其效果仅在处理纠纷中显现。在我们强调依法治国、建设社会主义法治国家的背景下，司法中情理的运用与我们当前提倡的司法价值观格格不入，这与情理自身的特点不无关系。情理本身具有不确定性，在司法中其限度又难以把握，也没有一个统一标准来规范其使用。难怪有学者指出其是中国乡村社会法治化的一大羁绊。[1]司法中情理的运用存在不容忽视的消极作用，以下将对此逐一分析并就其解决办法作一说明。

1. 影响司法的权威性。司法的权威性是指一个国家的司法机关应当享有的威信和公信力。司法的权威性表现在两个方面：①对于当事人来说，司法应当具有权威性。司法人员的司法过程应当受到尊重，司法机关所作出的裁判结果应当得到遵守。②对其他国家机关、社会团体来说，必须充分尊重司法机关的地位及其司法权的行使，司法过程应当不受干涉。[2]

在一个法治国家，司法的权威性是毋庸置疑的。在我国的各级司法机关

〔1〕 薛珍：“中国乡村社会法治化的三大羁绊”，载谢晖、陈金钊主编：《民间法》第1卷，山东人民出版社2002年版，第298页。

〔2〕 王利明：《司法改革研究》，法律出版社2001年版，第366页。

中，也以崇尚司法的权威性为至高标准。我们提倡尊重法律的权威性，但是司法中运用情理却使司法的权威性受到了影响，司法中运用情理更多的是让司法者在裁判中考虑情理因素。在基层，甚至有群众感觉人情高于法律，在中国传统的“法律不外乎人情”之说法的影响下，人们在司法过程中的人情观十分深厚，一朝一夕并不能改变。如前文所述的乡土司法中的种种司法人员在调解农村纠纷中出现的适用法律的困境，这是他们司法的一种无奈。在这种状态下，司法的权威性大打折扣，并没有得到足够的尊重。

因此，我们不能忽视司法中运用情理对司法权威性的影响，在这个前提下，才可以有所变通，即司法中情理运用最佳的状态应当是在尊重司法权威性的范围内进行。在我国的司法实践中，一般的诉讼程序中运用情理能够在尊重司法的权威下进行，但是在乡土司法中，这一个过程还有很长的路要走。这就需要我们在乡土司法的过程中更要注意对法律的尊重，乡土司法的裁判结果应当是符合法律的基本精神和人们的善良风俗的，只有这样的乡土司法才是应当提倡的。反之，即便是情理的运用再充分，也是应当唾弃的。

2. 影响适用法律的稳定性与民众法律信仰的形成。适用法律的稳定性是法律的内在属性，是一个国家实现法治的重要一环，朝令夕改不是一个法制健全的国家应该出现的现象。亚里士多德说：“法律所以见效，全靠民众服从。而遵守法律的习性须经长期的培养，如果轻易地对这种或那种法律常作这样或那样的废改，民众守法的习性必然削减，而法律的威信也就跟着削弱了。”〔1〕我国古代对法律的稳定性就非常看重。司马光曾说：“祖宗之法，不可变也。”〔2〕法律的稳定性对一个国家的长治久安十分重要，对民众的法律信仰的形成亦有举足轻重的作用。美国法学家哈罗德·伯尔曼说：法律必须被信仰，否则形同虚设。〔3〕社会公众对法律的信仰是法治精神形成的重要保证。适用法律的稳定性与法律信仰的形成有密切的关系，公众对法律有信仰才会有对法律的尊重、认可和接受，法律才会有稳定性，如果丧失这一点，法律犹如一纸空文。稳定的法律体系和全社会共同的法律信仰是建设法治国家的重要因素。

司法中情理的运用会对法律适用的稳定性产生影响。因为司法中情理的

---

〔1〕［古希腊］亚里士多德：《政治学》（节选本），吴寿彭译，商务印书馆2006年版，第81页。

〔2〕《司马温公文集·司马温公行状》。

〔3〕［美］哈罗德·J. 伯尔曼：《法律与革命——西方法律传统的形成》，贺卫方等译，中国大百科全书出版社1993年版，第5页。

运用没有一个可以量化的标准，从而导致法律适用的不稳定性。如上文所述的司法者在裁判过程中运用情理，整个过程是没有可预测性的，当事人不能肯定自己会受到怎样的处理，没有固定的处理模式，这是司法中运用情理的弊端之一。这样长久下去，势必使民众对法律产生怀疑，适用法律的稳定性无从谈起，法律信仰的形成更是遥不可及。

司法中运用情理的这个弊端，需要我们在司法实践中注重情理运用的范围和幅度，在利用情理实现公平正义时注重法律适用的稳定性。当然，如果实务中能有一个标准可资借鉴是最好不过。我们欣喜地看到，从国家立法机关到地方法院都及时地认识到司法中情理资源的这个消极作用，所以采取了一些措施来避免。比如《中华人民共和国人民调解法》的通过及实施，使人民调解有章可循，调解中情理的运用也会规范许多。最高人民法院从2007年起开始以“民俗习惯在审判中的运用”为题在全国开展重点调研，并且举行有关民俗习惯研讨会，实务界和理论界人士共同探讨情理等民间因素在司法裁判中的运用等问题。[1]有的地方法院制定一些指导意见，把善良风俗等民间的情理因素引入司法中，如2007年江苏省姜堰市人民法院制定的《关于将善良风俗引入民事审判工作的指导意见（试行）》以及其他6个指导意见。这些措施将有效地规范情理在司法中的运用，使司法中情理的运用具有可预测性。

3. 易导致法官自由裁量权的滥用。法官的自由裁量权是法律赋予法官的一种让法官在法律规定范围内进行裁判的权力。自由裁量权要求法官根据案件实际情况，合法合理地对当事人应当承担的责任进行合理地分配。一般来说，司法者运用自由裁量权主要依据的是案件的客观情况和自己对案件的认知，并根据社会生活中的一般情理，据此形成个人对案件结果的认识，通过裁判把它表现出来。自由裁量权的优势在于它能给我们带来法律所不能到达的实质正义，它是实现个案公正的有效手段。法官自由裁量权的运用对法官素质的要求较高，它首先要求法官要绝对中立和独立，并且严格遵守职业道德和职业伦理。

在我国现行法律中，有许多赋予法官自由裁量权的条文，不仅在刑事法律关系的量刑上，在民事法律关系的责任承担、赔偿额度等方面法官都有较大的自由裁量权。在司法实践中，情理是司法者运用自由裁量权的主要依据。

---

〔1〕 参见厉尽国：“民间规范司法适用制度化相关问题研究”，载《山东大学学报（哲学社会科学版）》2009年第5期。

一般情况下，法官在自由裁量权的范围内运用情理所作出的裁判是能够实现其应有的价值的。但是情理的不确定性还会导致法官在拥有自由裁量权的情形下对情理的滥用，由此导致司法中运用情理适得其反。情理的运用还极有可能成为司法者滥用自由裁量权的幌子。

在司法实践中运用情理对司法者自由裁量权的滥用危害很大。解决这个问题，一方面需要我们的司法人员提高职业道德水平和法律素养，确保在司法中尤其是在运用情理司法的过程中不滥用自由裁量权，任何时候都必须保持中立的态度，保持司法者的良好职业形象。另一方面我们应该正确认识司法中运用情理合理解决纠纷的一面，要刻意避免司法中情理的过度使用，任何时候司法中情理的使用都要在法官合理的自由裁量权以内。

综上所述，司法中运用情理给我们的司法带来了很多益处，同时也不可避免地产生了消极影响。儒家继承并发展的我国古老的德治、礼治等传统对中国社会的法律运作产生了极为深刻的影响，传统的司法行为具有其广泛的合理性。[1]由于传统司法行为的指引，在当前中国的纠纷解决机制中，司法中情理的运用是正常的也是不自觉的。在这样的情形下，我们非要下结论说当代司法中运用情理是弊大于利还是利大于弊是不现实的，或者说其本身就是没有答案的，也许存在即有其合理性。我们能做的只是在司法中尽可能发挥情理的积极作用，避免其消极作用。

---

〔1〕 武建敏：《传统司法行为及其合理性》，中国传媒大学出版社2006年版，第87页。

中国传统法制的官吏选任智慧及其借鉴意义

吕铁贞 *

治国之道，首在选材。选官制度历来是当政者的难题，如何有效地遴选出杰出人才服务于国家、服务于社会更是当今中国面临的重要问题之一。在中国博大精深的传统法文化中，官吏选任制度是其重要组成部分，不仅内容丰富，形式多样，而且与时俱进。梳理中国法制史上的官吏选任制度，探究其闪烁的智慧，不仅有助于深层次解读中国传统法制的内涵，而且有助于当今公务人员选任法制的改良与完善。

一、中国传统官吏选任法制的嬗变

作为国家机器的重要组成部分，历代统治者相当重视官、吏的选任。从夏、商、周三代到明清，中国古代的官吏选任制度不断发展、完善，形成了别具中国特色的一套完整体系。苏东坡曾经说过："三代以上出于学，战国至秦出于客，汉以后出于郡县吏，魏晋以来出于九品中正，隋唐至今出于科举。"〔1〕这句话简明扼要地阐述了古代中国选官制度的嬗变：历经"客卿制"到"察举征辟"、"九品中正制"到唐代的"科举制度"。唐代之后，科举制是官吏选任的基本制度，具体内容在不同时代略有变化。不过，因时而异，不同时代还辅以不同的选任制度，唐之后基本上形成以科举制为主体，以荐举、恩荫等为辅的选任体系，其中凝聚的智慧为中华民族世世代代传承，对今天公务人员的选任仍有极大的借鉴意义。

在长期的历史发展中，中国传统法制中相继产生了形式多样的官吏选任

---

* 作者系上海财经大学法学院副教授，硕士生导师。

〔1〕《苏东坡集》卷十一《论养士》。

方式，其中主要有以下几种：

（一）世卿制

世卿制是卿级高官由父子世代相袭的制度。这种制度始于何时，它是怎样形成的，后来又为什么发生变化以致消亡，学术界历来有很多争论。一般认为这种制度始于夏商，盛于西周，衰于春秋。据《礼记·礼运篇》记载，当时诸侯传位和官吏任用，均是“世及以为礼”。在这种制度下，公门有公，卿门有卿，选拔的标准与任用的差异以与最高统治者的血缘亲疏而定。它与当时推行的宗法制、分封制紧密结合。那些担任王室或诸侯国官职的大小贵族，便是受封的各级封君，他们遵循嫡长子继承制的原则世代相袭，占有封地，所以也就世代垄断官职。

（二）察举制

察举制在汉代的官吏选任制度中占据主导地位。察举，即考察后予以荐举。汉之察举制，是由古之乡举里选演变而来的。它的形成、确立及其实施是在西汉文帝到武帝之间渐次形成的，东汉顺帝时曾对其进行过改革。据《后汉书·顺帝纪》载：阳嘉元年（公元前133年）十一月，“初令郡国举孝廉，限年四十以上，诸生通章句，文吏能笺奏，乃得应选。其有茂才异行，若颜渊子奇，不拘年齿。”它是由州、郡的长官在其管辖区域内考察人才，年龄一般要求在40岁以上，对于特别突出的人才，年龄下限可以放宽，不受40岁的限制；荐举的基本方向是儒术取士，对于那些“治申、商、韩非、苏秦、张仪之言者”，一律不在所取之列；具体名目繁多，主要有贤良方正、孝廉、茂材异等、孝弟力田、勇武有节、明兵法、博士弟子、文学掌故、明经、明法等科目、名义。其中，孝廉、茂才两科年年推举，故又称常科；其他科目只有皇帝下诏才能推举，故又称特科[1]。察举制并非由州、郡官员凭主观意识随意推荐，而是有一定的荐举标准，被称为“四科取士”。它们分别是：一曰德行高妙，志节清白；二曰学通行修，经中博士；三曰明达法令，足以决疑，能案章覆问，文中御史；四曰刚毅多略，遭事不惑，明足以决，材任三辅令；皆有孝悌廉公之行。从中可以看出，察举注重被察举者各方面的才能，尤以德行为重。除了在第1条单列出以外，还专门说明有其他才能者，也须“皆有孝悌廉公之行”。[2]只要符合这些条件，不论门第、财富、地域等皆有

---

〔1〕见《汉书》中的《昭帝纪》、《宣帝纪》、《武帝纪》、《平帝纪》、《董仲舒传》、《惠帝纪》、《儒林传》、《龚遂传》、《薛宣传》、《艺文志》。

〔2〕《汉书·百官志下》。

被察举为官吏的可能，平民布衣亦有迁至公卿的机会。不过，德行很难把握，一般地方官员要了解本地有德行之人，往往依据本地豪门、名流们的“清议”，如荐举人才名不副实，荐举者要承担一定的法律责任。汉世祖曾颁布诏令：“……及刺史、二千石察茂才、尤异、孝廉之吏，务尽实敷，选择英俊、贤行、廉洁、平端于县邑，务授试以职。有非其人，临计过署，不使习官事，书疏不端正，不如诏书，有司奏罪名，并正举者。”〔1〕

（三）九品中正制

“九品中正制”亦称“九品官人法”，它是魏晋南北朝时期颇具时代特色的主要选官制度。它在东汉桓灵之世孕育，在曹操军中初具雏形，及曹魏时成型，经两晋时发展到高峰，至南朝走向封闭和僵化，隋初开皇年间始废。九品中正制的主要内容就是由中央选择“贤有识鉴”的官员，兼任其本籍的中正，负责察访与他们同籍的散在各地的士人，根据状、品和簿伐三个方面评列为上上、上中、上下、中上、中中、中下、下上、下中、下下九品，作为中央政府除授官职的依据。其中，“状”是中正所写评语，“品”即中正给的品级，“簿伐”或“世”就是被选人才的家庭门第。“九品中正制”是曹操“唯才是举”诏令的制度化。这是由于东汉末年长期战乱，士人流动，过去乡举里选的人才评定方法已成为不可能，所以在承继秦汉禄秩等级制的基础上，曹魏政权创建了一种新型官员选拔制度，即九品正中制。其创新之处在于人才的察访与评议体系的构建，解决了“朝廷选官”和“乡里清议”的统一问题。在制度初建时期，的确发挥了一定的积极作用。但是，选拔人才的权力集中在中正手中，缺乏必要的有效监督，再者中正属于兼职，在本籍察访士人，难免会受亲朋故旧的请托，流弊日益显现。正如马端临所言：“盖乡举里选者，采毁誉于众多之论，而九品中正者，寄雌黄于一人之口，则评论者自是一人，擢用者自是一人，评论所不许，则司擢用者不敢违其言。故趋势者不暇举贤，畏祸者不敢疾恶。”〔2〕因此，早在曹魏时期，已有人提出限制中正的权力，“中正则唯考其行迹，别其高下，审定辈类勿使升降。”〔3〕到了西晋，这一制度引起了刘毅、段灼、刘寔等更多人的强烈反对，他们甚至进而提出废除九品中正制。其中刘毅的“九品八损疏”对中正舞弊的揭露淋漓尽致：

---

〔1〕《后汉书·百官志一》李贤注引《汉官仪》。

〔2〕（宋）马端临：《文献通考·选举考一》卷二十八。

〔3〕《三国志·魏书九·诸夏侯曹传》。

今之中正，不精才实，务依党利；不均称尺，务随爱憎。所于与者，获虚以成誉；所于下者，吹毛以求疵。高下逐强弱，是非由爱憎。随世兴衰，不顾才实。衰则削下，兴则扶上；一人之身，旬日异状，或以货赂自通，或以计协登进。附托者必达，守道者困悴。无报于身，必见割夺；有私于己，必得其欲。是以上品无寒门，下品无势族。[1]

随着流弊的滋生，“九品中正制”日益背离制度创设的初衷，“盖以论人才优劣，非为士族高卑”。[2]最终被科举制取而代之。

（四）科举制

关于科举制度的产生年代，曾有不同观点，究其主要者有三种：第一种观点是“汉代肇兴说”。宋人章如愚言：“科目兆于汉，兴于隋，著于唐而备于宋朝。”[3]徐连达和楼劲赞同此说。[4]第二种为大多数学者所秉持的观点是隋为科举制的开创者，其中又分为开皇说和大业说。[5]其中大业说依据《大唐新语》“隋炀帝改置明、进二科”。国内多数学者倾向于大业说。[6]第三种观点认为科举制始于唐。何忠礼认为科举制的萌芽与产生有质的不同，主张“科举制的起源和进士科的创立时间都在唐代”，[7]经过两宋的完善，明清时期被推向高峰，直至1905年被废除，成为中国历史上实施最久、最主要的官员选拔制度。与以往选官制度相比，科举制最主要的特点是公开竞争、分科考试、择优录用。如在唐代，考试的科目分为两种，即常科和制科。常科每年举行，而制科则为皇帝临时下诏选拔专项人才而设定的。常科下分设秀才、明经、进士、明法、明书和明算主要六科，其他还有一史、三史、开元礼、童子、道举等科，其中，明经科和进士科最受重视。常科考生来源很广，主要分为两类：一是“生徒”，二是“乡贡”。前者指当时在中央官学与地方官学上学的在校生。只要他们在学校内考试合格便可以直接参加朝廷尚书省主持的考试，故该试又称为“省试”。后者则主要指那些不在学校上课但也想参

---

〔1〕《晋书·刘毅传》。

〔2〕《宋书·恩幸传·序》。

〔3〕（宋）章如愚：《群书考索·续集》卷三八《选举》。

〔4〕徐连远、楼劲：“汉唐科举异同论”，载《历史研究》1990年第5期。

〔5〕宁欣：《唐史识见录》，商务印书馆2009年版，第15页。

〔6〕郭齐家：《中国古代考试制度》，商务印书馆1997年版，第61页。

〔7〕何忠礼：“科举制起源辨析——兼论进士科首创于唐”，载《历史研究》1983年第2期。

加考试的社会知识青年。“乡贡”须由个人带好自己的身份材料、履历证书向所在州、县报名，此举亦称之为“怀牒自列”，而后州、县再逐级考核，合格后再参加尚书省的省试。省试发榜后，合格者还要参加吏部复试，内容和标准有四：一曰身（取其体貌丰伟），二曰言（取其言词辩正），三曰书（取其楷法遒美），四曰判（取其文理优长）。[1]吏部发榜后，合格者方可授官。自唐之后，前后历经1300多年，科举制处在一个不断发展和完善的过程中，宋朝回避制、别头试、锁院、糊名、誊录制度的建立，进一步增强了科举制在选任中的公平性。欧阳修给英宗的奏折中称：“国家取士之制，比于前世，最号至公。”[2]明、清两代的科举制在程序上更加严格，分为童试、乡试、会试和殿试四个级别。特别是清代又增加了复试（即乡试发榜之后，凡取中的举人，还得举行一次复试，通过者才能参加礼部的会试）、磨勘试卷（清中央政府对各省乡试进行检查）。为了严防选官过程中出现徇私舞弊的情况，清廷对于科场舞弊者往往严加惩处。

为政之要，重在择人。传统中国一直在努力探索一条有效的选官之途，从世卿制、察举制、九品中正制到科举制，官吏选任的主要标准由家世、财产、门第逐渐发展到注重才学，选拔方式多样，选拔标准趋向客观、公开和公平，从一个侧面反映了中国法文化的发展与变化。司马迁曾言：“安危在出令，存亡在所任。”官吏选任制度合理并恰当运用的时代，往往是国运昌盛、政治清明的时代；反之，国势衰微、吏治昏乱。

二、中国传统法制中选任官吏的智慧

以上粗略梳理了中国法制史上的主要选任官吏制度，尽管产生背景、选任标准和程序迥异，但是殊途同归，目的都是为了选拔适合当政者的突出人才，以保证国家机器的良性运转，实现政权的确立、巩固，乃至长治久安。它们都在不同的历史时期发挥了程度不一的进步作用，集中体现了当时制度创立者、完善者的智慧，表现如下：

第一，选任官吏的基本原则是尊贤与尚功（或任能）相结合。在长达几千年的历史长河中，中国历史上的选任官吏制度几经变化，但是尊贤与尚功（或任能）相结合的基本原则没变。无论具体标准简单还是繁杂，基本上都是围绕尊贤和尚功（或任能）而设。如察举制中的四个标准，首列“德行高妙，

---

[1] （唐）杜佑：《通典·选举三·历代制下》卷十五。

[2] （宋）马端临：《文献通考·选举考四》卷三十一。

志节清白”就属于贤的要求；后列的三个方面，分别是对不同职位“能”的要求。在社会的常态下，尊贤和尚功不可偏颇任何一方，否则过分强调“贤”，有可能冗员充斥，机构臃肿，政府效能低下；过分强调“尚功”，可能选任的官员急功近利，为了政绩不择手段，严重者造成尾大不掉之势，最终危及政权的存在，导致江山改易。如在春秋后期，晋国不能及时调整尚军功的政策，军功贵族发展为世袭大族，致使公室卑弱，政在家门，最终导致三家分晋的结局；不重视“贤”的要求，选任的官员也可能品行低下，酷吏遍野，各种流弊滋生。只有在特殊时期，如在汉魏之际的动乱时期，曹操强调“唯才是举”是迫于当时的政治需要。一旦社会稳定，政权稳固，还是要讲求尊贤和尚功并行，察举制、九品中正制和科举制，无不是遵循这样的原则而创设。

第二，自上而下与自下而上选任方式相结合。在中国古代选任官吏的方式多种多样，但是基本上可以分为两大类：自上而下和自下而上。其中，自下而上占主导地位，如察举制、九品中正制、科举制等都属于自下而上的选任方式，通过层层选拔，优秀人才脱颖而出。不过，自下而上选任方式，周期较长，在社会的常态下比较适用。如明清时期的科举制，童生须经“县试”、“府试”、“院试”三关才能成为生员，生员须经“乡试”才能成为举人，举人须经“会试”才能成为贡士，贡士须经“殿试”才能获得进士及第身份，据之授予一定职位。诸多环节的顺利通过至少需要“十年寒窗苦”。在中国古代社会，特殊的急需人才往往采取自上而下的方式选任，三顾茅庐的故事就是典型。不同时期的特科基本上都属于自上而下选任官吏。如特科中最常见的是征召，皇帝征聘选拔知名人士参政、议政或辅佐皇帝从事其他事宜。自上而下和自下而上双向选任，互相配合，能最大限度满足当政者对人才的需求。

第三，选任标准的统一性与灵活性相结合。中国古代官吏的选任标准经历了一个逐步统一、规范化的过程。但是，无论从历史发展的整体而言，还是就一个具体的历史时期，官员选任标准的统一都是相对的，因时因人因事而异的灵活多样的选任标准则充斥其间。如前所述，九品中正制的基本选任标准是状、品和簿伐，而且古往今来“簿伐”（即门第）向来被认为是主要标准，乃至唯一标准。然而西晋有“举寒素”、东晋南朝有“二品才堪”的做法，[1]为出身低微的人才进入仕途打开了通道。燕国中正刘沈举霍原为寒

〔1〕《晋书·李重传》、《宋书·范泰传》。

素，遭到不少人反对，李重即上奏说："案如癸酉诏书，廉让宜崇，浮竞宜黜。其有履谦寒素，清恭求己者，应有以先之。如诏书之旨，以二品系资，或失廉退之士，故开寒素以明尚德之举。"后来他的意见得到皇帝的赞同。这并不是特例，刘宋初年范泰在上表中提到"其二品才堪，自依旧从事"，说明"二品才堪"的做法早在东晋时就已经推行，而当时正是门阀士族权势熏天的时代。通过这种特例选拔出的平民人才并不是个别现象，而是有相当多的一批人，如西晋的名士乐广、李含，东晋车胤、陶侃、周访等都是寒门出身，后位居高官。[1]

第四，选任渠道多样化，常科与特科相结合。中国古代官吏的选任渠道很多，纵观不同时期的官吏选任制度，它们都不是孤立存在的，往往是主导的选任渠道与其他选任渠道相辅相成，形成了一个比较严密的选任网络。主导渠道往往称为常科，根据不同岗位的需要分科设立，定期（一般为1年或3年）选任普通的大量的公务人员；特科一般为满足特殊的需要，不定期选任特殊人才。如汉代除了主要渠道察举外，还有皇帝的征召、公府与州郡辟除、大臣举荐、考试、任子、纳资及其他多种方式。魏晋南北朝时期，九品中正制也不是唯一的选官制度，还有察举、征辟、考试等选官途径相辅而行。科举制时代，除了正途开科取士外，亦存在学校试、荐举、补荫、吏道等入仕之途。这种多渠道、多层次的官吏选拔模式，有利于调动社会各个层次的能动因素，做到人尽其才，才尽其用。

第五，选任范围极其广泛。在中国官吏选任制度的发展史上，除了世卿世禄制强调血缘关系外，其他选任制度的遴选范围都很广泛。战国时期，选官用人的范围几乎扩大到所有阶级、所有阶层，且无任何限制性规定。三国时期，连绵的战争使各统治集团在选官用人上不拘一格，选官的范围与战国时期相同。隋唐时期，中国再度实现了大一统，创立科举制，把平等竞争机制引入选官制度，向社会各阶层人士敞开了入仕的大门。入宋，连工商杂员子弟也被允许报考，甚至僧侣道士也能前来应试。这样广阔的选拔范围，打破了门第、年龄、地域与民族的界限，使封建政府可以从社会各阶层吸纳大量优秀人才进入各个管理部门，优化了文官队伍，缓和了社会矛盾，扩大了统治基础。

第六，防范舞弊的奇招妙术。选任官吏中的舞弊行为是官僚制度的一个顽疾，尤其是官员的舞弊行为危害更大。除了加重事后惩戒之外，传统中国

---

〔1〕 见《晋书》中《乐广传》、《李含传》、《车胤传》、《陶侃传》、《周访传》等。

的先人们更注重事前防范，创建了诸多闪烁着惊人智慧的相关制度。如前文所述的别头试、誊录制、考卷糊名都是行之有效的好方法，其中别头试特别突出。在唐朝规定主考的亲朋参加考试，另行安排考场，由吏部派官员主持考试。到宋代，全国范围的省试和州府的乡试都实行“别头试”，凡应试的考生是考官或有关官员的子弟、亲戚、门客、学生的，由朝廷另派考官、另设考场。宋代还规定“凡食禄之家”都必须进行复试，严格审核官宦子弟的考试入仕。宋代还明令禁止考生和主考官结成座主、门生、恩师之类关系；临时任命主考官，一经任命即被隔离，整个考试期间与外界断绝关系。清代更为严密，阅卷大臣、监试御史、校阅司员与应试者有宗族姻亲关系的都要回避。

三、官吏选任的传统法智慧对当代的启示

选任优秀人才是施政治世的根本。干部人事制度一直是我国、我党工作的重中之重。1987 年，党的“十三大”将干部人事制度改革的重点确定为建立国家公务员制度。1993 年 10 月 1 日起实施的《国家公务员暂行条例》，再至 2006 年 1 月 1 日开始实施的《公务员法》。历经 20 多年，我国的公务员制度经过不断地探索与实践，已经逐渐建立起一套考试和录用体系。不过，有关规定过于笼统，缺乏可操作性；有些方面的规定不尽完善，还需进一步提高。而中国法制史上绵延不绝的官吏选任制度凝聚、蕴涵的智慧，有助于当今中国相关法治的改良和完善。

第一，贤、德标准的认定与把握。现行《公务员法》第 7 条规定公务员的任用原则为“任人唯贤、德才兼备”。如何衡量“贤”、“德”，向来被认为缺乏真正的技术性和可操作性标准。在录用实践中，采取面试、短期考察环节，很难检测一个人的道德水准，反而为权力的运作留下空间，最终必然会影响选任的公正性。这种选任的原则渊源有人可能会归于中国的历史传统。中国历史上的官吏选任制度很重视贤、德，并构成中国传统法文化的特色。但是，当今选任公务人员只是把重视贤、德停留在口头上、表面上，缺乏程序和实体上的制度保障。如历史上的乡举里选、察举制中评议选任对象的做法还是值得借鉴的。

第二，扩大选任范围的广泛性。通过前面回顾中国历史上的主要选任制度，不难发现，除了世卿世禄制外，其他选任制度几乎都没有什么资格限制，选任范围异常广泛。而在当今中国，选任公务人员的种种限制层出不穷，有些资格限制甚至达到怪异的程度。如户籍限制、年龄限制、身高要求、学历

限制、工作经历等。《公务员录用规定（试行）》第16条规定："报考公务员，应当具备下列资格条件：……②年龄为18周岁以上，35周岁以下。……"即设置了年龄上限。户籍限制主要存在于省级公务员录用中。如《2010年山东省省直机关及直属单位考试录用公务员简章》中要求"大学本科毕业以上文化程度，或具有山东常住户口的大学专科毕业生"，《2010年浙江省各级机关考试录用公务员公告》规定"省级机关招考的范围和对象为：具有浙江省常住户口的人员"等。在尽可能大的范围中选任公务人员是中国法文化的智慧之一，当今中国为实现真正的人才强国，务必应在公务人员的录用中放宽资格限制，从程序上和实体上落实"平等、竞争"的原则。

第三，拓宽选任渠道的多样性。近几年来，我国公务人员的选任基本形成"逢进必考"的局面。《公务员法》第21条第1款规定："录用担任主任科员以下及其他相当职务层次的非领导职务公务员，采取公开考试、严格考察、平等竞争、择优录取的办法。"该款规定俗称"公务员考试"，有的学者称之为"考任"。在国家的行政管理队伍中，"主任科员以下及其他相当职务层次的非领导职务公务员"是一支非常庞大的队伍，其工作岗位和性质、要求形形色色，采取统一的考试方式未必能选任出合适的人选。不妨借鉴中国古代社会选任官吏的诸多方式，尤其是"吏"的选任方式。[1]"主任科员以下及其他相当职务层次的非领导职务公务员"在一定程度上就是古代所言的"吏"，承担具体行政事务的落实和执行。对他们的选任，根据岗位不同，开拓选拔渠道，采取灵活多样的选任方式势在必行。古代多样化的官吏选拔方式为我们今天公务人员的选任提供了一些有益的启迪和借鉴。

第四，增强选任过程中的公平性。"平等"是当今公务员录用中的重要原则之一。可是，不平等的现象和做法充斥公务人员选任的每个环节。如报名资格的限制、考试（笔试和面试）过程中的舞弊，尤其是考官的舞弊营私行为最为不耻。考官舞弊的主要原因是亲情、友情、旧情等诸多情意。如果有完善的健全的回避制度，考官舞弊的概率就会降低很多，甚至无处发挥。根据现行《公务员法》第68条的规定和"国家公务员任职回避和公务回避暂行办法"的有关规定，目前的回避范围仅限于夫妻关系、直系血亲关系、三代

〔1〕"官"、"吏"二字并称已成为一种习惯，有时是同义字，可以互用，但有时差别却很大。一般认为官是地方政府和行政机构的首长，有品级，隋以后由中央政府统一任命，属"朝廷命官"，有薪水；吏是政府机构中从事具体工作的秘书、文书和办事人员，不入流，由长官招募，没有国家俸禄，其报酬由长官支付。

以内旁系血亲关系以及近姻亲关系。今天的回避范围和事宜与中国古代的回避制度相比，相距甚远。在公务人员的选任方面，要借鉴古代人的智慧。其中宋代的避亲法、避嫌法、避籍法，对回避的范围和内容作了细致而又严格的规定，很值得借鉴。

第五，增强选任考试内容的科学性。无论是察举制还是科举制，最大的特点是分科取士，根据政府需要设置不同科目选拔优秀人才。然而，当前的公务员选任，不分岗位的性质、职责，统统参加《行政职业能力测验》和《申论》的笔试，其中《行政职业能力测验》题目冗杂，过偏过难，历年考题中还会出现不同比例的重复；而《申论》所提供的材料几乎都是社会热点问题，很容易被事先猜中，加之大量的考试辅导资料和辅导班“提高”了应试者的应考能力，很难测试出考生的真实水平。面试的组成人员一般由人事部门和用人单位的人力资源部门的人员组成，组成人员本身并不一定谙熟选任岗位的职业素养，加之评分的主观性、面试时间的有限性等因素，选出的人才未必符合相关岗位的需要。所以，建立和完善职位分类制度，借鉴古代分类考试的方法，对公务员进行合理分类、分等的基础上组织考试，才能真正达到“考以致用”的目的，提高政府的工作效能。

中国古代司法纠错制度研究

田莉姝*

任何一个国家的司法制度都不会完美无缺，司法官也不可能在所有审判的所有环节都做到毫无瑕疵，因而在司法审判过程中出现错误是绝对不可避免的事情。与此同时，错案冤案一旦发生往往带来的是极其恶劣的影响。中国司法制度的历史源远流长，传统中国的政治家和法律人为了维护稳定的统治，除对司法官在业务能力、道德水平等方面做出严格的规定之外，也创造了一些独特的司法纠错制度，体现出中国传统法律的智慧光芒。传统司法纠错制度及其中蕴含的法智慧，对当代中国司法体制改革，也具有重大启发意义。

一、中国古代几种常见的司法纠错制度

在中国古代的司法纠错制度中，最为常见的纠错方式是申诉、复核、会审以及监察。

（一）申诉制度

申诉是纠正司法错误的一项重要制度，是指案件当事人及其亲属在案件的判决宣布后，不服判决结果而向本级或者上级机关申述并要求重新审理的一项诉讼制度。《后汉书·王符传》记载："今冤民仰希申诉，而令长以神自畜。"[1]《隋书·刑法志》也记载："有枉屈县不理者，令以次经郡及州，至省仍不理，乃诣阙申诉。"[2]及时发现和纠正冤假错案是申诉制度最大的功能。

---

* 作者系贵州大学法学院教授。

〔1〕（宋）范晔：《后汉书》，中华书局1965年版，第1640页。

〔2〕（唐）魏征：《隋书》，中华书局1973年版，第712页。

中国古代的申诉制度最早可追溯到西周。《周礼·秋官》记载:“以肺石达穷民,凡远近惸独老幼之欲有复于上,而其长弗达者,立于肺石三日,士听其辞,以告于上,而罪其长。”[1]这表明在西周,如果民众有冤情,可以站在红石头上,相关的士要在规定的时间内听取民众的冤情,并且把详细案情告诉上级,让上级重新进行合理的定罪量刑。这就是申诉作为一种纠错制度最早的雏形。

自秦汉以后,法律明文规定了严格的申诉纠错程序,即乞鞫制度。案件定罪量刑之后,如果当事人称冤,就允许其上诉,进行再审。《法律答问》就有这样的记载:“以乞鞫及为人乞鞫者,狱已断乃听,且未断有犹听(也)狱断乃听之。”[2]乞鞫可以是当事人本人提出,也可以是其他人代为提出。国家允许乞鞫,同意对某些案件进行重审,这显然是以承认司法官的裁决可能有错误为前提的。

魏晋南北朝时期,登闻鼓制度成为重要的申诉方式。北魏延和元年(公元432年),于阙门悬登闻鼓,“人有穷冤则挝鼓,公车上表其奏”,以作“用下达上而施于朝”。[3]登闻鼓的设置有利于统治者直接了解民众的冤情。当百姓有冤不能申明时,百姓可敲打朝堂外的鼓,以引起统治者的注意并让其为百姓洗清冤屈。在隋唐时期,登闻鼓制度在原来的基础上又有发展。隋代规定案件须经过地方各级司法机构由下而上审判后,如果还有冤情,当事人才能通过敲打登闻鼓进行申诉。唐代又规定百姓通过登闻鼓申诉的冤情必须是真实的,否则要对其进行处罚。

邀车驾作为一种法定的申诉方式是在唐代正式确立的。在最高统治者外出时,通过对其车驾进行拦截以达到诉说冤情的目的。此外宋代的“理雪”也是一种重要的申诉制度。所谓“理雪”,是指当事人及其亲属因对判决不服而向上申诉的制度。一般来说,当事人可在案件判决后的3年内进行理雪。

申诉制度是我国古代法制文明的重要组成部分,体现了中国传统法律的特色。在我国历史上,申诉制度对纠正冤假错案,惩治贪官污吏发挥着积极作用,因而受到老百姓的偏爱,它也彰显出中国传统法律对事实特别倚重。

(二)复核制度

复核是司法机关判处案件的特定司法程序。复核制度的产生一方面源于

---

[1] 杨天宇:《十三经译注:周礼译注》,上海古籍出版社2004年版,第510页。

[2] 睡虎地秦墓竹简整理小组编:《睡虎地秦墓竹简》,文物出版社1990年版,第120页。

[3] (北齐)魏收:《魏书》,中华书局1974年版,第2874页。

古代最高统治者为了维护自身的最高裁判权的目的，另外一方面是为了贯彻“慎刑”思想，纠正各种司法错误的需要。复核制度作为司法纠错的一种方式，在中国古代具有十分重要的意义。中国古代的复核制度主要包括录囚、死刑复奏等方式。

“录囚”即皇帝或上级官员定期或不定期地巡视所属各地监狱，对已经判决的在押犯人尤其是死囚进行审讯，了解对其的定罪量刑是否合法适当，如发现冤屈，“即时平理也”。录囚的本意是指把监狱中囚犯的真实情况详细记录下来。引申为统治者对囚犯的复核审录，以防范冤案错案的发生的一种制度。录囚制度正式形成于西汉，据《后汉书·百官志》记载，汉武帝时，州刺史“常以八月巡行所部郡国，录囚徒”。《后汉书》引胡广语曰：“县邑囚徒，皆阅录视，参考辞状，实其真伪。有侵冤者，即时平理也。”[1]可见，当官吏到监狱里面录囚时，官吏们先进行“阅录”，再看“参考辞状”，如果查出确实有冤情，定会立即纠正错误。到了东汉，录囚主体由原来的官员增加到最高统治者。据《晋书·刑法志》记载：“光武中兴，留心庶狱，常临朝听讼，躬决疑事。”[2]《文献通考》记载：“汉明帝时，楚王英以谋逆死，穷治楚狱累年，坐死徒者甚众。韩朗言其冤，帝自幸洛阳狱，录囚徒，理出千余人。”[3]在此后的朝代中，最高统治者及其所派出的官员们一直在履行录囚的责任，这一方面体现出统治集团对于纠正司法错误的重视，另外一方面也体现出最高统治者牢牢掌握着司法权以便更好地监督下级官吏们的审判情况。唐代正式将录囚制度写进法律成为一项定制，“凡禁囚皆五日一虑”，这一做法一直被后来的各朝所沿用。

死刑复奏制度是指死刑在核准以后、行刑之前，还必须再次奏请皇帝批准，由皇帝在死刑犯人的名字上勾决后才能执行的制度。由于死刑事关人命，而人死又不可复活，所以在中国古代对死刑案件的处理慎之又慎，有多重上奏、复奏的程序。《汉书·元后传》记载，汉武帝时，绣衣御史暴胜之等“奏杀二千石，诛千石以下”，这应该是关于死刑复核复奏最早的记载。[4]到魏晋南北朝时期，死刑复奏制度正式确立。北魏太武帝时规定：“当死者，部案奏闻。以死不可复生。惧监官不能平，狱成皆呈，帝亲临问，无异辞怨言乃绝

[1]（宋）范晔：《后汉书》，中华书局1965年版，第3617～3618页。
[2]（唐）房玄龄：《晋书》，中华书局1974年版，第917页。
[3]（宋）马端临：《文献通考》，中华书局1986年版，第1419页。
[4]（汉）班固：《汉书》，中华书局1962年版，第4013页。

之。诸州国之大辟，皆先谳报乃施行。”[1]到了隋朝，死刑复核复奏得到进一步的完善。据《隋书·刑法志》记载，“诸州囚有处死，不得驰骚行决”；“诸州死罪不得便决，悉移大理案覆，事尽然后上省奏裁”；“开皇十五制，死罪者，三奏而后决”。[2]至唐代，在“慎刑”思想的指导下，这种程序获得更大发展。唐太宗将复核复奏制度发展为地方的死刑案件采用“三复奏”，中央的死刑案件采用“五复奏”。贞观五年（632年），唐太宗李世民在盛怒之下，错杀了不构成死罪的大理丞张蕴古。为了防止再错杀，他下诏规定：“凡有死刑，虽令即决，皆须五复奏。”之后，唐《狱官令》对三复奏、五复奏以及相关问题作出了明确的规定，并为明清两朝继承了下来。死刑复奏作为死刑案件的终审程序，不仅把死刑权牢牢收归皇帝手中，而且也是对各级审判工作的检查和监督。通过复奏程序，一旦发现冤狱，可以及时平反，使得被冤的死刑案犯的纠正又多了一道防线，有利于统一死刑量刑尺度，保证死刑适用的正确性，体现慎刑恤杀的刑事政策。

（三）会审制度

凡遇到重大的案件，在统治者的授权下，由不同部门的官吏组成的审判组织共同进行审理，在中国古代形成了较为完备的会审制度。会审形式多种多样，“三司推事”、“九卿圆审”、“朝审”与“热审”等均为会审形式。

中国古代的会审制度源于西周时期，《周礼·秋官司寇·司刺》记载，“司刺掌三刺、三宥、三赦之法，以赞司寇听狱讼：一刺曰讯群臣，再刺曰讯群吏，三刺曰讯万民”。[3]即在审案时遇到重大疑难的案件，可以通过听取群臣、群吏、万民的意见来进行判案，这应该是会审制度的雏形。在汉朝，当遇到重大的案件时，尚书令、御史等官吏可组成特别审判组织共同进行审判。据《后汉书·孝明八王列传》记载：“熹平二年，国相师迁追奏前相魏愔与（陈王）争宠共祭天神，希幸非冀，罪至不道。有司奏遣使者案验。是时，新诛勃海王悝，灵帝不忍复加法，诏槛车传送愔、迁北寺诏狱，使中常侍王酺诣与尚书令、侍御史杂考。”[4]唐代会审制度是在承袭汉代制度的基础上发展起来的，“三司推事”和“小三司推事”是唐朝最具代表性的会审形式。“三司推事”是由大理寺卿会同刑部尚书以及御史中丞，对中央或者地方的重要

---

[1]（北齐）魏收：《魏书》，中华书局1974年版，第2874页。

[2]（唐）魏征：《隋书》，中华书局1973年版，第713～714页。

[3] 杨天宇：《十三经译注：周礼译注》，上海古籍出版社2004年版，第534页。

[4]（宋）范晔：《后汉书》，中华书局1965年版，第1669页。

案件共同审理。“小三司推事”则是当地方发生重大案件而案件又不便移送朝廷时，由大理寺司直（或者大理寺评事）会同御史台御史以及刑部员外郎组成审判组织到地方去进行案件审理。宋代在唐代会审制度的基础上发展出了“朝臣杂议制”、“制勘院”和“推勘院”等制度。据《文献通考》记载：“凡因事置推，已事而罢者，诏狱谓之制勘院。”[1]这段文字表明，制勘院是一个因诏狱而设置的临时性审判机构。该机构设置在重大案件发生地的邻近州县，且该机构的设置主体为君主。而推勘院的设置主体是监司、州军，其他的与制勘院一致。到了明清时期，会审制度日趋完善并达到历史上的最高峰。在明代，除了“三法司会审”，还有“九卿圆审”、“大审”、“朝审”、“热审”。清承明制，在此基础上还出现“秋审”。

会审制度的一个突出特点就是通过集合众人的智慧来审理案件，以克服司法官吏的认识局限性，减少甚至避免冤案错案的发生，从整体上增强司法纠错的权威性，增强司法公信力。

（四）监察制度

监察制度是对从中央到地方的各级官员进行监督及检举，从而保证政令畅通，维护行政纪律，促进廉政建设，改善行政管理，提高行政效能的一种制度。中国古代监察制度主要包括两个方面的职能：一是行政监察职能，二是法律监督职能。中国古代的司法纠错制度体现的主要是监察制度的后一种职能，监察主体们自上而下地监督各级审判机构的审判活动，以纠正错案、维护正常社会秩序为目的。如果在司法审判的过程中任由司法官吏适用刑罚，必然会导致冤案错案发生，动摇社会稳定的根基。

早在西周时期，我国就有了“御史”之名。到了秦代，中央政府设立“三公九卿”，御史大夫作为全国最高的监察官员，掌管律令、监察百官、纠举违法官吏和承办皇帝交办的司法审判任务的职能已经比较明确。到汉代，据《后汉书》引注胡广曰：“治书侍御史与符节郎共平廷尉奏事，罪当其轻重。”[2]治书侍御史与符节郎共同对司法审判进行监督。在唐代的大小三司的审判活动中，中央最高监察机构御史台的职能主要是纠察其他官吏在案件的审理过程中是否存在不当行为，以确保案件的公正判决。到了宋朝，御史台的主要职能包括：议定刑名、阅读案牍、监察狱政、弹劾酷刑。监司是宋代设在地方的专职监察区，包括转运司、提点刑狱司、提举常平司等官司。其

〔1〕（宋）马端临：《文献通考》，中华书局1986年版，第1448页。

〔2〕（宋）范晔：《后汉书》，中华书局1965年版，第3600页。

中转运司和提点刑狱司主要负责的是地方的司法监察，他们纠察地方的冤案错案，监察地方的案件审判期限是否按时审结。明洪武十五年（公元1382年）将御史台改名为都察院，“专纠劾百司，辩明冤枉，提督各道，为天子耳目风纪之司。凡大臣奸邪、小人构党、作威福乱政者，劾。遇朝覲、考核，同吏部司贤否陟黜。大狱重囚会鞫于外朝，偕刑部、大理寺谳平之。其奉敕内地，拊循外地，各专其敕行事”。[1]可见，都察院的职能除了对全国官吏的不法行为进行监察之外，还可对司法错误进行纠正，并会同刑部、大理寺等部门的官吏对全国各地的重大案件进行审理。清承明制，其都察院的职能与明代相类似。

中国古代监察制度的显著特点就是监察制度依附于皇权。为了有效地监督官吏，监察制度规定从中央到地方的各级监察机构实行垂直管理，监察系统是一个相对独立体系。这种以皇权为中心的监察体制确定了监察与行政的相对独立与分离，监察机构与政府机构的分离，监察官员与政府官僚的分离，从而确保了监察权力的独立运作、监察机构的上下一体、监察官员的高效行使权力。在职权上，监察机关的人员专注于监督中央以及地方各级官吏的案件审理，他们只对统治者负责。这种独立性，有利于监察部门主动发现错案、冤案，以洗清当事人的冤屈。

古代中国社会就是通过申诉、复核、会审、监察等司法纠错制度来追求司法公平与正义。设计颇为严格的中国古代的司法纠错制度凝聚了中国人的智慧，多种形式互相补充，共同构成了中国古代较为完整的一套纠错机制，在司法实践中发挥着重要的作用。司法纠错是法治进步的必经之路，对完善司法审判制度、树立公众法律信仰、稳定社会秩序，有重要的促进作用。

二、中国古代司法纠错制度的特征

中国古代的司法纠错制度尽管产生时间先后不一，制度形态各异，但是还是存在一些共性的特征。

（一）积极主动纠错

在申诉、复核、会审以及监察四种纠错方式中，复核、会审、监察均属主动纠错、主动问责，是官方为纠正冤案错案而主动自我审核的一种途径。通过对司法机关已经判决的案件进行检查、复核，通过对司法官实施国家法律法令的情况进行监察，来发现错误，及时纠正。即使是贫者、弱者，也有

---

〔1〕（清）张廷玉：《明史》，中华书局1974年版，第1768页。

可能得到司法救济之光的普照。期盼法官主动、及时给予司法救济，期望法官扶弱抑强、一旦出现冤案错案，又期盼“清官”平冤雪耻，这是古代民众的一种传统司法观念。事实上，面对错案不遮掩、不回避，而是采取主动的办法加以解决，那么民众就会信服，就会相信法律，法律也才有尊严，才能够真正树立司法的权威。

（二）行政色彩浓厚

传统中国司法制度最明显的一个特点就是行政兼理司法，司法行政合一。严格地说，司法就是行政的一部分。司法与行政不分，司法权受行政权排斥和吸收，典型表现即是行政长官在行使行政权力的同时，还执掌着司法权。沈家本在《历代刑官考》中曾对中国古代司法的行政色彩浓厚的特点进行研究，指出“周代以迄汉唐，中央的行政权与司法权是分离的，自宋代开始发生微妙变化，元代二者有渐合之势，明代完成了二者的混合，至清沿之不改”。这种观点显然不完全正确，但可以说明的是明清两代是司法行政化的最高峰。司法行政化始终贯穿于中国古代的审判制度中，也贯穿在司法纠错制度中。在司法纠错这个环节，申诉、会审和复核等制度中都会有行政机关行政人员的参与，这种做法与许多现代诉讼的基本原理相背。司法纠错的行政色彩在会审制度中表现得最为突出。各种会审除了司法官之外，都有行政官员参与。即使是“三法司”的存在，也没有使得中国的司法纠错制度褪去行政色彩。这是因为在维护最高统治者的利益的前提下，最高统治者需要通过行政控制司法、行政兼理司法来达到其稳定秩序的目的，也就是说中国古代司法纠错机制的行政色彩浓厚其实是符合了最高统治者的意愿。申诉制度同样如此。中国古代的申诉实际上并非严格意义上的诉讼制度，通过击登闻鼓、邀车驾、上书皇帝等途径提起诉求，并非是司法途径，而只是通过引起行政干预司法的方式启动复审。申诉制度经过历朝历代的发展演变，其形式、审级、期限等具体制度仅仅是初见端倪，并没有建立起科学的审级、期限制度，申诉和上诉的界限不清，刑事和民事、行政的申诉不分，司法和行政交织在一起。中国古代纠错机制的行政化色彩，使司法纠错更具主动性和能动性，也更有利于主动贯彻统治者的政策和措施。

（三）注重法律监督

法律监督是指运用国家权力，依照法定程序，检查、督促和纠正法律实施过程中严重违法的情况，以维护国家法律正确实施的一项专门工作。法律监督是一种专门性的监督，法律监督权作为国家权力的一部分，由专门机构专门行使。从内容上看，法律监督主要针对国家机关及其公职人员的公务活动的合法性，包括行为内容与行为程序两个方面。其对健全国家法制、纠正冤案错案具有十分重要的作用。古代的冤案错案的产生主要有以下几个方面的原因：①事实认定不清楚，甚至是错误。②法律适用不正确。③不符合儒家法的思想。④一些司法官吏徇私。当司法官吏因这些原因造成冤案错案时，最高统治者就要运用司法纠错制度去监督、约束甚至惩治他们。加强对司法权力运行的监督和制约，对确保司法机关办案质量、维护社会公平正义必将发挥重要作用。中国古代的纠错机制，尤其是监察制度，严格监督和约束各级司法官吏，起到强化法律监督功能的作用。通过对司法机构审判活动的监督和控制，来保证审判活动依法进行，防止或纠正错误裁判，确保司法公正，最大限度地发挥法律作用，从而保障封建法制的实现。

（四）以维护统治为终极目标

司法审判权是国家权力的重要形式之一，是统治者以威胁或惩罚的方式去影响和制约其他主体。正如美国学者加里·沃塞曼所认为："权力能让人去做本来不想做的事。它可能使用强迫（通常称为强制）、说服或者奖励等手段，但它的本质是以某种方式改变他人行为的能力。支配他人的权力越大，使他人改变越大，越容易。拥有更大的权力也意味着能影响更多的人，使他们改变。"[1]在古代中国，最高统治者对司法审判权的掌握关系到政治的稳定以及百姓们的安危。而司法纠错制度正是最高统治者牢牢掌握着司法审判权的一种有效的制度，它的推行目的归根结底无非是维护社会秩序，并最终维护最高统治者的根本利益，审判纠错制度的行使对于维护最高统治者的利益具有重大影响。总的来说，只要统治者清楚地认识到司法审判权的重要性，并且通过司法纠错等一系列有效的方式加以控制，那么统治者便可以实际上成为拥有实际权力的司法裁判者。

三、中国古代司法纠错制度产生的主要原因

中国古代司法纠错制度之所以产生，除了前述的维护最高统治者的根本利益的目的外，也有诸多具体的原因，其中不乏闪光之处，值得当下司法实践借鉴。

（一）追求公允的法律精神

"法"字从其产生的含义来说就有"平之如水，从水"，即公平的意思。

---

〔1〕［美］加里·沃塞曼：《美国政治基础》，陆震纶等译，中国社会科学出版社1994年版，第4页。

儒家的“为政以德”、“为政在人”、“刑罚不中，则民无所措手足”等思想在传统中国社会发展中产生过深远的影响。中国传统法律通过追求公平，一方面可以洗清民众的冤屈，另外一方面也教化民众，从而保障社会和谐稳定和维护社会公平正义，因此追求公允是中国古代司法纠错制度产生的重要原因之一。司法纠错制度的作用就是要调整古代整个司法关系，解决古代社会的各种冤案错案以追求公平，实现公平，更加有利于司法走向稳定社会秩序的方向。能够得到公正的结果，是人们一直追求的理想。审判公正性应该包括两个方面的内容：一是保证通常审判程序的正常执行，以追求最佳的审判结果；二是当正常审判程序不能良好解决冤案错案时，应该要有另外一套制度使它们得到合理解决。申诉、复核、会审、监察等各种纠错制度正是实现公正结果的最后一道防线，它们及时地发现和解决存在的问题，对无辜者还以清白，对应该承担责任的人给予惩处，从而维护公平。在古代中国，在冤案错案的发生不可能完全消除的情况下，为了能够纠正冤案错案，纠错制度具有十分重要的作用。

（二）慎刑恤罚的传统刑罚观

慎刑恤罚就是要求司法官在主观上以一种慎重的态度对待刑罚。定罪量刑时，一定要小心、慎重、严谨，罚当其罪，不滥用刑罚，刑罚合适。慎刑思想最早出于西周时期。根据中国目前保存下来的最早的古籍之一《尚书》的记载，西周初年周公等就提出了“明德慎罚”，“慎刑恤罚”的主张，强调处理案件一定要慎重，要严格依法办事。进入春秋战国时期，儒家在推行“仁政”的过程中，也提出了“以德服人”、“宽则得众”、“省刑罚”的主张。至唐代，“慎刑恤罚”的思想得到了空前的发展，并成为唐初君臣的共识。慎刑恤罚思想是我国历代统治者治国理政、处理各类案件的指导思想之一，在一定程度上反映出古代统治者以民为本，爱民如子的积极因素，对纠正冤案错案起到过不小的作用。在慎刑恤罚思想影响下，中国古代的各种司法纠错制度应运而生，这些制度就是为了实现这一思想而作出的制度设计，是“慎刑恤罚”原则的具体体现，反映了古代的司法审判趋于更为文明的发展过程。各纠错制度在解决错综复杂的社会矛盾利益冲突时，能够协调各方面的利益，监督司法官吏执法情况，缓和社会矛盾。

（三）寻求实现社会的稳定

一项良好制度的运行会激发人们的生产积极性，促进社会的稳定和繁荣，司法纠错制度就是这样一种良好的制度。最高统治者出于维护社会稳定、巩固政治统治需要的考虑，当遇到案件没有得到公正审判的时候，就会竭尽所能去寻求办法加以纠正。中国的司法纠错制度由秦汉时期奠定基础，唐朝加以完善，宋后各朝继承发展。作为一种稳定的制度，申诉、复核、会审、监察等制度在中国古代社会得到持续的推行，对推动中国古代司法审判的发展做出了贡献，为冤案错案的纠正打开了救济的大门。一系列冤案、错案的解决有利于百姓们安居乐业，间接提高了生产力，从而促进经济的发展，实现社会的稳定。最高统治者也通过掌握最高司法权，在审判纠错过程中扮演“明君”角色，为民表率，获得美誉，努力实现社会稳定的根本目的。自古以来人类都在追求公正裁判，公正的裁判可以赢得民众以及社会整体对司法公信力的认可。司法公信力的增强，可以使人们对法律产生信仰，法律也因此才能真正成为稳定社会秩序的重要力量。从历史经验来看，法制的确立、进步和健全，都伴随着一系列司法纠错活动。为了逐步减少错案，当今我国司法界正在研究司法主动纠错体制以及对重大案件的强制起诉等制度，其精神与中国古代的各种纠错制度颇为吻合，因此中国古代的纠错制度对于当今司法制度仍有借鉴价值。古人在司法的过程中追求事实、追求公正，当审判错误出现之后能够主动纠错，这是一种智慧的闪烁、勇气的体现、正义的彰显和对法治精神的追求。

四、结语

如何迅速、有效、合理地纠正司法错误，不仅是中国古代司法中面临的难题，也是当代中国审判中需要回答的问题。近年来，国内媒体先后曝光了一系列的冤案错案，例如赵作海案、佘祥林案、张氏叔侄案等，这些错案严重损害了司法公信力和司法权威性。冤案错案发生后如何及时予以纠正，成为司法机关必须面对和解决的问题。最高人民法院院长周强在 2013 年 7 月 4 日的全国高级法院院长座谈会上强调，要坚守防止冤案错案底线，增强人民群众对法治建设的信心；要坚持依法纠正错案，发现一起、查实一起、纠正一起。这是司法自信的表现，也是公正司法的必然要求；要以高度负责的态度，通过依法纠错，使正义最终得以实现、受害者得到赔偿、责任者受到追究，使纠正错案成为推进公正司法、保障人权的正能量。[1] 中国传统司法文化中的司法纠错制度，形式多样，内容丰富，而且具有诸多暗合现代司法精神的价值追求，值得当下的我们认真思考和借鉴。

---

〔1〕 周强：“使纠正错案成为推进公正司法的正能量”，载《人民日报》2013 年 7 月 5 日。

从死刑复核看中华传统法律智慧

王宏治*

死刑是指国家依照法律通过司法程序合法地剥夺犯罪人生命的刑罚，即生命刑，因其已是最严厉的刑罚，故也称为“极刑”。对已经审结的死罪案件，按管辖权的规定再次进行审理，是为死刑的复核。死刑复核是被判死刑人生命的最后一道保障线。死刑复核程序是指国家相关部门对判处死刑的案件，依照事先制定的法律，进行审查核准的特殊的诉讼程序。其基本特征是：一是只针对死刑案件；二是其程序的法定化，即无论当事人是否上诉、申诉，都是必经的程序；三是死刑的复核由国家最高权力部门来履行。

在中国传统司法文化中，本于“明德慎罚”、“无讼是求”、“胜残去杀”等司法理念，孕育出了一系列死刑复核程序，既体现了中国传统文化的仁爱思想和民本追求，又在某种程度上与现代死刑复核制度的尊重人权、保障人之尊严等价值相暗合，其中的法精神与法智慧，值得我们认真对待和考量。

一、传统死刑复核程序的思想基础

中国传统法律文化中的死刑复核程序有着悠久的历史传统，也有着深厚的思想文化基础。

西周统治者提出的“明德慎罚”思想，是传统死刑复核程序的基本指导思想。在武王伐纣成功后，周公总结历史教训，认为夏朝“乃大降罚，崇乱有夏”，即乱杀无辜，搞乱了夏王朝的政治，导致上天“惟时求民主，乃大降显休命于成汤，刑殄有夏”。商代初年“罔不明德慎罚，亦克用劝；要囚殄戮多罪，亦克用劝；开释无辜，亦克用劝”。[1]认为所谓“明德慎罚”，就是杀

* 作者系中国政法大学法律史学研究中心教授。

〔1〕《尚书·多方》。

戮有罪的人是对百姓的劝勉，开释无辜的人同样也是对百姓的劝勉。若是“乱罚无罪，杀无辜”，[1]就会引起民怨，最终导致自身的覆灭。这一思想对后世几千年的刑事司法政策和死刑复核程序产生了深远的影响。

春秋时期，孔子进一步提出了“胜残去杀”[2]的思想，成为传统死刑复核制度又一思想渊源。孔子曰：“古之知法者能省刑，本也；今之知法者不失有罪，末也。”又曰：“今之听狱者，求所以杀之；古之听狱者，求所以生之。”[3]孔子的这段话，成为历代循吏的座右铭。如汉代的于定国，其父为县狱史，以“决狱平”闻世，定国自幼学法于父，又“迎师学《春秋》”，“其决狱平法，务在哀鳏寡，罪疑从轻，加审慎之心，朝廷称之曰：张释之为廷尉，天下无冤民；于定国为廷尉，民自以不冤”。[4]宋代欧阳修称其父决死狱是“求其生而不得，则死者与我皆无恨”。[5]就是说在判决死刑案时，尽量想法让其存活，为其求得一线生机，最后实在不行，只能判处死刑时，被判死刑者也就不会有恨意了，自己也不存在遗憾了，所谓“生者无恨，死者无怨”。孔子的“胜残去杀”的思想强调，善人治理国家百年，就可以达到战胜残暴，免除虐杀的效果。唐贞观初，在讨论治国方略时，封德彝主张大乱之后，必须“以威刑肃天下”，而魏征则认为，大乱之后，人心思治，当行王道。唐太宗以“胜残去杀”的理由，肯定了魏征的观点，“数年间，海内康宁”。[6]这就是“胜残去杀”思想的重要实践。

二、《周礼》所见死刑复核程序

从孔子到孟子，乃至儒家经典，都对死刑的处决持十分慎重的态度。这反映了先秦思想家们对死刑在思想建设方面的意识。在制度建设和法律程序方面，历代先哲也有着十分成熟的想法。关于传统死刑复核程序，最早见于记载的是西周时期的“三宥”制度。《礼记·文王世子》载：

> 狱成，有司谳于公。其死罪，则曰：“某之罪在大辟。”其刑罪，则曰：“某之罪在小辟。”公曰：“宥之。”有司又曰：“在

---

[1]《尚书·无逸》。

[2]《论语·子路》：子曰“善人为邦百年，亦可胜残去杀矣。诚哉是言也！”

[3]《汉书·刑法志》，孔子原话见《孔丛子·刑论》。

[4]《汉书·于定国传》。

[5]《欧阳修集·泷岗阡表》。

[6]（唐）吴兢：《贞观政要·论政体》。

> 辟。”公又曰：“宥之。”有司又曰：“在辟。”及三宥，不对，走出，致刑于甸人。公又使人追之曰：“虽然，必赦之。”有司对曰：“无及也。”反命于公。公素服不举，为之变，如其伦之丧。无服，亲哭之。

这里的“宥”是宽宥的意思，是说对犯罪者的惩罚适当减轻或免除。《礼记·王制》亦载：

> 司寇正刑明辟以听狱讼，必三刺。有旨无简不听。附从轻，赦从重……疑狱，汜与众共之；众疑，赦之。必察小大之比以成之。成狱辞，吏以狱成告于正，正听之。正以狱成告于大司寇，大司寇听之棘木之下。大司寇以狱之成告于王，王命三公参听之。三公以狱之成告于王，王三又，然后制刑。

这里的“三又”与“三宥”通，“三宥”是程序性的规定，是王的三次宽赦。《周礼》记载的“三宥”程序则于此有别。《周礼·秋官·司刺》载：

> 司刺，掌三刺、三宥、三赦之法，以赞司寇听狱讼。一刺曰讯群臣，再刺曰讯群吏，三刺曰讯万民。一宥曰不识，再宥曰过失，三宥曰遗忘。一赦曰幼弱，再赦曰老旄，三赦曰蠢愚。

“三宥”制度之外，尚有“三刺”制度。《周礼》的“三宥”制度是指对非故意犯罪，如不识、过失、遗忘的宽大处理。而“三刺”制度则是程序性规定，其小司寇之职也有“以三刺断庶民狱讼之中，一曰讯群臣，二曰讯群吏，三曰讯万民。听民之所刺宥，以施上服下服之刑”。对于庶民百姓犯罪，在定罪后，还要向官吏百姓征求意见，根据三刺所反映的意见，当杀则杀，当宽则宽。对“三刺”制度的理解，孟子稍有不同：

> 左右皆曰可杀，勿听；诸大夫皆曰可杀，勿听；国人皆曰可杀，然后察之，见可杀者，然后杀之，故曰“国人杀之”也。如此，然后可以为民父母。[1]

---

〔1〕《孟子·梁惠王下》。

意思是说，君王身边的人都说该杀，不能杀；官员都说该杀，不能杀；国民都说该杀，还要经过认真审察，落实罪状后，才能执行其死刑。这样处死案犯，才能说是“国人杀之”。

对死刑复核程序记载最为详尽的，当属《周礼》。关于《周礼》一书的史料价值和性质，史学界有多种说法，陈寅恪先生认为：“《周礼》中可分为两类：其一，编纂时所保存之真旧材料，可取经文及诗书比证。其二，编纂者之理想，可取其同时之文字比证。”[1]所以，即使《周礼》所说的不是千真万确的事实，却也能反映那个时代的意识，我们姑且把下述文字当做战国乃至秦汉硕儒对死刑复核程序的制度设计，或是其理想设计。《周礼·秋官司寇·小司寇》载：

> 以五刑听万民之狱讼，附于刑，用情讯之。至于旬，乃弊之。读书则用法……以三刺断庶民狱讼之中，一曰讯群臣，二曰讯群吏，三曰讯万民。听民之所刺宥，以施上服下服之刑。

唐代贾公彦疏曰：

> 云“附于刑用情讯之”者，以因所犯罪附于五刑，恐有枉滥，故用情实问之，使之得真实。云“至于旬乃弊之”者，缓刑之意，欲其钦慎也。云“读书则用法”者，谓行刑之时，当读刑书罪状，则用法刑之。

司寇是最高审级的司法官，对于其下各级上报的疑狱进行复核，尽其情考察，得其真实之状。十日之后再下判断，是为慎重而缓刑的意思。行刑时要宣读判决书。其间，要经过三刺的程序再定罪，根据民意决定是杀还是减免刑法。司寇之下的刑官，有乡士、遂士、县士、方士等。《周礼·秋官司寇·乡士》载：

> 听其狱讼，察其辞，辨其狱讼，异其死刑之罪而要之，旬而职听于朝。司寇听之，断其狱，弊其讼于朝。群士司刑皆在，各丽其法，以议狱讼。狱讼成，士师受中，协日刑杀，肆之三日。若欲免之，则王会其期。

---

[1] 蒋天枢：《陈寅恪先生编年事辑》卷下，上海古籍出版社1981年版，第145页。

《周礼·秋官司寇·遂士》载：

> 听其狱讼，察其辞，辨其狱讼，异其死刑之罪而要之，二旬而职听于朝。司寇听之，断其狱，弊其讼于朝。群士司刑皆在，各丽其法，以议狱讼。狱讼成，士师受中，协日就郊而刑杀，各于其遂，肆之三日。若欲免之，则王令三公会其期。

《周礼·秋官司寇·县士》载：

> 听其狱讼，察其辞，辨其狱讼，异其死刑之罪而要之，三旬而职听于朝。司寇听之，断其狱，弊其讼于朝。群士司刑皆在，各丽其法，以议狱讼。狱讼成，士师受中，协日就郊而刑杀，各就其县，肆之三日。若欲免之，则王令六卿会其期。

《周礼·秋官司寇·方士》载：

> 听其狱讼之辞，辨其死刑之罪而要之，三月而上狱讼于国。司寇听其成于朝。群士司刑皆在，各丽其法，以议狱讼。狱讼成，士师受中，书其刑杀之成，与其听狱讼者。

乡士所掌为京城附近百里之郊，遂士掌“四郊”，即百里之外至三百里，县士掌三百里至四百里及公族大夫的采邑，方士掌四百里至五百里及公侯的采邑。乡士在听讼后，对判死刑的案件要在十日之内上报朝廷；遂士在听讼后，对判死刑的案件要在二十日之内上报朝廷；县士在听讼后，对判死刑的案件要在三十日内上报朝廷。方士则因其掌管的是诸侯国的狱案，对判死刑的案件则须在三个月内上报该诸侯国。上报朝廷的案状，司寇亲自听断，各群士（即乡士、遂士、县士）与司刑都要参审，并各自依法判断，共同讨论，最后的定案，由士师依据案卷，审核无误，选适合刑杀之日（协日）在各自的乡、遂、县执行。事后示众三日。若须减免刑罚，则报与君王，君王令六卿共同择日论定。诸侯国的死刑案也要上报朝廷，由司寇与群士司刑复核，士师酌定。案定后，凡参与审判者的姓名，都要记录在案，可见其制度之完备。

三、唐代死刑复核程序

《周礼》所述的这套审判制度，未必就是西周实行的制度，但它却是儒家学者心目中最理想的最合理的死刑复核制度，也是各清明王朝所追求的目标。

尤其需要指出的是，唐代十分重视对死刑的复核，除皇帝本人拥有最高的死刑复核权外，中央多个机构还拥有对死刑的复核权，其中刑部、门下省、中书省、尚书都省及御史台从不同角度对死刑进行复核，在死刑的法定复核程序中分别起着很重要的作用，充分体现出唐代统治者关于“慎用死刑”的立法指导思想，现分述之：

（一）刑部对死刑的复核：司法复核

刑部为尚书省六部之一，是中央司法行政机关，除掌管司法政令外，并复核大理寺流刑、死刑以上及州、县徒刑以上的犯罪案件。大理寺是中央最高审判机关，只负责审理中央百官犯罪及京师徒刑以上的案件。“凡诸司百官所犯徒刑已上，九品已上犯除、免、官当，庶人犯流、死已上者，详而质之，以上刑部，仍于中书门下详覆。”〔1〕大理寺仅仅是审判机关，不行使死刑的复核。

刑部最重要的职能是直接掌管司法部门，按覆大理寺流刑以上及诸州、县徒刑以上的犯罪案件及其应奏之事；若狱囚中有属应议、请者，皆申报刑部，由刑部召集诸司七品以上官员于尚书都省集议；死刑的复决权也由刑部行使，特别是在外诸州死刑的执行，必须报刑部，经三覆奏后，方可执行；对在狱囚徒的录囚、申覆也由刑部负责。在复审中，如发现疑案、错案，凡徒刑、流刑以下的案件，驳回原审州、县重审或复审；死刑则转送大理寺重审，有时也可亲自审理。史称：“故事：有司断狱，必刑部审覆。”〔2〕刑部是常设的死刑复核机构，是从司法机关内部对判处死刑的罪犯进行复核。唐代对死刑的复核，是法定程序，即使当事人不上诉，也要经过刑部复核后，才能执行。贞观以后，虽说是改由中书、门下复核死刑，但并没有完全剥夺刑部对死刑的复核权，司法复核仍有效地进行。大理寺所审“庶人犯流、死以上者，详而质之，以上刑部，仍于中书、门下详覆”。〔3〕

唐代确立的刑部死刑复核制度对后世影响很大，宋、元、明、清死刑的复核基本上都是由刑部主持。

（二）中书门下对死刑的复核：立法复核

门下省是立法机关，在死刑的复核程序中，也起着重要的作用。唐代统治者非常强调慎用刑罚，尤其是对死刑的执行，必须经过多道复核程序，其

〔1〕《唐六典》卷一八《大理寺卿》。
〔2〕《新唐书·徐浩传》。
〔3〕《唐六典》卷一八《大理寺卿》。

中门下省的复核也是最重要的程序之一。贞观二年（628 年）太宗“命中书、门下五品以上及尚书议决死罪”。[1]从而确定中书、门下是死刑的复核机构。在此之前，死刑的复核权归刑部，而由此开始，又增加了中书、门下的复核程序。门下省是从“出帝命”的角度，对死刑进行复核。实际上，门下省复核的范围不仅限于死刑，而是包括徒、流罪以上的刑罚。魏徵身为门下侍中，即使因病“求为散官”，也要对“徒、流以上罪详事闻奏”，说明这是门下省日常最重要的业务之一。

门下省具体执行职务的是给事中，其为门下省最重要的职官之一，品秩虽为正五品上，但权任极重。给事中对于刑部、大理寺及御史台经办的重大案狱，有进行法律审核的权力，认为定罪不准，量刑不确，则有权援引适当的法律条文或案例，驳回重审。这就是《唐六典》所说的：“凡国之大狱，三司详决，若刑名不当，轻重或失，则援法例退而裁之。”“凡天下冤滞未申及官吏刻害者，必听其讼，与御史及中书舍人同计其事宜而申理之。”

谏议大夫只隶于门下省，永徽二年（651 年），萧钧为谏议大夫，《旧唐书·萧钧传》记述了萧钧当谏议大夫时的两件事：一是卢文操盗左藏库物案，高宗认为其当处死刑，萧钧以“陛下轻法律，贱人命”谏，说明高宗的决定是不合法律的，结果案犯免死，可见谏议大夫参与复核，是起作用的。二是宋四通为宫人传信物案，高宗命处死，并要求将此案例编入刑律。萧钧认为宋四通所犯“在未附律前，不合至死”，即法不应当追溯既往。高宗听从意见，免四通等死，且此事被吸收入唐律中。据《唐会要》载此事发生于永徽五年，即在《永徽律》、包括《律疏》颁布后，现传世本《唐律疏议·卫禁律》“阑入非御在所”条有“即虽非阑入，辄私共宫人言语，若亲为通传书信及衣物者，绞”的规定。说明永徽二年后，唐律仍有所修改。门下省在复核死刑的同时，还有对现行法律进行修改的职责。这可能是立法部门复核死刑的特殊任务。开元二十五年（737 年）进一步规定：“自今以后，有犯死刑，除十恶死罪，造伪头首，劫杀、故杀、谋杀外，宜令中书、门下与法官等详所犯轻重，具状闻奏。”[2]该规定更加强调了门下省与中书省对死刑的复核权，可以说是由立法机关对司法机关实行监督的手段和制度保证。

中书省在唐代也是死刑复核的重要机关之一，其本是执掌帝命的机构，长官为中书令，与门下侍中皆为“真宰相”。贞观二年（628 年）五月二日，

---

〔1〕《新唐书·太宗纪》。

〔2〕《唐六典》卷六《刑部郎中员外郎》。

太宗颁敕："中书令、侍中于朝堂受词讼，众庶已上有陈事者，悉令封上，朕将亲览焉。"[1]中书令与门下侍中本身就拥有审理案件的职责。

唐代中书省的具体工作则多由中书舍人担任。中书舍人的职权为"专掌诏诰，侍从署敕，宣旨劳问，授纳诉讼，敷奏文表，分判省事"。[2]其在司法方面的作用主要仍是与给事中、御史组成"三司"，复核天下冤滞案件。"凡察天下冤滞，与给事中及御史三司鞫其事"。贞观十七年（643 年），因审理太子李承乾谋反案，"敕长孙无忌、房玄龄、萧瑀、李世勣与大理、中书、门下参鞫之"。胡三省注曰："唐制：凡国之大狱，三司详决。三司，谓给事中、中书舍人与御史参鞫也。今令三省与大理参鞫，重其事。"[3]可见，中书省与门下省常参与重大案件的审理。开元二十五年（737 年）又规定："凡决死刑，皆于中书门下详覆。"[4]将死刑的复决权由刑部归于中书门下。宪宗元和十三年（818 年），曾下敕重申大理寺、刑部详断过的狱案须报中书省裁量，其敕曰："旧制：刑宪皆大理寺、刑部详断，然后至中书裁量。近多不至两司、中书，使自处置。今后先付法司，具轻重闻奏，下中书令、舍人等参酌，然后据事例裁断。"[5]穆宗"长庆初，上以刑法为重，每有司断大狱，又令中书舍人一员，参酌而出之，百司呼为参酌院"。[6]

皇帝重视中书省在司法复核中的作用，这是皇帝控制司法的重要手段之一，故反复强调中书省及中书舍人在复核案件中的作用是不容忽视的，也是皇帝通过立法机关对死刑进行复核及对司法审判进行监督。

（三）尚书都省对死刑的复核：行政复核

据《唐六典·刑部郎中员外郎条》："若大理及诸州断流以上若除、免、官当者，皆连写案状申省案覆，理尽申奏。"即言流罪以上，显然包括死罪，也就是说，流罪和死罪都要经过尚书省复核。从唐初看，尚书省的工作相当大的部分是关于狱讼方面的事务。贞观三年（629 年），杜如晦为右仆射，房玄龄为左仆射，唐太宗对他们说："公为仆射，当助朕忧劳，广开耳目，求访贤哲。比闻公等听受辞讼，日有数百。此则读符牒不暇，安能为朕求贤哉!"为此，太宗专门颁敕："尚书省细碎务，皆付左右丞，惟冤滞大事合闻奏者，

[1]《唐会要》卷五三《杂录》。
[2]（唐）杜佑：《通典》卷二一《职官三·中书省》。
[3]《资治通鉴》卷一九七《唐太宗贞观十七年》。
[4]《唐六典》卷六《刑部郎中员外郎》。
[5]《唐会要》卷五五《中书舍人》。
[6]《唐国史补》卷下。

关于仆射。”〔1〕

具体负责尚书都省事务的官员是尚书左丞和尚书右丞，他们是具体管辖尚书都省日常事务的负责人，其权任甚重。尚书左右丞是“纲纪之官”，省内诸司及御史纠举不当者，左右丞得弹奏之。尚书都省从事司法监督的官员也正是左右丞。对地方州县审判不服者，可上诉至尚书都省由左右丞为申详之。仍不服者，可上诉至中央三司，“如未经尚书省，不得辄入于三司越诉”。〔2〕尚书省左右仆射与左右丞都拥有一定的司法权及司法监督权。一般事务由左右丞处置。大理寺及京师地区所判徒罪及官员犯罪都要经省司复核，大理寺及天下诸州断流以上、包括死刑案件也要经省司复核。据狄仁杰奏称：“故左右丞，徒以下不勾；左右相，流以上乃判。”〔3〕由此可见，尚书都省主要管辖徒刑以上的案件，左右丞勾徒刑，左右相判流刑和死刑。也就是以勾、判的方式对死刑进行复核。尚书都省所行使的复核权是行政复核，在唐代也是重要的法定程序。

（四）御史台对死刑的复核：监察复核

御史台既是中央监察机关，掌管纠察、弹劾百官违法之事，同时又负责监督大理寺和刑部的司法审判活动，遇有重大疑难案件，也参与审判或直接受理有关刑事及行政诉讼的案件，此外也参与对死刑的复核。贞观二年（628年），鄃县令裴仁轨因“私役门夫”，太宗大怒，欲斩之。殿中侍御史长安李乾佑谏曰：“法者，陛下所与天下共也，非陛下所独有也。今仁轨坐轻罪而抵极刑，臣恐人无所措手足。”太宗听后反而很高兴，“免仁轨死，以乾佑为侍御史”。〔4〕

御史台在日常司法活动中，主要是以“三司受事”的方式参与司法活动及进行复核死刑。这里所说的“三司”是指由御史台、中书省、门下省所组成的三司，其中门下省和中书省分别由给事中、中书舍人承担，御史台则由侍御史参加，“凡三司理事，则与给事中、中书舍人更直于朝堂受表”。〔5〕由侍御史、给事中、中书舍人组成的三司是一个常设机构，它既是介于尚书省与皇帝之间的一个司法审判层次，又是法律监督程序中极其重要的一个环节。

---

〔1〕（唐）吴兢：《贞观政要》卷三《论择官第七》。

〔2〕《唐会要》卷五七《尚书省》。

〔3〕《资治通鉴》卷二〇四《唐则天后天授二年》。

〔4〕《资治通鉴》卷一九二《唐太宗贞观二年》。

〔5〕《唐六典》卷一三《御史台·侍御史》。

“凡天下之人，有称冤而无告者，与三司诘之。”[1]三司平日仅受理上诉表状，故称“三司受事”。这里的“三司”实际上成为大理寺之上的又一级上诉机关，须当事人上诉方才受理，因此不是必经的死刑复核机关。其审核刑部、大理寺及地方州府办理的狱讼，监督其判决，以保证司法审判合乎法定的程序和制度，不合制度者则驳回原审单位重新审理。“三司”一般不直接审讯人犯，处断狱案。若逢特殊大案、要案，涉及官员的品秩、职位极高，且由宰相或其他官员提议，皇帝亲自下特诏后，方可参与审理。

唐高宗时，武则天逐渐掌握大权，史称：“自永徽以后，武氏已得志，而刑滥矣。当时大狱，以尚书刑部、御史台、大理寺杂按，谓之‘三司’，而法吏以惨酷为能，至不释枷而笞棰以死者，皆不禁。”[2]此后，由三法司组成三司专推制狱，渐成制度，玄宗时还将其编入《唐六典》：“若三司所按而非其长官，则与刑部郎中、员外郎，大理司直、评事往讯之。”人称这种由三法司组成的三司同按制狱为“三司推事”。据《通典》记载：“其事有大者，则诏下尚书刑部、御史台、大理寺同案之，亦谓此为三司推事。”又根据案情所涉及的官员品秩及案件的重要性，将三司推事分为三个级别：由刑部尚书或侍郎，大理卿或少卿，御史大夫或中丞组成的三司是最高级别，故又称为“大三司使”；由刑部郎中、大理司直、侍御史组成的三司则次一级；最低为刑部员外郎、大理评事与监察御史组成的三司。后二者皆只称为“三司使”。由三法司组成的三司使是临时性的差遣，史称：“有大狱，即命中丞、刑部侍郎、大理卿鞫之，谓之‘大三司使’；又以刑部员外郎、御史、大理寺官为之，以决疑狱，谓之‘三司使’，皆事毕日罢。”[3]平日并无由刑部、大理寺、御史台组成的“三司使”这一机构，而“三司”的出使也是比较慎重的。故此三司是非常设的复核机构，其直接体现的是君主意志。

御史台在唐代司法中的作用是逐渐强化的，它以司法监察的形式参与案件的审理及复核死刑，最后成为三大司法机关之一。这对后来中国司法制度的发展影响深远，明、清都察院成为法定的复核机关。

（五）皇帝对死刑的复核：君主复核

唐代皇帝拥有最高的司法审判权，同时也就拥有最终的死刑复核权。

首先，皇帝以“录囚”的方式直接行使司法审判的终审权。如唐高祖、

---

〔1〕《唐六典》卷一三《御史台·御史大夫》。

〔2〕《新唐书·刑法志》。

〔3〕《唐会要》卷七八《诸使杂录上》。

太宗常“亲录囚徒”。高宗执政期间也多次亲自录囚，录囚制度成为皇帝控制司法的法定程序。但到玄宗朝则多“以中书、门下虑囚”。[1]天宝以后，更是“从此君王不早朝”，录囚之事皆委中书、门下及诸使、诸州操办。

其次，皇帝以覆奏的方式行使复核权。贞观初，太宗曾因怒杀大理丞张蕴古、交州都督卢祖尚，后又追悔，乃下制曰：“凡决死刑，虽令即杀，仍三复奏。”后又规定：“自今以后，宜二日中五复奏，下诸州三复奏。”[2]复奏制度既体现了唐代统治者慎用死刑的指导思想，同时也将死刑的最终判决权集中到皇帝手中。

最后，皇帝以直诉的方式行使复核权。唐代向皇帝直诉的方式有四种：一是上表；二是邀车驾；三是挝登闻鼓；四是立肺石。以前三种方式鸣冤者，“即邀车驾及挝登闻鼓，若上表诉，若主司不即受者，加罪一等”，以保证皇权的行使。第四种是对社会弱势人群的特殊规定，即“若茕独老幼不能自申者，乃立肺石之下”；“立于石者，左监门卫奏闻；挝于鼓者，右监门卫奏闻”。[3]

皇帝通过多种渠道对死刑进行复核，如由刑部从司法角度对死刑进行复核；由门下、中书从立法角度对死刑进行复核；由尚书省从行政角度对死刑进行复核；由御史台从监察角度对死刑进行复核等，从而将司法权及死刑的复核权完全控制在朝廷也就是皇帝本人手中，皇帝拥有最高审判权、复决权和赦免权。皇帝对死刑的复核权的行使，既是专制皇权强化的标志，也表明中国古代中央集权体制在司法领域的最终完成。

四、宋、明、清时期的死刑复核程序

宋代在唐的基础上进一步对司法复核制度化。其最突出的地方是改变了隋唐以来地方一切死刑案都要报送中央核准方可执行的规定，一般的死刑案，若无疑难，州审定后，即可执行，事后报刑部审覆。但遇有疑难案情，州不能决，则报朝廷议决。

宋太祖晚年曾对宰相说：“五代诸侯跋扈，有枉法杀人者，朝廷置而不问。人命至重，姑息藩镇，当若是耶？自今诸州决大辟，录案闻奏，付刑部

---

〔1〕《新唐书·玄宗纪》。

〔2〕《旧唐书·刑法志》。

〔3〕《唐六典》卷六《刑部郎中员外郎》。

覆视之。”太祖此话，“遂著为令”〔1〕。后设立提刑司，州判死刑必须先报提刑司审覆，提刑司核准后方可执行。提刑司认为有疑难的死刑案，申报刑部奏谳。据南宋楼钥记载，有四种情况须奏谳：“臣窃见在法，大辟情法相当之人，合申提刑司详覆，依法断遣；其有刑名疑虑、情理可悯、尸不经验、杀人无证见，四者皆许奏裁。”〔2〕死刑疑案奏报尚书省刑部，刑部先转大理寺详断，再由刑部详覆。宋太宗时禁中设审刑院，凡上奏疑狱，先申审刑院，再付大理寺详断、刑部详覆。最后仍回审刑院详议，将结果经中书省报皇帝批准。这样，疑案的终审权收归皇帝。元丰改制后，审刑院归入刑部，又规定审刑院不能决的疑案送御史台决断。从而形成了“州郡不能决，而付之大理；大理不能决，而付刑部；刑部不能决，而后付之御史台”的死刑复核程序。

宋代州一级审判机关的最大特点是将“审”与“判”划分开，实行“分司别勘”。“审”又称为“鞫”或“推”，以司理参军掌“讼狱勘鞫”之事，其机构则称推司、鞫司或狱司；“判”又称为“议”或“谳”，以司法参军掌“议法断刑”，其机构则称议司、法司或谳司。除此之外，又有司录参军（或称录事参军），“纠诸曹稽违”，负责监督司理参军与司法参军对狱案的审理，是常设的法律监督机构。“凡诸州狱，则录事参军与司法掾参断之。自是，内外折狱蔽罪，皆有官以相复察”。〔3〕这样，州府的司法机构一分为三，司理推审，司法议断，而以司录监督，其上还有通判、知州（或知府）总其事。诸路设提点刑狱公事监督州县司法，以朝官充使，其后设专司称“提点刑狱司”，“掌察所部之狱讼而平其曲直。所至审问囚徒，详覆案牍，凡禁系淹延而不决，盗窃逋窜而不获，皆劾以闻，及举刺官吏之事”。〔4〕提点刑狱公事主要是监察所属州县的司法刑狱。州县所判“诸重刑皆申提刑司详覆，或具案奏裁，即无州县专杀之理”。〔5〕从而使死刑的复核权收归中央。总之，宋代也是以分权的方式，限制司法权力的滥用。故南宋汪应辰上书说：

国家谨重用刑，是以参酌古谊，并建官师。在京之狱，曰开封府，曰御史，又置纠察司，以讥其失。断其刑者，曰大理，曰刑部，又置审刑院，以决其平。鞫之与谳，各司其局，初不相关；是非可

---

〔1〕《宋史·太祖纪三》。

〔2〕（宋）楼钥：《攻愧集·缴刑部札子》。

〔3〕《宋史·刑法志一》。

〔4〕《宋史·职官志七》。

〔5〕《宋史·刑法志二》。

> 否，有以相济。及赦令之行，其有罪者，许以叙复；无辜者，为之湔洗。内则命侍从馆阁之臣，置司详定，而昔之鞫与谳者，皆无预焉。外之川陕，去朝廷远，则委之转运钤辖司，而提点刑狱之官，亦无预焉。及元丰更定官制，始以大理兼狱事，而刑部如故。然而大理少卿二人，一以治狱，一以断刑。刑部郎官四人，分为左右厅，或以详覆，或以叙雪。同僚而异事，犹不失祖宗分职之意。[1]

明代死刑复核，由明初的三法司会审，发展为圆审、朝审。圆审又称为"九卿会审"，形成于洪武年间，对死刑翻异的疑难案件，由六部尚书、大理寺卿、都察院左都御使、通政司使共同审理。"若亭疑决谳，而囚有翻异，则改调隔别衙门问拟。二次翻异不服，则别奏，会九卿鞫之，谓之圆审。"[2]朝审的对象主要是在京的死刑监候案件，"将犯人引赴承天门外，会同多官审录。其审录之时，原问、原审并接管官员，仍带原卷听审。情真无词者，复奏处决；如遇囚翻异称冤有词，官员仍亲一一照卷陈其始末、来历，并原先审过缘由，听从多官参详；果有可矜、可疑或应合再与勘问，通行备由，奏请定夺"。[3]参与朝审的官员，包括五军都督府、六部、都察院、六科、通政司、詹事府等众多官员。对朝审的死刑犯，分别以情真、缓决、可矜、可疑处理。

清朝继承了明代的朝审制度，将其发展为热审程序，形成了各省臬司"核办招册"，先由各州县"审录"，审录结果向皇帝"汇题"，再由刑部"看详核拟"，经九卿詹事科道集议，按照情实、缓决、可矜、留养承祀的顺序，逐案唱报。会审大典后，刑科给事中将情实的案件向皇帝复奏，由皇帝勾决。[4]

五、结语

中国古代死刑的复核程序的目的和出发点，都是为了"慎刑慎杀"。唐代皇帝常亲自录囚，贞观四年（630年），天下"断死刑二十九人，几致刑措"；高宗即位，问大理卿唐临大理寺狱系囚之数，唐临回答说："见囚五十余人，

---

〔1〕《建炎以来系年要录》卷一七五《绍兴二十年十月》。

〔2〕《明史·刑法志二》。

〔3〕《明会典》卷一七七《朝审》。

〔4〕参见张晋藩主编：《中国司法制度史》，人民法院出版社2004年版，第9、10章；郑秦：《清代司法审判制度研究》，湖南教育出版社1988年版。

惟二人合死。”玄宗开元二十五年（737 年），“天下死罪惟有五十八人”。[1]明代的朝审也是奉行减轻原则。如嘉靖七年（1528 年），“审录重囚应决者一百三十九人，奉旨免死充军者三十四人，有词再问者二十七人，更令系狱者二十九人，其当刑者四十九人得缓死”。[2]清代乾隆年间，每年大约有三千余件死刑案件，经秋审后，只有一千余人处死。[3]从《清实录》看，在太平年间，每年死刑真正被执行的大约在二三百人左右。这得益于孔子“今之听狱者求所以生之”的指导思想。

当今世界，废除死刑的呼声早已成为主流，而我国作为“先进文化的代表”的国度，却包揽了全世界 90% 以上的死刑份额，这于情于理都不合适。参酌我们古代先哲的思想和制度，以及体现在法律文化上的智慧，即便是我们不能立即废除死刑，也应该将其限制在最小的限度内，以做到“胜残去杀”之仁政。

---

〔1〕《旧唐书·刑法志》。

〔2〕《明世宗实录》卷九三。

〔3〕参见张晋藩主编：《中国司法制度史》，人民法院出版社 2004 年版，第 9、10 章。

中国古代社会的律典传统与国家统一

吴治繁 *

一、律典的涵义

律典是对中国古代社会法典的一种专指，在本文中是对自《法经》以来，中国古代历代法典的概称，尤指商鞅改法为律之后，历代中央政权所编纂的成文法典，因其几乎皆冠之以律的名称，且一脉相承，自成体系，是一个具有自身逻辑的稳定的法律系统，故谓之“律典”。学界通常认为，战国时期法家学派的代表人物李悝制定并颁布了中国历史上第一部成文法典——《法经》。[1]由此，中国社会进入法典时代。《唐律疏议》中有这样的记载：魏文侯师于李悝，集诸国刑典，造《法经》六篇：①盗法；②贼法；③囚法；④捕法；⑤杂法；⑥具法。从这段言简意赅的描述中，可以发现，《法经》已经具备先分后总，以“杂法”统率其他五篇的逻辑结构；同时，《法经》将“按照刑名分类，以刑种为纲领的体系，转变成了依罪名分类，依罪名为纲领的体系。这在中国古代法的发展史上是一次重要的转变，它表明了古人在立

---

* 作者系西南财经大学法学院副教授，硕士生导师。

〔1〕 如程树德先生有“律始李悝法经”的观点，见程树德：《九朝律考》之“凡例”，中华书局1963年版，第1页。日本学者浅井虎夫认为：“征之历史，则战国时，魏李悝撰《法经》六篇，当为中国编纂法典之始。李悝以前，春秋时代，郑之刑鼎、竹刑，晋之刑鼎等已开中国法典之先河。……然其名称无传焉，吾人不得不仍以李悝撰《法经》六篇为其始。”参见［日］浅井虎夫：《中国法典编纂沿革史》，陈重民译，中国政法大学出版社2007年版，第6页。梁启超认为：“我国法律之统一，自《法经》始。我国之有《法经》，犹法兰西之有《拿破仑法典》。”见范忠信选编：《梁启超法学文集》，中国政法大学出版社2004年版，第129页。关于中国早期法制以习惯法为基本形态，《法经》是中国历史上第一部成文法典的观点还可参见戴炎辉、张晋藩、曾宪义等多位法律史专家主编的《中国法制史》教材或《中国大百科全书·法学》关于“法典”词条的解释（中国大百科全书出版社1984年版，第90页）。

法技术方面的一个突破性进步。”[1]

商鞅正是在《法经》的成就之上，承《法经》之衣钵，改法为律，制定秦律。律，其最初的含义指音律，《易经·师卦》中有“师出以律”之说，后引申为万事万物之标准，《尔雅·释诂》谈道：“律，常也，法也。”由于律所具有的稳定和标准的意义，律被视为一种稳定的法律渊源。《正韵》中说：“律吕，万法所出，故法令谓之律。”“律者，所以范天下之不一而归于一，故曰均布也”，[2]律较法更强调适用上的普遍性和统一性。根据地下发掘资料证明，战国时代已出现众多的法律形式，商鞅唯独对律“委以重任”，“意在将法律的主体部分以最正规的形式确定下来，而把它与另一些在效力、范围等方面不尽相同的法律形式区分开来”。[3]历史肯定了商鞅改法为律的举措，自秦律始，律之传统便亘延不断，演绎了中国两千余年的律典传统。律作为中国古代社会的一种举足轻重的法律渊源，发轫于商鞅的“改法为律”，而后世皆沿袭制律之传统，蔚为壮观。其间，虽有其他法律渊源作为辅助和补充，但始终以律为国家法律的基本渊源，确认律的根柢和支配地位，成为中华法系之独特现象。无怪乎法史学家陈顾远先生说：“中国法制之在昔，除礼之外，以律为主，几与现代国家必须有其宪章同然。……中国法制之系统，惟有以律为代表焉。”[4]秦始皇开创大一统的中央集权政治之先河，以律作为“定社稷”、“序万民”之器，使律的作用和价值在统一的多民族国家愈发显得举足轻重，以至于制律成为国家的头等大事，成为历代王朝开元定制的传统，受到统治者的高度重视。“在中国古代历史上，一个王朝开始后，常要做两件大事：一是为前朝修史，一是为本朝制律。这两件事意义都很重大，皇帝都派重臣主持，并亲自过问。”[5]这一制律传统自秦迄清，概莫能外。律逐渐成为大一统的多民族国家安邦定国不可或缺的重要手段，成为法律体系中居于主导地位和核心地位的法律形式。“法者，天下之公，所以辅乎治也；律者，历代之典，所以行乎法也。故自昔国家为治者，必立一代之法，立法者

---

〔1〕 梁治平：《寻求自然秩序中的和谐——中国传统法律文化研究》，中国政法大学出版社1997年版，第42页。

〔2〕 沈家本：《历代刑法考》（二），中华书局1985年版，第810页。

〔3〕 梁治平：《寻求自然秩序中的和谐——中国传统法律文化研究》，中国政法大学出版社1997年版，第43页。

〔4〕 陈顾远：《中国法制史概要》，台北三民书局1964年版，第27~28页。

〔5〕 谢怀栻：《大陆法国家民法典研究》，中国法制出版社2004年版，第1页。

必制一定之律。”[1]

二、中国古代社会律典传统的沿革

中华民族拥有悠久的律典文明。历史上，无论统一政权还是分裂政权，几乎都不约而同地进行大张旗鼓的律典编纂，并对其寄予稳固和统一社稷的厚望。律典之于大一统，寄托着无数统治者的政治愿望和复杂情感。我们甚至可以说，中华民族的律典传统的典型体现就是大一统的律典传统，大一统是中华民族律典传统的显著标签。从秦始皇创立大一统之政治格局，到清朝最后一个大一统政权，中华民族的律典传统经历了漫长而完整的递嬗和演变，演绎出律典传统与中华民族统一大格局的和谐交响。

（一）秦朝：大一统律典传统的开端

如果将《法经》视为古代中国法典的开端，那么，在距离《法经》产生年代不远的秦帝国，随着大一统政治格局的建立，古代中国便已进入了大一统的律典时期，并把这一传统保持到20世纪初，使之成为中华民族法律文明的重要特征。可以说，中华民族的前身和主干——华夏民族在选择走律典之路时，便很快地将律典与大一统的政治格局结合起来，形成了两千余年的大一统律典传统。

秦始皇通过军事征服，“并海内，兼诸侯，南面称帝，以养四海，天下之士斐然向风”，[2]结束了春秋战国两百余年的分裂状态，天下重归一统。接着，秦始皇怀“六合之内，皇帝之土”之心，北御匈奴，南拓岭南，使秦帝国“地东至海暨朝鲜，西至临洮、羌中，南至北向户，北据河为塞，并阴山至辽东”[3]，一个疆域空前辽阔的多民族国家在古代东方赫然屹立。如何维持和巩固通过武力征服所获得的政权和疆土，如何有效运转庞大的国家机器以维持政治统一，甚至如何统一思想、扼杀“异端邪说”，实现君民上下一条心？在政治上，秦始皇没有承袭宗法分封等级制度，而是创立了大一统的中央集权制度，广泛推行郡县制，废除官僚贵族的世袭分封制，一改过去“封建亲戚，以屏藩周”的政治格局。中央集权制度是适应规模庞大的国家和社会的强势国家体制，这种政治制度使中央政权极富弹性，面对辽阔疆域和众多人口，国家权力既能触及社会基层，又能迅速地回弹中央。这样的政治制

---

〔1〕苏天爵：“滋溪文稿卷二六”，载《乞续编通制》，适园丛书本。

〔2〕《史记·秦始皇本纪》。

〔3〕《史记·秦始皇本纪》。

度需要以大一统的政治格局为前提，同时又为大一统格局运转和工作。在大一统的中央集权制度下，势必产生统一的法律、统一的纪年、统一的历法、统一的文字、统一的思想、统一的文化……[1]这其中，法律的统一格外引人注目。对于笃信法家思想的秦政权来说，“缘法而治”是其不二选择，“海内为郡县，法令由一统”[2]则是其法制建设目标。只有做到“一切皆有法式”，才能做到事事皆有法可依；只有推行整齐划一的法律政令，才能兑现统一的政治经济措施。因此，统一全国法律成为大一统的秦王朝的重要工作和首要工作。从现有传世文献和地下资料来看，秦律承袭《法经》的重刑精神，实现了法家“一切皆有法式”的理想，尽管秦朝的法典化程度和水平尚处在初级阶段。[3]

与秦始皇推行“车同轨、书同文”政策一样，统一法律不仅是这个刚刚从诸侯割据状态走来的统一政权的必然选择，而且，其效果和历史功绩丝毫不逊于前者。正是确立了放之四海而皆准的法律规范，才收到了“范天下不一而归一”之效，法律所及之处，民心归一，社稷归一。以统一的法律作为中央政权有效管辖的指标，对于新设立的南方各郡尤具重要意义。因此，纵使彼时成文法公布的历史仅三百余年，律典尚属新生事物，犹显稚嫩，然而一旦遭遇大一统的社会政治格局，律典编纂便成为维护大一统的重要方法，成为大一统在法律上的具象。这意味着，只要存在大一统的社会政治格局，律典便会如影随形，相伴始终。站在今天回望历史，秦始皇不仅为后世王朝贡献了在当时堪称先进的大一统中央集权制，还贡献了大一统气魄的中华法典——律典，确立了大一统政治制度下的律典传统，它如同统一文字一样，深刻地影响中国社会两千余年，直到今天。

（二）汉朝：大一统律典传统的巩固与定型

大一统的中央集权制度创设于秦，而其加强和巩固，并形成定制则是在汉朝完成的，在此基础上，汉朝强化并巩固了大一统的律典传统。汉初，有人认为，周代实行封建制，国祚绵延八百载，秦代实行郡县制，社稷仅保二十年，这说明封建制优于郡县制。在这种思想的影响下，刘邦在建国之初实行“一国两制”——封建制与郡县制并行。然而随着时间的推移，

---

〔1〕 历史也证实，秦始皇在法律、历法、文字、度量衡、车轨、思想、文化上确有许多统一的举措。著名的焚书案和坑儒案就是秦始皇统一思想和文化的政治举措。

〔2〕《史记·秦始皇本纪》。

〔3〕 就目前已知的秦律而言，其条目繁杂，内容琐碎，缺乏系统，仅律目就多达三十余个。参见张晋藩主编：《中国法制史》，中国政法大学出版社2007年版，第70页。

孰优孰劣已然显而易见。在平息了缘于封建制而引发的王权旁落、疆土分裂等一系列社会动乱和危机后，在思想上和政治上如何维护大一统的政治局面，显得格外重要。亲历动乱的董仲舒以儒家经典为依据，提出并发展了大一统理论。他从《公羊传》中抽出“大一统”三个字加以发挥，构成了理论形态的“大一统”。董仲舒通过“六经注我”阐发他的大一统理论。他认为：

> 《春秋》大一统者，天地之常经，古今之通谊也。今师异道，人异论，百家殊方，指意不同，是以上亡以持一统，法制数变，下不知所守。臣愚以为诸不在六艺之科孔子之术者，皆绝其道，勿使并进。辟邪之说灭息，然后统纪可一而法度可明，民知所从矣。[1]

董仲舒的大一统思想构成了汉代新儒学的核心思想，概而言之，有三：一是反对诸侯分裂割据，主张领土完整；二是加强中央集权，统一王权，统一政治，即所谓的“民而伸君，屈君而伸天”。[2]在专制主义时代，加强中央集权，统一王权，在一定程度上就是国家的象征，就是民族凝聚力的中心。将中央集权和大一统结合起来，在当时的历史条件下是进步的；三是统一思想，即所谓的“罢黜百家，独尊儒术”，[3]以董仲舒所创立的新儒学统一思想和意识形态。值得一提的是，在董仲舒的大一统思想里，论证了政治统一、思想统一与法律统一的辩证关系。在他看来，只有实现了政治统一、思想统一，才能够“统纪可一而法度可明”，秦末和汉初的社会动荡正是由于缺乏政治统一和思想统一，才导致“法制数变，下不知所守”，而百姓无法可守，不知所守，其后果是不堪设想的。这为大一统的律典传统奠定了理论基础。“理论在一个国家的实现程度，决定于理论满足这个国家的需要的程度”，[4]董仲舒的大一统理论正是为汉初政权长治久安开出的一剂良方，因此，大一统理论一经提出，便得到了统治者的采纳，上升为国家意志和民族意志。在强大的国家政治力量的推动下，大一统理论得到了淬炼和升华。在这套逐渐完善

---

〔1〕《汉书·董仲舒传》。

〔2〕《春秋繁露·玉怀》。

〔3〕参见周桂钿：“董仲舒政治哲学的核心——‘大一统’论”，载《中国哲学史》2007年第4期。

〔4〕《马克思恩格斯选集》第1卷，人民出版社1972年版，第10页。

的理论指引下，古代东方出现了以国家统一和民族团结为特征的汉朝大一统政治格局——“汉朝模式”。后世王朝无一不以“汉朝模式”为表率和榜样，最终形成了中华民族大一统的历史传统。

在大一统的政治格局中，律典编纂是实现和维护统一的重要方法。汉初，为适应初建的大一统政权，汉朝继续沿着秦朝律典编纂的道路，远宗《法经》，近承秦律，形成了以《九章律》为核心的汉律体系。汉武帝“罢黜百家，独尊儒术”后，随着大一统思想的深入和中央集权逐步强化，汉朝的律典编纂呈现出儒家化的重大转变。囿于“祖宗成法不可变”的祖训，维护大一统政治格局和思想的一系列法律和制度出现在汉律体系以外的单行法和具有法律效力的诸儒章句中，甚至出现在具体的司法审判中。它们初步构成了中华民族律典传统的精神气质。当然，汉朝的律典同秦朝一样，都是大一统政治格局下律典的早期形态，在律典的形式和精神方面都尚显稚嫩。[1]然而毋庸置疑的是，正是汉朝形成了完整而成熟的大一统理论，并使之成为国家和民族意志；正是汉朝强化和巩固了大一统政治格局，坚定了走大一统道路的信念；正是汉朝将大一统和律典有机结合，赋予了大一统下的律典以独特的精神气质，奠定了中华法系的基本走向和基本特点。

（三）魏晋北朝：分裂条件下大一统律典传统的坚守和追求

两汉以后，由于豪强军阀势力的恶性膨胀和少数民族的大规模内迁，[2]政治上进入一个分裂时期，数十个分裂割据政权相继兴起。除西晋的短暂统一外，各割据政权无不以大一统为目标和己任。尤其北方政权，在大一统律典道路上锐意进取，励精图治，[3]致使“编纂法典之业渐盛”，[4]律典编纂业绩取得长足进步。在少数民族建立的北朝各政权中，统治者更是视编纂律典

---

〔1〕 汉朝法律同秦朝一样，其律典编纂水平都较低。《晋书·刑法志》评价说，汉朝法律“事类虽同，轻重乖异。通条连句，上下相蒙”，且“律文烦广，事比众多”。

〔2〕 有学者统计，魏晋以降，匈奴、鲜卑、乌桓、羯、氐、羌等族内迁人数在三百万以上，见费孝通：《中华民族研究新探索》，中国社会科学院出版社 1991 年版，第 259 页。

〔3〕 以《北齐律》的制定为例。其制定历时十余年，参加者达数十人之多，主持者系出身于渤海著名律学世家封氏家族的封述，足见北齐政权对律典编纂的重视程度。参见程树德：《九朝律考》卷六《北齐律考序》，中华书局 1963 年版，第 393 页。

〔4〕 ［日］浅井虎夫：《中国法典编纂沿革史》，陈重民译，中国政法大学出版社 2007 年版，第 31 页。

为大一统之要途，贡献了《北魏律》[1]、《北齐律》[2]等优秀律典，律典编纂成绩尤为斐然。大一统律典传统不但没有因为少数民族入主中原而中断，反而在这些政权的大力推动和倡导下继往开来，颇有建树。编纂律典成为北方少数民族政权认同和归属中原文化，追求大一统目标的重要方式。客观言之，正是律典编纂极大地促进了内迁民族之间的民族文化认同和习惯认同，丰富和发展了华夏民族文化特有的包容特质。各分裂政权对律典传统的继承和坚守促使中华民族的族群多样性得到了丰富，包容性也得到了提升。

（四）唐朝：大一统律典传统的高峰

唐朝，不仅创造了中国古代社会政治、经济和文化的高度繁荣，也造就了大一统律典传统的高度繁荣。得到魏晋北朝及隋朝律典传统和经验的给养，同时，也得益于其政治、经济和文化的高度繁荣，唐朝的律典编纂一开始便犹如站在巨人的肩上。通常认为，“通有唐一代其编纂法典事业，凡有七役：①武德间；②贞观间；③永徽间；④垂拱间；⑤开元间；⑥元和间；⑦大中间。就中永徽、开元两役尤为重要。”[3]由此可见，唐朝律典编纂之频繁。其中，永徽年间，为了统一对律文的解释，方便司法适用和考试需要，朝廷投入大量人力，参加“疏解”工作的达十九人之多，是历届修律活动中人数最多、规模最大的一次。流传至今的《唐律疏议》集魏晋隋朝律典成就之大成，在律典精神上继续坚定儒家思想的独尊地位，在编纂模式上汲取《北齐律》和《开皇律》的成就和经验，并以疏解律，形成了别具一格的律疏合一法典模式，实现了律典形式与内容的完美结合，温情脉脉的儒家精神与道貌岸然的法律规则实现了空前的水乳交融。后人曾评价《唐律疏议》为“乘之则过，除之即不及，过与不及，其失均矣”，[4]“一准乎礼以为出入，得古今之

---

〔1〕著名史学家陈寅恪先生曾对《北魏律》作过这样的评价：“北魏前后定律能综合比较，取精用宏，所以成此伟业者，实有广收博取之功”，“元魏刑律实综汇中原士族仅传之汉学及永嘉乱后河西流寓儒者所保持或发展之汉魏晋文化，并加以江左所承西晋以来之律学，此诚可谓集当日大成者”。见陈寅恪：《隋唐制度渊源略论稿》，中华书局 1963 年版，第 111～112 页。

〔2〕法史学专家程树德先生曾对《北齐律》作过非常著名和精辟的总结：“南北朝诸律，北优于南，而北齐尤以齐律为最。”见程树德：《九朝律考》卷六《北齐律考序》，中华书局 1963 年版，第 393 页。《北齐律》集曹魏、西晋、北魏等律典之大成，在律典体例和律典精神方面都不愧为这一时期法典化的最高成就。在中国古代律典编纂史上具有十分重要的地位。它直接为隋唐律典所本，并通过后者影响及于宋元明清各代和中国周边国家。

〔3〕梁启超：“论中国成文法编制之沿革得失”，载范忠信选编：《梁启超法学文集》，中国政法大学出版社 2000 年版，第 147 页。

〔4〕（宋）柳赟：《唐律疏议序》。

平……盖斟酌量一，权衡允当”。[1]唐朝的律典编纂水平和技术从此均走向全面成熟与完备，堪称完美。

当然，唐朝律典仍然是典型的大一统法典化模式，其开创的律典编纂高峰是与其高度发达的社会政治、经济和文化环境密切相关的。唐朝紧随隋朝，实现了疆域的南北统一，建立了一个多民族的大一统中央政权；[2]唐朝尊奉儒家思想的正统地位，确立“德礼为政教之本，刑罚为政教之用”的基本立法精神，实现了思想大一统。在这样一个高度统一的大一统社会里，中国的传统社会迈入了她的黄金时期，强大的中央政权将唐朝社会带入了一个经济发达、文化繁荣的新境界，唐朝成为大一统社会的完美诠释。高度发达的律典成为政治、经济和文化高度发达的大一统唐朝的内在需求，而政治、经济和文化的高度发达又势必造就高度发达的律典。从这个意义上说，大一统的律典编纂成就在唐朝达致高峰是历史的必然。而完美的律典又对唐朝的政治经济发挥了巨大的促进作用，二者形成良性互动关系。不仅如此，律典还成为一种文化符号，其所负载的儒家精神和价值随着律典的一次次适用和诵记（唐律是唐朝科举考试的重要内容之一）传播到帝国的四面八方，并随着国际交往的日益频繁而远播海外。通过律典的文化传播功能，生活在同一部律典之下的唐朝各民族自然形成了一致的道德观、价值观和社会生活习俗，在客观上增进了各民族的文化认同和民族认同，从而促进了民族融合。

（五）清朝：大一统多民族律典的集中演绎

费正清先生说：“18世纪时中国的人口与疆域均达到了历史的最高峰，统治的精细与稳定也达到了巅峰。”[3]的确如此，满洲贵族及其后裔不仅创立了疆土空前辽阔、民族空前众多的大一统多民族国家——清朝，还全盘继受了中华文明和传统，并把这一特点一直保持到鸦片战争前。顺治入关以后，如何实现对文化先进于自己、人口数十倍于自己的中原大一统帝国的治理，成为清朝统治者的重要政治课题。其中，继承律典传统成为清朝统治者维护大一统政治统治的重要内容。

清朝的律典是大一统律典传统的继续、完备和发展。满族统治者入主关内后，已经认识到了完善法制的重要性，并确立了“参汉酌金”的基本立法

---

〔1〕《四库提要》之“唐律疏义”条。

〔2〕李唐家族本身就是一个多民族融合的产物，实为家天下的大一统多民族的李唐王朝的绝佳表率。

〔3〕［美］费正清：《中国：传统与变迁》，张沛等译，吉林出版集团有限责任公司2008年版，第164页。

路线，即在斟酌吸收满族固有习惯法的基础上，参考以明朝法制为代表的汉族封建法制，制定本朝的法律制度。从顺治元年（1644 年）多尔衮下令袭用明律，到乾隆五年（1740 年）《大清律例》颁行，清朝的律典编纂历经近百年，最终画上圆满的句点。在这百年律典编纂历程中，清朝的律典始终沿着中华律典传统的道路前行，是中华民族大一统律典传统的继续和延伸；百年律典编纂历程也折射出清朝统治者对制定一部统一律典的高度重视和对司法实践经验的不断总结。俨然，清朝统治者已经自觉不自觉地化身为中华传统文明的继承人和守护者。考察《大清律例》的内容和体例，其与《大明律》有着极其深厚的渊源关系，甚至毫不夸张地说，《大清律例》就是《大明律》的翻版。然而《大清律例》毕竟不是《大明律》。作为中华法系的最后一部律典，《大清律例》集历代律典之大成，并发展了律典传统。其所形成的以例附律的特点，不但维持了律典的稳定性，而且解决了稳定性与灵活性的矛盾，实现了律典的与时俱进。同时，针对疆域辽阔、民族众多的新情况，清朝统治者创造性地运用“分别立法、分而治之”的方法，在充分尊重各民族习惯的基础上，分别制定适用于各民族的单行法，并强化对各边疆少数民族地区的司法管辖和治理，实现了对大一统多民族国家的有效治理。

清朝的律典有效维护和巩固了多民族国家的统一。通过清初几代帝王的努力，清朝形成了以《大清律例》为核心，辅之以各类单行法规的完备的成文法体系。律典实现了在中央政权集中治理下的各地区、各族群法律的统一适用，在此基础上，各民族地区的单行法又体现了中央政权对不同少数民族的关照与怀柔，成为律典的有益补充。这些适用于各少数民族地区的单行法成为维护边疆政治、社会稳定的重要因素，而疆土的统一和政治的稳定在很大程度上取决于前者。因此，从该意义而言，律典促进和维护了清朝的政治稳定和统一，促进了大一统多民族政治格局的最终形成。同时，律典客观上也成为增进文化认同、凝聚民族精神的重要方式。满洲贵族入关后，在文化上积极同中原文化靠拢，继续以儒家传统为国祚之本，继续以儒家思想指导律典编纂和适用，使律典成为儒家精神的载体和儒家思想的重要传播工具。这种潜移默化的文化认同促进了民族融合，巩固了大一统多民族的政治格局。

三、律典与大一统多民族国家的契合

在中国，自战国时代编纂《法经》开始，律典传统渐次成形并逐渐发展成熟，独具特色，一以贯之，相沿不替两千余年。律典在结构体例上日益精进，在内容上涵盖社会各个领域，形成超稳定的综合性法典。在律典产生、发展、演变的漫长岁月里，尽管有若干其他法律形式相伴始终，甚至一度出现“以敕破律”、“以例破律”等现象；尽管律典无法完全适应社会的发展和变迁，以致后继统治者不得不因为律典与现实生活的脱节而将其“束之高阁”，但“国家制定法始终处于正统地位，是中华法系的主干，在各种法律渊源中起着支配的指导作用，而且辗转承袭，迄未中断，形成了继受关系十分清楚的系统”。[1]在中国古代社会复杂多元的法律体系中，律典的中流砥柱地位丝毫未有撼动，这种现象颇值得注意和深思。笔者认为，这恰恰反映出律典自身的特点与古代中国大一统多民族的中央集权国家追求统一之内在要求的高度契合。在中国传统的大一统中央政治制度之下，律典编纂成为维护国家和民族统一的重要手段，中华民族形成了特有的超稳定的大一统律典传统和律典法律文化。

具体而言，首先，自秦始皇开创大一统的多民族中央集权国家之始，历代统治者都将维护政权统一、国家统一奉为立国之根本目标，以至于在中国的历史发展道路上，呈现出“统一为常情，分裂为变态”[2]的基本特点。有学者做过这样一个量化分析：“如果从秦始皇统一的公元前221年算起，一直到清朝灭亡的公元1911年，中国的大一统帝国制度运行了整整2132年。而其中统一的时期大约为1347年，占2/3左右时间；分裂的时期大约为785年，占1/3左右时间。”[3]因此，无论是历史还是现实，无论是过去还是当代，在中国，统一从来都是历史常态，而分裂则是非常态。同时，大一统的政治格局还成为古往今来人心之所望，正如费正清先生所言：“中国历史中表面上的统一，实际只占全部时间的2/3，而统一的理想则相沿无改。”[4]以王朝更替而论，秦、汉、西晋、隋、唐、元、明、清都建立了大一统的多民族中央集权国家，这些统一的政权必然希望通过整齐划一、规范详备的法律统一调整复杂多样的社会关系，将中央的意志快捷而一致地传达到社会的各个神经末梢。这必然导致“范天下之不一而归于一”的律典始终被重视，纵然其制定程序庞然复杂、旷日费时，而且还有落后于社会生活之虞，然而律典的巨大魅力仍令历代统治者难改其趣、乐此不疲。当然，历史也证明，律典确有助

〔1〕张晋藩：《中国法律的传统与近代转型》，法律出版社2007年版，第250页。

〔2〕黄仁宇：《赫逊河畔谈中国历史》，生活·读书·新知三联书店1992年版，第6页。

〔3〕刘哲昕：《文明与法治——寻找一条通往未来的路》，上海人民出版社2009年版，第50页。

〔4〕［美］费正清：《伟大的中国革命》，刘尊棋译，世界知识出版社2003年版，第14页。

于维护多民族国家的统一和中央集权的强化。

其次，律典先天所具有的权威性和神圣性能够树立和巩固以皇帝为统治核心和象征的统治权威，形成国家统一管理的基础与核心，从而维护中央集权的统治模式。因此，历代王朝几乎都形成了政权建立之初必制律的传统。

再次，在以儒家思想为正统、法律制度儒家化的传统社会，律典还担负着德治教化的宣教重任。"盖中国法典率，以理想之法典为的；苟认为良法，虽非现制，亦必采入法典之中"，[1]固然，这一传统虽反映出古人拘泥、恪守祖宗成法的愚忠，但这恰恰说明律典以其稳定性承载着德治教化的宣教重任，统治者利用律典的权威性对民众进行教化、警示和威慑，律典中的祖宗成法虽无法运用于司法实践，但却增强了律典的教化作用和威慑作用。[2]

最后，律典还具有强烈的象征意义。在古代中国的传统社会里，一部具有高度统一性和概括性的律典的问世往往象征着国家政权的稳定和统治的合法，象征着一个治世的来临。律典已然成为统一王朝居于核心地位、不可或缺的大经大法。

历史证明，"自公元前221年起到1839～1842年的鸦片战争，中国在大部分时间里能够把不断扩张的领土和不断增长的人口控制在一个大一统国家里，从而成为半个世界的文化和政治中心"。[3]其中，律典之于大一统的中国，扮演了一个非常重要的角色。律典传统成为中华民族法律文明的重要特征，而大一统又是中华民族律典传统的重要特征。无论治世或乱世，无论政治统一或分裂，编纂统一律典始终是中华民族的政治诉求和法律诉求，始终是回归统一和巩固统一的重要途径。自秦朝肇始的大一统律典传统，历经汉朝的思想加固和制度递进，日益成为中华法系的传统，从而形成了独特的民族传统文化。费正清先生曾感叹道："中国的传统力量太强大了，任何彻底的制度改革都是不可想象的。"[4]的确，当一种行为成为惯行，它

---

〔1〕［日］浅井虎夫：《中国法典编纂沿革史》，陈重民译，中国政法大学出版社2007年版，第269页。

〔2〕参见刘广安："中国法典作用的再探讨"，载张中秋编：《理性与智慧：中国法律传统再探讨》，中国政法大学出版社2008年版，第44页。

〔3〕［英］阿诺德·汤因比：《历史研究》，刘北成、郭小凌译，上海人民出版社2005年版，第287页。

〔4〕［美］费正清：《中国：传统与变迁》，张沛等译，吉林出版集团有限责任公司2008年版，第164页。

便成为传统，每一次传统的承袭都会大大增加其内在的能量，使后来者自身几乎无法与这样巨大的能量抗衡，而只能继承和顺应它，直到出现异质且先进的能量打破这种循环。中华民族的律典传统正是植根于中国传统农业社会的经济基础之上的，它与中国传统社会的大一统政治格局形成了超稳定的平衡状态，是中国千余年大一统多民族国家历史传统在法制上的必然体现。

从公文碑看法律碑刻的形式特征与基本功能

李雪梅*

中国古代“镂之金石”的法律纪事模式，大致经历了先秦“器以藏礼”，秦汉“铭功纪法”、“碑以明礼”，唐宋金元“碑以载政”，明清“碑以示禁”等几个重要发展阶段。其中，“碑以载政”的布政功能在“镂之金石”的法律纪事发展历程中，有着相当重要的意义，对古代中国的法律文化和法律秩序建构贡献良多。

“碑以载政”的布政功能，主要通过官府的公文碑加以体现和完成。公文碑的普及，使得法律碑刻成为石刻的诸多类别中形式上相当独立的一种。相对于墓志、造像碑、纪事碑、功德碑、题名碑等形式而言，公文碑的法律意义十分明显。以公文碑为代表的法律碑刻突出官府“布政”、彰显禁令规范、建构法律秩序的宗旨；除官府直接刻立外，民间也热衷于刊刻公文碑，旨在借官府政令或禁令彰显自己的正当权益。古代的公文碑，无论是其形制、体例、格式及刻立程序，还是其所载政令内容及功能，都值得我们进一步深入研究。通过对古代公文碑的行政执法功能进行深入研究，我们能进一步认识古代中国“镂之金石”法律传统下的地方法律秩序的建构运作模式以及民间维权模式。

一、作为布政方式的古代公文碑

（一）秦汉制诏刻石

制、诏、令、敕谕、圣旨等为中国古代皇帝发布政令的主要形式，也是封建国家最高级别的下行公文，有些内容甚至是国家法令，如西汉初《子首

* 作者系中国政法大学法律古籍整理研究所教授。

匿父母等勿坐诏》、甘露二年（公元前52年）《赦天下减民算等诏》等。[1]

秦代已确定皇帝专用之公文为制、诏等，所谓“命为‘制’，令为‘诏’”。[2]秦始皇、秦二世的制、诏既铭金也刻石。铭金者主要为统一度量衡的诏书，如《高奴铜权》、《二十六年诏权》、《二十六年诏小权》、《二十六年诏八斤权》、《二十六年诏十六斤权》等，均载有秦始皇二十六年的诏书。[3]传世刻石中的诏书，为《泰山刻石》和《琅玡台刻石》。

两石均立于秦始皇二十八年（公元前219年）。刻石的主要目的为铭功，其中与法制有关的功绩，前者是“治道运行，诸产得宜，皆有法式”，后者为“端平法度，万物之纪”、“除疑定法，咸知所辟”。[4]两石均附刻秦二世诏书：

> 皇帝曰：“金石刻尽始皇帝所为也。今袭号而金石刻辞不称始皇帝，其于久远也。如后嗣为之者，不称成功盛德。”丞相臣斯、臣去疾、御史大夫臣德昧死言：“臣请具刻诏书刻石，因明白矣。臣昧死请。”制曰：“可。”[5]

秦二世在始皇刻石旁加刻诏书的目的见于《史记》：“二世与赵高谋曰：‘朕年少，初即位，黔首未集附。先帝巡行郡县，以示强，威服海内。今晏然不巡行，即见弱，毋以臣畜天下。’春，二世东行郡县，李斯从。到碣石，并海，南至会稽，而尽刻始皇所立刻石，石旁著大臣从者名，以章先帝成功盛德焉。”[6]从文中可见，提升中央集权是二世刻石的关键。

《泰山刻石》为历代金石考据学家所关注。关注的角度，主要有刻石文字流传残毁的经过及其与《史记》文本的异同等。宋代赵明诚著的《金石录》比较碑文与《史记》所载不同之处有七，“皆足以正史氏之误”。[7]宋代董逌留意二世诏书的刻载位置，称“始皇诏书刻其三面，二世诏宜在其阴。今石南面为二世诏书，始皇帝刻诏书乃在北西东三面。盖石仆而后人起立植之，

---

〔1〕（宋）林虑编：《两汉诏令》，文渊阁《四库全书》电子版。

〔2〕《史记》卷六《秦始皇本纪》，中华书局1959年版，第236页。

〔3〕孙慰祖、徐谷甫编著：《秦汉金文汇编》，上海书店出版社1997年版，第4~14页。

〔4〕《史记·秦始皇本纪》。

〔5〕《史记·秦始皇本纪》。

〔6〕《史记·秦始皇本纪》。

〔7〕（宋）赵明诚撰、金文明校证：《金石录校证》卷十三，上海书画出版社1984年版，第241页。

以其一面稍完，故立之南”。[1]清人王昶曾留心于诏书公文的书写格式：

始皇刻石之辞，具载《史记·本纪》。石本颂词久蚀，惟存二世从臣名四行，后并残，石遭火矣。昶得旧拓本摹之，其第二行止“昧死言”三字；第四行提起，作“臣请具刻”云云，与《琅琊刻石》连接者不同，疑当时此处石已剥泐，不能直书故尔。《金薤琳琅》又云：刻文起西面而北、而东、而南，共二十二行。其末行‘制曰可’三字，复转刻西南棱上，则分行位置，亦与诸刻异矣。[2]

《琅琊台刻石》原石也是四面刻字，其中东南北为始皇诏，西面是二世诏，均为李斯所书。由于《琅琊台刻石》并存秦始皇和二世的文字，清代王昶对刻石纪功明诏的功用格外关注。他认为：

史载始皇二十八年上邹峄山、泰山、登琅邪，二十九年登之罘，三十二年之碣石，三十七年上会稽。旬岁之间，立石颂功事凡六见。二世效之，不旋踵而已亡天下，功德固安在哉？自秦至今，阅数千年。之罘、碣石之刻久已无传，峄山、会稽皆出后人重摹，泰山石又毁于火，而此石岿然犹存。且一石中备存始皇、二世之迹，金石不朽，信有征矣。然安知非造物者仅留此刻，以为万世好大喜功之主戒也！[3]

当然秦诏书格式，依旧是清代金石学家细心观察的内容。毕沅等对《琅琊台刻石》附刻的二世诏书描述道：

自“皇帝曰”以下与《史记》文句无少异，石上下各刻一线为界，每行八字，二行与三相间少远，诏书与从臣名不相属也。三行止七字者，为四行始皇提行地也。后六行、八行、十三行并提行矣。末行三字漫漶特甚，余皆可指而识也。[4]

---

〔1〕（宋）董逌撰：《广川书跋》，载国家图书馆善本金石组编：《先秦秦汉魏晋南北朝石刻文献全编》第一册，北京图书馆出版社2003年版，第533～534页。

〔2〕（清）王昶撰：《金石萃编》卷4，载国家图书馆善本金石组编：《先秦秦汉魏晋南北朝石刻文献全编》第一册，北京图书馆出版社2003年版，第534页。

〔3〕（清）王昶撰：《金石萃编》卷4，载国家图书馆善本金石组编：《先秦秦汉魏晋南北朝石刻文献全编》第一册，北京图书馆出版社2003年版，第536页。

〔4〕（清）毕沅、阮元撰：《山左金石志》，载国家图书馆善本金石组编：《先秦秦汉魏晋南北朝石刻文献全编》第一册，北京图书馆出版社2003年版，第535页。

汉承秦制，天子之书亦各有专称。大体而言，有策书、制书、诏书、戒敕四类，其下又有小类，如“诏有制诏、亲诏、密诏、特诏、优诏、中诏、清诏、手笔下诏、遗诏，令有下令、着令、挈令及令甲、令乙、令丙”等。而后世热衷于对汉代诏书体式的研究，一个重要原因是“两汉之制最为近古”。[1]

汉代制诏格式及其运行环节，可以通过传世汉代石刻进行复原。东汉元初六年（119 年）汉安帝《赐豫州刺史冯焕诏》、元嘉三年（153 年）《乙瑛碑》（亦称《孔庙置守庙百石卒史碑》等）、建宁二年（169 年）《史晨碑》（全称《史晨祠孔庙奏铭》）、光和二年（179 年）《樊毅复华下民租田口算碑》、光和四年（181 年）《无极山碑》等，均是重要的物证。近代人马衡认为，其“所载文书，或为天子下郡国，或为三公上天子，或为郡国上三公，或为郡国下属官，种种形式，犹可考见汉制之一班”。[2]

以永兴元年（153 年）《乙瑛碑》为例。此碑现存于山东曲阜汉魏碑刻博物馆，是鲁相乙瑛上书朝廷请求设置孔庙掌管礼器和祭祀的专职官员——百石卒史的公文。乙瑛将此事奏于朝廷，又由司徒吴雄和司空赵戒奏于皇帝，汉桓帝批示由鲁相乙瑛择四十岁以上通一艺者任之。当时乙瑛已满秩而去，继任者挑选孔和为百石卒史，并将此事回奏朝廷。碑石全文为：

> 司徒臣雄、司空臣戒稽首言：鲁前相瑛书言，诏书崇圣道，勉□艺。孔子作《春秋》，制《孝经》，删述《五经》，演《易·系辞》，经纬天地，幽讚神明，故特立庙。褒成侯四时来祠，事已即去。庙有礼器，无常人掌领，请置百石卒史一人，典主守庙，春秋飨礼，财出王家钱给（犬）[犮][3]酒直，须报。谨问大常祠曹掾冯牟、史郭玄。辞对：故事辟雍礼未行，祠先圣师。侍者，孔子子孙，大宰、大祝令各一人，皆备爵。大常丞监祠，河南尹给牛羊豕鸡□□各一，大司农给米祠。臣愚以为如瑛言，孔子大圣，则象乾坤。为汉制作，先世所尊。祠用众牲，长吏备爵。今□［欲］加宠子孙，敬恭明祀。传于罔极。可许臣请，鲁相为孔子庙置百石卒史

---

〔1〕（宋）林虑编：《两汉诏令》原序，文渊阁《四库全书》电子版。

〔2〕马衡：《凡将斋金石丛稿》，中华书局 1977 年版，第 88 页。

〔3〕（清）翁方纲《两汉金石记》认为：洪氏所释“给犬酒直”，“犬”字实与“大”字不侔，而从来无言及之者。以愚见度之，似是“犮”字。盖即“发”字也，既省“发”为“犮”，又省“犮”为“犬”耳。载国家图书馆善本金石组编：《先秦秦汉魏晋南北朝石刻文献全编》第一册，北京图书馆出版社 2003 年版，第 589 页。

一人，掌领礼器，出王家钱给（犬）[犮]酒直，他如故事。臣□、臣戒愚戆，诚惶诚恐，顿首顿首，死罪死罪。臣稽首以闻。

制曰：可。

元嘉三年三月廿七日壬寅奏雒阳官。

司徒公河南原武吴雄字季高

司空公蜀郡成都赵戒字意伯

元嘉三年三月丙子朔，廿七日壬寅，司徒雄、司空戒下鲁相承，书从事下当用者，选其年廿廿以上，经通一艺，杂试通利，能奉先圣之礼，为宗所归者，如诏书。书到，言：永兴元年六月甲辰朔，十八日辛酉，鲁相平，行长史事卞守长擅，叩头死罪，敢言之司徒司空府，壬寅诏书，为孔子庙置百石卒史一人，掌主礼器，选年卌以上，经通一艺，杂试，能奉弘先圣之礼，为宗所归者，平叩头叩头，死罪死罪。谨案文书，守文学掾鲁孔和，师孔宪，户曺史孔览等，杂试，和修《春秋严氏经》，通，高第，事亲至孝，能奉先圣之礼，为宗所归，除和补名状如牒，平惶恐叩头，死罪死罪，上司空府。

讚曰：巍巍大圣，赫赫弥章。相乙瑛，字少卿，平原高唐人。令鲍叠，字文公，上党屯留人。政教稽古，若重规矩。乙君察举守宅，除吏孔子十九世孙麟，廉请置百石卒史一人，鲍君造作百石吏舍，功垂无穷，于是始□。

后汉钟太尉书。

宋嘉佑七年张稚圭按图题记。[1]

对这方保存完好的公文碑，历代探研者不乏其人。据杨殿珣所撰《石刻题跋索引》，对此碑进行研究的传统金石著述计有 34 种。[2]

《乙瑛碑》在古代公文发展史上的重要性，通过宋代洪适的评论可见一斑："此一碑之中凡有三式，三公奏于天子一也，朝廷下郡国二也，郡国上朝廷三也。"[3]清代钱大昕注意到公文格式对后世的影响："书名不书姓者，以

---

〔1〕 高文：《汉碑集释》，河南大学出版社 1997 年版，第 166～168 页。

〔2〕 杨殿珣撰：《石刻题跋索引》，载林荣华校编：《石刻史料新编·第一辑》，台湾新文丰出版公司 1982 年版，第 489 页。

〔3〕（宋）洪适撰：《隶释》卷 1，中华书局 1986 年版，第 18 页。

位列三公，皆知为吴雄、赵戒也。唐宋告身章奏署名，凡丞相不著姓者，类此。"[1]清代王澍根据汉代中央公文运转之简便，直指清代公文之繁琐道："每见近日文移奏牍，一事必再三繁复，至于连篇累纸而不休，窃恠何不省简，乃浪费笔墨如此。今观此碑，乃知汉时其体便尔。"[2]清代王昶对碑文年月及列名碑石的赵戒之人品有所评述："碑称元嘉三年，即永兴元年。是年五月始诏改元，故中隔两月，而纪元各殊也。雄、戒罢免亦在是年，才三月后事耳。戒以阿附梁冀，倾陷忠良，为清议所不齿，故范《史》于《李固传》赞云：其视胡广赵戒，犹粪土也。而此碑因鲁相尊师崇道，循例转奏，列名首行，亦为金石之玷，读者不可不知。"[3]

宋人曾对两汉诏令的行文特色总结道：一曰策书，其文曰"维某年月日"；二曰制书，其文曰"制诏三公"；三曰诏书，其文曰"告某官如故事"；四曰诫勅，其文曰"有诏勅某官"。[4]然而清人认为这一总结尚不全面，武亿特补充道：

> 碑首行"司徒臣雄、司空臣戒稽首言"，末言"臣雄、臣戒愚戆，诚惶诚恐，顿首顿首，死罪死罪。臣稽首以闻"。此即汉制三公奏事之式，与《独断》所云奏者亦需头其京师官，但言"稽首下言"、"稽首以闻"相合，然"诚惶诚恐，顿首死罪"字，蔡氏略之不书。今以碑所载，可证其有遗典也。[5]

与后来的公文相比，汉代公文格式相对简便，上行皇帝的章奏书"昧死言"，上行或平行文书写"敢言之"，下行文书径言"告某某"等，标志明显，内容直截了当。而这种便捷的行文方式，颇有助于政务处理。宋代洪迈根据汉代公文碑中记载的文书上行下达时间总结道："无极山祠事，以丁丑日奏雒阳宫，是日下太常；孔庙事，以壬寅日奏雒阳宫，亦以是日下鲁相，又

---

〔1〕（清）钱大昕撰：《金石后录》，载《先秦秦汉魏晋南北朝石刻文献全编》第一册，北京图书馆出版社2003年版，第588页。

〔2〕（清）王澍撰：《虚舟题跋》，载《先秦秦汉魏晋南北朝石刻文献全编》第一册，北京图书馆出版社2003年版，第588页。

〔3〕（清）王昶撰："金石萃编卷四"，载《先秦秦汉魏晋南北朝石刻文献全编》第一册，北京图书馆出版社2003年版，第590～591页。

〔4〕（宋）林虑编："《两汉诏令》原序"，载文渊阁《四库全书》电子版。

〔5〕（清）武亿撰："授堂金石跋"，载《先秦秦汉魏晋南北朝石刻文献全编》第一册，北京图书馆出版社2003年版，第590页。

以见汉世文书之不滞留也。”[1]

清代吴玉搢则通过对《乙瑛碑》碑名和碑文中“百石卒史”讹变为“百户卒史”的解释，揭示了官府公文在长期流传中的“民间化”过程：

> 按“百石卒史”，《通典》讹为“百户吏卒”，《三国志》讹与《通典》同，《水经注》讹为“百夫吏卒”，《山东通志·阙里志》讹为“百户卒史”，皆莫之正。又康熙甲子，圣祖仁皇帝幸阙里，谒庙毕，由奎文阁至同文门，观门右汉碑。孔尚任奏曰：此汉元嘉三年鲁相乙瑛置《卒史碑》，今谓之“百户碑”。上问何为百户碑，尚任对曰：历代优崇之典，庙廷设官四员，典籍、司乐、管句、百户，谓之礼、乐、兵、农四司。观此知鲁人亦讹以为“百户”也，岂独书籍传写之谬哉！[2]

通过上述碑文，尤其是金石考据学家的研究，可知汉代中央政府发布的诏书或法令公文刻石，其完整结构一般包括三个部分：高级官员向皇帝递呈的奏章；皇帝“制曰可”的内容即法令本身；地方执行法令的情况汇报，实即宋代洪适所总结的“三公奏于天子”、“朝廷下郡国”、“郡国上朝廷”。洪适所揭示的一碑含有公文“三式”，正是公文碑与一般公文有所不同的关键所在，即公文碑强调法令制定、颁布程序的合法性和完整性以及法令的执行和落实的情况。而刻立公文碑，乃是为使该项法令成为人们长久遵循的法定惯例。

（二）唐宋金元公文刻石

唐宋时期，君言公文刻石表现多样，诏、敕、榜等频见于石，如唐代有《武德二年诏》、《武德九年诏》、《贞观诏》、《乾封元年诏》以及册封诏书等刻石，宋代有徽宗的《辟雍诏》及高宗的《籍田诏》等。另自唐宋开始，皇帝训诫官箴类刻石渐多。开元年间（713 年 ~ 741 年）有《令长新戒》也称《敕处分县令》，北宋真宗曾“诏诸州以《御制七条》刻石”。[3]南宋官箴刻石遗存较多，见于载录者有绍兴二年（1132 年）宋高宗敕命诸州刻《戒石铭》，以及孝宗于淳熙年（1174 年 ~ 1189 年）所撰《戒谕军帅五事》、《手诏戒谕漕臣》，理宗（1225 年 ~ 1264 年）所书《戒饬士习诏》、《戒贪吏手诏》等刻石。

唐宋公文有严格的使用规范和格式。“唐代应制碑文，书撰皆称臣、称奉

---

〔1〕（宋）洪迈：“《容斋续笔》卷四”，载文渊阁《四库全书》电子版。

〔2〕（清）吴玉搢《金石存》。

〔3〕（元）脱脱等撰：《宋史》卷 8《真宗三》，中华书局 1977 年版，第 158 页。

敕。……高丽碑皆称奉教，南诏碑皆称奉命，所以别于中国，示不敢僭。”[1]

唐宋时期，公文碑更加广泛地应用于地方政务，并成为地方和中央政务沟通的见证。陕西西安碑林有景祐元年（1034 年）《永兴军牒》和景祐二年（1035 年）《永兴军中书札子》。前者刻于唐《分国公功德铭》之阴，当时范雍以户部侍郎知永兴军，请以府城隙地立学舍，并乞国子监九经书籍，故给此牒。牒在景祐元年正月五日下，至二年二月八日立石。[2]《永兴军中书札子》碑文为：

中书札子

户部侍郎知河阳军范雍奏：臣昨知永兴军，体量得前资，寄住官员颇多，子弟辈不务肯构，唯恣嘲谑轻薄，斗诔词讼。自来累有条约，与诸处不同，有过犯情理重者，并奏听敕裁，然终难悛革。盖由别无学校励业之所，是致轻悍成风。臣到任后，奏乞建置府学，兼赐得九经书，差官主掌，每日讲授。据本府分析，即今见有本府及诸州修业进士一百三十七人在学，关中风俗稍变，颇益文理。见是，权节度掌书记陈谕管勾，欲乞特降敕，命指挥下本府管勾官员，令常切遵守所立规绳，不得堕废。候敕旨。右奉圣旨依奏，札付永兴军准此者。

景祐二年（1035）十一月一日宣德郎试秘书省校书郎节度掌书记管勾府学陈谕立。

安亮刻[3]

清人叶昌炽认为：“前列‘户部侍郎知河阳军范雍奏’，末云‘右奉圣旨依奏，札府永兴军准此者’，详绎文义，如今廷寄之制。由中书门下奉旨宣付军州。”[4]

正如叶昌炽所述，宋代许多公文碑都记叙了公文上申下达的程序。元丰四年（1081 年）《富乐山兴教禅院使帖并开堂记》完整地反映了住持的资格

---

〔1〕（清）叶昌炽撰，柯昌泗评、陈公柔等点校：《语石异同评》，中华书局 1994 年版，第 401 页。

〔2〕（清）王昶撰：“《金石萃编》卷一三二”，载国家图书馆善本金石组编：《宋代石刻文献全编》第三册，北京图书馆出版社 2003 年版，第 196～198 页。

〔3〕（清）王昶撰：“《金石萃编》卷一三二”，载国家图书馆善本金石组编：《宋代石刻文献全编》第三册，北京图书馆出版社 2003 年版，第 198～199 页。

〔4〕（清）叶昌炽撰、柯昌泗评、陈公柔等点校：《语石异同评》，中华书局 1994 年版，第 205 页。

证书——“传法主持”申准文书上行下行的全过程。据碑文可知，“传法主持”资格的取得，除学识品性的要求外，还需履行一套法定程序，即由寺院申报州僧司，州僧官教僧正再报礼部，经礼部奉敕准予给出牒，乃下发州长官“使州”，再转给受牒僧人。但兴教禅院的智海没有收到州政府发出的证书，故再次提出申请，在收到敕帖后刻石为记。[1]

除纪述公文形成的程序以示其合法之外，公文的另一个特色，即处理政务并给予明确指示，此乃公文的关键性内容。崇宁二年（1103 年）《福昌院牒》是一份宗教管理文书。其碑文为：

尚书省牒阆中县福昌院

礼部状：据阆州状“阆中县倚郭永安院与陵名相犯，合行回避”。本部勘会上件，院额系与陵名相犯。元系本朝敕额，今来依朝旨，合系朝廷别降敕额，伏候指挥。

牒奉敕：宜改赐福昌院为额牒。至准敕故牒。崇宁二年六月十八日牒。[2]

据碑文可知，四川阆中城郭福昌院原名“永安院”，因宋帝诸陵带“永”字，又北宋哲宗以前诸帝俱葬河南永安镇（景德四年升为永安县），为避讳故申报礼部改名。礼部奉尚书省敕于徽宗崇宁二年（1103 年）准予改名。

金代的公文碑以大定年间寺牒碑为数甚多，其原因，一些金石学家曾有考证，并注意到宋代元丰改制对牒文发放的影响。钱大昕跋《广福牒》云：“凡寺院赐额，宋初由中书门下给牒。元丰改官制以后，由尚书省给牒。皆宰执亲押。金则委之礼部，而尚书侍郎并不书押，惟郎官一人行押而已。但宋时寺院，皆由守臣陈请，方得赐额。金则纳钱百贯，便可得之。盖朝廷视之益轻，而礼数亦替矣。此大定一朝敕牒，所由独多欤。”[3]

据清代王昶考证：“大定初年寺观纳钱请赐名额之事，《金史》无考。今所得于陕西者凡十四碑，文称尚书礼部牒，是牒由礼部发也；又称尚书户部差委某州发卖所，是户部设官差委外州发卖牒文也。……据同官县《灵泉观记》云：‘大定初，王师南征，军须匮乏，许进纳以赐宫观名额。’若然，

[1] 龙显昭主编：《巴蜀佛教碑文集成》，巴蜀书社 2004 年版，第 131 页。

[2] 龙显昭主编：《巴蜀佛教碑文集成》，巴蜀书社 2004 年版，第 144 页。

[3] （清）叶昌炽撰，柯昌泗评、陈公柔等点校：《语石异同评》，中华书局 1994 年版，第 204 页。

则是大定初权宜设置之事，非常制也。"[1]

元代公文碑以圣旨碑最具影响力。清人叶昌炽言："元不称'敕'，通谓之'圣旨碑'。"[2]马衡认为："元之诏敕，凡史臣代言者曰诏，以国语训敕者曰圣旨，诸王太子谓之令旨，……其文多为语体，或蒙古文与汉文并列。其称制诏者，如《加封孔子》等制诏皆为通敕，天下郡邑多有之。"[3]立于山东曲阜颜庙《保护颜庙圣旨禁约碑》载文：

> 皇帝圣旨里，中节省会验，先钦奉诏书，节该谕中外有司官吏人等。孔子之道，垂宪万世，有国家者所当崇奉。曲阜林庙，上都、大都、诸路府、州、县、邑庙学、书院，照依世祖皇帝圣旨，禁约诸官员、使臣、军马，毋得于内安下，或聚集理问词讼，亵渎饮宴，工役造作，收贮官物。其赡学地土产业及贡士庄田，诸人毋得侵夺。本路总管府、提举学校、肃政廉访司，宣明教化，勉励学校。凡庙学公事，诸人毋得沮坏。据合行儒人事理，照依已降圣旨施行。钦此。除钦遵外，照得亚圣兖国公庙宇，亦合一体禁约。除另行外，都省合行出榜晓谕。如有违犯之人，严行治罪。须至榜者，右榜晓谕。
>
> 大德十一年十月日，各令通知。[4]

此碑立于元成祖大德十一年（1307 年）。文称"照依世祖皇帝圣旨"，当指元世祖忽必烈在位时（1260 年～1294 年）所颁圣旨。《元典章》载元世祖于至元三十一年（1294 年）所发圣旨，题为《崇奉儒教事理》。碑文主体内容与至元三十一年（1294 年）圣旨相同，仅个别地方有增删之处。[5]

元代公文碑中也常见公据碑。公据又或称执照，为官府发出的凭据。元代公据碑以给付寺观者为多。《元典章》载至大三年（1310 年）礼部准滁州知州李介呈文道："有自愿出舍之家，须赴有司具四至条段陈告，以凭村保邻舍亲戚等保勘，别无违碍，出给公据，明白推收税石，方许舍施。如违，其

---

〔1〕（清）王昶撰："《金石萃编》卷一五五《跋庄严禅寺牒》跋"，载国家图书馆善本金石组编：《辽金元石刻文献全编》第二册，北京图书馆出版社 2003 年版，第 520 页。

〔2〕（清）叶昌炽撰，韩锐校注：《语石校注》，今日中国出版社 1995 年版，第 341 页。

〔3〕马衡：《凡将斋金石丛稿》，中华书局 1977 年版，第 88 页。

〔4〕骆承烈汇编：《石头上的儒家文献——曲阜碑文录》，齐鲁书社 2001 年版，第 252 页录文而重新标点。

〔5〕陈高华等点校：《元典章》卷三一《礼部卷之四》"儒学"，中华书局 2011 年版，1088～1089 页。

田籍没，犯人断罪。"[1]从现存诸多元代碑文，寺观公据使用的时间较长，其法律效力，在社会上得到普遍认可。1238年《凤翔长春观公据碑》载："凤翔总管府公据。据全真道人张志洞等连状告称'前去磻溪谷复建掌教丘真人古迹长春观院宇，田地在手，别无凭验，恐有磨障，乞给公据事'，奉总管钧旨，照得：本人所告是实。"《永寿吴山寺执照碑》："重审得：前项地土并无违碍，合行给付本人执照。"[2]

另学校也有请求给付公据者，至元十三年（1276年）西安《府学公据》系据京兆路府学教授孟文昌之呈请而下发。碑文载：

> 皇帝圣旨里
>
> 皇子安西王令旨里
>
> 王相府据京兆路府学教授孟文昌呈，照得先钦奉圣旨节文道与陕西等路宣抚司并达鲁花赤管民官、管匠人、打捕诸头目及诸军马使臣人等：
>
> 宣圣庙，国家岁时致祭，诸儒月朔释奠，宜恒令洒扫修洁。今后禁约官员、使臣、军马，无得于庙宇内安下或聚集，理问词讼，及亵渎饮宴；管工匠官不得于其中营造，违者治罪。管内凡有书院，亦不得令诸人骚扰，使臣安下。钦此。
>
> 卑职切见府学成德堂书院地土四至：东至庙，西至泮濠，南至城巷，北至王通判宅。四至内地土及房舍，诚恐日久官司占作廨宇，或邻右人等侵占，乞给付公据事。相府准呈，今给公据付府学收执，仍□□仰诸官府并使臣军匠人等，钦依圣旨事意，无得骚扰、安下，及邻右人等，亦不得将府学房舍四至地基侵占。须议出给公据者：
>
> ……
>
> 右给付京兆路府学收执，准此。
>
> 至元十三年十二月十三日。[3]

值得注意的是，上述公据碑的颁刻程序，一般是由寺庙主持或儒学教授

〔1〕陈高华等点校：《元典章》卷19《户部五》"舍施寺观田土有司给据"，中华书局2011年版，675～676页。

〔2〕蔡美彪：《元代白话碑集录》，科学出版社1955年版，第31页。

〔3〕（清）王昶撰："金石萃编未刻稿"，载国家图书馆善本金石组编：《辽金元石刻文献全编》第二册，北京图书馆出版社2003年版，第633页。

提出申请，在呈请以及官府的核准程序中，圣旨往往是强有力的法律依据。《府学公据》也同样引述了圣旨的规定，并将府学的房舍地界一一开明，使法律保护的对象具体明确。另元代圣旨碑或载有圣旨的公文碑，其颁刻程序和形式特征较为完备，表现为碑体高大，刻文规整，且多在显著位置摹刻蒙文及御印，同时在碑尾刻明出资立石者、书写者及碑文镌刻者。

（三）明清刻石布政

明清时期，君言刻石承继传统的特征较为明显，在官箴、学规和寺观等碑刻中尤有集中表现。明代，中央机构颇为重视将通行全国的禁令、条例通过刻碑的形式颁布，现所见洪武十年（1377 年）江苏昆山《卧碑》、洪武十三年（1380 年）江苏苏州《礼部钦依出晓示生员卧碑》和洪武十五年（1382 年）陕西户县《敕旨榜文卧碑》，均为明太祖朱元璋御定的学规，内容以严禁生员无故涉讼为主题。碑文以“礼部钦依出榜，晓示郡邑学校生员为建言事”开头，结尾强调“榜文到日，所在有司即便命匠置立卧碑，依式镌勒于石，永为遵守。右榜谕众通知”。[1]同样内容的榜文碑，还有明成化十五年（1480 年）广东《肇庆府学卧碑》和嘉靖四十四年（1565 年）安徽《晓示生员碑》，以及清顺治九年（1652 年）敕谕全国各学刻立的《卧碑》等。

上述君言公文刻石固然重要，但内容多承继宋元以来传统，且数量在明清时期的法律刻石中呈明显的衰减趋势。[2]增长趋势明显的是各类地方公文碑和禁碑。

明清时期，在刻石布政中，地方官员成为主导力量。以他们名义颁刻的法规碑和官禁碑等如雨后春笋般快速增长，一改元朝圣旨碑风行天下的面貌。刻载于碑石上的地方法规或条令，多以谕、示、禁令等为表现形式，如明万历年间山西《介休县水利条规碑》和《太原水利禁令公文碑》，清康熙四十年（1701 年）安徽《治河条例碑》、乾隆五十二年（1787 年）《苏州府示谕整顿苏郡男普济堂碑》和咸丰五年（1855 年）《苏州府示谕敬惜字纸碑》等。其内容或针对专门问题因时制宜而制定若干规则，或为某些事项设定相应的权利义务，一般具有针对性明显、约束性强、内容与社会生活密切相关等特色。

在明清时期，公文碑与社会的连接度更加紧密。明代后期开始流行的有

---

〔1〕 刘兆鹤、吴敏霞编著：《户县碑刻》，三秦出版社 2005 年版，第 345 ~ 348 页。

〔2〕 笔者据所掌握的法律类碑石进行统计，元年圣旨碑约占元代法律刻石 80% 以上；明代君言圣旨刻石约占明代法律碑石的 30%；清代约占 15%。

关丈地均粮及税赋格式的公示碑，是关于中央和地方政府推行“一条鞭法”税赋改革重要措施，同时也确立了以刻石公示国家政务、明确百姓义务并防止官吏贪弊的范式。万历十六年（1588 年）《抚院明文碑》系常熟县署遵照抚院指示，将该县田地应纳税粮银米数目及税粮本折法则等，“立石刻碑遵守施行”。这种政务公示碑具有明显的强制性和约束性。

类似这些内容的碑刻，在清代也比较流行，如康熙三十年（1691 年）“令直省州县卫所照赋役全书科则输纳数目，勒石署门外”[1]，以及道光年间，湖南华容知县徐台英“清田册，注花户粮数、姓名、住址，立碑塆上，使册不能改”[2]等，均是中央和地方政府以碑石布政为常态的实证。

另自明末开始，严禁官吏苛索扰民等革除弊政的内容，成为布政性石刻中经常涉及的主题。当时中央或地方官府在行使行政权力进行社会治理时，如果发现某一个案具有典型性，就经常以立碑的方式将处置结果或解决措施颁之于众以昭公信，以儆效尤，并旨在为此后同类问题的处理确立长久规范，此即“勒石永禁”。而且大部分官禁碑都较明确地指明了立碑地点。综观这类布政性公文碑和禁碑的竖立之地，以人员往来频繁的交通要津、府县衙署等为主，以便于禁令传播周知；而竖于违禁行为的发生地的禁碑，则凸显其针对性和警示性。

二、法律碑刻的形式特征与功能

（一）法律碑刻的形式特征

法律碑刻的独立化是个漫长的过程。从现在遗存的古代碑刻内容看，隋唐以前，“纪功”刻石较“纪法”为多。铭功纪事是“镂之金石”最基本的特性。今人施蛰存曾说：“金石刻的最初作用，本是铭记功勋。”[3]在刻石初兴时，“歌功颂德”、“树碑立传”最为盛行，此时法律内容多作为陪衬记载于碑石中，著名的秦刻石便以“铭功”兼及“纪法”。汉代大部分功德碑，也主要宣示“碑以明礼”的功用。而公文碑，在汉代碑石中，所占比重并不是很大。

---

〔1〕（清）赵尔巽等撰：《清史稿》卷一二一《食货志二》“赋役条”，中华书局 1977 年版，第 3531 页。

〔2〕（清）赵尔巽等撰：《清史稿》卷四七九《循吏传四·徐台英传》，中华书局 1977 年版，第 13068 页。

〔3〕施蛰存：《金石丛话》，中华书局 1984 年版，第 33 页。

从唐宋金元开始，“纪法”刻石逐渐增多，内容以君言刻石和公文碑刻为主，用现在的眼光看，多属行政法规，具有“碑以载政”的特色。此时，碑石在国家机器运转和社会治理中的作用日趋重要，逐渐形成了以敕牒、公据、榜示等政务实践为主的“公文碑”体系和纪述争讼案件的“讼案碑”碑体系。这些碑刻的大量存世，也与法律碑刻所具有的政务公开和有案可稽的档案属性密不可分。

明清是“刻石”法律纪事的完备期。此时的法律刻石，既有彰显德礼教化、构建官府布政模式等正统、规范性的一面，也有由官禁碑、民禁碑所展示的变通性和世俗化的一面。更重要的是，由敕禁碑、官禁碑、民禁碑等所构成的“碑禁体系”[1]日益成熟，“碑以申禁”成为社会治理的重要手段。此外，明确个人和家庭财产关系、明示财产处分权的“契证碑”也在明清时大量出现，将契券勒石备案成为一种社会常态行为，“刻石”法律纪事的内涵更为丰满，法律碑刻独立存在的意义日益彰显。

法律碑刻的独立性也表现在形式特征方面，带有倾向性的立碑地点和碑文的格式化特征，也是法律碑刻独立性的标志。

1. 立碑地点与碑文内容紧密相关。法律碑刻是指其内容能传递法律信息，并具有公开性和实事性等特征，公开性和实事性也是法律碑刻区别于墓志、买地券等石刻类别的主要标志。[2]

法律碑刻有敕禁碑、官禁碑、民禁碑、讼案碑、契证碑等不同类别。不同内容和类别的法律碑刻，在选择刻立地点时有明显的倾向性。立于城门、街衢、渡口、桥头等处的碑刻，内容多涉及社会治安和除弊安民；官衙是法律碑刻的集中地，以自警为主的官箴碑和具有档案功效的讼案碑多刻立于官衙内，示谕诸色人等的告示、禁令碑多立于官衙大门外；地方教育文化中心，如府、县儒学及各地书院，是御制学规碑、题名碑、建置沿革碑、学田碑等的集聚地；寺观、祠堂、会馆之内，是规约、契证或争讼纪事碑刻的荟萃地；他如涉及水利纠纷、山林界址、生态环保和义冢等方面的纪事和凭证碑刻，多立于碑文所及纠纷或事项发生地近旁，碑文权利义务关系的特指性明确。

---

〔1〕 参见李雪梅：“明清禁碑体系及其特征”，载《南京大学法律评论》2012年第2期。

〔2〕 有关碑刻法律史料之界定原则，参见李雪梅：《碑刻法律史料考》，社会科学文献出版社2009年版，第37～40页。

明末清初以来，禁碑的刻立地点，更为集中明确。在明代以前，法律碑刻主要立于官衙、学校、寺院之内，在衙署门口刻立禁碑出现较晚，自明末清初才开始流行。

清康熙年间（1662 年～1722 年），江南地区“禁当行碑”〔1〕数量最多的是苏州府常熟县。常熟县现存明万历到清乾隆年间的禁铺户当行碑为 21 份，仅康熙年间即有 14 份。这 14 份碑刻，除 1 份立于寺院外，其余均立于县署门外。

当时各地出现的大量工商禁碑，或强调立碑地点的权威性，或突显立碑地点的人员流动与聚集。万历四十四年（1616 年）《禁止木铺供给碑》要求“立石县门”；〔2〕康熙五十九年（1720 年）《长吴二县饬禁着犯之弊碑》要求“勒石署前，以昭永禁”；〔3〕乾隆五十八年（1793 年）陕西汉中《州衙告示碑》规定“右示刊刻石碑，竖立四门，永远遵守。竖立署前”。〔4〕此外，人员往来频繁的关口要津以及官民经常祭拜的城隍庙、关帝庙等地，也是禁碑的主要刊刻地点。如康熙三十七年（1698 年）《娄县为禁踹匠倡聚抄抢告示碑》立于松江府枫泾镇城隍庙；康熙五十四（1715 年）年嘉定县《禁踹匠齐行勒索告示碑》立石于嘉定县南翔关庙。指向明确的刻立地点，强化了法律碑刻的特有属性。立于官衙门前的禁碑，除便于禁令的公开和传播外，其针对官吏衙役违禁必罚的警示用意较为明显。

除官衙门口，街衢、城门、渡口等交通要津，以及各地寺观、文庙、书院、会馆等处也是法律碑刻较为集中的处所，而这些地方均是人员往来频繁或易于聚集之地。这固然是为便于禁令的传播周知，同时也便于昭示地方官为政清明，是地方官善履职责的明证。

2. 碑额碑身特定标志凸显立碑宗旨。碑石由碑首、碑身及碑座三部分构成，文字主要刻于碑首和碑身。一般碑额上的文字不多，却有关键的点题作用，立碑意图昭示明确。

---

〔1〕“禁当行碑”即载有禁止官吏、衙役、兵丁强迫工商行户无偿或低价提供劳役和物资以勒索滋扰工商业者的碑刻。详细内容参见李雪梅：“明末清初工商禁碑与地方法律秩序——以江南地区‘禁当行碑’为中心”，载《法制史研究》2009 年第 15 期。

〔2〕江苏省博物馆编：《江苏省明清以来碑刻资料选集》，生活·读书·新知三联书店 1959 年版，第 556～558 页。

〔3〕王国平等主编：《明清以来苏州社会史碑刻集》，苏州大学出版社 1998 年版，第 565～567 页。

〔4〕陈显远编著：《汉中碑石》，三秦出版社 1996 年版，第 46 页。

凡是与法律纪事相关的碑文，额题多使用蕴涵公示、永禁、禁约、治理、改革等意义的词语。山西蒲县下柏村三官庙乾隆四十六年（1781 年）《合社公立禁赌碑志》额题为“力扶村纲”，山西屯留县石室村玉皇庙乾隆五十五年（1790 年）《为合村商议秉公禁赌志》的额题是“仪型后世”，山西潞城市侯家庄村三嵕庙嘉庆二十四年（1819 年）《北庄村禁赌碑记》额题“维风正俗”。在明清为数众多的工商禁碑中，“勒石永禁”、“奉宪示禁”是碑额上频繁出现的标识，简明的词语昭示出立碑的目的及人们对禁碑的期望。

一般同一碑石的碑阳、碑阴额题不同，但所刻内容多有关联性。山西蒲县柏山东岳庙乾隆十七年（1752 年）《照兹来许碑》碑阳额题“照兹来许”，碑阴额题“东山置地碑记”；山西高平市故关村炎帝行宫嘉庆十八年（1813 年）《神命整理祀事记》碑阳额题“整理祀事”，碑阴额题“万善同归”；山西介休源神庙光绪二十八年（1902 年）《碗窑行公议规条碑》，碑阳额书“永远遵守”，碑阴额书“安业除患”；该庙光绪二十九年（1903 年）刻《源泉平讼记》（图 1），碑阳额书“率循罔越”，阴额书“永垂不朽”，额题文字均表达出立碑者对碑文内容权威性和永久效力的寄托。

图 1

光绪二十九年《源泉平讼记》，赐进士出身知介休县事诸暨陈模撰文，介休县典史陕州卫海鸿监刊，现存山西介休洪山镇洪山村源神庙正殿廊下。碑螭首方趺，高、宽、存尺寸分别为 245、78、18 厘米。阳额题“率循罔越”，阴额题“永垂不朽”。2013 年 8 月 2 日摄于源神庙。

除碑额外，法律碑刻的形式特征也表现在碑衔、碑文落款等处。凡官府颁刻的示禁碑，碑文前多开列官衔职称、级别、嘉奖及官员姓氏等，并将字体加大、加重，醒目异常。如陕西安康同治六年（1867 年）《严禁埠头讹索过往船户告示碑》，首行大书“候选分府洵阳县正堂加五级纪录十次孙”等字；陕西安康光绪十五年（1889 年）三月六日立《秋河义仓条规牌示碑》额镌“永遵良规”，右首行大书“特授平利县正堂加五级纪录十次寻常加一级杨”等字，公文格式明显。

民间所立的碑石，多数无碑衔署名，标志性特征主要通过碑额、碑文和碑石刻立者来体现。陕西安康《天柱山庙公议戒律条规碑》，结尾处“光绪十六年十二月初一日首士、山主、住持同立”，[1]字体较前面碑文字体更大，更为醒目，点明民间权威的构成及公议特性。

至清代，“勒碑示禁”、“禁令永垂”是地方禁令公布和实施的常见标志，同时它们也得到国家法律的认可。在《钦定大清会典则例》所载各部禁例中，“勒石严禁”出现的频率颇高。如《户部》“催科禁例”中载：顺治十二年“覆准：江南财赋繁多，经收诸役包揽侵渔，保长歇家朋比剥民，令严行察访，勒石永禁”。《户部》“盐法”载：“设立馆舍，凡遇担卖盐鱼等物勒令纳税，别立行标，苦累贫民，勒石永禁。”[2]在清代的人物传记和地方志记载中，地方官以“勒石永禁”的方式革除弊政，几成一种社会风气。

在“勒石永禁”成为地方官刻石布政的常态后，官禁碑的模式已基本稳定。在许多碑文中，我们都可以看到大同小异的立碑程序描述和套语。如康熙五十九年（1720 年）《长吴二县饬禁着犯之弊碑》载：“如详通饬，并移上江臬司三俸，通行饬令各该州县，勒石署前，以昭永禁，取碑摹送查。”康熙六十一年（1722 年）《长洲县谕禁捕盗诈民大害碑》载：“除开明府属各州县一体遵照立碑署前外，合行勒石永禁。……须至碑者。”[3]类似的“官样”文章及其所传达的立碑过程中申详转批等较为繁复的程序，表明官禁碑颁刻的谨慎和规范。

（二）法律碑刻之功能和作用

1. 通过碑刻彰显禁令神圣庄严，以使见者触目儆心。法制关乎权力分配

---

〔1〕 张沛编著：《安康碑石》，三秦出版社 1991 年版，第 294 页。

〔2〕（清）允祹纂修：《钦定大清会典则例》卷三六、卷四五，文渊阁《四库全书》电子版。

〔3〕 王国平等主编：《明清以来苏州社会史碑刻集》，苏州大学出版社 1998 年版，第 565～567 页。

和秩序确定，这一重大事项，需要广为公示并使之持久有效。由于刻碑载记公文、禁令、契券等通常要经过一定的程序，因此，就同样的法律事项而言，是以书写的形式还是以刻碑的形式公示，其意义不尽相同。是否采用刻碑形式，也一定程度上显示着国家权力机构的重视程度和地方民间权威的认同度。因此，刻在碑石上的公文、禁令、契券，较之写于纸本上的内容，更具有权威性和执行力。乾隆三十四年（1769 年）常熟《禁止当官借用彩绸碑》即认为碑石较白纸黑字更能起到“触目儆心”的威慑作用。[1]乾隆四十二年（1777 年）《磁器铁锅缸瓦铺永禁碑记》载肇庆府高要县铺户们联名呈请刻立禁碑的理由是：“伏思楮墨告示，一经风雨，只字难存；日复一日，不有触目，弊端易致复生。是宪法虽严，然徒留案牍，隐而不彰，无以昭示将来。且凡地方弊端，奉行禁革，俱皆勒碑以垂久远。”[2]文中除表达了石碑不易毁灭的意思外，还表达出石碑最利于彰显昭示法令于大众的内涵。

山西盂县嘉庆二年（1797 年）《重修天子庙碑记》记录了众村在祭祀活动中的权利和义务形成的过程，同时也反映了村民的一个普遍观念，即涉及权利义务的合同惯例，需要一种有目共睹的存在形式，碑存即例存。勒诸碑石，是使规则能长久执行的保障。[3]

类似的看法也反映在清代的工商禁碑中。基于人们看重禁碑存在的形式感，立碑防患于未然遂成为一种符合逻辑的选择。乾隆四十三年（1778 年）无锡县《永禁书差借称官买派累米商碑》记述，官府颁示的“严禁派累牙铺人民”的禁令在康熙年间已刻于碑石，“数十年来，得沾宪泽，永禁派买”。后来“碑因年久漶漫，竟致遗失，无可查考”，“但念世事更翻不一，碑存可执定准，碑法有失稽考，未免别起纷繁”，于是铺商们再次联名呈请仿照前例立碑。碑文反映出商民百姓对法律的认知是：法律禁令的公布是其存在的标志；“勒石永禁”乃是保证法令的威严和持久震慑力的重要途径。[4]

2. 通过碑文确立地方惯例，期待“率由旧章”形成秩序。日本学者寺田浩明在《清代土地法秩序“惯例”的结构》一文中特别关注到碑刻的功用。他注意到奏折、方志中屡屡提及的“勒碑县门”、以立碑来确立规则的一些现象，并得出“清代的民事惯例，无论对于当时地方社会的官员还是民众来说，

---

〔1〕 苏州历史博物馆等合编：《明清苏州工商业碑刻集》，江苏人民出版社 1981 年版，第 18 ~ 19 页。

〔2〕 谭棣华等编：《广东碑刻集》，广东高等教育出版社 2001 年版，第 632 ~ 633 页。

〔3〕 李晶明主编：《三晋石刻大全·阳泉市盂县卷》，三晋出版社 2010 年版，第 331 页。

〔4〕 苏州历史博物馆编：《明清苏州工商业碑刻集》，江苏人民出版社 1981 年版，第 529 页。

都不是一种包含着稳定结构的或客观存在的规范样式”的结论。[1]

但以笔者所看到的丰富碑刻材料，这一结论并不完全准确。虽然有一些事例可以支撑寺田浩明的观点，如笔者对特定时段——明末清初江南工商禁碑的局限性的总结：“我们现在所能见到的上百份明末清初工商禁碑，应铺户商民联名呈请而颁刻者占绝对多数，官府主动出示者不及5%。这一事实，其实也说明了禁碑实施效果不佳，所以才要反复申明禁令。另外，官府出示禁碑是应商民之请或受上司之责的被动之举，说明他们很少主动积极贯彻禁令。”[2]然而这仅是事情表现的一个方面。实施效果不佳不仅是禁碑面临的问题，国家律例法条也面临同样的难题。

事情的另一面是，早在宋代，有关学田免税的“公堂石刻”便具有一定的制度创设意义。嘉定十三年（1220年）《平江府添助学田记》有这样一段记述：“本学照得，自来应干拨下养士田亩并无官物，及昨于嘉泰四年（1204年）置到民产，亦蒙前政判府李尚书特赐蠲免官赋，见有公堂石刻存照。所有今来拨下田亩数内，除陈谦昆山县园田捌拾亩系属安边所每年送纳官钱肆拾捌贯文，本学已绍纳外，其余田上官物，申乞蠲免施行。”上级对此申请颇为谨慎，特索到府学碑刻，“检对元来前政判府张参政、李尚书任内，皆于所拨之田蠲免二税，判语甚详，勒之坚珉可考”，故同意取消税赋，并下文示昆山、常熟两县。[3]文中提到的“公堂石刻”，既是地方长官就学田免除赋税义务之事而作出的判决或裁定，也是官府颁发给府州县学的权利凭据。而在追讨流失学田时，公堂石刻是重要的依凭。在绍定元年（1228年）《给复学田公牒》等碑文中也可看到，“载之砧基，刊之石刻”似已成为江南地方学田管

---

〔1〕 寺田浩明所列举的事例如：同治《瑞金县志》记载康熙年间，地主招承佃户时征收各种附带性的费用，但佃户拒交，因此经常发生诉讼，地方官“严加惩创，煌煌明示，勒碑县门，谓可永守勿失”，从此立下了佃户承佃时要交费用的惯例；同治《兴国县志》卷46记载了有关田骨、田皮的土地权属惯例，一部分佃户倡导允许佃户退佃、不许田主夺佃之“说”，集结数千人来到县衙门，挟持地方官，要求把他们的主张刻在石碑上，定为“例”以及乾隆《（江西）石城县志》卷7所载抗租者“撞碑直竖县门”等事例。参见［日］寺田浩明：“清代土地法秩序‘惯例’的结构”，原载《东洋史研究》第48卷第2号（1989年），现收入［日］寺田浩明：《权利与冤抑——寺田浩明中国法制史论集》，王亚新等译，清华大学出版社2012年版，第89~112页。

〔2〕 参见李雪梅：“明末清初工商禁碑与地方法律秩序——以江南地区‘禁当行碑’为中心”，载《法制史研究》2009年第15期。

〔3〕 缪荃孙等纂：“江苏省通志稿·艺文志三”，载国家图书馆善本金石组编：《宋代石刻文献全编》第2册，北京图书馆出版社2003年版，第324~327页。

理和制度建设的一种常态。[1]

在宋代土地权属转换频繁、学田管理漏洞较多的情况下，以“公堂石刻”方式确认学田的来源、权属及免税权利等，是地方官所认可的一种制度范式，这也是自南宋始学田碑日渐增多的原因之所在。在绍定六年（1233 年）所刻《平江府增置常熟县学新田记》碑中，平江府明示常熟知县，“立便督促主学众职事，将已交管本府官会三十贯文添置养士田亩，遵从台判刻石，限七日取已刻记碑石纳本府了办状申，不得有违”。[2]当然，宋代学田公堂石刻不仅可以公示田产权属并存世久远，同时也能起到传扬官员政绩之功效。

在明代，“刻石布政”、“勒石永禁”也是一种广泛的社会实践，同时也确立了以刻石公示国家政务、明确百姓义务并防止官吏贪弊的范式。至清代，“勒碑永禁”得到国家法律的认可，形成一种制度化的理政模式。

在古代中国，无论是石刻官禁法令还是民制规范，无不强调“永垂不朽”。这一特性也与中国社会长期遵循的尊古复古传统有关。据此我们不难理解，为何在中国最广大的基层社会，几乎是村村有祠庙有碑石，因为民间一直践行这样的实践：“凡置一庄、建一祠，敬宗赡族之规，必刻石以诏后来……诗云：不愆不忘，率由旧章。”[3]

3. 通过碑刻报官备考，以使日后维权有案可稽。按照现代对档案的界定，档案材料应具备三要素，即具有查考使用价值、经过立卷归档集中保管、具有文件材料的形式。而古代法律碑刻，也多具有这些要素。

刻碑以备查考刻的档案属性，表现为碑文上有明确的撰者、书者、刻立者，确切的立碑地点和时间，以及立碑时溯本求源的情景和程序交待。而碑石损毁佚失，其查考的功能随即消失。如明朝创建的上湖南会馆，因国初“被人横踞，尽匿旧碑，始事年月、姓名无可考”。[4]

古代官衙、学校、寺庙、宗祠、会馆多有将碑石集中刻立保管的传统，重要的碑刻还修建碑亭碑廊以示珍重。严格来讲，作为归档集中保管的一般是碑拓而不是碑刻本身，但碑拓依碑刻而存在。是故碑文档案以两种方式存

---

〔1〕缪荃孙等纂：“江苏省通志稿·艺文志三”，载国家图书馆善本金石组编：《宋代石刻文献全编》第 2 册，北京图书馆出版社 2003 年版，第 345～348 页。

〔2〕缪荃孙等纂：“江苏省通志稿·艺文志三”，载国家图书馆善本金石组编：《宋代石刻文献全编》第二册，北京图书馆出版社 2003 年版，第 351 页。

〔3〕（清）叶昌炽撰：《语石异同评》，中华书局 1994 年版，第 211 页。

〔4〕“康熙五十二年北京《重修上湖南会馆碑记》”，载北京市档案馆编：《北京会馆档案史料》，北京出版社 1997 年版，第 1356 页。

在，一是官府立卷归档集中保管的碑文拓片，另一是被集中保管于古代衙署、学校、寺院、会馆、宗祠之内的碑刻原物。

另刻载于碑石上的契证、讼案、规章等文字，一般会经过向官府报批、备案存档等程序，以保证所刻内容的合法和有效。而这一点也符合法律的要求。《大清律例·户律》“盗卖田宅第六条例文”规定：“凡子孙盗卖祖遗祀产……其祠产义田令勒石报官，或族党自立议单公据，方准按例治罪。”对于行业公产，将契券备案勒石并由官府出具示禁保护碑，不仅符合法律规定，也是防止公产流失最有力度的保全方式。苏州潮州会馆在乾隆四十九年（1784年）时将自康熙年间始“前后置买祀产，一概详镌于石，以当契据”。对勒石备案的原因，碑文交待“商民偶聚萍踪，往来无定，诚恐印契历久朽烂，且或流传失落，难保无失管被占情事”，特于嘉庆九年（1804年）向上海县正堂呈请将契买市房以充祭业准予备案。[1]这种将公产契券以勒石备案进行保全的方式，是清代江南众多会馆的共同选择。[2]

另将讼案判词刻载于碑石也不失为保存司法档案的重要途径。碑石上的判词一般会如实记载争讼事实、裁断情由及重新确定的权利义务关系，同时也兼有对背约侵权者的威慑和警告之词。云南隆阳道光十三年（1833年）《安乐寺永垂万古碑》所载永昌府保山县正堂裁决寺产盗典转典讼案的判词，将信众施舍安乐寺荒山田发生纠纷的经过、原告安乐寺管事呈讼厅主、提交物证、厅主判决、被告不遵讯断、二审程序、县主委派乡约调查取证、判决事实及理由、新定田地权益归属并饬准立碑等过程，交待的扼要清晰。文中也屡次提到碑文的作用。[3]

上述法律碑石所具备的触目儆心、创制惯例、有案可稽等功能，相辅相成，难以分割。当然有些法律碑刻也兼具铭功纪事等功能。清乾隆四十年（1775年），北京惠州会馆将三次购进房产的坐落界址、卖主、价银及税契登记号详细刻于碑上，其目的是：“恐日久契券遗失，因商之会馆诸公，将契券开明勒石，以垂久远，以俾入馆者知前人缔造之艰，后人安居之乐，踊跃照例输捐，斯修理有资，会馆永固矣。”[4]碑文兼而表达了保存契卷以备查考、遵循输捐旧例、铭记功德等多重功效。

---

〔1〕 上海博物馆编：《上海碑刻资料选辑》，上海人民出版社1980年版，第249页。

〔2〕 参见邱澎生：“市场、法律与人情——明清苏州商人团体提供‘交易服务’的制度变迁”，载《开放时代》2004年第5期。

〔3〕 徐鸿芹点校：《隆阳碑铭石刻》，云南美术出版社2005年版，第359～360页。

〔4〕 北京市档案馆编：《北京会馆档案史料》，北京出版社1997年版，第1374～1375页。

长久存留、不易灭失是碑石的基本属性。法律碑刻在此基础上形成的触目儆心、创制惯例、有案可稽等独特功能，带有标志性的额题、碑文格式，彰显权威性和传播性的立碑地点，加之其所特有的对公权、公益、秩序等追求，使它与墓志、功德碑、纪事碑的差异更为明显。

理念、制度与实践：传统中国的执法公信力追求

张先昌 *

执法公信力是指握有国家公权力的相关机关依据法律，认真严格执法，表现出来的公平、正义、责任的信任力。这种信任力从社会层面而言，是得到全社会普遍认可的；从普通民众而言，是耳濡目染或切身感受到的，是对执法公正性、权威性的主客观评价。无论现代社会还是中国传统社会，无论国家管理者还是普通民众，对执法公信力的信仰与追求是一致的。如何从制度方面保证执法公信力的实现，中国传统社会做了种种探索，其中不乏具有持久生命力并可供现代借鉴的理念与制度。

一、理念："律者天下之大信"

法律是什么？如何执法才能保证其公信力？统治集团成员在守法方面应该扮演什么样的角色？春秋战国时期的法家对上述问题给予了较为深刻的理论探索，并最终在中国传统社会形成了"律者天下之大信"的法理念。

关于法律，古今中外不同的思想家、政治家和法学家从不同的角度给出了不同的解释。据我国历史上第一部字书《说文解字》的考证，古代的"法"和"刑"是通用的，从古体"法"字的构造来看，法有"公平"之意，又有"明断曲直"之意；而古代的"刑"字，既含有刑戮、罚罪之本意，又有规范、规则之引申。在古代文献中，"法"也与"律"通用，由于二字词义接近，内容相通、相近或互相涵括，所以，又往往以"法律"一词使用。春秋战国时期的法家对法律是什么的问题，从概念、内容、价值、适用等方

---

* 作者系江苏大学文法学院教授。本文为国家社会科学基金项目《隋唐监察法制研究》（批准号：13BFX021）的阶段性成果之一。

面给予了阐释。

法家思想的集大成者韩非对法的概念进行了纯逻辑和纯理论的思辨。《韩非子·难三》篇说："法者，编著之图籍、设之于官府而布之于百姓者也。"《定法》篇又说："法者，宪令著于官府、刑罚必于民心、赏存乎慎法、而罚加乎奸令者也……君无术则弊于上，臣无法则乱于下，此不可一无，皆帝王之具也。"韩非关于法的理论包括以下几点：其一，法是一种规则，是一种应该向百姓公布的成文法；其二，法与刑在基本内容与意义上相同；其三，法是帝王治民之工具。韩非一方面把法看成是一种规则，主张成文法应该向普通百姓公布，使人人皆知法，做到有法可依，这是对"刑不可知，而威不可测"秘密法的否定；另一方面，韩非把法看成是帝王统治万民的一种工具，这种工具是达到君主统治目的的一种手段和统治权术。法家常以度量衡为比喻，借以明示法律的公平与公正。《管子·七法》说："尺寸也、绳墨也、规矩也、衡石也、斗斛也、角量也，谓之法。"即强调法律的客观性、明确性，主张统治者应当以法律判断国人行为的是非曲直，依照法律治理国家。"规矩者，方圆之正也。虽有巧目利手，不如拙规矩之正方圆也。故巧者能生规矩，不能废规矩而正方圆，虽圣人能生法，不能废法而治国。"以法治国，公正执法，是实现社会和谐稳定的必然选择。

"刑无等级"、"法不阿贵"，是春秋战国时期法家法律思想中最为精彩的部分，它强调的是法律所具有的平等性。商鞅在《商君书·赏刑》篇中阐述了"刑无等级"思想："所谓一刑者，刑无等级，自卿相、将军以至大夫、庶人，有不从王令、犯国禁、乱上制者，罪死不赦。"韩非将这一思想进一步发挥为："法不阿贵，绳不挠曲。法之所加，智者弗能辞，勇者弗敢争。刑过不避大臣，赏善不遗匹夫。""刑过"与"赏善"被法家同时赋予了"平等性"。"刑无等级"、"法不阿贵"，即不论是谁，只要违法犯罪，都要按照法律的规定论罪处刑。这种思想是对三代盛行的"刑不上大夫，礼不下庶人"等级制与法制观的直接否定，它的矛头直指贵族特权，因此，在中国法律思想史上具有划时代的意义，为后代反对法外特权奠定了理论基础。

法家不仅观察到一个有秩序的国家应"由法律统治"，而且也注意到统治者在"服从法律"中的极端重要性。[1]《管子·任法篇》说："圣君亦明其法而固守之。群臣修通辐凑，以事其主，百姓辑睦，听令道法以从其事。故

---

〔1〕王人博："一个最低限度的法治概念——对中国法家思想的现代阐释"，载《法学论坛》2003年第1期。

曰：有生法，有守法，有法于法。夫生法者，君也；守法者，臣也；法于法者，民也。君臣上下贵贱皆从法，此谓为大治。”所谓“君臣上下贵贱皆从法”，就是说君主和臣民都要遵循和服从法律，都要受法律的约束限制。司马迁《史记·秦本纪》记载：“鞅之初为秦施法，法不行，太子犯禁。鞅曰：‘法之不行，自于贵戚。君必欲行法，先于太子。太子不可黥，黥其傅师。’于是法大用，秦人治。”在商鞅看来，既然“法之不行，自上犯之”，那么法之必行，就首先要自贵行之、自上行之。以法治国，重在官吏从法，进而使民守法。

在法家的法律思想中，特别强调“君主从法”。《管子·明法解》说：“明主之治也，审是非、察事情，以度量案之。合于法则行，不合于法则止。”《君臣下》又说：“为人君者，背道弃法，而好行私，谓之乱。”法家要求君主从法、守法；君主的行为必须合法，不能背法、废法。《管子·明法解》说：“法度者，主之所以制天下而禁奸邪也，所以牧领海内而奉宗庙也。私意者，所以生乱长奸而害公正也，所以壅蔽失正而危亡也。故法度行则国治，私意行则国乱。明主虽心之所爱而无功者不赏也，虽心之所憎而无罪者弗罚也。案法式而验得失，非法度不留意焉。故《明法》曰：‘先王之治国也，不淫意于法之外。’”去私任法，事事皆断于法，反对法外特权，是法家法律思想的重要内容。

那么，怎样才能使“君主从法”呢？法家首先设计出“明主”、“圣君”、“有道之君”之类的圣明君主，作为实际政治法律生活中君王的典范，以期向其学习和模仿。相反，那些随意废法、背法、坏法的“无道之君”、“昏君”、“乱君”，则是反面的典型。通过正反形象的构造，法家希望君主仿效“圣王”遵循法律，将其纳入“从法”的轨道。如《管子·君臣上》云：“有道之君者，善明设法而不以私防者也。而无道之君，既已设法，则舍法而行私者也。”其次，法家通过对“君主从法”的劝谕，以使君主在“从法”之事上“为民表率”。《管子·法法》曰：“凡民从上也，不从口之所言，从情之所好者也。上好勇则民轻死，上好仁则民轻财，故上之所好，民必甚焉。是故明君知民之必以上为心也，故置法以自治，立仪以自正也。故上不行则民不从，彼民不服法死制，则国必乱矣。是以有道之君，行法修制，先民服也。”这是要求君主率先垂范，先自行法以率人。上行法则下从之，上不行法下亦从之，故而先于吏民而行法，是君主的重要职责。法家关于君主与大臣要守法，其行为必须自觉地受法律约束限制的思想是深入人心的，也是公正执法、实现执法公信力的基础和保证。

综上所述，春秋战国时期的法家较全面地回答了法律是什么的问题。国家权力机关只有严格、公平执法，执法的公信力才能确立。统治集团成员只有做守法的表率，法律才能取信于民而具有权威性，才能为广大民众所接受并自觉遵守。经过春秋战国“百家争鸣”之后，“夫人君所与天下共者，法也”〔1〕已经成为中国传统社会的法理念与普遍共识。

二、制度：“治道运行，皆有法式”

要实现执法公正，保证执法的公信力，制度是关键。在这方面，中国传统社会建树颇丰，收效甚巨。

（一）法官责任追究制

法官手操生杀大权，是社会公平的维护者，所以，历代统治者对法官的选拔任用特别重视，制定有严格的标准条件，而其职责也明确写入律典之中。秦汉以降，为保证司法公正，律典中规定有处刑不当失轻失重的“失刑”罪、罪当重而故轻判或罪当轻而故重判的“不直”罪、应论罪而故意不论或减轻情节故意使犯人逃脱制裁的“纵囚”罪、受赇枉法罪、鞫狱不实罪等，援法断罪是对司法官的明确要求。西晋刘颂提出“律法断罪，皆当以法律令正文，若无正文，依附名例断之，其正文名例所不及，皆勿论”。〔2〕以后各代均将其写入律典并成为一项重要的司法原则。隋代前期为避免法官罪刑擅断，“皆令具写律文断之”，否则，视为非法，要受到法律的惩处。在《唐律·断狱篇》第34条律文中，“决罚不如法”、“断罪不具引律令格式”、“官司出入人罪”等条款，是专门针对司法官在适用法律过程中的具体要求及违法断案所应承担的法律责任。这些法律规定，在一定程度上确保了法官的司法公正。

在隋代前期，如果司法官不能公正司法，执法犯法，必定要受到法律的惩罚。开皇五年（585年），“侍官慕容天远，纠都督田元，冒领义仓，事实而始平县律生辅恩，舞文陷天远，遂更反坐”。〔3〕这是一起典型的手中握有一定司法权的律生，为违法犯罪的权贵开脱罪责、陷害忠良的案子，最后律生被反坐，按律受到应有的惩罚。御史监师，在职不能很好地履行职责，“于元正日不劾武官衣剑不齐者，或以白帝，帝谓之曰：‘尔为御史，何纵舍自由。’

〔1〕《晋书·刑法志》。
〔2〕《晋书·刑法志》。
〔3〕《隋书·刑法志》。

命杀之”。[1]文帝视监察官为耳目鹰犬，督励极严，目的就是要求御史的监督检查必须尽职尽责。《隋书·杨汪传》还记载了言谏官利用职权索贿受贿的案例，隋文帝杨坚对谏议大夫王达说：“卿为我觅一好左丞。”王达于是找到杨汪，私下对他说：“我当荐君为左丞，若事果当以良田相报也。”杨汪把王达索贿的情况如实向文帝奏报，王达很快被大理寺治罪，杨汪则被任命为尚书左丞。由于隋代前期实行严格的司法官责任追究制，枉法裁断的情况并不多见，迎来了较为清明的社会政治局面。

（二）御史监察制度

御史监察制度是我国古代政治法律制度的重要组成部分，是防范权力专横、滥用和腐败，保证国家机器正常运转的独特运作机制，具有彰善瘅恶，防止、纠正偏差或失误的功能。中国古代监察制度主要由两大部分组成：一是御史监察系统；二是谏官言谏系统。御史又称台官、宪官，职在纠察官邪，肃正朝纲，监察方式主要是弹劾违法失职的官吏。谏官又称言官，职在规谏讽谕，以匡人君，监察方式是谏诤封驳，审核诏令奏章。御史行纠弹官邪之责，谏官司谏正君失之任，二者构成中国封建社会较为完善的监察体系。在中国传统社会，御史台拥有广泛的权力，不仅具有行政监察权，而且享有司法监督权和一定范围的审判权。司法监察权是通过参与立法、司法，监督法律的贯彻执行来实现的。其所拥有的审判权是不完整的，监察官作为“天子之法官”，只有在下列两种情况下才能发挥作用：一是中央或地方遇有重大或疑难案件，由皇帝特诏大理寺、刑部和御史台三大司法机关组成临时法庭，共同审理的案件；二是皇帝交办的案件。除此之外，御史参与司法审判，其职司主要是监督案件的审理，如审判是否依据法律的规定，定罪是否准确，量刑是否恰当，并随时予以纠正，体现的仍然是司法监督职能。从职责权力上看，御史监察制度是为了保障国家机器的正常运转，维护封建皇帝的专制统治，监督国家政策法令的贯彻实施，对违法违纪违礼行为进行纠察弹劾，对不合时宜的政策法规实行封驳谏诤。从监察事项和范围看，包括行政、立法、司法、经济、军事、文化等领域，甚至已经深入到官员的私生活。中央政府与少数民族的互市、学术讨论等也都置于御史的监察视野。[2]中国传统社会御史监察机关职权的不断扩大，一方面反映了最高统治者对督察官吏忠于职守、充分发挥国家统治效能的重视；另一方面，司法审判活动关系到封

---

〔1〕《隋书·刑法志》。

〔2〕张先昌：“隋朝监察制度述论”，载《法学研究》2005年第2期。

建法制的落实、黎民百姓的切身利益，影响着社会安定。御史监察监督职能的实现，对昭雪冤狱，纠正违失，实现司法公正和执法公信力发挥着重要作用。

（三）录囚制度

录囚是封建皇帝和上级官吏定期或不定期地巡视监狱，讯察狱囚，以便平冤纠错，决遣淹滞，宥减轻系，检查监督狱政管理等维护统治阶级法律秩序的一项重要的司法制度。录囚始于汉代，经三国两晋南北朝，至隋唐得到充分的发展。录囚制度对平反冤狱、改善狱政和统一法律的适用起到了一定作用，也是我国古代实行审判监督的一个重要途径。古代启动错案纠正程序的主体是封建皇帝或政府官员，录囚是一种自上而下的解决冤假错案的处理机制，属于国家以主动姿态平反冤滞的公力救济方式。从功能上考察，录囚有利于平反冤假错案，同时督办久拖不决的案件，从而树立法律的威信，维护法治秩序。在冤狱盛行、刑罚严酷的封建社会，录囚无疑等于一道屏障，使冤假错案继续发展的可能降到最低，正义的伸张也就多了一次宝贵的甚至是最后一次机会，录囚制度中隐含的错案必究的司法精神无疑对我们今天的司法制度改革具有启示意义。

（四）死刑复奏制度

死刑复奏制度是指对死刑已定判的案件，要求在行刑之前必须再次奏请皇帝进行核准，只有等待死刑复奏批准命令下达之后，方可行决的制度。在中国传统社会，历代皇帝都掌握着重大案件与疑难案件的最终审判权，并正式列入司法程序。早在北魏时期，死刑复核制度就已经被正式确立为一项法律制度。[1]《魏书·刑罚志》载："当死者，部案奏闻。以死不可复生，惧监官不能平，狱成皆呈，帝亲临问，无异辞怨言乃绝之。诸州国之大辟，皆先谳报乃施行。"死刑是生命刑，是剥夺一个人生命的刑罚，因此统治者特别慎重。被判处死刑的人经过中央有关主管机关案问之后，再上奏皇帝，"帝亲临问"，囚犯表示完全服罪，没有任何怨言和异词之后，才可判处死刑。

隋开皇十二年（公元592年）八月，"制天下死罪，诸州不得便决，皆令大理覆治"。[2]《资治通鉴》卷一七八亦记载此事说，"帝以天下用律者多舛驳，罪同论异"，乃下制，"诸州死罪，不得辄决，悉移大理按覆，事尽，然

---

〔1〕周国钧、巩富文："我国古代死刑复核制度的特点及其借鉴"，载《中国法学》2005年第1期。

〔2〕《隋书·高祖纪下》。

后上省奏裁”。之所以把全国各地死刑案件的最终审判执行权收归中央，原因是，在适用法律的过程中出现了差错，标准不一，相同性质的案件出现不同的判决结果，造成一定程度的司法混乱，严重影响到国家法制的统一。特别是对人命关天的死罪案件，地方州级审判结案以后，必须上报到中央的大理寺、刑部复审，最后奏请皇帝核准。开皇十六年，隋文帝又颁诏曰：“决死罪者，三奏而后行刑。”明确规定死刑复奏的具体次数，即对于判处死罪的案件，必须在正式行刑之前，再奏请皇帝核准三次，方可执行，从而将死刑的最终决定权集中到皇帝手中。这一规定直接被《唐律》所继承，并对违反死刑复奏制度的有关司法官吏所应承担的刑事责任也作出明确的规定：“诸死罪囚，不待复奏报下而决者，流二千里。”〔1〕隋唐王朝完善死刑复奏制，昭示着皇帝对司法审判权与执行权的重视，对死刑案件的慎重态度，并以此警策司法官吏认真执法和司法，把司法公正作为实现政治清明的保证。为纠正冤错，中国传统社会还制定有普通程序和特殊程序的申诉及请求重审的制度。“有枉屈县不理者，令以次经郡及州，至省仍不理，乃诣阙申诉。有所未惬，听挝登闻鼓，有司录状奏之。”〔2〕封建时代要求逐级上告申诉，对直诉有非常严格的限制，但在特殊情况下，仍可直接越级向上甚至向朝廷申诉冤屈，如“登闻鼓”制，这是古代对不许越级上诉限制的补救措施。总的来看，允许有冤屈的百姓上诉或直诉，在制度上为当事人通过司法途径解决纠纷又开通了一条管道，同时，下情上达，有利于最高统治集团的决策和上级司法机关对下级司法机关的监督，便于及时发现和纠正冤假错案，缓和社会矛盾。

为了维护封建国家的根本利益，防止司法官吏罪刑擅断，中国传统社会建立完善了一整套制约权力、保证司法公正的制度。这些制度成果，既是政治家、思想家们法理念的结晶，又是司法实践的制度保障，有的还是司法活动的重要组成部分。这些制度的良好实施，在较长一个时期保证了封建统治秩序的安定和政治清明，执法公信力也得以倡扬。

三、实践：对执法公信力的追求

（一）君臣守法，是保证执法公信力的关键

张释之是汉文帝时期中央的最高司法官廷尉，一天，汉文帝巡幸地方经过渭桥，有一人闻听皇帝的乘舆将要经过，连忙躲到桥下。过了很长时间，

---

〔1〕《唐律疏议·断狱律》。

〔2〕《隋书·刑法志》。

此人以为皇帝的车驾已经走远，于是从桥下跑出，导致乘舆马惊。张释之在审理此案时认为："此人犯跸，当罚金。"文帝认为判得太轻，怒曰："此人亲驚吾马，马赖和柔，令它马，固不败伤我乎？而廷尉乃当之罚金！"张释之认定自己是按照法律判案，于是说："法者天子所与天下公共也。今法如是，更重之，是法不信于民也。""今已下廷尉，廷尉，天下之平也，一倾，天下用法皆为之轻重，民安所措其手足？"文帝思考良久说道："廷尉当是也。"[1]张释之在审理犯跸案时，把法律看成是包括皇帝在内的所有人都必须遵守和维护的"公共"准则，天子与广大臣民一样，都有遵守法律的义务。只有严格公正执法，法律才能取信于民而具有权威性，法律才能为广大民众所接受并自觉遵守。

东汉光武帝建武年间（25～55 年），董宣为洛阳令，时湖阳公主（光武帝刘秀的大姐）家奴白天杀人，因藏匿于公主家中，官吏没有抓到治罪。后来公主出行，以家奴御车，董宣乘机将其家奴捕杀，并历数公主的过失。公主回宫向皇帝告状，刘秀大怒，召董宣入殿，想将他箠杀。董宣说："陛下圣德中兴，而纵奴杀良人，将何以理天下乎？臣不须箠，请得自杀。"当即用头撞击楹柱，流血不止。刘秀令小黄门制止董宣，使其向公主叩头道歉了事，而董宣认为自己没有做错事，坚决不从。公主对光武帝说："文叔为白衣时，藏亡匿死，吏不敢至门。今为天子，威不能行一令乎？"帝笑答说："天子不与白衣同。"光武帝对此事不仅没再追究董宣的责任，还赐钱三十万给予奖励。[2]在这里，"天子威不能行一令"，说明作为最高统治者的皇帝也要遵守法律，服从"理天下"这个大局。在刘秀看来，为普通百姓可以钻法律的漏洞，做些"藏亡匿死"之类规避法律的事情，但作为天子，就要为江山社稷负责，天子的责任不允许任意妄为，因此他才说出"天子不与白衣同"这样的话。

在隋代，杨俊是隋文帝的第三子，封为秦王，被任命为并州总管。他在任时大兴土木，竭尽奢华，又"出钱求息，民吏苦之"。文帝得知这一情况后，罢其官职，召还长安居住。以杨素为首的大臣认为，秦王的罪名不过是违反制度，耗费国家资财营造宫室，不必如此严厉。隋文帝回答说："法不可违……我是五儿之父，若如公意，何不别制天子儿律？以周公之为人，尚诛管、蔡，我诚不及周公远矣，安能亏法乎？"坚持按照法律治罪。在文帝看

---

〔1〕《汉书·张释之传》。

〔2〕《后汉书·董宣传》。

来，“法不可违”，不论是皇亲国戚，还是普通民众，只要违法犯罪必须依律给予惩罚，决不能因私情破坏法律，并且进一步强调他这样做的目的是为了维护和巩固来之不易的国家政权和统一的大好局面，希望通过自己的尊法、守法，依法办事，给大臣树立良好的表率作用。“我戮力关塞，创兹大业，作训垂范，庶臣下守之而不失。”[1]“开皇之治”的出现可以从文帝对法律的态度中得出答案。

另一颇能说明问题的例子是，大都督邴绍曾诋毁辱骂朝廷为“愦愦者”，隋文帝得报大怒，要求将其斩首。工部尚书长孙平进谏说：“鄙谚曰：‘不痴不聋，未堪作大家翁。’此言虽小，可以喻大。邴绍之言，不应闻奏，陛下又复诛之，臣恐百代之后，有亏圣德。”文帝接受这一建议，赦免邴绍，并敕命群臣：从此后，诽谤之罪，勿复以闻。文帝废除诽谤罪，不仅有利于言路的畅通，而且在当时的君主政体下，给予官僚士大夫某种“言论自由”的宽松氛围，为隋朝前期开明政治的形成奠定了基础。所以，史臣评价说：“长孙平谏赦诽谤之罪，可谓仁人之言，高祖悦而从之，其利亦已博矣。”[2]对于法律的权威与公正，隋文帝君臣有着一定程度的共识。开皇中叶，盗贼猖獗，文帝欲加重对盗贼罪的惩罚力度，刑部侍郎赵绰进谏说：“律者天下之大信，其可失乎！”文帝忻然采纳，并升迁赵绰为中央最高审判机关大理寺的副长官大理少卿。[3]黄门侍郎刘行本也向隋文帝建言律令是与民约束的“朝廷之大信”，因此而得到文帝的表彰。[4]

法律是一种具有普遍约束力和国家强制性的社会行为规范，中国封建社会的法律同样需要实现尽可能广泛的有效性，所以就不能不重视法律的权威性和执法的公信力问题，必然要求君臣与普通百姓一样遵守法律规范。从秦汉到明清，“法与天下共”成为开明的君主与正直的官僚士大夫普遍的法理念和社会共识。如果“不循三尺法，专以人主意旨为狱”，就会遭到人们的批评和指责。君主也要守法，君主不能自外于法。“公平的法律不仅体现在规范的内容上，也体现在执法的实践中，只有公平法律化和执法公正化，法律才具有权威”，[5]才能够建立起法律之“大信”。

---

[1] 《隋书·杨俊传》。
[2] 《隋书·长孙平传》。
[3] 《隋书·赵绰传》。
[4] 《隋书·刘行本传》。
[5] 张晋藩：《中国法律的传统与近代转型》，法律出版社1997年版，第57页。

（二）事断于法，是实现执法公信力的主要途径

事断于法既是中国传统社会普遍的法理念，司法实践追求的目标，又是实现执法公信力的主要途径。以隋唐为例：开皇三年（公元583年），修订后的隋《开皇律》明确规定："断决大狱，皆先牒明法，定其罪名，然后依断。"开皇五年，隋政权进一步强调："自是诸曹决事，皆令具写律文断之。"[1]同时敕令诸州长史以下，行参军以上，"并令习律，集京之日，试其通不"，隋政权试图通过这种考核，以督促拥有执法、司法大权的地方重要官员学习法律，熟悉掌握法律条款，以期实现准确用法，提高办案质量和执法水平。

隋朝初建国，钱币的使用和流通非常混乱，关东地区通行北齐旧钱常平五铢钱，关陇地区通行北周的五行大布和永通万国等钱，梁益地区还杂用古钱交易。这些钱币不但大小轻重不一，而且币值低劣，影响了商品的交换，不适应统一国家工商业发展的需要。所以，文帝称帝不久，立即对货币进行改革，铸行标准统一的新五铢钱："背面肉好，皆有周郭，文曰'五铢'，而重如其文。每钱一千，重四斤二两。"[2]为了推行新钱，于开皇三年（公元583年）四月下令各关津置百钱为样板，凡入关者都要将所携带的钱币与样钱勘验，相符者放行，不符者当场销毁为铜，没入官府。随后，这一做法推行到全国各地交易市场，立样钱榜，不合格者不准入市，非法入市者一律熔毁，本人要受到法律的惩罚。因旧钱屡禁不止，翌年又规定，主管县令不能禁止辖区内私铸钱币者罚半年俸禄。开皇五年（公元585年）再严其制。"自是钱货始一，所在流布，百姓便之。"[3]货币统一和币值稳定对市场的发育和工商业的发展，发挥了良好的保障与推动作用。

对在市场上用恶钱交易的行为，是依律给予惩罚还是按照皇帝的诏令惩处？史书记载了这样一个案例："时上禁行恶钱，有二人在市，以恶钱易好者，武侯执以闻，上令悉斩之。绰进谏曰：'此人坐当杖，杀之非法。'上曰：'不关卿事。'绰曰：'陛下不以臣愚暗，置在法司，欲妄杀人，岂得不关臣事！'……上乃止。"[4]该案例至少说明两个问题：一是开皇初年统一币制，是发展社会经济、促进商品流通的重要举措，与隋文帝在政治、经济方面加

---

[1]《隋书·刑法志》。

[2]《隋书·食货志》。

[3]《隋书·食货志》。

[4]《隋书·赵绰传》。

强中央集权相辅相成。国家三令五申严禁私铸钱币，禁止旧钱流通，而二人用恶钱交易，明知国家禁止而故意违犯，顶风作案，属于严打范围，有加重惩罚之情节，但不至于依律当杖而以言处斩，所以中央主管审判的大理少卿赵绰极力反对。二是该案例反映了权与法二者之间的关系，在赵绰、治书侍御史柳彧等大臣的谏诤下，最终，文帝曲私伸法，以最高权力向法律作出妥协，同意依照《开皇律》对二人作出杖刑处罚。

唐太宗贞观七年（公元633年），贝州鄃县令裴仁轨私役门夫，太宗欲斩之。殿中侍郎史李乾佑上奏说："法令者，陛下制之于上，率土遵之于下，与天下共之，非陛下独有也。仁轨犯轻罪而致极刑，是乖画一之理。刑罚不中，则人无所措手足。臣忝宪司，不敢奉制。"[1]李乾佑所坚持的，是经过严格程序制定、颁行并具有普遍约束力的法律，任何人都要遵守，包括皇帝和制定者，因为它是国家公信力的象征。贞观年间盛开选举，有诈伪资荫者，太宗让这些人自首，否则罪至于死。不久即发现有诈伪者，大理少卿戴胄依法处以流刑。太宗说："朕下敕不首者死，今断从流，是示天下以不信。卿欲卖狱乎?"戴胄回答说："陛下既付所司，臣不敢亏法。"太宗曰："卿自守法，而令我失信邪?"戴胄认为法律是国家的大信，是定罪量刑的依据和标准，它高于皇帝"临事以制"的敕令，于是回答说："法者，国家所以布大信于天下，言者，当时喜怒之所发耳。陛下发一朝之忿而许杀之，既知不可而置之于法，此乃忍小忿而存大信也。若顺忿违信，臣窃为陛下惜之。"[2]皇帝的旨意敕令在业已颁布的法律面前，是小者，它必须服从国家之大信即法律，即使至尊已出之令，也要废止。只有如此，法律的权威、执法的公信力才能确立。

毫无疑问，事断于法，排除权力的干扰，是实现执法公信力的主要途径。中国传统社会对执法公信力的追求是明确的、一贯的。

四、善待法律传统（代结语）

中国传统社会虽属专制社会，皇权至上，历经朝代更迭和战乱，但在数千年的历史发展长河中，先贤们不断总结、积累，形成了具有持久生命力并可供现代法治借鉴的理念与制度，归纳起来主要有：

第一，春秋战国时期的法家对法律是什么作出了较为全面客观的回答。法家认为，法律作为一种规则，应该均布、划一，简明易懂；法律应该具有

〔1〕《旧唐书·李昭德传》。

〔2〕《旧唐书·戴胄传》。

普遍的客观性、稳定性。一个有秩序的国家应“由法律统治”，而且也注意到统治者在“服从法律”中的极端重要性。“君主从法”、君臣守法、“刑无等级”、“法不阿贵”、司法平等，成为法家法律思想中最为精彩的部分，指导着后代王朝的立法、司法和执法。

第二，“律者天下之大信”，君臣有守法之责。律令是与民约束的“朝廷之大信”，人人应当遵守，不可以言废法，“重其教命，轻忽宪章”。[1]北魏世祖拓跋焘常说：“法者，朕与天下共之，何敢轻也。”[2]隋文帝在处理第三子杨俊“违越制度，盛治宫室”时说“法不可违”，把法律看成是“天下之法”而不是“一家之法”，强调法律的权威性、公平性，任何人都没有超越法律之上特权的见解与实践，和我们今天所倡导的法治有相通或相近的地方。把皇权置于法律之下，皇权服从法律，具有较多的法治成分。

第三，以法治国，事断于法，不以社会情势的变化作为加重刑罚的借口。反对权力干涉司法，执法的公信力才能确立。这是中国传统社会留给我们的重要经验。

第四，执法公信力的实现，必须有一套完善的制度作为保障。如法官责任追究制，对执法犯法、失职渎职的法官，追究法律责任。御史监察制度和录囚制度，则是一种自上而下解决冤假错案的处理机制，属于国家以主动姿态平反冤滞的公力救济方式。死刑复奏制度，主要是对人命关天的死刑案件，地方必须上报中央，经过中央主管部门的复核，是否执行死刑最后还要经过皇帝的三次核准，才能决定，它体现了封建统治者对生命权的重视，值得肯定。

---

〔1〕《隋书·刑法志》

〔2〕《资治通鉴》卷一百二十。

国家法与民族习惯法协调：唐代法律智慧及其借鉴意义
——以敦煌《开元户部格残卷》为基础的研究

胡仁智 *

关于中国传统社会国家制定法与民族习惯法的关系，目前学界的研究大多比较笼统，常以冲突和互动来概括二者关系，基本上缺乏针对特定朝代的充分的实证研究。唐代是中国传统法制的完备时期，也是由多民族组成的统一国家。但是对于唐代民族地区习惯法的运行状况，以及国家如何处理制定法与民族习惯法关系之类的问题，研究成果却鲜见。目前笔者所见的相关研究成果仅有《冲突与互动：论中国古代国家制定法与习惯法之关系》一文。此文对唐代国家制定法与民族习惯法之基本关系的描述是："在国家对边疆民族地区实行羁縻政策的影响下，唐律首创了国家制定法与少数民族习惯法发生冲突时的准据法原则。……唐律关于'化外人'案件的处理规定，体现了少数民族习惯法与国家制定法在调节社会秩序时相互配合、相互补充的互动关系。"〔1〕考诸唐律："诸化外人同类自相犯者，各依本俗法，异类相犯者，以法律论。疏议曰：'化外人'，谓蕃夷之国，别立君长者，各有风俗，制法不同。其有同类自相犯者，须问本国之制，依其俗法断之。异类相犯者，若高丽之与百济相犯之类，皆以国家法律，论定刑名。"〔2〕其对"化外人"的解释十分明确，谓"蕃夷之国，别立君长者"，因此唐律"化外人有犯"条是一条国际法意义上的准据法原则，而非国内法上处理国家制定法与民族习惯

---

* 作者系西南政法大学行政法学院教授，博士生导师。

〔1〕 杨华双："冲突与互动：论中国古代国家制定法与民族习惯法之关系"，载《西南民族学院学报（哲学社会科学版）》2001 年第 4 期。

〔2〕《唐律疏议·名例律·诸化外人有犯》

法关系的法律原则，前引文对于唐律此条规定存在误读。其实，要探究唐代甚至是整个中国古代国家制定法与民族习惯法之间的关系，仅凭推测是不可行的，重要的是要通过实证材料加以证明。但是囿于资料所限，对这一问题很难进行深入而细致的研究。

“山重水复疑无路，柳暗花明又一村。”笔者最近在披阅敦煌出土法制文书时，注意到《开元户部格残卷》中的“天授二年正月十五日”、“天授二年七月二十七日”及“景元元年十月廿日”敕，发现其是唐代处理国家法与少数民族习惯法关系的十分重要的法律史料。这三条唐“格”[1]对于认识唐代国家制定法与少数民族地区习惯法的关系及唐代国家处理国家制定法与习惯法关系的法律智慧具有十分重要的史料价值，同时对于当代处理国家法与民族习惯法之间的关系仍然具有启示及借鉴意义。因此，本文将以此为基础，对唐代处理国家制定法与民族习惯法关系的法律智慧进行探究，以期对当代法制建设有所裨益。

一、“天授二年正月十五日”敕解析

敦煌法制文书可见《开元户部格残卷》（S. 1344SK），其于20世纪初出土于敦煌，后被斯坦因掠走，现藏于英国伦敦大英博物馆。由于首尾皆缺，故曰“残卷”。全部69行，包括完整“格”文17条。其中第35～36行的内容是：“敕：牂牁士风，共行言差法，宜委所管都督府严加禁断。天授二年正月十五日。”“天授”是武则天称帝，改国号为南周的第二年。[2]“敕”是中国古代帝王诏令文书的名称之一。“故事，凡王言之制有七：一曰册书，立后建嫡、封树藩屏、宠命尊贤、临轩备礼则用之；二曰制书，行大赏罚、授天官爵、厘革旧政、赦宥降恩则用之；三曰慰劳制书，褒贤赞能、劝勉勤劳则用之；四曰发敕，废置州县、征发兵马、除免官爵、授六品以下官、处流以下罪、用库物五百段、钱二百千、仓粮五百石、奴婢二十人、马五十匹、牛五十匹、羊五百口以上则用之；五曰敕旨，谓百司承旨而为程式，奏事请施行者；六曰论事敕书，慰谕公卿、诫约臣下则用之；七曰敕牒，随事承旨、

---

〔1〕对于此敕的性质，已有学者撰文说明其为唐“格”无疑。可参见王斐弘：“敦煌写本《S. 1344开元户部格残卷》探微”，载《法学评论》2005年第5期。

〔2〕史载武曌于公元690年废其子唐帝李旦为皇嗣，自己称帝，国号周，史称南周。不过中国史及法律制度史研究中并未将南周作为一个王朝加以研究，而是将其法制史纳入唐代法制史范围。从出土的敦煌法律文书来看，本文所引天授元年敕和二年敕是与唐代开元时期的格编在一起，因此，将之作为唐代法制史资料加以运用。

不易旧典则用之。比宣署申覆而施行焉。”“旧制，册书、诏敕总名曰诏，天授元年避讳改诏曰制。”[1]由此可见，唐代“敕”是皇帝根据百司的请旨就有关事项发布的指示、命令。“格”是由皇帝发布的、国家机关必须遵守的各类单行制、敕及指示的汇编。因此，《开元户部格残卷》（S. 1344SK）所载各条“敕”均属“格”，是具有最高效力的特别法律。而“天授二年正月十五日”敕是武则天执政时期发布的一条单行“敕”，其很简短，但是却透露出十分重要而丰富的法律史信息。

“牂牁”，本为中国古郡名，汉武帝元鼎六年（前111年）开西南夷而置，治故且兰县（今贵州省贵阳市附近，一说在福泉市一带）。汉代属益州刺史部。南齐改为南牂柯郡，梁废。隋大业中复置牂柯郡。唐置牂州，高宗永徽中再废。此后成为黔州所领诸羁縻州。所谓“羁縻”是唐代国家的民族政策。《新唐书·羁縻州》序中描述了唐代“羁縻”政策的具体实行过程。唐太宗平定突厥之后，“西北诸蕃及蛮夷稍稍内属，即其部落列置州县。其大者为都督府，以其首领为都督、刺史，皆得世袭”。[2]也即唐太宗在平定突厥之后，西北和西南广大少数民族地区基本归附唐王朝，唐王朝通过在这些少数民族地区建立州县，在较大的少数民族地区设置都督、刺史，并且由当地少数民族的首领担任都督、刺史的方式，以实现对民族地区的统治。唐代南方少数民族地区普遍实行“羁縻州—县”管制体制，“天授二年正月十五日”敕中的“牂牁”即是唐代黔州都督府所领的羁縻州之一。从《唐六典》对“敕”的解释及唐代“格”的性质来看，这是一条以皇帝的“敕”的形式发布的，供领都牂牁羁縻州的都督府执行的一条解决牂牁羁縻州少数民族习惯法与国家法律相冲突问题的特别法律规定。据《旧唐书》记载：

> 牁蛮，首领亦姓谢氏。其地北去充州一百五十里，东至辰州二千四百里，南至交州一千五百里，西至昆明九百里。无城壁，散为部落而居。土气郁热，多霖雨。稻粟再熟。无徭役，唯征战之时，乃相屯聚。刻木为契。其法：劫盗者二倍还赃；杀人者出牛马三十头，乃得赎死，以纳死家。风俗物产，略与东谢同。其首令谢龙羽，大业末据其地，胜兵数万人。[3]

[1]《唐会要》卷五四《中书省》。

[2]《新唐书》卷四三《地理志七下》。

[3]《旧唐书·列传第一百四十七·南蛮·西南蛮》。

由此可知，牂牁地处西南，属南方少数民族地区，其首领姓谢名龙羽，在隋朝大业年间据于此地，当地民众以部落形式散居，民族首领不向民众征发徭役，有战争发生时，众人则聚集到一起。当地民族以刻木为契的合约形式规定民族内部处理刑事案件的规则，其内容：一为“劫盗者二倍还偿”，即盗窃他人者，双倍返还赃物；二为“杀人者出牛马三十头，乃得赎死，以纳死家”，即对杀人行为采取由杀人者出牛马三十头，给被害人之家，可免除死罪的处罚方法。这一习惯法是否就是“天授二年正月十五日敕”中“牂牁士风，共行言差法”所谓的“言差法”的内容，由于目前尚难找到确切的资料加以证明，因此，很难断定。但是可以断定的是这条“敕”中的所谓“言差法”的内容一定与国家法存在着严重冲突，而且对牂牁少数民族羁縻州的社会稳定和治安存在极大的消极影响。

作为国家制定法的唐律，经由武德律、贞观律至永徽律疏，于刑事法上已经形成比较完备的法制。唐律十二篇中的《贼盗律篇》，内含54条关于贼盗犯罪的罪刑条款，其中关于盗罪的规定主要包括：其一，盗窃特定物的罪刑条款，如盗大祀神物、盗御宝及乘舆服御物、盗官文书、盗符节、盗禁兵器、盗毁天尊佛相、发冢、盗园陵内草本、盗官私牛马等；其二，盗窃特定对象的盗罪，如盗缌麻小功财物、卑幼将人盗己家财物等；其三，一般的“强盗”罪和“窃盗”罪。唐律对于盗罪的规定集历代法制之大成，十分完备而周全。唐律关于杀人罪的规定主要为“七杀”之规定，包括对杀害对象不同、杀人手段方式不同、杀人主观客观方面不同的各种情形的杀人罪及刑罚的规定。通观唐代贼盗罪的法律规定，绝无“劫盗者二倍还偿”及杀人私了、赔命价之类的规定，因而牂牁习惯法对命盗案件的处理方式与唐代国家制定法存在明显的冲突。

“天授二年正月十五日”敕中所谓“宜委所管都督府严加禁断”，意味着国家并不承认在其行政管理范围内的少数民族地区的民族习惯法。对此，中央政府的态度是明确的，这就是要求领牂牁蛮的黔州都督府对这些习惯法“严加禁断”，也即严格禁止适用。因此，“天授二年正月十五日”敕实际上是中央政府向西南地区地方政府所下达的一项如何处理西南少数民族习惯法与国家制定法冲突问题的一道“禁违止邪”具有变通性的刑事特别法。从中可见，国家对与其制定法存在严重冲突的少数民族地区习惯法的态度是否定的，采取的措施是“禁断”，其体现了唐代法制对于国家法律在面对与之存在严重冲突的民族习惯法时，维护的是法律的统一适用及国家制定法的权威。

二、“天授二年七月二十七日”及“景元元年十月廿日”敕解析

由敦煌写本《开元户部格残卷》第42～48行可见：

> 敕：岭南土人任都督、刺史者，所有辞讼别立案判官，省司补人，竟无几案；百姓市易，俗既用银，村洞之中买卖无秤，乃将大小石头，类银轻重；所有忿争，不经州县，结集朋党，假诈刀排，以相攻击，名为打戾；并娶妇必先强缚，然后送财；若有身亡，其妻无子，则斥还本族，仍征聘财；或同族为婚，成后改姓。并委州县官渐加劝导，令其变革。

此敕较长，包含着十分丰富的唐代南方少数民族民事习惯法的内容以及国家如何处理制定法与民族行政、民事、解纷习惯法关系的法律文化信息。

天授元年，是武则天执政时期。“岭南”指的是中国南方五岭之南的地区，该地区分布着许多少数民族。唐代刘恂所著《岭表录异》较为详细地描述了岭南道少数民族的生活状态。“道”与“府”是唐代开创的中国政区建制。贞观元年（627年），太宗分天下为关内、河南、河东、河北、山南、陇右、淮南、江南、剑南、岭南十道。贞观十三年（639年）灭高昌，得2州6县，贞观十四年（640年），全国共设360州（府），下辖1557县。岭南道，治所广州（今广东广州市），下辖桂、邕等少数民族羁縻都督府，其领羁縻州，主要分布于桂西十万大山、四方岭、六诏山等山区。土人，即世居本地之人。《后汉书·虞诩传》：“其土人所以推锋执锐，无反顾之心者，为臣属于汉故也。”北魏郦道元《水经注·汶水》：“出谷有平丘，面山傍水，土人悉以种麦。”唐韩愈《与鄂州柳中丞书》曰：“若召募土人，必得豪勇，与贼相熟，知其气力所极，无望风之惊。”因此，此敕中所谓“岭南土人”指的是岭南道管辖的州（府、都护府）中的土著民族。从敕的内容来看，其主要是针对岭南道下的少数民族羁縻州而发布的一条解决少数民族行政、民事及诉讼习惯法与国家法相冲突问题的特别法。

唐代岭南少数民族羁縻州，在行政管理、商业、纠纷解决、婚嫁、继承等问题上均存在着与国家制定法相冲突的民族习惯法。其一，行政管理及司法方面，在由少数民族首领担任都督刺史的羁縻州的行政、诉讼及任用吏员方面，存在着不进行书面记录、无档案材料的现象。所谓“竟无几案”之“几案”，在这里指代文案、卷宗、文档之类。土人任都督、刺史者在行政司

法中竟无档案文书材料，反映出由民族首领担任行政司法官吏的少数民族地区于行政及司法上有着很大的随意性，其并不遵守唐代国家法律所规定的行政文书和档案制度。事实上，中国古代行政司法中，在秦汉时代已经建立起十分严格的文书行政及档案制度。唐代文书档案制度更为完备，从中央至地方行政中均设置有文书及档案管理人员，中央政府还设置了勾检官作为档案检查人员，行政各部门均规定有严格的文书档案制度，例如《唐六典》中就对户部的文书档案工作进行规定：户籍每一岁一造，计账三年一造。文书档案管理上，地方政府都是直接在官府的部门设置专门进行档案管理的机构，对档案进行管理。此外，唐代法制还对档案统计、档案保密、档案违法行为等进行了严格规定。总之，在唐代，文书是行政司法的依托，也是国家掌握行政、民政、经济、司法各类信息的材料，其地位十分重要。但是，从“天授二年七月二十七日”敕所反映的情况来看，岭南少数民族羁縻州基本不按照国家文书档案制度进行行政司法工作。其二，在商品交易等民事行为方面，岭南少数民族依民族习惯法进行，而不遵守大唐的商品交易及货币制度。唐代国家法定货币为铜钱，唐朝的货币政策十分稳定、有效，正史所载唐朝市场上通行的货币仅有“开元通宝”、“乾封泉宝”、“乾元重宝”三种。唐代法律规定：“诸私铸钱者，流三千里。”在唐代金、银并非合法流通的货币。但是从“天授二年七月二十七日”敕可见，当时的岭南土人在市场交易中并不适用铜钱，而是适用银作为一般等价物。唐代国家对于度量衡有明确规定。唐代有专门制作衡具的太府寺，国家实行统一的度量衡。“度，以北方秬黍中者一黍之广为分，十分为寸，十寸为尺，十尺为丈。量，以秬黍中者容一千二百为龠，二龠为合，十合为升，十升为斗；三升为大升，三斗为大斗，十大斗为斛。权衡：以秬黍中者百黍之重为铢，二十四铢为两，三两为大两，十六两为斤。”[1]而“秤”是市场交易中的法定称重工具。而“天授二年七月二十七日”敕反映出岭南少数民族在买卖交易中不使用国家法定度量衡，而是采取以堆大小石头的方式估重，这与国家制定法上的市场贸易、产品交易立法均存在冲突。其三，产生纠纷以后通过“打戾”的方式解决。“所有忿争，不经州县，结集朋党，假作刀排，以相攻击，名为打戾。”土人之间发生纠纷，并不诉讼到州县官府，而是采取纠结朋党，相互攻击械斗，名为“打戾”的方式解决。其四，在婚嫁方面，盛行抢婚及同族为婚，继承方面剥夺丧夫无子妇女的继承权，并强征聘财，其与唐代国家制定法上的婚姻家庭制

[1]《旧唐书·卷四十八·志第二十八·食货上》。

度存在冲突。唐代法制十分重视对婚姻家庭关系的法律调整。于律令中均规定了婚姻成立、解除及继承等方面的法律制度。按照唐律规定：婚姻形式为一夫一妻制度；尊长拥有主婚权；婚书是缔结婚姻关系的法定契约；聘财是婚约之信，所谓“以聘为信”；禁止结婚的法定要件为妄冒为婚、同姓为婚、良贱为婚等。离婚方面规定了和离、休妻、义绝三种形式。规定了离婚的“七出三不去”原则；规定了关于无子之妻代夫份的继承原则；规定妻子妆奁不属于遗产范围；等等。而岭南少数民族的婚姻家庭习惯法一是盛行抢婚制，先抢婚再送聘财，其违背唐律“以聘为信”的法律规定；二是实行同族为婚，即近亲结婚，这为唐律所严格禁止，但是岭南少数民族却盛行同族婚姻，只是结婚之后，改一下姓氏而已；三是对于夫亡无子之妻，岭南少数民族习惯法是将其逐还本族，而且还强征聘财。这些均与唐代国家制定法中的婚姻家庭制度存在冲突。

唐代国家在对待与国家制定法相冲突的少数民族行政、民事、婚姻习惯法的适用上，采取的是“渐加劝导，令其变革”，逐渐移风易俗的方式，但在对于少数民族地区存在的“结构朋党、假作刀排”的解纷习惯法的处理上却存在变化。在“天授二年七月二十七日”敕中属于“劝导”范围，而在此后的“景龙元年十月廿日”敕中则将形成私社性质的民间武装严加禁断，这当然也包括少数民族地区具有集体性的大规模“打戾”。“景元元年”为公元707年，是武则天死后唐中宗李显执政时期。这则敕的内容是：“敕：如闻诸州而姓结构朋党，作排山社，宜令州县严加禁断。”关于“排山社”学界并无确切解释。笔者比较赞同一些学者的观点，认为“排山社”指的是农民们结成的具有武装性质的私社。排山社属于具有武装性质的私社，而岭南少数民族地区“打戾”的解纷方式中，“结构朋党，假作刀排，以相攻击”应当是规模较大的武装性质的械斗。因此，当属于“景元元年”敕“委州县严加禁断”的范围。这说明，在对待民族地区解纷习惯法的问题上，如果这些习惯法不仅不能维护民族地区的稳定团结，反而是危害了民族地区的安定，那么国家也是要通过制定特别法的形式严格加以禁止的，国家法律并不是对民族地区所有的解纷方式完全加以认可。

三、唐代处理国家法与民族习惯法关系的法律智慧及其当代意义

通过对《开元户部格残卷》中的“天授二年正月十五日”、“天授二年七月二十七日”及“景元元年十月廿日”三则唐代“敕”文的解析，结合与唐代国家法律内容的对照分析，可以发现，在唐代实行羁縻政策，设置都督刺

史府，由民族首领担任行政长官、属于唐中央政府管辖下的牂牁羁縻州和属于岭南道辖下的桂、邕等少数民族羁縻都督府所领羁縻州，也即今天的黔东南苗族侗族地区，广西壮族、瑶族聚居区，湖南土家族聚居区及海南黎族聚居区等少数民族地区，存在着民族习惯法，而且这些民族习惯法与国家制定法存在着一定的冲突。而中央政府在处理民族习惯法与国家法相冲突的问题时，有两点态度：一是对于与国家制定法产生较大冲突的命盗案件，民族习惯法及通过集团性的武装性私力救济以解决纠纷的民族习惯法，国家通过发布特别法的方式严加禁止。二是对于与国家制定法存在冲突的民事、婚姻、继承等民族习惯法，国家通过发布特别法的形式，要求逐渐移风易俗，加以变革。对前者，国家的态度十分坚决，对后者，则较为缓和，采取的是渐进的方式，并不强制要求这些民族习惯法立即实现与国家法的对接。而这种对国家法与民族习惯法冲突关系的处理，体现出了较高的法律智慧，迄今对于处理国家法与民族习惯法关系问题仍然具有可资借鉴之处。

第一，这种处理方式体现出因时制宜与因地制宜、原则性与灵活性相结合的法律智慧。传统中国法制，早在西周时期的立法及司法中就出现原则性与灵活性、因时制宜与因地制宜相结合的法律原则。如《尚书·酒诰》载周公告诫即将去殷遗民聚居区任行政长官的康叔，“群饮，汝勿佚，尽执拘于周，予其杀”，但对于殷遗民则“勿庸杀之，姑惟教之”。这是西周“刑罚世轻世重”法律原则的具体体现。此后，在秦汉时期的立法中，对少数民族地区的法律适用问题，实际上也体现出了因时制宜、因地制宜，原则性与灵活性相结合的原则。如，汉律中的《蛮夷律》，是适用于少数民族地区的单行法。虽然关于《蛮夷律》的内容传世文献资料和考古出土的资料记载均不详，但是张家山汉简《奏谳书》却为我们提供了一个重要的分析范本。《奏谳书》案例一记载了汉高祖十一年（公元前196年）蛮夷大男子毋忧被发弩九告发“为都尉屯，已受致书，行未到，去亡”。之后被夷道审判、并作为疑难案件向中央廷尉奏谳，最后，毋忧被判“腰斩”的判例。这篇法律文书可见审判中毋忧为自己的行为进行辩解的理由是“蛮夷大男子，岁出五十六钱，以当徭赋，……”，[1]审判官则诘问：“蛮夷律不曰勿令为屯。”[2]由此可见，汉代存在适用于少数民族地区的《蛮夷律》，而且《蛮夷律》对少数民族大男子的徭赋有特别优待，但是对于军事方面，如当兵为

---

〔1〕 彭浩等主编：《二年律令与奏谳书》，上海古籍出社2007年版，第332页。
〔2〕 彭浩等主编：《二年律令与奏谳书》，上海古籍出社2007年版，第332页。

屯之类，却与广大汉族地区适用同样的法律，因此，最后毋忧可能是因为“乏军兴”的军事犯罪而被判“腰斩”刑的。这说明，早在秦汉时期，中央政府对于广大少数民族地区的法律适用问题上，就采取了因时制宜、因地制宜，原则性与灵活性相结合的原则。对于关涉国家利益的军事、刑事之类，强调了国家法律适用的统一性与权威性，但是对于经济、赋役、民事之类，却存在法律的变通适用情况。唐代自太宗平定突厥之后，北方和南方少数民族地区“稍稍内属”，也即初步归附。由于少数民族聚居区较为广泛，而且多属交通不便、偏远落后、经济文化不发达地区，中央政府要进行直接的管理十分困难，因此，唐代对广大少数民族地区实行羁縻政策，于南方少数民族地区建立了羁縻都督—州的统治模式，羁縻都督—州的行政长官由民族首领担任，可以世袭，一般事务由民族地方自治。同时唐代法律还就边疆少数民族地区的赋役制度等作出特别规定。如唐令规定“诸岭南诸州税米，上户一石二斗，次户八斗，下户六斗，若夷獠之户，皆从半输。……”〔1〕显然，这种边疆行政体制及对民族地区法律适用的变通性，对于少数民族经济、社会和文化的传承与发展均具有积极意义。而“天授二年正月十五日”、“天授二年七月二十七日”及“景元元年十月廿日”三则唐代“敕”文，是这种原则性与灵活性、因时制宜与因地制宜原则的集中体现。从这三则敕文可见，国家法律“严加禁断”与国家制定法有严重冲突，并且对民族地区的社会稳定和团结存在严重隐患的民族习惯法，而对于民族地区习以不常，对国家利益及社会利益危害不大的与之相冲突的民族地区商业、民事、婚姻、继承等习惯法，原则上不加否定，不要求与之强制对接，而是通过劝导方式，渐加变革。唐代法制体现了因时制宜与因地制宜，原则与灵活性相结合的法律智慧。这一法律智慧，对于我们当代如何处理与国家法律存在冲突的民族习惯法的关系问题，仍然具有一定的现代意义：一方面，在维护国家法律的统一适用及权威性的同时，可以针对不同民族地区的社会，经济、文化发展水平，传统民风民俗等不同，在经济、民事、婚姻、继承等方面的立法上略加变通；另一方面对于严重危害国家利益、社会利益及生命财产权利的民族习惯法则需要严格加以禁止。

目前在一些比较偏远和落后的少数民族地区仍然一定程度上存在着一些民族习惯法，这些习惯法中，有一些内容较严重危害了国家法律的统一适用

〔1〕［日］仁井田陞辑：《唐令拾遗·赋役令》“岭南诸州税米”条，栗劲等译，长春出版社1989年版，第601页。

和国家司法机关的权威性，因此，必须要加以否定和禁止。例如，我们在对凉山彝族习惯法所进行的田野调查中就发现，由于家支在彝族社会生活中的重要地位，使得家支复仇、抢劫冤家等行为被彝族习惯法视为“正义”而加以提倡。直到今天，一些彝族同胞在发生命盗、婚姻等纠纷时，仍然不诉诸国家司法机关，而是通过纠结家支人等“打怨家”的形式，进行私力救济。其行为严重危害了民族团结和社会安定。又如，在青海、西宁等民族地区依然存在“赔命价”的习惯法，导致国家司法机关审判结案以后，民间仍有二次审判，这极大地危害了国家法律的权威性。因此，对于家支复仇、抢劫冤家、“赔命价”等少数民族地区的刑事习惯法，必须要严加禁断，这在大唐盛世时处理与国家制定法相冲突的此类习惯法时，已经采取了这样一种比较适宜的做法。同时，今天的一些少数民族地区在婚姻、继承等方面，仍然还存在一些较为落后的与国家制定法相冲突的习惯法。如我们在彝族地区进行的田野调查中发现的等级内婚制，包办婚姻、买卖婚姻、转房婚姻、定娃娃亲等习惯法，使得当地男女青年的婚姻很难自主。实际上，当地人仍然十分重视血统和家支门第，这极大地妨碍了青年男女的婚姻自由。而且婚姻议交聘金在当地仍很流行，彝谚云“娶妻不付钱，子孙不发达”，使得结婚成为许多家庭的梦魇，高昂的彩礼费，令许多家庭欠债累累，苦不堪言。而对于此类与国家法相冲突的民事、婚姻习惯法，由于有着十分深厚的历史传统和社会土壤，很难通过禁断方式加以根除，这就需要移风易俗式的渐进式改革。

第二，这种处理方法体现出宽猛相济、辨证施治、区别对待的法律智慧。从唐代三则处理少数民族地区习惯法与国家法相冲突的“敕”来看，一则态度严厉，采取了强制性的措施，一则态度较为缓和，采用疏导的办法。其实际上是中国古代法宽猛相济、辨证施治，区别对待法律原则的一个体现。早在先秦时期，孔子就十分赞赏子产治郑时宽猛相济的治理方法，所谓“文武之道、一张一弛，宽以济猛，猛以济宽”。在治理国家时，张弛之道十分重要，需要统治者善于掌握好治理之度，具体问题具体分析。而这种治国智慧体现在法律的制定和实施上，则为情理法的结合。关于中国古代法制中的“情”，一般常认为指的是符合人性之“人情”，实际上这是对“情”的狭义的理解。所谓情，应当还包括民情、社情、国情之类。在中国古代立法中实际上不仅仅体现出人情，而且各时期的立法还与国情、社情、民情紧密相关。根据国情、社情、民情、人情的不同和变化，宽猛相济、辨证施治、区别对待。比如明代朱元璋重典治国，就是根据当时吏治腐败、法制废弛，而采取的针对社情、国情辨证施治方法。明代法律规定中，对于危害统治秩序的政治性犯罪及危害国家经济秩序的经济犯罪，量刑上就较唐律为重，对于违反礼教、风俗之类的犯罪处罚则较唐律为轻。反观唐代法制在处理国家制定法与民族习惯法的关系问题上，也体现出了宽猛相济、辨证施治、区别对待的法律智慧。

一方面，由于唐中央政府管辖下的民族地区地域十分辽阔，而且大都处于边疆地区，这些地区的经济、文化、生产水平均明显落后于广大汉族地区，而且历史上并无严格礼教的熏染，因此，不可能用十分严格的礼法约束广大的少数民族。所以，事关风俗礼教之类的民事、婚姻之类的法律方面，唐法律对少数民族地区采取了区别对待的做法，并不强制要求与广大汉族地区统一，而主要是采取劝导的方式进行变革，体现了“宽”的精神。中国历朝历代在治国方式上均十分重视疏导，对人们善良行为、社会善良风俗的形成，主要是依靠教育和引导，渐进式的移风易俗。因此，在对待相对比较落后的民族地区的社会风俗、民间习惯法等问题上主要是以劝导为主，而非简单的否定，强制将国家制定法推行到民族社会生活的一切领域。据《新唐书》记载，唐代在对待少数民族羁縻州的治理：“然声教报暨，皆边州都督、都护所领，著于令式。”要求少数民族地区的行政长官尽可能在民族地区进行国家法制的宣传和道德教化。但是，并未要求在各个社会生活领域一律推行国家制定法。正是因为这样的区别对待的态度，使得许多民族地区的生产、生活习惯法能够流传千古，一直存在于各民族的社会生活中，作为民族社会内部的内生性规则，调整着民族内部的社会秩序，对民族社会治理发挥了重要作用的同时，也节约了国家的治理成本和司法资源。

另一方面，对少数民族地区习惯法的适用，也不能仅仅通过劝导的方式加以处理。实际上由于民族地区的历史、社会、信仰等诸多原因，要实现民族地区的善治，在历朝历代也存在许多困难。例如，即使到了宋代，唐代对民族地区的羁縻政策已经实行了好几百年之后，许多民族地区的治理仍然存在很大困难。宋太宗在向党项族羌人首领询问如何才能治理好羌人时，得到的回答是：“羌人鸷悍，但羁縻而已，蜚声能制也。”由此可见，经唐至宋的少数民族地区羁縻政策的实施，即使到了宋代也很难做到国家法律与民族地区的统一适用。由于国家不可能全方位多层次在少数民族地区推行制定法，因此，从唐代法制来看，主要是有重点地进行国家法制的推行，而且是具有强制性的推行。国家法制在少数民族地区强制推行的方面，通过上列三“敕”可见，当是关于处理命盗案件的刑事法律方面及涉及民族地区安定、团结的法律方面。如岭南“打戾”的解纷方式，就是一种严重危害社会治安、破坏社会秩序、不利于民族团结的具有消极意义的习惯法，因此，国家法律必须猛以济宽，通过立法的形式严加禁断。

第三，民族习惯法资源的合理利用，对于实现民族地区的善治，具有重要意义。在当代处理国家制定法与民族习惯法的关系上，既要汲取传统法律智慧，因时制宜与因地制宜、原则性与灵活性相结合，宽猛相济、辨证施治、区别对待。同时，也要充分发掘和利用民族习惯法资源，为当代民族地区的善治提供本土资源。与中国古代社会相比，在资信比较发达、交通便利、信息畅通的当代社会，通过宣传、教育及其他各种途径逐渐实现在各个领域国家制定法对民族地区的统治，已经具有可能和现实性。从我们对当代许多民族地区习惯法的运行状态的调查来看，民族习惯法的适用空间已经比较狭小，除了上述个别民族地区与国家制定法冲突较严重的习惯法仍然在民间有一定的市场之外，实际上，在绝大多数民族地区，习惯法的适用基本上只限于生产生活领域。如广西瑶族、贵州苗族、侗族的一些生产生活、防灾、护林、防盗习惯法已经转变为现代的乡规民约，通过乡规民约的形式调节基层乡村社会的生产、生活关系。实际上，许多民族地区的习惯法有逐渐消失的危险。而今天正处于社会转型乡村社会矛盾比较突出的时期，乡村社会善治是一个时代的难题，也是一个重要的课题。在乡村传统治理资源日渐消弥、而现代法治资源又难以满足乡村治理需要的情形下，十分有必要挖掘各民族地区习惯法资源，为民族地区社会善治提供本土资源。在这一点上，彝族虎日戒毒就是彝族人民利用家支的力量和民族习惯法对盟誓的忠诚，以实现社会善治的有益尝试。《彝族虎日戒毒：一次传统文化的胜利》[1]记录了毗邻金三角的云南省宁蒗县在80年代以后，一些毒贩利用彝族同胞的家支网络和对家支的忠诚来进行贩毒活动，严重危害当地人民的身体健康和当地社会治安情况下，一些家支头领出于对贩毒、吸毒的憎恨，利用"虎日"这一习惯法仪式，举行戒毒盟誓，利用彝族同胞的家支力量和对盟誓的忠诚来实现戒毒目的的习惯法运行活动。虎日盟誓习惯法的运用，是传统习惯法辅助现代民族地区乡村治理的一次积极尝试，已经被证实对当地民众的戒毒效果显著。由此可见，民族习惯法资源的挖掘和运用得当，也能为民族地区乡村善治的实现发挥十分积极的作用。

总之，唐代在处理国家制定法与民族习惯法的冲突问题上的法律智慧，为我们今天解决少数民族地区存在的与国家法律相冲突的问题，及如何利用

〔1〕 李宗陶："彝族虎日戒毒：一次传统文化论的胜利"，载《新民周刊》2005年2月22日。

少数民族习惯法的积极资源，促进民族地区的善治等方面均提供了许多历史启示和可资借鉴之处，成为我们深入认识传统国家制定法与民族习惯法关系的一个难得的入口，对于我们摆脱在论及国家法与习惯法关系时泛泛而谈冲突与互动关系具有十分重要的参考价值。对于当代立法者与司法者而言，关键的问题并非是只看到民族习惯法与国家制定法的冲突与互动关系的存在，更重要的是如何解决冲突并利用互动，最终实现民族地区的社会善治。

《孟子》仁政思想之于当代法治建设的意义

袁瑜琤*

本文的写作动机在于一个直观的判断：我们当下的法治建设尚有许多方面不能令人满意，甚至是叫人扼腕痛惜。简单地讲，一些在法学课堂上看来俨然已是常识常理性的概念与制度设计，却难以水到渠成地落实到具体的社会日常生活与政治生活中。其中的原因可以分析为很多方面、很多细节，但是，就这个理想的制度设计——法律之治——而言，我们尚缺乏一个更为基础性的存在，这就是切实而普遍的社会认知与认同，以及中流砥柱般的强大推行力量。这肯定也是一个内在的关键性原因。换句话说，我们的整个社会——不论是普通的百姓、还是适当其位的精英阶层——也许生活在一个不免有些涣散不堪的情势中。为了回应这一问题，本文将以《孟子》的“仁政”思想为一个具体的梳理解剖对象，并适当辅以《论语》的内容，以揭示其中的道理所指及其感召力量，以从中寻求对今日的法治建设努力所应当有的文化支撑性意义，促成现代法学的理念与制度设计得以真正落实在我们的文化认同基础上，并进而为我们的法学（法律人）找到再接再厉的出发点。这也正是传统文化所应当给予我们今天的养育意义。本文内容大体分为两部分：一是《孟子》仁政思想解读、现实正当性及其在当代法学语境下“接着讲”（冯友兰先生治史语）的意义；二是孟子对家庭人伦之强调、现实正当性及其在当代法学语境下“接着讲”的意义。

一、《孟子》的仁政思想：一个需要“接着讲”的话题

相比于《论语》所体现的雍容平和的仁者气象，《孟子》一书则更多地

* 作者系烟台大学法学院讲师。

体现了后来者刚烈有为的大丈夫胸襟。这尤其体现在孟子所谓之“仁政”思想，也就是我们都似乎耳熟能详的“民贵君轻”和“唯仁者宜在高位”的思想中。从比较法学的视角来看，它正可以成为现代法学中宪政思想的基础。我们应当就此做一次认真的探讨，而不是敷衍地或者片面地推崇或者指责，以期真正认识这一思想所应当彪炳今世的大意义。

（一）立君为民，民贵君轻

首先，从我们所熟悉的“王顾左右而言他”一章说起：

> 孟子谓齐宣王曰：“王之臣有托其妻子于其友而之楚游者，比其反也，则冻馁其妻子，则如之何?”王曰：“弃之。”曰：“士师不能治士，则如之何?”王曰：“已之。”曰：“四境之内不治，则如之何?”王顾左右而言他。〔1〕

孟子以善辩著称，但正如孟子自言：“予岂好辩哉，予不得已也。”〔2〕观此章，得知孟子确为善辩，他从常识常情入手，导出政治上的大道理。在孟子看来，梁惠王之于四境之民，犹如接受托付的朋友之于别人的老婆孩子，犹如负有管理责任的“士师”之于他所要管理的“士”。〔3〕他们之间是一种基于责任和义务而产生的关系。这样的说理，《孟子》中还有几处，如：

> 孟子之平陆，谓其大夫曰：“子之持戟之士，一日而三失伍，则去之否乎?”曰：“不待三。”“然则子之失伍也亦多矣。凶年饥岁，子之民，老羸转于沟壑，壮者散而之四方者，几千人矣。”曰：“此非距心之所得为也。”曰：“今有受人之牛羊而为之牧之者，则必为之求牧与刍矣。求牧与刍而不得，则反诸其人乎？抑亦立而视其死与?”曰：“此则距心之罪也。”他日，见于王曰：“王之为都者，臣知五人焉。知其罪者，惟孔距心也。”为王诵之。王曰：“此则寡人之罪也。”〔4〕

〔1〕《孟子·梁惠王下》。文中援引《论语》与《孟子》的章句比较多，笔者行文时主要参照了钱穆先生的《论语新解》（生活·读书·新知三联书店2002年版）和杨伯峻先生的《孟子译注》（中华书局2008年版）。

〔2〕《孟子·滕文公下》。

〔3〕《周礼·秋官·士师》：“士师之职，掌国之五禁之法，以左右刑罚。”

〔4〕《孟子·公孙丑下》。

在此，孟子再次用常识常情、用责任与义务的属性而折服了作为地方长官的平陆大夫孔距心，并进一步折服了齐王。黎民百姓，不是齐王的个人私产；而齐王则担负着使黎民百姓安居乐业的责任。在这个严正不阿的道理面前，齐宣王只能以“顾左右而言他”的方式，为自己的尴尬情势找一个回避的台阶。

立君为民，这个关系尤为明白地体现在孟子与门人万章谈论“天子”职守的对话中：

> 万章曰：“尧以天下与舜，有诸?”孟子曰：“否；天子不能以天下与人。”“然则舜有天下也，孰与之?”曰：“天与之。”“天与之，谆谆然命之乎?”曰：“否；天不言，以行与事示之而已矣。”

接下来，孟子进一步给万章解释这个道理说，天下并不属于天子所有，天子也就不能“以天下与人”。而舜之所以得天下，尧有举荐之功，但根本上则是因为天下之人的衷心拥戴。正所谓“天视自我民视，天听自我民听”。[1]

这就是孟子掷地有声“民为贵，社稷次之，君为轻”的民贵君轻说[2]这一民本思想，不仅绝不等同于后世法家所主张的工具主义民本说，而且，即使是用今天我们喜闻乐道的宪政学说来理解，也有其颠扑不破的道理所在。这样的信念，实际上正是我们今天的法律学人所孜孜矻矻寻求的宪政基石。

行文至此，不妨再摘引孟子谈论税赋问题的一段话：

> 白圭曰：“吾欲二十而取一，何如?”孟子曰：“子之道，貉道也。万室之国，一人陶，则可乎?”曰：“不可，器不足用也。”曰：“夫貉，五谷不生，惟黍生之；无城郭、宫室、宗庙、祭祀之礼，无诸侯币帛饔飧，无百官有司，故二十取一而足也。今居中国，去人伦，无君子，如之何其可也？陶以寡，且不可以为国，况无君子乎？……”[3]

这段话，一方面论述了税收的合理（合法）根据与意义，另一方面，认

---

〔1〕《孟子·万章上》。这也正是孟子明告齐宣王，汤放桀、武王伐纣事属诛一独夫而已的最终合法根据。见《孟子·梁惠王下》。

〔2〕《孟子·尽心下》。

〔3〕《孟子·告子下》。

为国中“君子”犹如“陶工”，不过有其一定职责而已。[1]就此，我们将之与西方人在类似的宪政关头所做的论述作一比较。15 世纪的“宪政母国”英格兰最为卓越的宪政理论家福蒂斯丘爵士，在论证“国王为什么可以征税”时有这样一个雄辩论述：

> 这道理是，王国根据正义的需要，必须向国王提供诸般合乎他的地位需要的事宜。因为，如圣托马斯说，“国王乃是为了王国而立，王国并非为了国王而立”。故此，国王的全部作为都要归于他的王国。尽管他的身份是这世俗的世界最高的地位，但它也只是一个职位，他就凭着这职位为他的王国实施防御和正义。故此，关于他自己和他的王国的关系，正如教皇和教会的关系：教皇乃是“神的仆人的仆人”。按此逻辑，就如每一个仆人应当从他服侍的人那里得到他的生计一样，教皇要由教会供养，国王也要由他的王国供养。因为“没有谁当兵自备粮饷”。并且我们的主说：“工人得饮食，是应当的。”那使徒也因此说：“在道理上受教的，当把一切需用的供给施教的人。”有鉴于此，既然每一个王国必须供养它的国王，我们就更加应当如此；我们的国王凭着叫人称赞的法律为我们实施统治，为了我们的利益。[2]

两相比照，福蒂斯丘爵士与孟子的论述何其相似！国王为整个王国服务，故此他应当从人民那里征税。只不过在福蒂斯丘这里，他所援引的最终依据来自《圣经》，来自圣托马斯·阿奎那等神学家和哲学家，因为在他所在的文化语境中，这正是最具权威性的感召力量。当然，时空所限，在孟子和福蒂斯丘爵士的论述之间也还存在着很大的不同。这就是福蒂斯丘爵士强调了“我们的国王凭着叫人称赞的法律为我们实施统治”，而孟子则说不出这样的话来。比较而言，孟子只有一些不能成为制度设计的、不免嫌于笼统的说辞，如：

> 孟子见齐宣王，曰：“为巨室，则必使工师求大木。工师得大

---

〔1〕 这种职业分工的观念，在《孟子》中也有多处表述，而其中最为典型的是孟子在批判“道许行之言”者时，所提出的“劳心者治人，劳力者治于人”的见解，但这个说法在今天有时被曲解为孟子固守偏见的依据，惜乎。见《孟子·滕文公上》。

〔2〕 ［英］约翰·福蒂斯丘：《论英格兰的法律与政制》，袁瑜琤译，北京大学出版社2008 年版，第 135 ~136 页。

> 木，则王喜，以为能胜其任也。匠人斲而小之，则王怒，以为不胜其任矣。夫人幼而学之，壮而欲行之，王曰：‘姑舍女所学而从我。’则何如？今有璞玉于此，虽万镒，必使玉人雕琢之。至于治国家，则曰：‘姑舍女所学而从我。’则何以异于教玉人雕琢玉哉？”[1]

在这里，一方面，孟子指出治理国家乃是一门独到的学问技能，它绝不是可以任意妄为的本事；但是另一方面，他却没有（也不能）拿出一个切实可行的保障方法或者说制度设计来。再如，齐宣王曾经和孟子探讨如何黜陟为臣者，“吾何以识其不才而舍之?”，孟子的回答是：

> 国君进贤，如不得已，将使卑逾尊，疏逾戚，可不慎与？左右皆曰贤，未可也；诸大夫皆曰贤，未可也；国人皆曰贤，然后察之；见贤焉，然后用之。左右皆曰不可，勿听；诸大夫皆曰不可，勿听；国人皆曰不可，然后察之；见不可焉，然后去之。左右皆曰可杀，勿听；诸大夫皆曰可杀，勿听；国人皆曰可杀，然后察之；见可杀焉，然后杀之。故曰，国人杀之也。如此，然后可以为民父母。[2]

虽然看似有一个渐次的步骤，从左右到诸大夫，再到国人，但到底不知如何问询国人，则只能是依赖齐王自己的“然后察之”。同样，当齐宣王征询孟子关于“诸侯多谋伐寡人者，何以待之”的意见时，孟子认识的道理也只是要求宣王不要在征讨燕国后便行私利与暴政，而是要“王速出令，反其旄倪，止其重器，谋于燕众，置君而后去之，则犹可及止也”。[3]至于如何谋于燕众，则不详。故此，“天听自我民听，天视自我民视”就只能是一个悬而未决的，或者说是没有保障的价值理想了。更何况，一个历史的遗憾就是，这一纯粹的民本思想在后来的历史递变中很快就被法家所鼓吹的工具主义民本思想所淹没，并从此再也没有恢复回来——而只有明清之际黄宗羲等士大夫文人所倡导的“天下之法”，实际上可以算是遵照《孟子》仁政思想所做的一次正本清源的努力。露重飞难进，风高响易沉。故此，这也正应当是我们今日的法学界所“接着讲”下去的话题；换句话说，我们今天要做的，正是要在现代法治与宪政理论的指导下，接着做好我们先贤未竟而遗憾的一个伟

---

〔1〕《孟子·梁惠王下》。
〔2〕《孟子·梁惠王下》。
〔3〕《孟子·梁惠王下》。

大事业——毕竟，它已经在深远处感召了我们的历史几千年！

（二）治平天下，舍我其谁

更何况，读先贤的书，它教我们不仅是明白一个朴素而一贯的大道理，而且，它尤其可以砥砺我们的精神意志，敦实我们的情操。这就是"舍我其谁"的大丈夫情操。这在我们今日现实的社会与政治生活行动中，应当有着更为深刻而紧迫的意义。如孟子门人公孙丑曾问孟子：

> "敢问夫子恶乎长？"（孟子）曰："我知言，我善养吾浩然之气。""敢问何谓浩然之气？"曰："难言也。其为气也，至大至刚，以直养而无害，则塞于天地之间……"〔1〕

这就是孟子所谓的浩然之气！它原本可以充塞在大天大地之间。于是而有孟子所称道的"大丈夫"与"天下之大道"：

> 景春曰："公孙衍、张仪岂不诚大丈夫哉？一怒而诸侯惧，安居而天下熄。"孟子曰："是焉得为大丈夫乎！子为学礼乎？丈夫之冠也，父命之；女子之嫁也，母命之，往送之门，戒之曰：'往之女家，必敬必戒，无违夫子。'以顺为正者，妾妇之道也。居天下之广居，立天下之正位，行天下之大道；得志，与民由之；不得志，独行其道。富贵不能淫，贫贱不能移，威武不能屈，此之谓大丈夫。"〔2〕

好言好语，振聋发聩！实际上，《孟子》中处处洋溢着这种凛然不可侮慢的精神，且拿一则具体的故事为例：

> 孟子将朝王，王使人来曰："寡人如就见者也，有寒疾，不可以风。朝，将视朝，不识可使寡人得见乎？"对曰："不幸有疾，不能造朝。"

接下来，面对别人对孟子的不解，孟子坦然论述道：

> 曾子曰："晋楚之富，不可及也；彼以其富，我以吾仁；彼以其爵，我以吾义；吾何慊乎哉？"夫岂不义而曾子言之？是或一道也。

〔1〕《孟子·公孙丑上》。

〔2〕《孟子·滕文公下》。

> 天下有达尊三：爵一，齿一，德一。朝廷莫如爵，乡党莫如齿，辅世长民莫如德。恶得有其一以慢其二哉？故将大有为之君，必有所不召之臣；欲有谋焉，则就之。[1]

齐王托疾而召，自失为君之礼。“彼以其爵，我以吾义。吾何慊乎哉？”我有什么不如你的地方呢？这样的丈夫气概，洋溢在《孟子》的每一处，而这正是我们阅读其中的慷慨乐处。我们须知，苟且的富贵威福，实在无足道也；对我们的民族大业而言，它成事不足，败事有余。我冒昧揣测，或有读者读到这里未必以为然，我甚至担心这里会出现冷嘲热讽的鼻息。那么，我们就姑且引用一回英格兰法律史上著名的爱德华·柯克法官的故事。柯克生于一个贵族家庭，并受教于最为卓越的剑桥大学三一学院，他精通法律并以此名垂史册。他最脍炙人口的一段佳话是他据理顶撞英王的故事：

> 1608 年的某一天，英国国王詹姆斯一世在宫中闲坐无聊，忽然想起……何不去审一桩小民案件，解解闷儿，也顺便体察一下民情。国王一行来到法院，遇到普通诉讼法院首席大法官柯克（Edward Coke）爵士。令国王颇感意外的是，他要审理案件的要求在柯克这儿碰上钉子了。“普天之下，莫非王土，这国家都在朕的统治之下，区区一桩案件，朕竟然无权御驾亲审，这是什么道理？”国王满脸不快，质问柯克大法官。“陛下息怒，容臣禀告。陛下当然是国家的最高首脑，内政大事，外交方略，都由吾王总揽。但是，陛下要亲审案件这事，却是期期不可。”柯克显得很恭顺，但眼神中却透出一份坚定不屈。“哈哈，国王不能审案，这倒是桩新鲜事。我的大法官阁下，你别给朕来这套抽象肯定，具体否定的花样。朕知道，吾国法律以理性为依归。你不让朕审案，显然是认为朕天生愚笨，不及你和你的同僚们有理性喽。”国王语中带刺儿。柯克并不退让，一板一眼地说了一番话：“不错，上帝的确赋予陛下极其丰富的知识和无与伦比的天赋；但是，陛下对于英格兰王国的法律并不精通。法官要处理的案件动辄涉及臣民的生命、继承、动产或不动产，只有自然理性是不可能处理好的，更需要人工理性。法律是一门艺术，在一

〔1〕《孟子·公孙丑下》。

个人能够获得对它的认识之前，需要长期的学习和实践。”〔1〕

据说，这次冲突是英国法律专业化历史上的一座里程碑。但同时，我们需要特别顾及的是，他本人也因为这副脾气而经历了被控诉、被解职、甚至被监禁的遭遇。单就这一点而言，我们应当赞赏柯克没有委曲行那“妾妇之道”。而纵观我们现今所能理解的政治与法律历史，每到历史的紧要关头，我们知道，这样的大丈夫形象从来都是一个民族、一个社会健康存在的中流砥柱。所有的制度设计，都不是凭空便可以运行，这应当是一个浅显易明的道理。就此而言，妾妇之道固不可取，端起碗来吃肉、放下碗骂娘的做法也是一样可憎；我们的现实境况是，我们尚需要切实可行的门径，尽量好地去鼓励、砥砺“行天下之大道”的大丈夫情操。这个问题，或许正是我们今日法治建设途中的一大蔽障！

就上述两个方面说来，我们没有理由不管不顾，或者自说自话地拒绝理解我们的古圣先贤，我们需要文化深处的情感认同，而《孟子》中所建言的仁政思想及其大丈夫情操的感召，更应当是激励我们今日法治建设的源头活水。

二、予岂好辩哉：理论上有待澄清的一些基本问题

宪政与法治语境下的自由与权利概念，在我们的现实生活中理应有其比较具体的生活规范内涵。换言之，自由与权利不是抽象的理论术语，不是平面几何学上的公式语言，而是现实生活的活泼体现。明了了这些价值理念在我们的现实生活——它从没有、也不可能与我们的传统文化完全割裂——中应有的体现内容，将从根本上有助于我们的社会、普通百姓对自由与权利的概念与制度的认同，有助于法治建设事业的实现。正如美国建国时期的政治家亚当斯所言：政治家可以计划并考虑自由，但只有宗教和道德才能确立自由所仰赖的原则。〔2〕这是我们今日法学界所当着力剖析与认真梳理论证的问题。

（一）孝悌也者，其为仁之本欤？

一个社会的健康存在，最根本之处需要人们的彼此关照与相爱。耶稣基

〔1〕 这整段文字抄录自贺卫方：“柯克的故事”，载《南方周末》1998年3月20日。

〔2〕［美］约翰·维特、米尔·A. 尼克尔斯：《宗教与美国的宪法实验》，袁瑜琤译，中国法制出版社2012年版，第68页。

督要求“爱你的邻人，像爱你的神”，佛陀舍身饲虎、割肉贸鸽，都是在宣扬这个道理。就此而言，我们的传统文化大体上是借助“推己及人”的体验与实践，来遵行“爱人”的道理。老吾老以及人之老，幼吾幼以及人之幼；修齐治平；以及“一屋不扫何以扫天下”等表述，意皆在此。就此，孟子面对他的弟子，曾有这番“距杨墨”的言论：

> 予岂好辩哉？予不得已也。天下之生久矣；一治一乱。……圣王不作，诸侯放恣。处士横议，杨朱、墨翟之言盈天下；天下之言，不归杨则归墨。杨氏为我，是无君也；墨氏兼爱，是无父也；无父无君，是禽兽也。……我亦欲正人心，息邪说，距诐行，放淫辞，以承三圣者。岂好辩哉！予不得已也。能言距杨、墨者，圣人之徒也。[1]

在后面的章节中，《孟子》一书再次提到了杨墨：

> 孟子曰：扬子取为我，拔一毛而利天下，不为也。墨子兼爱，摩顶放踵利天下，为之。……所恶执一者，为其贼道也，举一而废百也。[2]

这是颇耐人寻味的地方。孟子何以如此厌恶那个叫杨朱的人，还有那个讲究“兼爱”的墨子呢？现在看来，其实道理很简单。杨朱为我，拔一毛利天下而不为，这种极端的自私之举将使得社会无从存在。这既是一个直觉观察的判断——我们所谓的邻里、友爱、关照等字眼就是我们每一个人衣食起居于其中的氛围；也是一个曾经严肃论证的结果，其中典型的有古希腊、古罗马时代，哲学家们用“美惠三女神”的形象做比喻，说明文明社会的存在与延续基础是人与人之间的友爱和恩惠。友爱不存，社会解体。如此说来，杨朱的说辞从根本上违背一个文明社会的根基，没有了社会，也就自然没有了君主。至于墨子，他的“兼爱”说辞似乎有一些煽情，但在现实的社会环境中也仅是言语上的煽情而已。首先，他实际上是要从根本上打破人们对

---

〔1〕《孟子·滕文公下》。

〔2〕《孟子·尽心上》。就此中对偏执一端的批评，并请参酌《论语》中的一章：“子夏曰：‘虽小道，必有可观者焉，致远恐泥，是以君子不为也。’”（《论语·子张》）钱穆先生的解释是，小道窥于一隙，执于一偏，非谓其无所得，就其所见所执，亦皆有可观。但若退而远之，欲其达于广大悠久之域，则多窒泥而难通，故君子不为。这应当是我们今日的法学辩论与立法实践所着力警惕的问题。

“家”的依赖，离间父子人伦之亲情；其次，为了教人们在没有亲情体验因而也就没有“老吾老以及人之老，幼吾幼以及人之幼”之推己及人的温情体恤中，硬生生地保持一个“兼爱”的心情，他特地杜撰（制造）了一个至高无上并发号施令的“天鬼”（神）的概念。也就是说，墨氏实际上是要创造一个宗教，这个宗教主张兼爱，而疏远亲情。这种革命性的情势与逻辑，颇似两千年以后披发文身的太平军“有衣同穿，有钱同使，无处不均匀，无处不饱暖”的旗帜和说法。那么，在当时的社会氛围中，他的主张被视为邪说淫辞，他也被骂做无父，也就是情理之中的结果了。这是需要读者们设身处地地思考的问题，也是需要真正审慎看待的问题。进一步而言，我们不妨扯到所谓的“黄金法则”上去。现代伦理学领域有一个“黄金法则”（Golden Rule），其表述大意就是“你想叫别人怎样待你，你就怎样待人”（Treat others as you want to be treated）。这是全世界各大文明迄今为止共有的一个最为基本的社会交往法则。它在《论语》中所对应的表述就是“己所不欲，勿施于人”和“己欲立，而立人；己欲达，而达人”。这也就是夫子的“忠恕”之道。用我们最为熟悉的俗言俗语来表述，这就是“将心比心”。那么，什么是这个“心”呢？终归结底，它是我们（一个普通人）对日常人伦生活的理解。就此来说，墨氏的说辞实在超出了当时的人们对真实生活的理解，他被骂做无父的道理也正在于此。

行文至此，我们可以更好地理解孟子的“仁政”思想中，何以如此强调“教之”，如此强调“明人伦”了。既然处在一个“圣王不作，诸侯放恣，处士横议，杨朱、墨翟之言盈天下”的乱象中，他就尤其需要正天下试听。如滕文公问为国，孟子在首先告之以“民事不可缓也”的富民措施之后，接着说：

> 设为庠序学校以教之。庠者，养也；校者，教也；序者，射也。夏曰校，殷曰序，周曰庠；学则三代共之，皆所以明人伦也。人伦明于上，小民亲于下。有王者起，必来取法，是为王者师也。《诗》曰：“周虽旧邦，其命维新。”文王之谓也。子力行之，亦以新子之国！[1]

在孟子看来，或者说在现实的社会生活语境中，基本的家庭人伦，是人

---

〔1〕《孟子·滕文公上》。

之为人的第一要义。这一点尤其值得我们细心体会，即使是站在今天的立场上。我们的文明历史曾经自然而然地演进到“天下为家”[1]的生存状态，在父父子子、君君臣臣的伦理秩序中，也曾经有“世卿世禄”的政治时代。以此为历史根基的孔孟之道，尽管在现实的政治层面上，孔子提出了“举贤才”,[2]孟子更是提出“唯仁者宜在高位”[3]的政治主张，与时俱进，修正“世卿世禄”的历史流弊；但是，在最为核心、最为紧要、最为基础性的家庭伦理秩序领域，他们却坚持以一贯的态度，即“行先王之道”，强调“明人伦”。《孟子》中反反复复提及这一主旨，除前文所援引之外，再如：

> 五亩之宅，树之以桑，五十者可以衣帛矣。鸡豚狗彘之畜，无失其时，七十者可以食肉矣。百亩之田，勿夺其时，数口之家可以无饥矣。谨庠序之教，申之以孝悌之义，斑白者不负戴于道路矣。七十者衣帛食肉，黎民不饥不寒，然而不王者，未之有也。[4]

孟子对人伦的着重强调，尤其体现在事关生活价值冲突与抉择的场合。如《孟子·尽心上》中，有一则直截了当的情景故事：

> 桃应问曰：“舜为天子，皋陶为士，瞽叟杀人，则如之何?”孟子曰：“执之而已矣。”“然则舜不禁与?”曰：“夫舜恶得而禁之?夫有所受之也。”“然则舜如之何?”曰：“舜视弃天下犹弃敝屣也。窃负而逃，遵海滨而处，终身欣然，乐而忘天下。”[5]

在孟子看来，作为天子的舜应当同意皋陶的执法行动，但是，相比于“天下”，父子人伦之亲爱与义务应当拥有更高（乃至于最高）的价值，舜理

---

[1] 《礼记·礼运》:“今大道既隐，天下为家，各亲其亲，各子其子，货力为己，大人世及以为礼。城郭沟池以为固，礼义以为纪；以正君臣，以笃父子，以睦兄弟，以和夫妇，以设制度，以立田里，以贤勇知，以功为己。故谋用是作，而兵由此起。禹汤文武成王周公，由此其选也。此六君子者，未有不谨于礼者也。以著其义，以考其信，著有过，刑仁讲让，示民有常。如有不由此者，在势者去，众以为殃，是谓小康。”

[2] 《论语·子路》。

[3] 《孟子·离娄上》。

[4] 《孟子·梁惠王上》。

[5] 《孟子·尽心上》。此处值得一提的是，《论语》中也有一个类似的表述：“父为子隐，子为父隐，直在其中矣。”(《论语·子路》)

应当窃负而逃，而不顾天下。正所谓，“孝悌也者，其为仁之本欤?”[1]是耶，非耶？这应当是一个与我们今天的法学与立法兴废攸关的问题。[2]

（二）接着讲：从“明人伦”到公民教育

一切历史都是当代史。我们的历史实际上经历了反反复复且多有雷同的失败。重蹈覆辙，这意味着一种政治文化中的根本痼疾。故此，我们或可以沿着孟子“教之”的思路，“接着讲”，再向前多迈出一步。我们就从《论语》中颇耐人寻味的一章说起：子曰：“吾之于人也，谁毁谁誉？如有所誉者，其有所试矣。斯民也，三代之所以直道而行也。”[3]钱穆先生对这一章的解释是：

> 斯民即今世之民，今日之民亦即自古三代之民。三代之直道，即行于当时之民。积三代之久，而知民之所毁誉，莫不有直道，如禹、汤、文、武、周公莫不誉，桀、纣、幽、厉莫不毁。就其毁誉，可以见直道之行于斯民矣。故直道本于人心之大公。人心有大公，故我可以不加毁誉而直道自见。这应当是一个真理，并且意味深长。

这意思说白了，就是我们俗言俗语所说的“老百姓心中有一杆秤”。在最朴素的人伦日用中，一个民族、一个社会自有其深厚蕴含的价值信念，它就是这个民族与社会生活的精神灵魂。它不会因为现实政治形势的暂时扭曲跌宕而断然沦落虚无，就如滔滔江水，青山遮不住，毕竟东流去。这也就是“礼失而求诸野”[4]的道理。同时，这也是《孟子》所谓“仁政”的基础与标准；如果人心压根儿不明事理，还有什么是非善恶可言？还有什么“仁政”、“不仁政”可言？

但是，颇为吊诡的是，在孔子与孟子所面对的那个礼崩乐坏的时代里，最终胜出的却（恰恰）是根本不讲究“仁义”的法家霸道之术。那是一个礼崩乐坏的时代，正所谓，“世衰道微，邪说暴行有作，臣弑其君者有之，子弑

---

〔1〕《论语·学而第一》。

〔2〕当然，我们的法学界就此问题已经做出了颇有见地的研究，如范忠信：“中西法律传统中的‘亲亲相隐’”，载《中国社会科学》1997年第3期；蒋海松、俞荣根：“从亲情伦理立法到亲属权利立法”，载《武汉大学学报（人文科学版）》2009年第6期。此外，苏力先生之“本土资源论”、邓正来先生之“中国法学的理想图景”、陈忠林先生之“常识、常理、常情”说，也都是基于这个问题而发挥。但是，总体而言，我们的法学和立法对这一问题尚缺乏充分的重视与研究成果。

〔3〕《论语·卫灵公》。

〔4〕《汉书·艺文志》。

其父者有之”。[1]在这个历史局面里，深为孟子所痛斥的杨朱、墨翟之言倒还其次，真正具有“明确而现实的危险”的却是商鞅以及稍后的韩非者流所倡导的说辞，他们根本不相信人有“仁义”，而仅仅把百姓当做一个趋利避害、好逸恶劳、贪赏畏罚的动物性工具。并且，法家的主张收获了实实在在、立竿见影的成效，《韩非子·初见秦》有记载说：

> 今秦出号令而行赏罚，有功无功相事也。出其父母怀衽之中，生未尝见寇耳；闻战，顿足徒裼，犯白刃，蹈炉炭，断死于前者皆是也。

秦人刚脱离父母之怀的小孩子，一听说打仗作战，都会跺着脚赤膊上阵，只为求赏！信奉商韩的秦国君主赢得了最后的胜利，人心中的公道似乎荡然无存，或者说遭遇了痛苦的失败，我们的历史朝着极左的方向急驰而去，礼乐彻底崩坏。在这个自暴自弃的过程中，“人心之大公”荡然无存，人心变得实在颟顸。个中情由，叫人扼腕痛惜。就此，我们有必要重新梳理一下我们的古圣先贤的问题认识及其救世主张。简单地说，这就是孔子对“人而不仁如礼何！人而不仁如乐何！”[2]的痛惜之声；在孔子看来，礼乐制度的崩坏，从根本上讲是因为人们内心缺失了“仁”的精神实质。而所谓“仁”，所谓“仁者爱人”，又可以简单化地理解为夫子之道“一以贯之”的“忠恕”[3]二字。钱穆先生在此的解释是：尽己之心以待人谓之忠，推己之心以及人谓之恕。这样说来，“忠恕”也就是前文刚刚提到的现代政治哲学与伦理学领域所谓的“黄金法则”（Golden Rule）：你想叫别人怎样待你，你就怎样待人。依这个简单的解释与逻辑来看，我们历史上的礼崩乐坏，根本问题在于这个最为简单也最为根本的“黄金法则”——在那个特定的历史契机或者环境下——出现了危机，甚至彻底的颠覆。[4]这也正是孟子借先师之口所深责的

---

〔1〕《孟子·滕文公下》。

〔2〕《论语·八佾》。

〔3〕《论语·里仁》。

〔4〕就此，本文想以脚注的形式进一步清晰地揭示出这个被“颠倒了的”黄金法则的形式——一个叫人难以启齿的表现形式：这就是“你可怜他，谁可怜你呢”（电影《盲井》里面的主人公的口头禅）。这个颠倒了法则还有许多的其他表述方式，如“好汉不吃眼前亏”、“逮着蛤蟆攥出尿来”、“吃得苦中苦方为人上人”、“先下手为强，后下手遭殃”、“量小非君子，无毒不丈夫”等。说白了，就是成王败寇的法家学说的逻辑，就是今日学界所谓的丛林法则。这些不说也罢。

"始作俑者其无后乎"的所指。[1]

那么依这个逻辑再进一步，那些跟随了秦国君主的赏罚号令而一步步打败天下的人们，正是在那个特殊的环境下丧失了"仁义"之心，丧失了"公道"，而被简单的"贪赏畏罚"之心驱使着的人们。说到这里，重新看前文"斯民也，三代之所以直道而行也"的说法，那又何尝不是夫子对当时百姓最为温和、最为委婉地责备呢？可怜之人，必有可恶之处。实际上，孔子门人当时即有堪称确当的认识：上失其道，民散久矣。[2]这应当是我们今天的法治建设事业要考虑的问题，我们也许可以斗胆断言，为了使《孟子》仁政思想中所一再强调的"教之"、"明人伦"真正切实地落实到具体的社会政治生活中，还应当教导他们学习一种真正为自己的福祉负责、颇为远见的审慎，克服涣散，真正把"忠恕"之道落在实地，这就是，我们应当再向前迈出一步：我们尚需要最基本的公民文化教育。[3]

---

〔1〕《孟子·梁惠王上》。

〔2〕《论语·子张》。

〔3〕就此，许多学者已经明确就公民伦理问题进行了专门的研究与呼吁，如我国台湾学者韦政通所著《伦理思想的突破》即提出"第六伦"之公民伦理的概念来；并且实际上，我国台湾地区也进行了卓有成效的公民教育实践。但是，总体而言，我们今日的法学领域对此问题的关注尚嫌不足，这在一定程度上导致了我们的法学与立法的空疏气质。

从亲属容隐到伦理豁免：伦理法律两难困境解决的制度演进

张国钧*

若有人在家外对他人和社会国家涉嫌违法犯罪，其亲属（以下简称“该亲属”）知情且有能力举证，其举证义务单在法律上似确凿无疑，但在伦理尤其是实体态伦理[1]上究竟有没有该义务？若有，是相对的还是绝对的，换言

* 作者系中国政法大学商学院教授。

〔1〕 伦理，植根于社会历史条件，在中国从先秦一脉千年，和在西方从希腊希伯来演变而来相比，内涵、外延都迥然不同；在中华学统中，本义向来是由特殊社会关系，一如“天伦”、“人伦”、“伦常”、“彝伦”等范畴所蕴涵，正好比“从自己推出去的和自己发生关系的那一群人里所发生的一轮轮波纹的差序”（费孝通：《乡土中国》，三联书店1985年版，第27页），是“有宗教意味”的“正常永久的关系”（贺麟：“五伦观念的新检讨”，载贺麟：《文化与人生》，商务印书馆1988年版，第60页、第53页）。其是“伦理→道德→法律”范式，迥异于西方从希腊希伯来演生的黑格尔式“法律→道德→伦理”范式。百年来，伦理除仍被认为是特殊社会关系（如宋希仁：“论伦理关系”，载《中国人民大学学报》2000年第3期；焦国成：“试论社会伦理关系的特质”，载《哲学研究》2009年第7期）外，或混同于道德，或理解为黑格尔式“伦理实体”。这个根本性变化如何发生的，本文暂略，只能认同和赓续“关系”说，从“关系”、“秩序”意义上使用“伦理”范畴。申言之，伦理若不是关系，那么，社会关系中不能“化简”为其他任何关系的那一类特殊关系，应用什么范畴指代？当然，事实上，20世纪后半叶以来，“伦理”被代之以“道德关系”或类似范畴。但，就赓续中华传统（包括中华学统）契合该特殊关系的特点、符合汉语特点等方面而言，“伦理”和“道德关系”等类似范畴，哪个更好？伦理在形态上分实体态伦理和渗透态伦理。实体态伦理主要是基于姻缘—血缘的家庭（族）伦理，一定程度上包括基于情缘的友情伦理（这一点因时、因地而异：传统社会或相对稳定环境里，人际关系稳定、外显，彼此间是否朋友乃至世交，众人皆知，绝大多数情况下几乎无需证明，要证明很容易，是否保护也容易，唐律即明确规定保护“世交故旧”，如《唐律疏议》规定“素是通家，或钦风若旧，车马不吝，缟纻相贻之类者”（《唐律疏议》卷十一《职制》，刘俊文点校，中华书局1983年版，第229页），即若是朋友甚至世交馈赠，不是行贿受贿。现当代社会，人际关系速动、多变、内隐，他人不了解彼此是否朋友，界定难、证明难、保护难，法律上多不承认，也不保护。虽属无奈，但若会通伦理和法律关系乃至社会关系，并非无瑕，因伦理和法律关系的形态、标志、边界均明确，局外人可明辨，而须尊重、维护，未经特定伦理主体许可，即便客观上须介入、

之，能否豁免？若能，是什么原因？又可豁免到什么程度？在此刑事关系中，伦理和法律关系陷入两难。为圆满解答、彻底解决这类两难，中华伦理法的回答是：亲属容隐。从孔子主张“子为父隐，父为子隐，直在其中”，〔1〕经汉律明文规定“亲亲得相首匿”，〔2〕到唐律系统确立“同居相为隐”〔3〕制度并因革至今（指在我国台湾地区，该制度近几十年在大陆地区中断），亲属容隐由智慧、思想而实践、制度，千年一脉。

伦理和法律关系间两难，凸显在亲属容隐所涉及关系中，普遍表现在有关民商事关系、行政关系中（详见第三节第二目“伦理豁免适用范围更广”），客观上须有相关制度予以圆满解答，彻底解决。为此，除了亲属容隐，中华伦理法进一步发育出“清官不断家务事”、对平民豁免法律义务甚至“存留养亲”〔4〕、“存留承祀”〔5〕、“官员丁忧”〔6〕、“原心论罪”、适度豁免私力复仇等有关制度。这些制度因同质、同位，而发育为同类—同位因，并逐渐扩展、深化、提升，发育出上位制度——伦理豁免：特殊情况下，特定义务主体在其伦理中，须同时、同地既敦睦伦理，又维护法律关系，但限于行为能力，只能或者敦睦伦理而搁置法律关系，或者维护法律关系，却听任破坏伦理。两难中，经利益比较、价值权衡，有关各方权利义务经权变而分化和转移：特定义务主体在法律上固然须立即履行法定的义务、责任甚至罚责，但硬性履行则势必危及伦理，此时则依法规定，不论在刑事关系、行政关系，还是民商事关系中，都可或者推迟而暂不履行而由本人随后履行，或者部分减

主观上欲介入，也不得随意介入，胜如私人城堡，“国王也不能不请自入”（［美］约翰·J. 博西格诺等：《法律之门》，邓子滨译，华夏出版社2002年版，第720页），特殊情况下甚至绝对不得介入；其本身就是内容、目的，很少甚至几无功利。渗透态伦理则为各种功利目的而交往，交易中须基于彼此礼遇、信任、尊重而生，其形态、标志、边界均模糊而开放，一般可依法自由出入，其中充满功利。本文所指伦理，若没特别强调，则指实体态伦理。

〔1〕“论语·子路”，载阮元校刻：《十三经注疏》，中华书局1980年版，第2507页。

〔2〕“公羊传·闵公元年”，载阮元校刻：《十三经注疏》，中华书局1980年版，第2243页。

〔3〕《唐律疏议·名例》，刘俊文点校，中华书局1983年版，第130页。

〔4〕存留养亲，是指独子犯死罪，其父母、祖父母70岁以上，无人赡养，判死刑者，先在家守丧服孝，期满后，接受死刑；判流放者，受罚后留家赡养老人，养老送终后再接受流刑。这制度从北魏孝文帝十二年诏令创制，由唐律进一步制度化，延续到清末。

〔5〕存留承祀，是指独子犯死罪的，父母、祖父母已亡，但平素孝顺，则经必要处罚后，甚至可终身在家供奉父母灵位，延续祖宗香火。

〔6〕丁忧，原指父母、祖父母逝世，汉代后多指官员遇父母、祖父母逝世，离职回原籍服丧守孝3年，期间不做官、不嫁娶、不赴宴、不应考。3年期满复原职，为起复；若政务亟需，不允官员回原籍服丧守孝，以素服办公，为夺情，即夺孝亲之情；或3年未满，应急复职，为起复。

轻甚至全部豁免，转由其他主体和公权力履行，从而确保特定义务主体享有特殊优先权，直接全身心优先敦睦伦理，既保障伦理的圆满和绵延，又保证须履行的法律义务同样得到履行，从而从本根上切实有效地维护法律关系，捍卫法律尊严。由此从悉心敦睦伦理入手，妙解伦理和法律关系间的两难，而两全，并从本根维护公序良俗美德，而达至多全。

亲属容隐乃至伦理豁免是历史范畴，从先秦儒家本乎伦理、出于人性、善待人情，系统性地解答伦理、法律关系间的两难，从而结晶出思想智慧，到汉代至清末从制度化实践中演化因革，纵贯国史，千年一脉，底蕴厚、意义深、生命力长。亲属容隐乃至伦理豁免更是现实范畴——横通法治国家期待可能性理论、刑法谦抑性理论和作证豁免权〔1〕等制度，生命力持久而普适，对圆满解答、彻底解决当今频发的伦理和法律关系间两难，进而解决与此两难有关甚至由此两难引发的伦理危机乃至社会失序、道德失范等严重问题，仍是宝贵的智慧和有效制度。惟其如此，亲属容隐虽百年来屡遭否定，被视为假问题甚至“历史垃圾”而急欲消灭，但20世纪80年代后期尤其是2000年以来，随着社会变迁，应法治建设之需，终争鸣重开，成果日多，〔2〕探索渐深。与此同时，关于亲属容隐的上述研究尚显薄弱、零散，没和亲属容隐研究互补互动，没归纳为同类—同位因，没提升出上位问题和范畴；伦理豁免研究更薄弱，更没作为上位制度以统摄亲属容隐及其同类—同位因。

本文吸收有关研究成果，基于亲属容隐等同类—同位因及其个性和共性，循其扩展、深化、提升，求同、别异、明位序，来探讨亲属容隐及其同类—同位因如何蕴涵着、发育为伦理豁免这个上位制度及其生命力和成长性，进而从制度化演进角度探讨伦埋豁免如何对伦理和法律关系间的两难寻求圆满解答、彻底解决，并维护公序良俗美德，而达两全甚至多全，进而从中揭示伦理豁免对亲属容隐及其同类—同位因的优势，比如概括性、适用性，从而使解释力、报答力更强等。这在理论上，有利于拓展和深化亲属容隐研究，培育理论生长点，促进中国伦理史和法史学、伦理学和法理学研究，复兴中华学统；在实践

---

〔1〕又称“证人免证权”、“证人拒证权”、“证人特权”、“亲属作证义务豁免”、“证言特免权”、“作证豁免”，包括亲属拒证权、职业拒证权。

〔2〕参见范忠信：“亲亲相为隐：中外法律的共同传统——兼论其根源及其与法治的关系”，载《比较法研究》1997年第2期；“中西法律传统中的‘亲亲相隐’”，载《中国社会科学》1997年第3期；“中国亲属容隐制度的历程、规律及启示”，载《政法论坛》1997年第4期。郭齐勇主编：《儒家伦理争鸣集——以“亲亲互隐”为中心》，湖北教育出版社2004年版；邓晓芒：《儒家伦理新批判》，重庆大学出版社2010年版。

中，有利于本乎伦理，从本根优先悉心敦睦伦理，同时实质性维护法律关系，从而调谐伦理和法律关系间的关系，根治家庭式微、伦理失序等严重社会问题，化解伦理危机，维护公序良俗美德，从中培育法治因子，探索法治中国化之路。

一、亲属容隐及其有关制度

亲属容隐凸显的问题是：有人若在家外对他人和社会国家涉嫌侵权违法犯罪，该亲属若知情且有举证能力，依伦理、人性、人之常情，自会悉心保护亲人（哪怕有违法犯罪嫌疑），但却会破坏法律关系，面临法律制裁；依法，则须举证亲人，但却破坏伦理，自放于伦理之外。当此之际，该亲属究竟该呵护亲人、敦睦伦理而违背法律，还是该举证有关违法犯罪事实、维护法律关系，而出卖亲人、破坏伦理？于是，伦理和法律关系及其有关方面都彼此交集，使该亲属陷入两难，并牵累有关各方甚至社会国家都困于这一类两难。

为决此两难，权衡利弊，亲属容隐应运而生：违法犯罪嫌疑人无疑须依法追究；该亲属则经审慎权衡，其举证义务被依法豁免，而交由其他主体和公权力履行；亲属不举证的，并没刑事责任，免受处罚，享有和行使特殊优先权，包括一定程度上有藏匿、保护、惩戒等特殊权利，从而全身心地呵护亲人，悉心敦睦伦理，同时，由他人和公权力直接维护法律关系，而从本根上维护法律关系，由此可圆满解答、彻底解决伦理和法律关系间的两难。社会生活中，由于伦理的永恒性、普遍性，由于伦理和法律关系的交集及其普遍性，伦理和法律关系间的两难，除了因能否亲属容隐而凸显在刑事关系中外，还可能因其他有关问题而凸显在民商事关系、行政关系中，这些都须圆满解答、彻底解决。为此，中华伦理法最晚从汉代起，和亲属容隐一起，逐渐演进出一批类似制度：

第一，“清官不断家务事”。亲属间（有时会波及乡邻间）若生琐细的伦理诉讼及其有关财产诉讼，官府官员一般不查清是非曲直，更不追究责任，而尽可能促其和解。宋以后，亲属间财产争讼渐多，官员常不问所争财产究竟归谁，更不论如何归还，而只循循善诱，让为区区财产起讼的亲属互唤对方，甚至关起来促其反省。其结果是，原先争财起讼你死我活的亲属竟潸然泪下自愿息讼。对此，若单从法律关系看，有侵犯当事人权利之弊；但会通伦理和法律关系看，则公权力植根于伦理及其特质，尊重伦理自治，在伦理外适度止步，以悉心敦睦伦理，保证伦理的圆满和绵延，“阴讼息，所以广继嗣”。[1] 基于此，调谐特

〔1〕“左传·成公八年”，孔颖达疏，载阮元校刻：《十三经注疏》，中华书局1980年版，第1904页。

殊情况下伦理和法律关系间的关系，弥补其忽略个人权利等缺陷，有一定合理性。

尤其是，伦理共生互渗互动而高度一体化，“家宅乃个人最安全的避难及隐私之处所”。[1]同一伦理中成员彼此分享、共享特殊而亲密的亲情、爱情、友情，不仅亲子和兄弟姐妹因同一血缘而“荣耻相及”，[2]而且夫妻以姻缘而长期共同生活、彼此内在、高度信任而一体化；分享、共享稀缺的信息、资源、机会及其利益，彼此一体。对特定伦理外，亲情、爱情、友情则私密、不公开；信息、资源、机会及其利益也不分享不共享。同一伦理中，任何人若损害对方，则势必损害整个伦理，包括每个成员，加害人也不能幸免。伦理若内讧，法律及其救济、矫正、调谐虽不可或缺，但一般只宜从外部提供制度化保障，不能轻易进入，甚至“国王也不能不请自入”，[3]当且仅当该内讧特急特险、危及伦理，该伦理自身又无法无力解决时，才有权从伦理外调节甚至干预，以防止酿成伦理问题甚至社会问题。但此调节或干预只是手段，只为敦睦伦理，只为保障伦理的圆满绵延，而非目的。即便公权力因特殊公务甚至紧急公务为维护他人利益、公共安全而不得不进，仍或者须伦理主体许可，或者须坚守尊重伦理及其私密的底线，不得强行进入。[4]否则，势必危及伦理，“使得每个家庭都惊惶沮丧”，甚至危及社会生活，“把同情性纽带扯得粉碎，并将一切社会性动机连根拔除”。[5]因此，“清官不断家务事”，是公权力植根于伦理及其特质，而妥为调谐伦理在特殊情况下和法律关系的交集，悉心敦睦伦理。这在传统中国义大义深，在当今社会仍有合法性与合理性。

第二，对平民豁免法律义务。若祖父母、父母年老病重，无成年子孙侍养，又无近亲，则其对国家的法定义务可推迟甚至减免，以保证全身心尽孝；若祖父母、父母逝世，则被豁免赋税徭役等法定义务，“使得收敛送终，尽其子道”，“导民以孝，则天下顺”。[6]如此豁免法定义务，旨在全力排除妨碍人

---

〔1〕 郑玉波：《法谚》，法律出版社2007年版，第160页。

〔2〕 班固：“白虎通德论”卷五“谏诤”，载陈立：《白虎通疏证》，中华书局1994年版，第234页、第241页。

〔3〕 [美] 约翰·J. 博西格诺等：《法律之门》，邓子滨译，华夏出版社2002年版，第720页。

〔4〕 电视剧《黑冰》中，毒枭郭小鹏走投无路，回家诀别母亲，行前为母亲洗脚；门外，警察荷枪实弹候捕，却不进门，“不当着母亲的面抓走她儿子”，等郭为母洗完脚一出门，立捕。2002年8月18日，延安“夫妻看黄碟”案之所以发生，之所以荒谬，之所以损害当事人，根源于破此边界。张奕姿：“‘夫妻看黄碟’风波全记录”，载《北京青报》2003年1月3日。

〔5〕 [英] 边沁：《道德与立法原理导论》，时殷弘译，商务印书馆2000年版，第357页。

〔6〕 《汉书》卷八《宣帝纪》，中华书局1962年版，第250～251页。

们尽孝、悉心敦睦伦理的政治法律因素，尽可能保障人们先悉心尽孝、尽可能保证伦理圆满和绵延，再全力尽忠、顾全政治法律关系。由此演化，若死刑犯是独子且孝，若死刑，则中断其伦理，断绝其香烟，则发育出存留养亲、存留承祀制度。如此不惜最大代价，以保障伦理绵延，在传统中国是基于伦理本体甚至伦理本位，[1]在当今社会也有普适性。[2]

第三，官员丁忧。官员在任上，若其父母祖父母逝世，则被豁免公务，离职回原籍奔丧，全身心服孝三年；期满后复职，全力为国尽忠。其间若有侵权违法犯罪，所须承担的罚责也有豁免或推迟：因公者，豁免应受的追究和惩罚；因私者，则暂缓追究，听其奔丧、守孝，三年期满后再根究。如此，皆旨在保证官员在祖父母、父母逝世后三年内全身心守丧尽孝，悉心敦睦伦理。为此，还从奔丧服孝期前推：若祖父母、父母年老病重，身边也没成年子孙侍养，身为子孙如继续为国尽忠，则不能为至亲尽孝，损害祖孙—亲子伦理，于是为国尽忠的政治法律义务被推迟甚至豁免，即现任官员可离职，居家侍亲。新任官员对上司任命，可“辞不赴命”；对皇帝诏令，可“辞不就职”。[3]此情境中，官员因暂离公职、回归伦理，从伦理枝分叶布、无限绵展中，悉心体味伦理之亲，回味尊亲的哺育和教诲；基于伦理，深切体认家—国之通、孝—忠之通，省检自己于公于私的作为，敦品励行，养精蓄锐，守孝期满后倍加尽忠于国家天下。由此悉心敦睦伦理，因伦理乃一维、不能重复、不可再生的，对特定主体更是独一无二、生死攸关的。[4]在现代社会，丁忧作为制度，一方面，因社会高度整合、专业化分工、科层制、效率追求

---

〔1〕 本体，和现象相对，是生成各种现象的本元，是天生的；本位，是特定现象被人为制定出来衡量其他现象的标准，但事实上、逻辑上并不比其他现象更根本，是人为的，如金本位、权利本位或义务本位、官本位。伦理本体，和人共生共存，是社会的、永恒的，在传统中国渗透在一切社会领域；近现代以来，则从正式制度上逐渐退出国家政治生活，但仍是社会本体。伦理本位，是国家政治的特殊形式和特定阶段，和家天下共生共存，是暂时的，在传统中国有其合理性，有较强的生命力，近现代以来则逐渐消除。现代社会须防止伦理本位，也须防止因退出伦理本位而失守伦理本体。

〔2〕 如美国故事片《拯救大兵瑞恩》（Saving Private Ryan）描写的，二战胜利前夕诺曼底战役中，士兵瑞恩在前线生命危急，且他两位哥哥已阵亡，美军最高统帅部不惜代价，派8位优秀官兵冒生命危险越过重重火线深入敌后拯救瑞恩，尽最大努力保证瑞恩安全，挽救其濒临断绝的伦理，减轻其年迈母亲晚年丧子之苦，旨在悉心敦睦伦理而免遭损害。军情如此危急，代价如此巨大，却如此悉心敦睦伦理，盖由于伦理及其最低程度的圆满绵延，是基本价值甚至终极价值。

〔3〕《晋书·孝友》，中华书局1974年版，第2275页。

〔4〕 正如李密（224～287年）本根至性而陈情：“臣无祖母，无以至今日；祖母无臣，无以终余年。母孙二人，更相为命，是以区区不能废远。臣密今年四十有四，祖母刘今年九十有六，是臣尽节于陛下之日长，报养刘之日短。”（《晋书·孝友》，中华书局1974年版，第2275页）

等背景而生命力衰减。另一方面，其悉心敦睦伦理之旨至深至微，仍值得珍视；其基于伦理本体而抗衡公权力甚至皇权，而绝非“巩固君主专制统治”,〔1〕所涵法治因子更值得发扬光大（详见第四节）。

第四，“原心论罪”。特殊情况下，子孙意在保护尊亲，却因无意或过失而不幸误伤甚至误杀尊亲，则不宜简单依律判为杀人罪，当然也不能简单判为无罪，而须依动机善恶，兼顾误伤误杀尊亲的恶果，以及受害人的实情等方面，慎重权衡，该豁免或惩罚，以及豁免或惩罚到什么程度：若动机虽善却无意或过失而误伤误杀尊亲，则从轻甚至豁免；反之则从严加重处罚。典型案件是，尊亲被人殴打，子孙赶去援救心切，无意或过失中竟误伤甚至误杀尊亲。这一类案例主观上确有悉心保护尊亲、敦睦伦理的善良动机在前，客观上却误伤误杀尊亲在后，一般倾向于从轻处罚甚至适度豁免。顺此推理，对先是客观上伤人杀人、后主观上才有善良动机的行为，也适度豁免，甚至可根据子女孝心，适度减免父母须受的刑罚。相反，若动机恶劣、故意破坏伦理，哪怕过失犯罪，也都倾向于从严从重甚至加重处罚。凡此种种，对同样性质的严重犯罪，应悉心甄别主观上无意或者过失、客观上带来的恶果，和主观上恶性极深、客观上危害极大，区别对待，旨在兼顾既依法惩罚犯罪，又悉心敦睦伦理：依法保护和补偿受害人，也依善良动机依法适度保护那些本心在孝亲、敦睦伦理，无意或过失而误伤误杀尊亲、损害第三人的加害人。其中，法律在保护各方权益中，适当考虑、兼顾违法犯罪中的动机善恶，悉心敦睦伦理，精心保护和培育美德，有深刻合理性。〔2〕

第五，适度豁免私力复仇。权利遭侵害，甚至亲人被害，凶手长期逍遥

---

〔1〕“亲亲相隐”，载《中国大百科全书·法学》，中国大百科全书出版社1984年版，第475页。

〔2〕法律若强制人们遵守道德，实则败坏道德；在惩治违法犯罪中酌情考虑犯罪人的动机善恶，而依法适度区别对待，如此“奖励美德”，促进道德昌明，表明“法律的优良”（［意］贝卡里亚：《论犯罪与刑罚》，黄风译，中国大百科全书出版社1993年版，第108页、第36页），才是防止犯罪的有力措施，就如同科学奖励促进科学技术繁荣。因此西方法谚说：不要枪毙说真话的人。若有人鉴于战争严重破坏经济，甚至摧毁伦理和社会秩序，而基于宗教信仰或道德信念，抑或出于良心，坚决反对罪恶战争甚至所有战争，拒服兵役，则其服兵役义务应被豁免（参见［英］A. J. M. 米尔恩：《人的权利与人的多样性——人权哲学》，夏勇、张志铭译，中国大百科全书出版社1995年版，第118页、第123页；［美］罗纳德·德沃金：《认真对待权利》，信春鹰、吴玉章译，中国大百科全书出版社1998年版，第264页；［美］伯尔曼：《法律与宗教》，梁治平译，中国政法大学出版社2003年版，第128页），“信仰冲突的法律在良心上没有约束力”。“法院在审判那些因为真诚地相信法律有悖良心而违背法律的人的时候，应该考虑他的信念，把它看成是减轻而不是加重情节的因素，以此表明对一个有两千多年历史的遗产的尊重”。（［美］伯尔曼：《法律和宗教》，中国政法大学出版社2003年版，第43页、第67页；［美］罗纳德·德沃金：《认真对待权利》，信春鹰、吴玉章译，中国大百科全书出版社1998年版，第8页）。

法外，公权力却未及时救济甚至不救济，被害人子弟遂私力复仇，杀死仇人。对这一类杀人行为，为维护社会秩序，不能不予以必要惩罚；同时对孝子、烈女、侠客、义士常网开一面，减罪甚至特赦。这在古代，形式上固然“曲法”甚至违反国家成文法、侵犯国家刑罚专属权，实则既悉心敦睦伦理、醇厚风气、保护善性，又有替天行道、惩罚罪犯，从伦理本体中实现法律目的之义，有一定合理性甚至正义性；在现代，其随着法制的健全而渐失土壤，但其在要求公权力长期缺位后实施事后弥补，强调公权力惩治、防止犯罪之责，尤其是公权力该救济而不及时救济甚至不救济时，则仍有制约公权力、反映正义诉求等积极意义，不能忽略。

亲属容隐和上述有关制度表明，它们在性质、位序上彼此相通甚至相同，是同类—同位因。

二、亲属容隐和上述有关制度是同类—同位因

亲属容隐和上述有关制度，在性质上蕴涵着共同的智慧、制度，是同类因。

第一，其情境，都是特定伦理中，人们因伦理、法律关系交集，而陷入伦理和法律关系间两难。伦理和法律关系常态是共存共荣，但特殊情况下却交集而陷入两难：对特定主体，一方面，陷入伦理困境甚至危境时，须立即履行伦理义务，才有可能保护进而保全伦理；另一方面，其有关法律关系陷入困境时，须立即全力履行法律义务，方可维护法律关系，从而面对公权力强制。但无论怎样选择，都陷入两难，进退维谷，左右失据。不仅如此，因伦理、法律关系同是社会基本关系，任何个人在伦理和法律关系间陷入两难甚至危境时，社会国家也势必陷入两难，而亟须圆满解答、彻底解决。亲属容隐及其有关制度恰恰致力于圆满解答、彻底解决这一类两难。

第二，其方法，都避免两极对立，解两难、求两全甚至多全。特定义务主体的法律义务中，若有被迫履行而势必危及伦理的，则被适度豁免，不再有责任和服从义务，而享有履行伦理义务、敦睦伦理的特殊优先权；其他主体和公权力机关为维护法律关系，转而履行本该由特定义务主体履行但为敦睦伦理而被豁免的法律义务，却失去相应权力和权利能力，无权、无力要求特定主体履行其法律义务，而转生敦睦伦理的义务；特定主体则行使特殊优先权，悉心敦睦伦理，保证其圆满绵延后，再全力履行法律义务、维护法律关系。从而尽可能地顾全伦理和法律关系，乃至顾全公序良俗美德。

第三，其目的和结果，都圆满解答、彻底解决伦理和法律关系间的两难，

从而既优先敦睦伦理，又从本根上维护法律关系乃至公序良俗美德，谋求并达到两全甚至多全。面对究竟该履行伦理义务以悉心敦睦伦理，还是该履行法律义务以维护法律关系这一类两难，在刑事关系的特殊甚至紧急情况下，在行政关系的不对等关系中，在民商事关系的普遍公平中，凡伦理和法律关系陷入两难之际，都经深谋远虑、审慎权衡，豁免特定主体的法律义务，特殊情况下甚至豁免或推迟因违法犯罪而必担的罚责，以保障特定主体行使特殊优先权，消极地脱离伦理困境甚至危境，积极地全身心履行伦理义务、悉心敦睦伦理；先消极地不违反法律义务、不破坏法律关系，然后积极地全力履行法律义务，维护和保全法律关系。

亲属容隐及其有关制度因上述性质相同，是同类因；同时，因处于同一位序，是同位因：

第一，伦理和法律关系若陷入两难，则哪个更重要、更有价值？对此，若各执一端，则公说公有理，婆说婆有理，殊难判断。因为，伦理和法律关系同是社会关系子系统，缺一不可，尽管在不同社会历史条件中，两者会消长和变化。从伦理乃至社会立场看，伦理自比法律关系重要；法律关系绝不能削弱伦理；从法律或国家立场看，法律关系则比伦理重要，不允许伦理对法律关系有任何干扰，不允许伦理亲情对法律有任何干扰。这两种视角似各有各理，不能说全错，毕竟伦理和法律关系各有其地位和作用，缺一不可。若这样看去，对伦理和法律关系间的两难，不论怎样解答，不外乎两类：

（1）不顾伦理已陷入危境，却囿于法律关系而强求维护，那势必损害甚至牺牲伦理。那么，伦理能不能牺牲？从伦理乃至从整个社会生活看，绝对不能，毫无疑义；从法律看，靠公权力意志及其强制，似有可能。但问题在于，这种可能，当伦理和法律关系间陷入两难而须化解或原本可化解的情况下，有无必要和意义？即便不无必要和意义，恶果却更大——既破坏伦理又损害法律关系，更从社会的结构和功能、个人的良知和行为等方面都埋下结构性、根本性、长期性祸根。类似恶果必须避免；此解断不可取。

（2）本乎伦理，忽略法律关系及其已遭破坏，而悉心敦睦伦理，却危及法律关系，忽略对他人和国家社会的法律义务，甚至不得不在一定程度上默认犯罪。那么，承担如此代价，究竟为什么目的？认真比较如此惨重代价和欲达到的目的或所得效益，其得失利弊究竟如何？究竟有什么合法性和合理性？

若超越各种片面性，会通伦理和法律关系，则伦理，从本质上“对法律来说是无能为力的关系”。[1]植根于伦理，“每个人都负有尊重其他任何人的义务，每个人都有权要求任何其他人尊重自己，这种相互尊重关系是‘法律上的基础关系’。它是人们在某个法律共同体中共同生活的基础，也是每一项具体的法律关系的基础”。[2]伦理，是法律关系之本，甚至是一切社会关系、制度、价值之本；法律关系乃至其他一切关系、制度、价值均基于伦理而生，最终服务于伦理。本根上，亲情一旦疏离，则伦理失序；伦理若失序，则将从本体上酝酿和引发社会危机。因此，伦理优先。基于此，亲属容隐及其有关制度作为同类因都基于伦理本体，优先悉心敦睦伦理；在此前提下，从本根上维护法律关系，而在同一位序。

第二，伦理和法律关系间的两难，针对特定义务主体和社会国家，其解法不同。

（1）对特定义务主体，如果两种义务同时逼临，那么，客观上，须同时履行；主观上，限于自然意义的时间、精力而不可能分身，限于法律上的行为能力而只能先履行一种义务，后履行另一种义务。但不论先履行哪种义务，另一种义务主观上都无法履行，客观上被违反，其所调谐的社会关系（或者是伦理，或者是法律关系，甚至两败俱伤同归于尽）已被破坏。当此之际，伦理义务和法律义务哪个优先？特定义务主体该何去何从？

一般来说，共时态、同位阶上有两个作为义务的，特定义务主体若选择履行任一作为义务，不履行另一作为义务，并不违法。共时态、不同位阶上有两个作为义务的，行为人若履行高位阶义务而不履行低位阶义务，其行为合法；若履行低位阶义务而不履行高位阶义务，其行为违法。[3]具体到伦理和法律关系间的两难，则伦理义务相对于法律义务，是上位义务，有优先性，而不是同位义务，不分彼此。若伦理和法律关系间两难、伦理义务和法律义务有冲突，则须先直接履行伦理义务，悉心敦睦伦理，保证伦理圆满绵延；间接但同样从本根上维护法律关系。历时态、同位阶上，没问题。历时态、不同位阶上，先直接履行伦理义务，以保证伦理圆满绵延后，方有行为能力履行法律义务，维护法律关系。从而在伦理和法律关系间，决两难、达两全。

---

〔1〕［德］拉德布鲁赫：《法学导论》，米健、朱林译，中国大百科全书出版社1997年版，第5页。

〔2〕［德］卡尔·拉伦茨：《德国民法通论》（上册），王晓晔等译，法律出版社2003年版，第47页。

〔3〕参见林山田：《刑法通论》，台北三民书局1986年版，第314～315页。

（2）对社会国家，面对伦理和法律关系两难，保证让不同义务主体履行不同义务，从而顾全伦理和法律关系，兼顾公序良俗美德，解两难、达两全甚至多全：在共时态，针对特定伦理和法律关系间的两难，对特定义务主体豁免其法律义务，赋予特殊优先权，保证其全身心悉心敦睦伦理，保证伦理圆满绵延；委托其他主体或由公权力履行被豁免的法律义务，维护法律关系。在历时态，保障特定义务主体保证伦理圆满绵延后，履行伦理义务、悉心敦睦伦理，又履行法律义务、维护法律关系。

如此以往，在伦理和法律关系之间，坚守伦理本体；在伦理义务和法律义务之间，坚持伦理义务优先。这样，就能圆满解答、彻底解决伦理和法律关系间两难，达到两全：

第一，以法律上特殊优先权维护伦理上一般公道权。表面上、一时一地地孤立看，亲属容隐及其同类制度似只适用于陷入伦理和法律关系间两难的少数人，只保护两难中少数人的特殊优先权；根本上、长远而全面地看，由于伦理是普遍的，人性是普遍的，遇到伦理和法律关系间两难的概率是普遍的，同时，司法实践中，因亲属容隐等行为而触犯法律者并非特例，而是每个人都可能遇到的普遍性、一般性通例，因此，亲属容隐就是直面伦理和法律关系间两难，保证该两难中每个人都得行使的一般公道权。其中，表面上是特殊优先权实际上乃一般公道权的特殊表现方式。

第二，低位目标服从并维护高位目标。法律有不同目标，按位阶从低到高依次为惩治违法犯罪、保护法益、敦睦伦理进而维护公序良俗美德、捍卫公道[1]。这些目标在法律适用中，彼此可能一致，也可能冲突；若冲突，低位目标须服从高位目标，最终捍卫正义。若伦理和法律关系陷入两难，要惩治违法犯罪、维护法益，物质资源固然匮乏；要维护公序良俗美德，伦理更

---

〔1〕“公道”，当今似多为生活概念，不大作为理论—学术范畴。其实，中国话语中，“公道”比“公平”、“公正”、“正义”等范畴更常用。口语中至今活用；书面上，至少雷宾南（雷沛鸿，字宾南，1888～1967年）、叶启芳（1898～1975年）、瞿菊农（1901～1976年）、关文运（1904～1973年）、朱生豪（1912～1944年）那一代翻译家将英语“just”、“justice”、“equity”多译为“公道（的）”（参见［英］休谟：《人性论》，关文运译，商务印书馆1980年版，第576页；［英］洛克：《政府论》（下篇），叶启芳、瞿菊农译，商务印书馆1964年版，第7页、第9页、第77页、第79页、第108页；［英］戴雪：《英宪精义》，雷宾南译，中国法制出版社2001年版，第281页、第397页；［英］莎士比亚：“威尼斯商人”，朱生豪译，载《莎士比亚全集》（二），人民文学出版社1994年版，第42页、第61页、第63页、第74页），而不译为“公平”、“公正”、“正义”，聊资佐证。本文用“公道”，其内涵通“公平”、“公正”、“正义”，更强调从现实“此岸”而超越、神圣等意义，意在赓续中国“公道”传统，复兴中华伦理法“公道”范畴。

是脆弱；为实现公道，保护伦理身份比弥补物质资源更重要。对于亲属容隐，从法律不同目标及其位阶中，维护社会秩序优先于保护法益，保护法益服从于敦睦伦理进而维护公序良俗美德；从敦睦伦理入手，从社会结构中维护公道。[1]从而在伦理和法律关系及其价值的位序中，对伦理和法律关系共同保护，而达中道。反之，在伦理和法律关系间两难中，若不加分析，忽略伦理身份及其特殊性，绝对化、简单化地否认伦理豁免及其合法性、合理性，硬套"法律面前人人平等"原则，强制陷入困境的特定主体履行法律义务，表面似公道，实则恶化了伦理和法律关系间的两难，纵，自绝民族传统；横，违背时代潮流，破坏公道。

亲属容隐及其有关因子性质之通甚至相同、位阶之同这两方面彼此渗透、会通、统贯为一，从中共同蕴涵着并发育出伦理豁免这个上位制度。

三、亲属容隐及其同类—同位因发育出伦理豁免这个上位制度

对亲属容隐及其有关制度，伦理豁免一方面入乎其中，使之彼此渗透、会通，成为同类—同位因；另一方面，超出其外，把它们整合、统贯，从而发育为上位制度：

第一，伦理豁免从亲属容隐及其同类—同位因保护和敦睦实体态伦理（亲属为主，有时扩及朋友），扩及固定亲密的合作中有实体态伦理性质的渗透态伦理，保护对象更宽，惠及更广。亲属容隐及其同类因大体只限于亲属间，具体之，只限于保护亲属。伦理豁免则除此之外，对于一定时空中职业关系稳定、私密的渗透态伦理，如律师—委托人、医生—病人、心理医师—心理病人、牧师—忏悔者/信徒、新闻记者—信息提供者等关系及其彼此信任都悉心保护（但不包括一般职业关系的同事、上下级）。此特殊职业关系存续期间，为保护其中特定而特殊的渗透态伦理，当事人即使有违法犯罪行为，执业者也有义务为之保密，甚至有权利拒绝向第三方包括国家侦查、检察机关透露案情，如律师为保护其当事人，即便此当事人是公权力通缉的要犯，也有权利拒绝向警察透露其当事人实情，而不触犯法律，不承担法律责任。若超出此限，同样行为在其他社会关系、社会活动中，则是犯罪，须承担法律责任。

---

〔1〕 比如，历次政治运动尤其"文化大革命"鼓动夫妻反目、父子出卖、兄弟姐妹成仇、朋友告密，从社会结构、善良根性的深处引发极严重后果，埋下了极可怕的祸根。由此稍稍反思，即可获悉亲属容隐中朴素而深刻的智慧及其基于常识的公理性力量和顽强生命力。

第二，伦理豁免适用范围更广，从刑事关系扩及民事、行政关系。亲属容隐按部门法，适用于刑事关系作为公法关系和伦理间关系不平等领域，私权利、公权力间界限分明，鉴于该亲属的伦理危境和敦睦伦理之亟，公权力强制性豁免该亲属对有关违法犯罪事实的举证义务，以期敦睦伦理。伦理豁免则适用范围更广。

首先，其传统因子中，除亲属容隐外，官员丁忧、平民被豁免特定法律义务进入行政关系、“清官不断家务事”以复合形态蕴涵着官府和民众间的行政关系、民众间的民商事关系，原心论罪、适度豁免私力复仇则从刑事关系进入行政关系，等等。

其次，其现代因子中，比如，对赡养父母、岳父母者购买住房时，新加坡政府规定，适当减低房款，由财政补偿开发商利益损失，其中交织着民商事关系、行政关系。再如，个人财产固然受法律保护，若未经他人允许而拿了他人东西，则必须返还。但是，财产总在特定伦理中，财产权关乎伦理权利，财产法关乎伦理法，从而在价值上，特定伦理及其中的生命比财产权更重要，更需保护。假如，乙未经他人允许而占有甲的财产，比如说，拿了甲的面包，法律上，无疑侵犯了甲的财产权，有义务返还，甲有返还请求权。但是，“如果存在着迫切而明显的需要，因而对于必要的食粮有着显然迫不及待的要求，——例如，如果一个人面临着迫在眉睫的物质匮乏的危险，而又没有其他办法满足他的需要——那么，他就可以公开地或者用偷窃的办法从另一个人的财产中取得所需要的东西。严格地说来，这也不算是欺骗或盗窃”。[1]若深究，乙之所以这么做，是“因为他的家人正在挨饿，他除了偷面包来填饱家人的肚子之外没有任何办法”，“生命是有价值的，必须得到保护”。当此困境，人命关天，乙未经允许而拿甲的面包，是否必须返还，就是问题。为解决此问题，须在尊重生命价值、保护财产权之间仔细权衡，充分“考虑保护自身和家人的生命的利益是否重于……私有财产的利益”：[2]乙若被强制返还甲的面包，则可能饿死。于是，甲的财产权固然重要，乙及其全家的生命权高于财产权而更重要；乙固然违反法律，非法占有他人财产，但权衡利害，可不返还未经允许而非法占有的甲的面包。因此，伦理豁免在涉及民商事、行政、刑事的广阔范

---

〔1〕《阿奎那政治著作选》，马槐清译，商务印书馆1963年版，第143页。

〔2〕本段引文均见［美］罗纳德·德沃金：《认真对待权利》，信春鹰、吴玉章译，中国大百科全书出版社1998年版，第19页。

围内，悉心敦睦伦理。[1]

对伦理豁免适用于民商事关系，须进一步讨论。单从法律意义上，民商事关系是平等主体私人间意思自治协商而生的平等关系——每个人都是平等的权利义务主体，其利益、权利都是平等的，绝无高下；每个人的利益、权利都同等重要，没任何根据可以判断谁的利益、权利更重要，更需要保护，而谁的利益、权利则相对次要，须受限制。彼此关系是否以及如何发生、变更或消失，全取决于彼此意思自治；每个人自主判断，在行使权利的同时自主设定义务，自由选择，在守法前提下，可自由行使和处分自己的权利；任何人都没权利去为他人设定义务，更没权利把自己意志强加给他人、支配他人，侵犯他人的利益和权利，[2]否则必遭他人合法的回击和公权力的依法追究和制裁。任何一方对他方若有义务和责任则必须履行，否则即侵犯了相对方权利，须担有关罚责。

照此看来，在民商事关系中，伦理豁免似乎没有根据，不能实行。比如，债务人在特殊情况下，为敦睦其伦理，则无力清偿对他人的债务，若坚持伦理豁免，免除其对债权人的债务，无异于将其伦理义务转嫁给债权人。债务人有没有这权利？谁又有权利使债权人承担这额外的伦理义务？若果然如此，债权人岂不是因承担额外的、法律上不该承担的伦理义务而受损，该怎么办？若经法律干预而行，是否侵犯私权利？因为，若果然如此，每个商人和他人签订合同之前，都须充分考虑对方有无因伦理豁免而违约的因素和可能，该违约是否受“伦理豁免”保护，以及自己有没有得到违约救济的可能。那必然无限增大交易成本，严重阻碍市场流通，不合法也不合理。

在圆满解答、彻底解决伦理和法律关系间两难的视野中，伦理豁免在民商事关系中仍具有充足的合法性与合理性。如果说，基于个人权利，每个人为保护个人人身和其他权利不受正在发生的不法侵害，有权利针对不法侵害者在必要限度内正当防卫，或者在紧急情况下，除职务上、业务上有特定责

---

〔1〕“的确，所有的人都了解，按照理性办事是正当的和正确的。从这个原理我们可以推断出一个直接的结论，即有债必还。这个结论在绝大多数情况下是适用的。但在某种个别的情况下，还债也可能是有害的，因而是不合理的；例如，如果偿还的款项被用来对祖国作战，就产生这种情况。我们愈是继续考察个别的事例，这类例外的可能性就愈大；比方说，债务同某种担保品一起偿还或以某种特殊的方式偿还的问题，可以作为一个例子。所采用的条件越是专门化，使偿还债务成为正当办法与否的例外情况就越有可能发生。”《阿奎那政治著作选》，马槐清译，商务印书馆1963年版，第113页。

〔2〕参见谢怀栻：《外国民商法精要》，法律出版社2002年版，第6~7页。

任者外，为避免迫在眉睫的威胁，在别无他法，万不得已时，在避险行为所产生损害小于所避免损害的限度内，有权利针对第三人的合法权益紧急避险，[1]这是因为生命权高于财产权。如果说，"虽然一个人在法律上也许有权按他的意愿使用自己的土地，然而如果这有悖于良好的信义，衡平法就不允许他这样做。因此，衡平法发明了信任这一概念。尽管一个人在法律上有权坚持履行一份合同的约束力，然而如果这份合同是因为一种虚假的陈述——即使是一种非故意的虚假陈述——而达成的，衡平法也不允许他这样做"。[2]若因疾病、贫穷、无能力而没能力代行，其近亲或社会工作者须另行安排，则另当别论。[3]

比照这一类现象及其蕴涵的逻辑，那么，当陷入伦理和法律关系两难之际，为保护伦理不受损害，而行使特殊优先权，悉心敦睦伦理，不也是正当权利吗？换句话说，伦理自救乃伦理豁免的正当根据。其中有两种情况：其一，一般情况下，由当事人约定、法官自由裁量，而无须法律硬性规定。比如，因履行伦理义务、敦睦伦理而违约并向对方承担违约责任，或者因履行合同而搁置伦理义务，特定主体是自由的。万一发生冲突，则由法官自由裁量，以违约金和损害赔偿金平衡彼此关系。其二，紧急情况下，若甲的伦理远重于、高于、大于乙的权益，而难以履行合同承诺，此时若勉强履行，则势必严重损害伦理，能否行伦理豁免？为根本解决伦理和法律关系间的两难，从本根上调谐伦理和法律关系的关系，使伦理权利和财产权、生命权之间互洽，伦理豁免势在必行。

第三，伦理豁免所保护权利，从消极权利扩及积极权利。亲属容隐中，主要因被豁免举证义务而可消极拒证，该权利是消极权利；虽也有积极权利，但只是从属的，而非主要的。伦理豁免中，除亲属容隐中被赋予消极权利、可不作为、避免因自己举证而伤害亲人、危及伦理而外，更有积极权利，可积极、主动地悉心敦睦伦理，保护伦理不受任何不利影响。

第四，在性质上，伦理豁免中的人道关切更多更深。如果说，亲属容隐、原心论罪、私力复仇被适度豁免并非每个人终其一生都会遇到，适用概率较低，那么，官员丁忧、平民被豁免特定法定义务、清官不断家务事则几乎每

---

〔1〕 参见马克昌主编：《犯罪通论》，武汉大学出版社1999年版，第709～803页。

〔2〕［英］丹宁勋爵：《家庭故事》，刘庸安译，法律出版社2000年版，第230页。

〔3〕［英］米尔恩：《人权哲学》，王先恒等译，东方出版社1991年版，第171页；《人的权利和人的多样性——人权哲学》，夏勇、张志铭译，中国大百科全书出版社1995年版，第114页。

个人在人生特定阶段甚至几乎每个阶段都可能遇到，适用概率很高。因此，伦理豁免即悉心体恤民生，尤其设身处地地感受人生特定阶段中随时可能出现的伦理困局甚至伦理危境，从当事人立场悉心体恤，尽可能地避免一旦伦理失范、亲情疏离会招致的致命威胁，寻求伦理困局甚至伦理危境的解答、解决之道。表面似有“曲法”甚至违法犯罪，实则在追究犯罪时，精心保护伦理及其本体性价值，净醇世风，从而从社会本体的深层维护法律关系。

伦理豁免基于上述之长，植根于伦理乃国家社会之本、法律之本的事实，从亲属容隐及其同类—同位因中发育为上位制度，超乎亲属容隐及其同类—同位因之上，并经长期演化和实践，从上位更高、更深、更普遍地统摄亲属容隐及其同类—同位因，适用于民事、行政、刑事等领域，妥为调节伦理和法律关系的交集，是中华伦理法圆满解答、彻底解决该交集所生两难的两全之道、治本之策、建设性之策。

四、从亲属容隐到伦理豁免意义重大

亲属容隐及其同类—同位因扩展、深化、提升为伦理豁免，理论上、实践中意义重大：

第一，从中国传统中培育法治因子。从亲属容隐到伦理豁免中，每个人都有悉心敦睦伦理的特殊优先权，体现出每个伦理、每个人都有权公平行使的一般公道权，从而在功能意义上，从消极防御、积极建设两方面，直接敦睦伦理，最终从本根上调谐社会秩序，为法治中国培育积极因子：对每个人及其家庭，伦理豁免是敦睦伦理的优先权，人道而公道；在民间，伦理豁免由家族自治、乡村绅士自治、行业自治等自发演化为基层自治，由内而外、自下而上培育法治生长点；制度上，伦理豁免适度限制公权力，保护伦理权，保障伦理圆满和绵延，在家和国、伦理和政治法律之间确定边界，防止国挤压甚至侵犯家，防止法律政治等公权力不当介入甚至非法侵害伦理私权利。这从传统到当今，都是宝贵的法治因子。对此，以“法治中国化”意识，在伦理生态乃至社会生态视野中，从伦理豁免及其有关问题切入，系统探讨中华伦理内生的法治因子，应当有建设性和生长点。请看这一类案例：

李密（224～287年）为悉心敦睦伦理而抗命甚至抗旨：李密曾是蜀国官员。晋灭蜀后，李密先被征西将军邓艾请仕，“辞不赴命”；后受晋武帝诏令出仕，诏书累下，郡县屡催，“辞不就职”。如此抗官，甚至抗旨，依律应有罪甚至死罪，但李密竟平安无虞。为什么？

为孝亲：其一，李密六月丧父，四岁失母，全靠祖母抚养成人，没祖母就没自己。奉养祖母，在其祖孙伦理中，是伦理义务；对他人甚至公权力，是伦理权利。其二，彼时，祖母高龄病重，朝不虑夕，没任何期亲，没人能代，自己须尽孝，不能“废远”；否则，祖母无以善终。其三，时年，李密44岁，其祖母96岁高龄，为国尽忠来日方长甚至毕生，孝敬祖母来日无多且永无机会弥补。其四，晋武帝“以孝治天下，凡在故老，犹蒙矜育，况臣孤苦，特为尤甚”，对此，自己虽抗命逆旨，却有裨补。其五，诸如此类中，为解个人及其家庭和国家、祖孙之情和君臣之义、尽孝和尽忠、情和理之间一系列两难、两全之道是：先尽孝后尽忠。对此，晋武帝全认同，“乃停诏”,〔1〕保证李密优先悉心为祖母尽孝。李密为祖母养老送终后，出仕尽忠，为官“清慎”，“政化严明……贵势之家惮其公直”。〔2〕

顾炎武终生信守母训，宁死“不服从”清王朝。其母王氏听到明亡消息，“遂不食，绝粒者十有五日”而卒，遗言：“我虽妇人，身受国恩，与国俱亡，义也。汝无为异国臣子，无负世世国恩，无忘先祖遗训，则吾可以瞑于地下。”〔3〕对此，顾炎武终身恪守，拒绝仕清，而且遍历山东、山西、河南、河北、陕西等地，考察山川形势，联合反清志士。其曾一度入狱，是其他原因，而非拒绝仕清甚至反清。对官府官员笼络，他严词拒绝：“故人人可出而炎武必不可出矣。《记》曰：‘将贻父母令名，必果；将贻父母羞辱，必不果。’七十老翁何所求？正欠一死！若必相逼，则以身殉之矣！一死而先妣之大节愈彰于天下，使不类之子得附以成名，此亦人生难得之遭逢也。”〔4〕区区一人之身，而终身对抗清王朝，其理由是先祖和亡母遗训，其权利本乎伦理，其力量出于伦理。其中岂没法治因子？

陈赓和蒋介石，在国共内战中，陈先随蒋，后离蒋而去。其理由是：老母病重，需要照顾。对此托词，二人都心照不宣，都按此

〔1〕《三国志·蜀书·邓张宗杨传》，中华书局1959年版，第1079页。
〔2〕《晋书·孝友》，中华书局1974年版，第2274～2275页。
〔3〕顾炎武：“先妣王硕人行状”，载《顾亭林诗文集》，中华书局1983年版，第165页。
〔4〕顾炎武：“与叶讱庵书”，载《顾亭林诗文集》，中华书局1983年版，第53页。

理由行动。后来，蒋抓住陈，不杀，放他一马。

上述案例中，每个人本乎伦理，为悉心敦睦伦理，以一己伦理权利，就足以抗命甚至抗旨，和官府甚至王朝乃至最高权力分庭抗礼；对此，官府甚至王朝乃至最高权力也认同甚至维护，否则，必生弊政，甚至引发朝政危机。[1]两两互动，不绝如缕，从民间发育，向国家生长，蔚为传统。换言之，本乎伦理，悉心敦睦伦理，强有力地约束和制衡其他情境中至高无上的皇权。仅此一点足以表明：皇权绝非在普遍、绝对意义上至高无上，为所欲为。其中岂无法治因子？

第二，从中国传统中探索法治中国化之路。传统中国当然没达到现代意义上的法治社会，却从上述那一类系统性法治因子中，从不同性质和程度上，演化和建构法治之路。举其荦荦大者，除如上所说的从伦理立场可抗衡公权力甚至皇权外，还有：其一，社会结构分两层：从中央到县，是中央集权控制和管理；县以下基层社会，则由士绅控制和治理。士绅一方面因察举、荐举、科举、捐纳、捐输而向上流动，获得官职、功名、荣誉，进入各级政府，享有一定优先权、司法豁免权；另一方面代表基层利益，组织各种地方活动，代表基层，和各级政府抗衡。其二，礼法基于差序格局又超越之，内生伦理公道，如“三年之丧，达乎天子；父母之丧，无贵贱一也”，[2]“三年之丧，云无贵贱”，[3]且不因朝代更替而变，和宪法不因行政权更替而变可通约，如“有天子存，则诸侯不得专地”，[4]“所以壹统尊法制也”。[5]其三，皇权或最高权力的政统受制于道统等多种限制，孔子有去君之行，孟子主张“诛一夫”，[6]荀子主张“从道不从君”，[7]更有“将受命于君，……君命有所不受”、[8]“臣既已受命为将，将在军，君命有所不受”[9]。这一类实践逐渐演

---

〔1〕参见黄仁宇：《万历十五年》，生活·读书·新知三联书店1997年版，第24~45页、第89页。

〔2〕“礼记·中庸”，载阮元校刻：《十三经注疏》，中华书局1980年版，第1628页。

〔3〕《晋书·羊祜杜预传》，中华书局1974年版，第1034页。

〔4〕“春秋公羊传·桓公元年”，载阮元校刻：《十三经注疏》，中华书局1980年版，第2243页。

〔5〕《汉书·匡张孔马传》，中华书局1974年版，第3346页；程树德：《九朝律考》，中华书局2000年版，第165页。

〔6〕“孟子·梁惠王下”，载阮元校刻：《十三经注疏》，中华书局1980年版，第2680页。

〔7〕王先谦：《荀子集解》，中华书局1988年版，第250页、第529页。

〔8〕中国人民解放军军事科学院战争理论研究部：《孙子兵法新注》，中华书局1977年版，第75页。

〔9〕《史记·孙子吴起列传》，中华书局1959年版，第2161页。

化为正式制度。有这一类实践：贞观初年，徐州司户柳雄妄加资历，被人告发，唐太宗令其自首，不首与罪。遂固言是实，竟不肯首。大理推得其伪，将处柳雄死罪，少卿戴胄奏法止合徒。唐太宗认为，自己已令不首死罪；戴胄固然守法，却非"令朕失信耶?"戴胄坚持"罪不合死，不可酷滥"。进而强调："法者，国家所以布大信于天下。（太宗前已）言者，当时喜怒之所发耳。陛下发一朝之忿而许杀之，既知不可而置之于法，此乃忍小忿而存大信也。若顺忿违信，臣窃为陛下惜之。"唐太宗"作色遣杀，胄执之不已，至于四五，然后赦之"，[1]并明确肯定戴胄为国守法。其四，民女庞淯报杀父之仇后，自缚请死，"怨塞身死，妾之明分；结罪理狱，君之常理。何敢苟生，以枉公法"。[2]这和巨哲苏格拉底认同法制而慷慨赴死，没根本区别。

如此思想、实践固然未完全制度化，更未贯彻始终或普遍化，固然不是现代法治。即便仅此，比之布雷克顿、密尔主张"诛暴君"，[3]被爱德华·柯克大法官（Sir Edward Coke，1552～1634年）用来对抗国王干涉司法，立司法独立里程碑，[4]彼此间岂不可通？由此反思，传统中国被贴上"封建"、"专制"、"人治"等标签，这虽没全错，但并不全对，更非全称判断。从而有必要矫正百年中国"欲法治须破伦理"的观念及其教训，有必要告别外嵌西方法治、建中国法治的模式；从中国社会现实、伦理本体、历史传统、文化土壤中，探索中国本土本乎伦理而内生的法治，是必由之路。

第三，促进中国伦理史、法史、伦理学和法理学研究。为此，系统梳理那些深层次具体问题，"各个击破"，整合、会通零散资源，培育生长点。比如，亲属容隐及其同类—同位因子中国法史上传承千年，是中国古代社会秩序的有效调节器和支持者，至今仍有思想启迪和智慧资源，且大部分仍有生命力。但是，对这些因子却缺乏研究，除亲属容隐外，其他因子都研究很少，甚至没研究，更缺乏整合、会通而彼此分散。伦理豁免是其中的共同智慧，提升为上位现象和范畴，有利于整合、会通亲属容隐及其同类—同位因：其一，从更高、更广、更深的视野，对这些因子细化、深化研究，揭示、汲取

---

〔1〕（唐）吴兢：《贞观政要集校》，谢保成集校，中华书局2004年版，第142页、第281页。

〔2〕《后汉书·列女传·庞淯母》，中华书局1962年版，第2797页。

〔3〕参见［英］约翰·弥尔顿：《为英国人民声辩》，何宁译，商务印书馆1958年版，第172页；［英］约翰·斯图亚特·密尔：《论自由》，程崇华译，商务印书馆1959年版，第16页。

〔4〕参见［美］小詹姆斯·R.斯托纳：《普通法自由主义理论——柯克·霍布斯及美国宪政主义之诸源头》，姚中秋译，北京大学出版社2005年版，第48页；［美］爱德华·考文：《美国宪法的"高级法"背景》，强世功译，生活·读书·新知三联书店1996年版，第35页、第77页。

其中的历史智慧、制度因子，丰富和深化伦理豁免研究；其二，以伦理豁免总结、提升这些因子。如此互补互动，有助于细化、深化有关研究。

第四，有助于由此探索中华学统复兴之路。中华学统中突出特点是文史哲不分家。这蔚为传统，孕育出中华学术生态。但这种传统及其生态百年来竟风雨飘零；分门别科的西式学术生态能取而代之，当然是因为有其优势，但其局限有二：其一，其是西方产儿，因其社会历史土壤和中国社会差别很大，而难以圆满解答、彻底解决中国问题；其二，学科界限明确甚至固化，有利于在高度抽象中从理论上在限定条件下解释问题，但不利于从现实的生态化有机体中圆满解答、彻底解决问题。鉴于此，超越、扬弃中华学统、西式学术传统，对中华学统扬其生态化有机体等长处，补其模糊化、不系统等不足；对西式学术传统取其精确、严密之长，弃其机械化等弊端，从而复兴中华学统，意义重大。

伦理学、法理学分别通过道德实践、法律实践来共同调谐社会生活，彼此亲缘很深，可视为“兄弟”学科。不论亲属容隐及其同类—同位因，还是伦理豁免，都关乎伦理道德、伦理学，关乎法律、法理学。那么，理论上，伦理和法律关系、法治是何关系？中华伦理和法治是何关系？除阻碍法治的因子已经批评而初步消解外，有无促进法治的因子？若有，是哪些？有无生命力？换言之，中华伦理因何、在何、如何内生法治因子？一一深入细致研究这些问题，有助于为中华学统的复兴探索路径，积累经验。

关于明代民间契约制度的再认识

徐晓庄[*]　徐嘉露[**]

笔者曾向2009年中国法律史学会成立30周年纪念大会提交了一篇名为《大明律与明代契约》的论文，该文以张传玺先生的《中国历代契约汇编考释》（以下简称《考释》）所收明代契约文书为依据，重点对明代契约制度的特点进行了粗浅归纳，其后，为了深入研习明代契约制度，笔者对有关明代契约文书的史料进行了进一步收集，并对学术界有关明代契约文书的学术论文进行了研读，渐对明代民间契约的民事法律制度特点有了一些新的想法，现撮其要提交2013年中国法律史研讨会，请各位专家批改。

一、中国传统社会契约的概念与范围

在时下的法律语境中，"契约"是当事人之间实施民事法律行为达成的协议。但是在中国传统社会前期，"契约"的概念既包括政府盟约、账簿、案卷、军事信符，也包括民事合同。《辞源》把契约解释为："文券，古代把合同、总账、案卷、据结统称契约。"[1]实际上在中国传统社会早期，契约被单纯地称为"契"。《辞源》称"契"为"古代在龟甲、兽骨（木材、石头）上刻字的刀具"，是作为名词，故其后订立契约有称"勒契"者。同时，"契"还作为动词使用，如"绳契"，谓结绳刻木以记事。

根据《辞源》的定义，"契"原本包括所有的文字书写材料，民事合同契约，只是"契"字的一个小小的组成部分。据张传玺先生考证，民事合同契约在先秦以前，分为"书契"、"质剂"和"傅别"三大类，其中借贷契约

---

* 徐晓庄，河南省驻马店市公安局法制处处长。

** 徐嘉露，郑州大学历史学院博士研究生。

〔1〕《辞源》，商务印书馆1998年6月版，第723页。

称“傅别”，取予契约称“书契”，买卖、抵押、典当契约称“质剂”，此三种契约只有“书契”一种含有“契”字。民事契约在春秋战国时期已开始称“券”。“券”作为民事契约最早见诸文献的是《战国策》中的“冯谖客孟尝君”。孟尝君派冯谖到薛地去收债，冯谖用车拉着债务凭证的“券”到薛地以后，将债务人的债务凭证“券”收齐一把火焚烧，免除了债务人的债务，为孟尝君收拢了人心。债券用车拉，并且可以一把火焚烧，可见其材料应当是比较笨重的木材之类。冯谖所收的应当是借贷契约，即“傅别”，《战国策》将此类借贷契约称为“券”。张传玺《契约史买地券研究》列举了诸多春秋时代以前的诸侯国之间的政治盟约，并以此认定中国古代的“契约”出现在春秋以前[1]，不过笔者认为中国古代民事契约肯定出现很早，但仅仅依靠张传玺在《中国历代契约汇编考释》、《契约史买地券研究》两书里列举的诸案例，只能认定为春秋时期以前国家之间频繁订立过政治协定，书写过很多信符，而不能认定为实施过民事契约行为。

张传玺《中国历代契约汇编考释》显示，两汉以后一直到唐代，以上三类契约都被称为“券”，（但是笔者所见的史料显示，到清代仍有称契约为“券”、“契券”：“今俗作契券，有所谓‘合同’者。”[2]“今人署券，二纸叠并，大书‘合同’二字，各执一纸。”[3]）据张传玺《中国历代契约汇编考释》记载，其后至唐仍有刻立“砖券”、“石券”、“木券”的习惯。契约以“券”相称始于战国，期间经秦、两汉、魏晋南北朝、至唐贞观、龙朔年间。张传玺《中国历代契约汇编考释》收录最早的“契”是“唐贞观二十三年高昌范欢进买马契”，其前的民事契约皆以“券”（别称卷、劵）为名，其后“契”、“券”混用，借粮借据称“牒”，唐后期以后，契约基本称“契”。“契约”一词最早出现在《魏书·鹿悆传》。“还军于路与梁话誓盟，契约既固，未旬（萧）综果降。”[4]在此处，“契约”应为动宾词组，即签订合约、协议，并且此份契约是军事盟约，而非现代民法意义的合同契约。“武宁节度使王德用自陈所置马得于马商陈贵，契约俱在。”[5]在此处，应是笔者所能查到的中国古代文献具有民事合同性质的名词“契约”的最早记载。但此后，却很少见到在民事领域将合同契约称契约的，张传玺在《契约史买地券研究》

〔1〕张传玺：《契约史买地券研究》，中华书局2008年版，第12页。

〔2〕（清）赵翼：《陔余丛考》，中华书局1963年版。

〔3〕（清）平步青：《霞外攟屑》，上海古籍出版社1982年版。

〔4〕《魏书》，上海古籍出版社1986年版，第204页。

〔5〕（宋）司马光：《涑水纪闻》卷九，中华书局1989年版。

一书中把中国传统社会的民事契约分为判书、单契和合同契三种形式。契约在明代一般称"契"，契约是后人将"契"（张传玺先生称之为单契）和"约"（张传玺称之为合同契）合并而成。据《辞源》解释："合同：契约文书。"《周礼·秋官·朝士》"判书"疏："云判，半分而合者，即质剂、傅别分支合同，两家各得其一者也。"此类契约一式两份，当事人各执一份，为了证明两份契约内容的一致性，两份契约放在一起骑缝书写一个"同"字，分开后，每一份契约带半各"同"字，即"合则同"，此即"合同契"的来源。根据张传玺《中国历代契约汇编考释》记载，合同契最先见于西汉年间。《考释》第三十页"汉居延甲渠临木　长领弩矢券"内就书有半个"同"字。但另据张传玺《契约史买地券研究》一书摘引王国维《流沙坠简》记载，"合同"文书最早出现于三国魏景元四年（公元263年）的"海头五百师领礁券"[1]。两本书记载的不一样，不知道张先生对此是否已有定论。

二、明代契约制度的发展和完善

（一）关于明代契约对传统民事典型法律规则的创新与发展

明代民事契约在继承前代契约优秀传统的基础上又创新了一些对后代颇具借鉴意义的民事规则。比较典型的首先是"买卖不破租赁"规则。买卖不破租赁规则在明代被简单地称为"佃随田走"。在明代的一部分不动产买卖契约中，我们经常可以看到，卖方在转让不动产所有权时将原租田（房）佃户一并转让的现象，此即明代"买卖不破租赁"交易规则的具体体现。在当时的民间习惯看来，租房居住或租田耕种的绝大部分是穷人，佃随田走在一定程度上限制了地主因卖地而终止合同的随意性，可以避免租田人因无田可种而陷入失业的境地，这种交易规则，在清代到民国的民法制度中仍一直被保留下来，并被现代民法所吸收，此规则的开创对现代民法具有重要借鉴意义。

其次是"先问邻亲"规则的变通。中国传统房地产交易规则在宋代"先问邻亲"表现得比较突出，其目的为了杜绝纷争。为了体现交易对象是房亲关系，宋代的不动产交易的买方常被写明与卖方的关系，到元代，卖方的亲戚在放弃优先购买权并作为中人身份参与交易活动时，往往要把自己的身份写成"不愿买人（姑、邻）[2]某某"。到明代，不动产交易对象发生了巨大变化。在笔者翻过的明代不动产交易契约中，只有少数契约的交易对象为卖

---

〔1〕张传玺：《契约史买地券研究》，中华书局2008年版，第48页。

〔2〕张传玺主编：《中国历代契约会编考释》，北京大学出版社1995年版，第569页。

方的近亲属，多写买主为“亲人”、“房亲”等。尽管明代契约的格式范本如陈继儒《尺牍双鱼》等日用杂书依然设计有“已问邻亲不买”等字样，但民间契约实务中，不动产交易先问邻亲的极少。据统计，张传玺《中国历代契约汇编考释》所收的274份明代契约中，买主为“亲戚”的只占12%，买主为同姓的占26%，异姓多达62%。[1]如此看来，明代不动产买卖的交易对象已经明显不局限于亲邻为主，但是极个别明写为“亲人”的也应当确实为卖方的房亲或姻亲，因为在明代，法律并没有对交易对象进行限制，并且实际的交易对象以及居间做“中”的都是乡邻乡亲，如果不是亲戚，立写契约时没有必要作假写成“亲人”。先尽房亲在宋代比较盛行，明代已经消退为个别现象，但是这种现象一直在江南一些地区存在，至民国初，赣南地区依然保留此习惯。[2]

（二）关于明代契约签订的程序

据现有史料分析，明代民间签订民事契约的基本程序首先是当事人之间进行充分协商达成实施民事行为的意向。然后再由当事人委托双方信得过的人作为中人进行居间调停，即“央中”。中人居间将双方的交易意向往来说和达成一致后，再由当事人找一些识字人为代书拟定契约文稿。契约文稿一般要当场填写清楚，经当事人当面核对、签字画押，再由中人签字画押方可生效，但也有极个别契约文字未填写清楚即交当事人签字画押。如万历四十七年（1619年）“休宁县毕自立卖山地红契”中即有“契内税粮字号、四至，回家再填”[3]，不知此类契约何时生效。当事人、中人、见证人等一应在场人全部签字画押后，在中人、见证人监督下，双方当事人当场交付价款和标的物，即时银、地两清，至此契约履行完毕。卖主当日领取价银时往往在契约后签字，当时称签字为“批”[4]。银地两清后到官府纳“契税”。一张契纸价银一两，标的交易价每两纳税三分。交税时官府在契约上盖印并发给契尾，

---

〔1〕田涛《田藏契约文书萃编》所收的93份明代契约，均是录自《安徽休宁银塘洪氏文书契簿》，其交易对象以洪姓房亲为主，少数为洪氏其他异姓亲戚，无法体现明代不动产交易对象的一般规则。

〔2〕施沛生：《中国民事习惯大全》，上海书店出版社2002年版，第一编“债权”第三类“契约之习惯”。

〔3〕张传玺主编：《中国历代契约会编考释》，北京大学出版社1995年版，第948页“万历四十七年1619年休宁县毕自立卖山地红契”。

〔4〕张传玺主编：《中国历代契约会编考释》，北京大学出版社1995年版，第827页“嘉靖三十年祁门县给付黄仁买田契尾”。

由知县在契尾签“税明”两字即告完成。交税后是“过割”，即填写“推单”过割税粮[1]。明代政府为了确保政府的财政收入，规定每十年对农村的土地流转情况进行一次普查，普查情况登记在政府制作的黄色登记簿上，称为“大造黄册”。每逢造册之年，政府把上次造册以来的土地变动情况进行如实登记，对土地交易进行法律上的最终确认。

（三）关于明代契约的称谓与区别

首先，契约与合同的区别。进入明代以后，“合同”一词开始在一些特定范围内广泛使用。在中国传统社会，“契约”的概念比较宽泛，明代也不例外，根据笔者所看到的有限资料，在明代，“合同”一词出现在当事人合伙经营活动文约内较多，如明代徽州山民合伙开发荒山种树的契约多写成“合同”。另外，明代的部分分家协议也称“合同”。在一份卖地契中，契文把当时的契与合同并列：“今将阄分合同并来脚（契）随即交付。”[2]综合全契文分析，此处的“契”即本宗土地的所有权证明文件，而“阄分合同”则是该宗地产来源的分家合同，该合同具有现代民法意义上的不动产交易协议书性质。因此，笔者认为，明代的“契约”包括“合同”，“合同”只是“契约”的一种。合同，有两层含义：一是当事人所持文约两相契合、两相吻合之意；二是当事人两相意和之意。“契约”的尾部一般有卖方当事人签名，买方则不签名，在合同中则双方当事人都要签名，这是明代契约与合同的一个重要区别。

其次，“合同”与“和同”的区别。明代的“合同”是当事人所持文约两相契合、两相吻合之意，两契虽合，但当事人的内心意识是否一致，无法判断，因此与现代法的合同意义并不尽同，可能存在欺诈、胁迫和重大误解，两契虽合，并不一定是当事人的真实意思表示。明代的“合同”多在合伙关系中出现，一般是两份。“和同”即缔约当事人意识自治且意思表示真实一致。如《大明律集解附例》“户律·把持行市”，“凡买卖诸物两不和同而把持行市”[3]，此处的“和同”与“把持行市、强买强卖”意思相反。和同可以是一张契纸，也可以是一式数份，相当于现代法上的合法有效合同。在明代，法律保护的是“和同”，明代的和同契多在买卖关系中出现。为体现当事

---

〔1〕 有称“扒单”者。参见张传玺主编：《中国历代契约会编考释》，北京大学出版社1995年版，“崇祯十七年歙县谢泰来卖基地红契”。

〔2〕 张传玺：《中国历代契约会编考释》，北京大学出版社1995年版，第942页“万历四十四年休宁县吴能阳卖地红契”。

〔3〕《大明律集解附例》，台湾学生书局1970年版，第900页。

人意思自治，契约一方当事人为多人的，其内部协商达成一致意见的亦应如实写入契内。如明嘉靖三十年的一份卖儿契内即写明“夫妻商议，自情愿……”字样。〔1〕

再次，单契和合同契的区别。这是张传玺在《契约史买地券研究》一书中对传统契约的分类〔2〕。单契即买卖契，多出现在买卖行为中，在不动产交易活动中，一般由出卖人出具，中人签名画押后交买受人收执，作为买受人取得不动产的权利证明。在此类契约中，买受人一般不在契约上签字，无法体现双方当事人的真实意思，不具有现代民法意义的合同含义。由于在中国传统社会，政府对民事行为采取不干预政策，对民众的财产只征收交易税不征收财产税，也不强制要求当事人办理财产登记，当事人只要持有反映其财产来源的契约，即可证明其财产拥有的合法性，因此笔者认为此类契约在不动产领域，既体现了当事人的缔约过程，又体现相当于现代法的“所有权证明”，在动产交易以及其他民事活动中，其包括各类字据凭证，范围比较广泛，应更真实地体现传统民法领域“契”的广泛意义。合同契在明代的民事行为领域，比现代合同法的范围更小，就书面形式而言，不动产买卖领域基本见不到，动产交易契约也多以“约”而不是“合同”的形式出现，明代的“合同”契约多在合伙协议、分家协议范围内出现。此类契约的特点是当事人比较多，不涉及交易、所有权转移行为，一般由所有参与协议的当事人共同签字才能生效，并且此类契约，不是由某一个当事人收执，而是一式多份，分别由多名当事人各执一份内容相同的契纸。因此我们还不能简单地按照张传玺的说法将其理解为具有现代法意义上的合同，事实上应当相反，有可能是上古时期一剖为二兵符形式在明代民间民事法领域的再版。

最后，“契约”与“文约”的区别。“契约”多用于重要而且正式的文书，在不动产交易领域较为普遍，人们对于不动产所有权证明文件的习惯称谓一般为“房契”、“地契”，而动产借据则多称为“租约”、“借约”，很少有“契”的说法。

（四）关于明代契约附随单据和当事人义务

明代契约的主契约是由卖方及中人签字的“卖契”，随着政府对契税征收

---

〔1〕 张传玺主编：《中国历代契约会编考释》，北京大学出版社1995年版，第823页“嘉靖三十年胡音十卖儿婚书”。

〔2〕 参见张传玺：《契约史买地券研究》，中华书局2008年版，第三章“中国古代契约形式的源和流”。

的加强，主契约之外，附随单据也在不断增多，笔者通过对现见到的明代契约文书分析，明代契约的主契约有两种，一种是当事人私下订立，不报官投税的契约，因无红色官印，被称为“白契”，另一种为官府印制加盖红色印章的契约，因盖有红色官印，被称为“红契”。附随单据主要指上述红、白两契以外的其他单据。主要有当事人拟订的契约初稿，即“草契”，收取标的价款的收条“领”或“批”，以及交割标的物的手续“推单”、报官投税发给的缴税凭证“契尾”等。这些附随单据缺一不可。如果立契时当场收取价款，事后不再出具领条，则应当在主契约内写明“不再立领”。在明代无论是不动产、动产买卖契约，还是人身典卖契约，都应由卖方在契约内写明所卖标的的详细情况。在明代不动产买卖契约中，卖方当事人必须写明所卖土地在登记簿上的登记名称、土地面积、四至及是否存在权利瑕疵，即要写明“不曾与他人交易”，并且要保证“如有争执自由卖人支挡，不干买家之事”。如果是“其银当日交足”，卖家则应当时将“地产即交由买家管业”[1]，并且还应当履行契约附随义务如报官纳税、交割推收，以及标的物瑕疵说明义务，如土地“上手契”、“来脚契”已交、未交的原因。契约中还要写明卖方的不作为义务。即任凭买家收租管业，“即无阻挡”。（在张传玺《考释》以及田涛等《田藏契约》等书所收明代契约文书中，都有卖方不作为的承诺）如果当事人不如实履行契约约定的义务，则要按照契约约定的罚则条款接受处罚，如悔约“甘罚银若干入官公用”或“给不悔人”。

（五）关于明代契约的普遍性

明代民间的物权、债权以及身份等民事法律行为往往以订立契约的形式进行。从社会史角度观察，在明代，人们进行交往的形式都以契约的方式进行，契约不仅体现为物权关系，而且体现为债权关系，同时体现为人身关系，与现代法相比，明代的“契约”概念远远超出现代合同法律术语概念的范围，具有其明显的时代特色。明代民间契约行为广泛存在于民众日常生活的方方面面，明代契约包括民事合同、各种民间字据、领条等各种文字记录，而不是单纯的民事合同行为。如婚姻、收养、卖身为奴称“婚书”，此婚书与男女婚姻契约不同，有些婚书既有人身关系性质，同时也有财产关系性质。如张传玺《考释》“万历三十七年（1609年）徽州洪三元卖身婚书”，该契约当事人洪三元与买主洪相公签订卖身婚书，自愿以十五两银将自己并妻子卖给洪

[1] 张传玺主编：《中国历代契约会编考释》，北京大学出版社1995年版，第810页“明正德十五年江球卖山竹由卖人支园白契”。

相公为仆，但契约同时约定，洪三元为洪相公无偿守坟地，其租种洪相公的田园还要给洪相公纳租，种田纳租，是不动产租佃关系，与卖身婚书大相径庭，但却并存一张契约中，可见明代契约的内容非常广泛。明代的契约不仅广泛存在于民间财产关系之中，甚至人们之间的社会关系，如结拜兄弟都要缔结契约，时称“金兰契”，因此在明代，“契”体现的是人与人之间的一切社会关系，笔者认为，从民间社会关系的角度上讲，明代已经开始步入“契约社会”时代[1]。

为了方便普通民众签订契约，据杨国祯《明清土地契约文书研究》和滋贺秀三《明清时期的民事审判与民间契约》记载，在明代的民间社会，由于大量的民事行为要通过契约活动来完成，因此很多落魄秀才为了印书卖钱或代理案件帮人打官司，撰写刊刻了许多规范契约格式的便民读物，据杨国祯统计，比较有名的如陈继儒《尺牍双鱼》、徐三省《世事通考》等，无名的便民读物则更多，比较有名的如《万宝全书》、《四民利观翰府锦囊》、《万书萃宝》、《学海群玉》、《三台万用正宗》、《万锦全书》、《杂字全书》、《云锦书笺》等数十种，其中陈继儒的《尺牍双鱼》流传比较广，一直到清代该书还在民间广为流传。关于此书，笔者曾多方查找，只找到一本“日本明治己卯一月官许梅花邨庄藏梓瓜生寅出版、明人熊寅几著”的《尺牍双鱼》，内有“云间陈继儒眉公题”字样，但只有五卷，与张传玺所见到的至少十卷本明显有区别，不应是原样翻刻于陈著。由此可以看出明代契约在民间存在的普遍性，以至于在明代有些人用伪造的契约去实施讹诈老实人，居然还能获利。“衙蠹叶荣等”、“有陈忠朝者，乘其亲侄陈厚辅犯辟羁铺，啖以微利，教其私立契约，卖朝之田，捏价一百二十两，影响宦势，不占其田，致朝备价六十两，哀恳赎契。”[2]假契亦要备价赎契，可见明代契约的法律地位。

（六）关于明代契约当事人的平等性

张传玺先生在《考释》一书中共收录明代各类契约339份，其中土地买卖契约227份，房屋买卖契约29份，退地文契2份，“兑佃契”2份，卖地券3份，对换不动产契约4份，典当契约7份，租佃契约8份，合伙种树契约10份，“佃仆应役”文约12份，借贷契约2份，族产管理合同7份，分家合同21份，卖身契5份。这些契约中，参与订立契约的当事人身份极其复杂，典卖土地的也不都是贫民，买地的也不尽是地主，疾病灾害、天灾人祸都可能

[1]［日］滋贺秀三的《明清时期的民事审判与民间契约》一书也持此观点。
[2]（明）颜俊彦：《盟水斋存牍》，中国政法大学出版社2002年版，第91页。

随时致人困境而典房卖地，因经商、投资、做生意而“缺银使用”卖地作本钱的也比较普遍。自宋代推行“不抑兼并”政策到明代，土地自由交易更加普遍，在交易范围上不仅可以卖给族内族外，也可以卖给外乡外都。在交易对象上即可以卖给富商大贾，也可以卖给佃户贫民，只要价格适宜，有人做“中”，可以说是有卖无类，不限身份。从明代民事契约制度的现有史料看，明代的广大民众，在经济地位上并不存在等级身份现象。在中国传统社会，宗法制度要求个人服从家庭，家庭服从宗族，宗族服从里甲，里甲服从州县，州县服从国家。民众的不动产物权所有和债权交易的自主制度从唐代以前已经发端，到宋代全面确立，到明代已经深入人心，也就是说，中国传统社会发展到明代，从经济制度层面上讲，已经完成了“从身份到契约”的转变。中国传统社会的“宗法等级社会”的特点是个人的身份与时俱变，少时为子孙，要孝敬父祖，长成为父祖，要教令子孙，贫贱为民，只要苦读经书，便可通过科举步入仕途尊为官宦，有教无类，将相常出寒门，只要经商市贩、开坊鼓铸，即有发家致富的机会，以商以官致富，置买土地守财，作为土地所有权凭证的土地契约便在各个阶层之间流转，家境起落，可以使一张契纸朝张暮李。勤俭持家，一契可以坚守数代。田涛等《田藏契约文书粹编》所收录的徽州洪氏家传契约从明代传至清末乃至民国，从一个侧面反映出中国传统社会经济制度秩序的稳定性以及对民事财产权利本位的认可和坚守。因此用宗法制度将明代社会认定为等级不平等社会是不符合明代社会经济实际的。既然明代社会人人都具有动态的平等性，这种平等性推演于契约领域，同样体现出当事人的平等性。在传统社会，宗族有族产，犹如现代村组有集体财产。族产用于济贫困、助私塾、祭祖先，这是民间自治的物质保证，而不是宗法等级制度的外观表现，并且族产的汇集，是由族员通过自愿订立“兑田契”而形成，这从另一个层面表现出明代契约社会民众在管理宗族公共事务的民间自治特征。

三、关于明代契约的中人有否当事人身份问题

中国传统民事契约中，双方当事人之外，往往有第三人在契尾签字，这些第三人在唐代称“保人”、“知见人”，有些契约保人、知见人同时签名，体现出第三人的不同身份。宋代称“见交钱人”、“助押契人”[1]，至元代延

---

〔1〕 张传玺主编：《中国历代契约会编考释》，北京大学出版社 1995 年版，第 532 页。南宋嘉定八年（1215 年）祁门县吴拱卖山地契注一二：“此例少见，似与证明人同”。

祐二年（1315 年）徽州李梅孙卖山白契依然称“见交易人”[1]，元至正二十六年（1366 年）晋江县蒲阿友卖山地官契始见有“作中人徐三叔”出现[2]，其前的第三人大都是见证人，而不具有明代的其他诸多身份角色，据张传玺《契约史买地券研究》称：自唐代开始，在双方当事人之外，又有“牙人”出现。并引用北宋刘攽《贡子诗话》的考证称：牙“本称互郎，主互市。唐人书互为牙因讹为牙”。[3]此说有两点不妥。一是在中国传统社会，互市是相互交易，牙人是交易市场的经纪人，是磨牙说客。前者是动词，后者是名词，但两字都与市场交易有关系，刘攽把“牙”、“互”说成没有关系的讹写实属牵强。二是唐代民事契约并没有牙人出现。据笔者现有资料所见，唐代及其前后的各代民事契约中只有见证人、保人，是民事契约当事人在订立契约时所请到的没有利害关系的作为保证人、见证人的第三人，既不经官，也没有必要到市场，因此没有必要牵扯到要收取交易费的牙人。明代民间契约绝大部分有“三面议定”的内容，此三面系指卖方、买方和中人。明代契约当事人央人作“中”比较普遍，但是也有极个别不“央中”的[4]。如前所述，元代以前的第三人参与民事契约订立活动，要么是保证人，要么是见证人。保证人在契约履行过程中，在债务人履约不能时具有担保责任，而见证人对契约的订立只起到证明作用。到明代，这些第三人的身份开始复杂多样起来。关于中人的身份，笔者已在《大明律于明代民事契约制度》一文中进行了论述，此处对明代中人问题再做一些补充：一是明代契约的中人与契约当事人的关系。从现有明代契约资料看，明代的中人有亲有邻、有官有民、有良有贱、有男有妇，个别还有佃户直接签名为“佃人”与中人并列，该“佃人”在此可能也是以中人的身份出现的[5]。二是中人的称谓。唐、宋时期的契约当事人以外的第三人，往往被称为见证人、见交钱人、见人等，到明代，契约第三人的称呼一下子多起来。主要有中、中见、见、居间、中证人、见中、

---

〔1〕 张传玺主编：《中国历代契约会编考释》，北京大学出版社 1995 年版，第 552 页。

〔2〕 张传玺主编：《中国历代契约会编考释》，北京大学出版社 1995 年版，第 580 页。

〔3〕 张传玺：《契约史买地券研究》，中华书局 2008 年版，第 28 页。

〔4〕 张传玺主编：《中国历代契约会编考释》，北京大学出版社 1995 年版，第 873 页。“万历元年（1573）休宁县吴长富等卖房基白契”，只有代笔人没有中见人。代笔人在此签字，可能也具有中人意义。

〔5〕 张传玺主编：《中国历代契约会编考释》，北京大学出版社 1995 年版，第 926 页。“万历三十二年祁门县李尚玄卖园地红契”。

见人、同见人、中见人、族姓、“主盟（祖）母”[1]等。三是中人的作用。

中人的作用本人在《大明律于明代民事契约制度》一文中已经论及，主要是见证作用、说合作用、知情信赖作用、保证作用。学者吴欣介在《明清时期的“中人”及其法律作用与意义》一文中对学术界对中人的作用的研究观点归纳为以下三种：一是保证作用。为此吴氏引用了“具有成文法性质的唐宋杂令的规定：‘如负债者逃，保人代偿’，该项规定从中保人连带责任的角度明确了中人的作用”。唐宋杂令是有这样的规定，但是笔者对明代的契约进行了仔细查对，限于视野，笔者所见明代因契约发生的诉讼案件未见法官判定中人承担保证责任的判例，因此明代的中保人应当多不具有保证的作用。台湾学者戴炎辉也认为：明清时期的“所谓保人，并不是都有代偿责任，俗语说：‘媒人不保生子，保人不保还钱。’即使为保人、中保人、保证人，只不过为中人、说合人，负督促债务人清偿，或居中调处的责任而已”。[2]二是“经纪人”和“中介”作用。按现代民法的含义，“经纪人”和“中介”是为他人报告定约机会或为定约之媒介，他人给予报酬的市场专业人员。据笔者所见，明代契约中的“中人”，绝大部分是契约当事人的乡邻、亲友，其作“中”，多是出于帮忙、互助之目的，交易完成时，可能被交易双方款待以酒饭，一般不会为了领取报酬，但也不乏有如媒婆般的角色，整日以为人撮合订立契约以领取“鞋钱”之类的报酬为业。但是这些人并不是明代契约中人的主流。三是调解人。据笔者所见，明代的中人作为调解人的身份确实比较普遍，但吴氏认为：在徽州契约文书中，因有大量没有完全行为能力和权利能力的妇女和仆人参与而呈现出“中人身份的日趋复杂化趋势”。笔者认为：这不是中人身份的日趋复杂化，而是中国传统民法关于民事主体权利能力和行为能力的概念与现代中国移植民法不同。在明代，妇女和仆人，并不是限制行为能力人，在宗法制度下，妇女从服于男性家长，但有些长辈妇女，其本人就是家长，要被其他成年男性家庭成员所服从，因此妇女不是限制行为能力人，这是中国传统社会人身地位动态变化的特殊表现形式。

关于中人的地位问题。在明代的契约成立过程中，总有“中人”活动其始终，“三面议定”的“两面”是双方当事人，另“一面”当事人就是“中人”。因此中人是明代民事契约成立的必备当事人要件，明代所有的不动产契约都有中人签字就是力证。明代民事契约中的中人不仅是明代民事契约的当

---

〔1〕 明代契约有多份有主盟者签名，这些主盟者可能不是中人，而是当事人的女性长者。

〔2〕 参见戴炎辉：《中国法制史》，台北三民书局1955年版。

事人，而且作为“中人”参与契约签订和履行的人数有时还很多，个别契约的中人最多竟达七八人〔1〕，由此可见明代民事契约中人队伍的庞大性。

四、明代官府对契约行为的管理

关于明代政府对民间契约的管理，从20世纪50年代开始，无论史学界或是法学界的学术研究，往往偏重于阶级关系、经济关系的探讨，对明代政府对民间民事行为的放任态度很少论及。笔者认为，中国传统社会是典型的二元社会，其特点是，在政治上表现为君王专治与民间自治并存，在经济上表现为官田皇庄与民间土地私有并存，在法律上表现为政府成文法与民间家法族规、行约帮规、民间习惯法并存，在意识形态上表现为儒家思想与佛教、道教、诸子百家并存。契约行为作为民间习惯法的重要组成部分长时间处于自生自长的状态，很少能够看到政府强制干预的影子，明代的民间契约行为更体现了这一特点。明代政府对民间契约的管理目的大致有两方面：一是贯彻儒法之治，以定分止争为目的，以“无讼”为价值取向。明代的各级官吏和唐宋一样，基本以饱读儒家经书身份通过科举步入仕途，以“宣教化、正风俗、理狱讼、课农商”为基本执政价值取向，在对民间契约的管理各地各级政府，都无一例外地精心为辖区民众设计各类契约格式范本，引导契约当事人按照规定填写契约内容，以杜绝诉讼，减少契约纠纷。当事人一旦发生契约纠纷诉讼到官，政府往往不是审查契约的合法有效性，而是秉承“官有法度民有私约”的原则，充分考虑对民间契约私法习惯的尊重，立足于息诉止争，在民事领域以契约、民间习惯断案。把当事人按照当地风俗习惯所承诺的契约条款作为剖理是非的依据。当事人如有违约，应当首先“听从家主呈公理治”，〔2〕充分体现了当事人诉讼权力自治的原则。二是收取契税。宋代开始“不抑兼并”以后，土地自由买卖到明代更加普遍。政府无论是强制推行官颁“红契”，还是颁发“契尾”，其目的都是为了征收“契税”以确保政府财政收入，而不是以土地所有者身份干预民间土地自由流通，当事人买卖土地“不税契”的要受到刑事追究，当事人只要交税，土地卖给谁，价钱多少，官府一概不问。现有契约史料反映，明代的不动产交易契价银一两一般

---

〔1〕 张传玺主编：《中国历代契约会编考释》，北京大学出版社1995年版，第905页，“吴有祈卖坟山红契”；第985页，“崇祯八年1635年歙县张晋阶买地红契”。

〔2〕 张传玺主编：《中国历代契约会编考释》，北京大学出版社1995年版，第823页“嘉靖三十年徽州胡音十卖儿婚书”。

纳税三分，但也不尽相同。如同是嘉靖年间，同是徽州地区，嘉靖三十九年（1560年）休宁县的纳税额是契价一两纳税三分[1]，嘉靖四十一年（1562年）祁门县的契价每两是二分[2]，万历九年（1581年）徽州歙县、休宁县发给交易户的契尾也称“每契价一两，照依旧例纳税银贰分”，不知此“旧例”始于何时？但由此可以看出，明代的土地契税为交易价的2%～3%之间，其税率与前代相比并不算高。

以上是笔者对明代民事契约制度的一些粗浅认识，限于史料占有的局限性和应用水平，上述的一些观点定位可能不太准确，但是从以上诸观点及其结论可以看出，笔者试图以一个另类的视角对有限的史料进行剖析，以便能够真正发现和还原明代民事契约现象的真实面目，即作为深受儒教价值观哺育的中华法系民事法律的一系列制度设计，经过几千年的继承与发展，其理论体系、其科学性与适用性，并不比其他世界文明古国的民事法律制度逊色。

---

〔1〕张传玺主编：《中国历代契约会编考释》，北京大学出版社1995年版，第842页“嘉靖三十九年休宁县给付洪容买地契尾”。

〔2〕张传玺主编：《中国历代契约会编考释》，北京大学出版社1995年版，第850页“嘉靖四十一年祁门县给付方综买地契尾”。

约于礼：中国君主立宪思想的基调

孙德鹏 *

1917 年秋，康有为在复辟的炮声中静静地读着《春秋》，之后写下火药味十足的《共和评议》，“不媚于天子，而媚于庶人”的共和之病遂成为一代人的记忆。[1]在章太炎看来，民国亦不过是个“调剂敷衍，相忍为国”的乱局。[2]平心而论，康、章二人都不是遗老遗少，为什么会如此排斥新制度？君主制度已明显不合时宜，为什么还会有洪宪帝制运动？满族本身的复辟欲望，比较下来，算是澹泊，为什么？这些问题都曾引起无休止的争论，我现在重提是为了实现一个朴实的目的：以清末的君主立宪思想为切入点，来思考宪法概念被中国人想象、改造乃至消费的历史过程。

一、百年前的宪法讨论

1906 年初夏的一个黎明，因徐世昌的举荐，留日归来的曹汝霖得以面见慈禧与光绪，进言宪政之道。在《曹汝霖一生之回忆》中，他详细记述了这次百年前的宪法讨论：

> 至仁寿殿，殿内漆黑，稍闭眼，才见偌大殿座，只有两只大蜡烛在御案上……太后正坐，皇帝坐左侧，太后问：听说日本国会里有党派时常有吵闹的事？对：是的。因为政党政见不同，故议起事来意见不能一致。……但临到大事，朝议定后，两党（宪友会与进步党）即团结起来，没有争论了。臣在日本时，适逢对俄开战问题，争得很厉

---

* 作者系西南政法大学讲师。

〔1〕 汤志钧编：《康有为政论集》，中华书局 1981 年版，第 1035 页。

〔2〕 汤志钧编：《章太炎年谱长编》，中华书局 1979 年版，第 370～372 页。

害，后来开御前会议，日皇决定宣战，两党即一致主战，团结起来了。太后叹了一口气说：唉！咱们中国即坏在不能团结！对：以臣愚见，若是立了宪法，开了国会，即能团结。太后听了高声问道：怎么着！有了宪法国会，即可团结吗？答：臣以为团结要有一个中心，立了宪，上下都应照宪法行事，这就是立法的中心。开了国会，人民有选举权，选出的议员，都是有才能为人民所信服的人，这就是领导的中心。……政府与国会，互相为用，只要总理得人，能得国会拥护，国会是人民代表，政府与国会和衷共济，上下即能团结一致。[1]

叙事的关键在于某种机智，即知道什么时候恰到好处，而"如果叙事要有历史意义的话，那么就得与其背景相交织"。[2]曹汝霖的回忆既没有壮阔的气势，也无意寻求所谓历史的意义，但或许正是这样的片断使那些"丢失了的历史"从细节中涌现出来。曹汝霖此处的文本传达给我们的信息是，这次对话的焦点是围绕着立宪与"团结"的关系来进行的，有几个问题值得我们关注：其一，宪法首先是一个政治性的概念，而非法律概念。它是中国政治团结的中心，甚至可以说，宪法就是以一个以团结为中心的纲领性文件，它与限制权力的概念无涉。慈禧对立宪的忧虑在于"国会里有党派时常有吵闹"，而"咱们中国即坏在不能团结"。作为臣子的曹汝霖则认为"上下都照宪法行事"，便可团结。其二，皇权在宪法中的主导地位是毋庸置疑的，因为日本的经验是取法德国重君权的宪法体制，而中国正是以日本为借鉴的对象。其三，对权力分立制衡的淡化或者说回避。政府与国会的关系是"和衷共济"，这样才能"上下团结一致"。其四，宪政改革以朝廷为主导，是自上而下进行的改革运动。政治参与的问题并不为上层统治者所关注。[3]其五，政

---

〔1〕 曹汝霖：《曹汝霖一生之回忆》，传记文学出版社1980年版，第50～51页。

〔2〕［美］魏斐德："讲述中国历史"，载《史林》2001年第3期。

〔3〕 当时舆论对清廷的这种做法曾有尖锐的批评，如1906年《中国新报》上刊载的"新官制评论"一文就认为："在世界之立宪国，当其由专制政体而改为立宪也，皆其国民有以造成之故，其立宪国国民之地位，非离乎国民而别有人焉授与之者也。今不闻我国民谋自建设立宪政体，而立宪之说反自政府倡之，世界安有人民不自谋立宪，一切任政府之所为，而立宪国家，可以成立者乎？彼政府者，微论其不必果欲立宪也，即其欲之，殆亦不耕而求获耳！矧现政府之立宪议，固不必果有是心乎，微特无是尽也，彼又将藉此以坚一般人民望之待之之心，而因以假改革之名，为所欲为攫夺吾人民一切之权利，不唯不触人民之怒，而欲以博人民之欢心焉。是故政府主倡立宪之结果，适足愈巩固其专制势力耳。人民不知自谋，彼亦何乐而不为此者，而顾欣欣然望之，望之不已，而又待之。呜呼！此吾所以悚悚然危也。"参见熊范舆："新官制评论"，载《中国新报》第1号，光绪三十二年十二月。

治的基础仍然是传统的德治主义和精英主义模式。议会及选举制度并不是在西方的“民主”意义上被理解，而是“为人民所信服的人（选贤与能）”进入政治设立通道。

宪法所提供的法律秩序如果要发生作用，还要依赖在政治和文化上统一的中国，而这个中国在本质上还是一个由“治者与被治者”构成的帝国。即使是当时新出现的观点，如国家乃是所有中国人共同的财产，也与传统有着千丝万缕的联系。孔飞力（Philip A. Kuhn）针对这种观点的社会根源进行了分析。首先，在太平天国之乱后，在野精英加入了公共生活，创造了一个新的社群观念。其后，清朝的新政提供了一种新的方法，让人们可以在官僚体制之外取得权力和名位。[1]20 世纪初，商人、乡绅、出身新式学堂的人以及回国的留学生，得以在新的国家中找到立足点；同时，地方组织也得以在地方自治计划中得到了相应的地位。孔飞力阐明的问题是，在这一社会转变过程中，地方士绅如何从乡土社会晋身到全国的层次，从而参与国家现代化的计划，但他无法解释君民融合一体观的独特魅力。事实上，革命派、立宪派、地方士绅，甚至于清廷官员，都共享一种现代民族国家融合一体的神秘观感。[2]

二、“无力”的立宪派

中国思想的内发性发展观已被学界广泛接受。如日本学者岛田虔次就认为，到了清末，受到欧洲民主主义、立宪主义的刺激，出现了改革的声音。此后呼唤起孙文革命论的康有为、梁启超的变法论，考虑其产生的形态，如果除去欧洲起源的诸要素，主要就是根据《明夷待访录》和公羊派（今文经学）的思想。也就是说，把继承了中国传统的儒教思想的发展，看作它的“骨架”。[3]以康有为为代表的今文学派奉行所谓的“孔子为先知”说及其相关“一元直线历史进化观”,[4]在对抗“全面彻底”现代化或西化问题上，

---

〔1〕 Philip A. Kuhn, *Origins of the Modern Chinese State*, Stanford: Stanford University Press, 2002, pp. 20 ~ 45.

〔2〕 Chang-p'eng-yuan, “Constitutionalism in the Late Qing: Conception and Practice”，载《台湾研究院近代史研究所集刊》第 18 期。

〔3〕［日］小野和子:《明季党社考》，李庆、张荣湄译，上海古籍出版社 2006 年版，第 1 ~ 2 页。

〔4〕［日］小野川秀美:《晚清政治思想研究》，林明德、黄福庆合译，台北时报文化出版事业有限公司 1982 年版，第 88 页。

可以说是中国内部生发出来的最有效资源。[1]

清末公羊学者的最大创意是设计出一种具有创造性的新认知结构，其变易思想及“三世”演化的观点兼具诠释古史和规划未来的功能。[2]不过，陈志让和列文森都指出1895年前儒家思想在文化上的绝对优越性，西方文化只能屈居于“实践”的位置上，其人伦、文字皆不如中国。[3]清廷的自强政策，除了给予中国近三十年的对外和平与内部秩序外，还大大地修正了儒家的世界观与政治基础，即承认另一种文化的存在和儒家思想的不足。[4]当时的“中体西用”论者与“西学中源”论者的认知方式都是基于这样的一种儒家式的观点，即无论如何，“中体”是完整的、自足的、不假外求的、自我超越的。它无法授受西方比中国进步这一事实，以至于许多读书人费尽功夫在经典中推求西方事物的中国根据。[5]

对于自强运动后的两次大变革，身为宪政编查馆“起草课委员”的曹汝霖曾惋惜地评价道：“戊戌维新百日虽未成功，至今传诵，慈禧九年立宪，喧传一时，终成画饼，实因前者是有新锐之气，后者已有迟暮之感耳。”[6]这种新锐之气在思想上来自于传统内部，若要有一个系统性的渊源，那就是清末的公羊思想。凭着对公羊思想的“解释性创新”，当时的知识分子以传统的模式，对西方的“素材”做出了最强有力也是最后一次经学式的回应。[7]清廷的自强政策亦仍以经学内的“制度”、“历史”、“政制”等概念去统摄西方的技术性“素材”：客观认知的精神。这表明传统学术极强的政治性，更表明改革派最初的保守主义基调：对体制本身的变革，必须植根于中国过往之深层

〔1〕［澳］沙培德：“中国保守主义思想根源中的立宪主义与儒家思想—外来政治模式与民族认同相关之研究”，载中国社会科学院近代史研究所编：《近代中国与世界：第二届近代中国与世界学术讨论会论文集》，社会科学文献出版社2005年版，第97～115页。

〔2〕孙春在：《清末的公羊思想》，台湾商务印书馆1985年版，第260页。

〔3〕［美］列文森：《儒教中国及其现代命运》，郑大华、任菁译，中国社会科学出版社2000年版，第49页。

〔4〕［加］陈志让：“现代中国寻求政治模式的历史背景”，载张玉法主编：《中国现代史论集》（第一集），联经出版事业公司1987年版，第276页。

〔5〕全汉升：“清末的‘西学源出中国’说”，载《岭南学报》第4卷第2期；“清末反对西化的言论”，载《岭南学报》第5卷第3、4期合刊。

〔6〕曹汝霖：《曹汝霖一生之回忆》，传记文学出版社1980年版，第53页。

〔7〕孙春在：《清末的公羊思想》，台湾商务印书馆1985年版，第260页。

结构。[1]相应地，改制受挫的原因也来自于体制内部的“政治结构本身”，所谓：

> 皇朝体系充斥着个人恩怨与党派冲突、苦于行政的无能与腐败，加上接踵而至的内忧外患，正一步步走向崩溃的末路。它无法提供有利的条件来完成任何对自身有积极利益的事；变法这剂特效药无补于垂死的王朝……一个高贵的理想注定要变成为一个失败的目标。[2]

这一点可以从戊戌政争的某些细节中看出端倪。康、梁在戊戌政变中与袁世凯结怨。康有为一度养侠士谋除慈禧，梁启超也在朝中拉拢良弼、铁良以打压袁世凯。庚子以后，虽然慈禧与袁世凯都赞同改革与立宪，但仍然排挤康、梁。慈禧、光绪死后，康、梁与袁世凯的斗争继续进行。[3]梁启超通过拉拢载沣，一面建议宣布袁世凯罪状，明正典刑；一面建议宣统元年元旦颁诏表明立宪决心。1909 年 3 月又下谕旨令各省成立咨议局，京外大员认真办理预备立宪事宜，甚至把反对立宪的陕甘总督升允开缺，以示立宪决心。[4]如果清廷按照预备立宪程序施行宪政，袁世凯并没有机会再排挤康、梁。但由于武昌起义的爆发，清廷重新起用袁世凯，这给康、梁利用朝中力量推行宪政的努力以致命打击。梁启超从日本赶赴奉天时，曾试图说服张绍曾、蓝天蔚等人的新军阻止袁世凯入京，遗憾的是，这些努力都不成事。[5]

民国初年，形成同盟会、北洋军阀、黎元洪三足鼎立之势。一向与同盟会处于竞争地位的立宪派必须在袁与黎之间做出选择。对当时的政局，立宪派有这样的认识：“吾国将来毫无阶级，纯系平民政治，然同平民，各党相持又无可判其胜负，于是不得不挟其军队以卫其主义，故吾国之政治可名之曰平民的军队政治。”[6]基于此种认识，徐佛苏等主张加入黎元洪一派，因为“黎系军队要人”；而张君劢则力主联袁而组党：“袁氏为人诡谲多术，颇不易

〔1〕［澳］沙培德：“中国保守主义思想根源中的立宪主义与儒家思想—外来政治模式与民族认同相关之研究”，载中国社会科学院近代史研究所编：《近代中国与世界：第二届近代中国与世界学术讨论会论文集》，社会科学文献出版社 2005 年版，第 97～115 页。

〔2〕萧公权：《萧公权全集之五：翁同龢与戊戌维新》，联经出版公司 1983 年版，第 141 页。

〔3〕张玉法：《清季的立宪团体》，台湾研究院近代史研究所 1971 年版，第 354～356 页。

〔4〕胡绳武、金冲及：《论清末的立宪运动》，上海人民出版社 1959 年版，第 33 页。

〔5〕胡绳武、金冲及：《论清末的立宪运动》，上海人民出版社 1959 年版，第 50 页。

〔6〕丁文江、赵丰田编：《梁启超年谱长编》，上海人民出版社 1983 年版，第 365～371 页。

合。惟联合之目的，并非在争政权，藉其势力以发展吾党支部于各省，数年之后，虽欲不听命于我，安可得焉。"[1]1912年2月13日，袁世凯当选大总统，梁启超当日便致函阐释其"开明专制"策略："善为政治者，必暗中为舆论之主，而表面自居舆论之仆，夫是以能有成。今后之中国，在共和国非居服从舆论之名，不能举开明专制之实，以公之明于此中消息，当已参之极熟，无俟启超词费。"[2]

对此，陈志让的总结颇具说服力，他说：君主立宪派虽然与任何政治流派都没有什么深仇大恨，但一直无法形成一个有实力的集团，而北洋派"无党之名，有党之实"，其实力远在同盟会之上。[3]遗憾的是，二者都未能实现精神救济者与权力持有者的合而为一，事实上，在此之后的中国亦一直受此种分离之苦。[4]最敏感于此种痛苦者是一个自称圣人的书生康有为。

三、"老臣"康有为

在康有为看来，伟大的人如孔子用不着学术权威或历史证据来证实其学说，因为他够资格创教与改制。[5]作为一个乌托邦式的哲学家，康有为是超越儒家的，作为一个改革家，他仍在儒家的范围之内。史家评论康氏对儒家经典的解释是"当时为适应时代的新问题所作的最严肃的努力"。但儒家并不能预先知道近代的问题，所以康氏又被冠以"武断与牵强"之名。为此，他甚至遭到御史朱一新的弹劾，指责他任意驱策圣人。[6]不过康有为有他自己的逻辑，而且，同样是沿着儒家的路径前行。他引申儒家的经文，把平等、

---

〔1〕 丁文江、赵丰田编：《梁启超年谱长编》，上海人民出版社1983年版，第372~373页。

〔2〕 丁文江、赵丰田编：《梁启超年谱长编》，上海人民出版社1983年版，第379~382页。

〔3〕 [加] 陈志让：《乱世奸雄袁世凯》，傅志明、鲜于浩译，湖南人民出版社1988年版，第228页。

〔4〕 近藤邦康提醒读者深究中国思想史上的几个"分离"：其一，孔子作为教主是绝对的，作为一方布衣则是相对的，所以，必须"托古"以"改制"。这样孔子就有了"志"、"意"与"事"、"制"的分离：其"志"、"意"在于"太平"、"大同"，其"事"、"制"不得不立"拨乱之制"。其二，康有为在戊戌变法前说，中国正处于"小康"向"大同"之世的转变中，而变法失败后，他却认为中国还处在"据乱"之世，应向"升平"之世转变，"太平"、"大同"之世被无限期地推向了彼岸世界。康氏的"三世说"在观念上存在着这种分离的因素。其三，精神救济者（素王）与权力的保持者（皇帝、军阀、领袖等）之分离。参见[日] 近藤邦康：《救亡与传统——五四思想形成之内在逻辑》，丁晓强等译，山西人民出版社1988年版，第14页。

〔5〕 萧公权：《康有为思想研究》，汪荣祖译，新星出版社2005年版，第65页。

〔6〕 朱一新："朱侍御答康有为第四书"，载沈云龙主编：《近代中国史料丛刊》（第六十五集），文海出版社有限公司1966年版，第29~36页。

自由、共和与宪政等概念注入儒学，而不是仅仅用儒学来阐释它们。他常以公羊家的学说来解释政治事务，这种解释值得明察。他在《论语注》中写道，“春秋之义，有据乱世、升平世、太平世”，“一世之中可分三世，三世可推为九世，九世可推为八十一世，八十一世可推为千万世、无量世……有乱世中之升平、太平；有太平中之升平、据乱”。

康氏认为这三世中的每一世都应该有它相应的政治制度：绝对王政适于据乱世，君主立宪适于升平世，共和制度适于太平世。所以，在不同的时代应该根据现实的需要变法改制。中国人在专制制度下生活了几千年，既无能力也无欲望取得政权。最安全的做法是尽量利用现存的制度与设施为大转变做准备，这就是君主立宪的逻辑。[1] 对于宪法，康氏也秉承公羊学说，谓《春秋》有“大义”与“微言”二法。大义者，孔子所著据乱世之宪法而施行于君主专制天下者也：

> 孔子以匹夫制宪法，贬天子，刺诸侯，故不能著之书而口授弟子。师师相传，以待后世。故待口说以传。今董仲舒、何休之传口说，所谓不成文宪法也。在孔门谓之微言，则多为升平、太平世之宪法也。（《论语注》卷二）

很明显，康氏对于源于英国的不成文宪法进行了儒家式的解释，甚至有牵强附会之嫌。概念的明晰并不是他的追求，如何让新的概念融入传统才是他努力的方向。同样，对于议院这一西方概念，康氏也以孟子的民本学说来阐释：

> 孟子特明升平授民权，开议院之制。盖今之立宪体，君民共主法也。今英、德、奥、意、日、荷、葡、比皆行之。左右者行政官员及元老顾问官也。诸大夫，上议院也。一切政法以下议院为与民共之。……民者如店肆之东人，君者乃聘雇之司理之人耳。民为主而君为客，民为主而君为仆。故民贵而君贱，易明也。众民所归，乃举为民主。如美、法之总统得任群官，群官得任庶僚。所谓得乎邱民为天子，得乎天子为诸侯，得乎诸侯为大夫也。今法、美、瑞士及南美各国皆行之。近乎大同之世，天下为公，选贤与能也。孟子已早发明矣。（《孟子微·总论》）

---

〔1〕 萧公权：《康有为思想研究》，汪荣祖译，新星出版社 2005 年版，第 147 页。

面对西洋的立宪政体与议院制度，康有为并没有表现出备受刺激的自卑感，反而显得信心十足。他的信心来源于中国传统的民本思想和大同观念（共治共享），也来源于对中国古代“公—私”观的独特体认。民之私与礼之公在如下表述中获得一种古典式的确认：

> 夫天生人必有情欲，圣人只有顺之，而不绝之。然纵欲太过，则争夺厌，故立礼以持之，许其近尽，而禁其逾越。尽圣人之特作，不过为众人持情而已。（《礼运注》）

康有为以一种变动的眼光来看待“礼”。圣人制礼以节人，但仅仅是“为众人持情而已”，换言之，礼不过是满足民众欲望的一种手段。孔子制礼，是为了满足“据乱”世向“小康”世过渡时代的民之私，相应地，在向“大同”世过渡的今天，固执其“礼”则有违圣人之意。[1]康氏视民为一种非自主性的存在，而自己则是如孔子、耶稣、佛陀般的救世主，由此形成一种“圣人—人民”统治模式。所谓志士无一物，欲使天下一。在康有为身上，士大夫心态并未因新思想的影响而削弱，相反，王朝体制的理念却进一步强化了这种态度。

书斋是个小而完美世界，有时要把它来打破，才能释放政治行动的大力，“内圣外王”的逻辑大抵如此。康有为深明此理，中国更需要这个逻辑。但处在不可动摇的特别不逻辑的世界里，离开万木草堂的康有为注定无法完美谢幕。孔子“创教”的时候，所处的时代年青，与清王朝相比，康有为却太年青，临池的功夫明显不足。1927 年 2 月 15 日，过完七十大寿的康有为开始写他一生中最后一段文字：一份感谢逊帝溥仪送来生日礼物的长篇谢恩折。书写的方式完全依照前清礼制，凡提到天的，一律比正文高出三字，凡提到皇帝称谓的，高两字；他自称“老臣”、“微臣”，凡提到自己时，字写得都很小。同年 3 月的最后一天，康有为把他的前清朝服铺在床上，依礼沐浴后，在朝服旁正襟危坐，半小时后离世。[2]康有为的谢恩折和死亡仪式并不仅仅是怀旧情绪的体现，其意味深长之处在于某种象征性：谢恩折的行文方式向世人证明传统的影响力与延续性。对于中国人而言，政治的真正素质在于它

---

〔1〕［日］近藤邦康：《救亡与传统——五四思想形成之内在逻辑》，丁晓强等译，山西人民出版社 1988 年版，第 9 页。

〔2〕［美］史景迁：《天安门——知识分子与中国革命》，尹庆军等译，中央编译出版社 1998 年版，第 202 页。

的书写方式必须对集体想象力产生强大影响，以至于字字不可替代。无论在过去或未来都会被记住，并且一出现就会被认出。

不幸的康有为，因为尊孔、忠君和立宪而不幸，我们不知道其中的哪一个造成了最大的不幸。《尚书·洪范》创造了一种理念的样式，康有为也试图创造一种理念的样式，为我们提供与生存的混乱对等之物，可惜并未成功。无论如何，他丰富了中国人对于政治生活的想象力：他仿效孔子，“历经三十一国，行道六十万里，出亡在外，十有六年”；[1]他把儒教的遗产调教成一种与西方政治文化相近却又有些令人费解的格调，试图以“国魂”为精神秩序战胜世界的混乱；他倡言君主立宪，大同社会，世界主义，“独自努力为人类建一目标，为历史赋予意义”，展现出独特的中国观与世界观。[2]对当代人而言，康有为已成为某种“古典”的符号，经由这一符号的提示，历史书写者或许可以明白如下道理：清末以来的宪政史不应当只是革命者及其伟大生涯中各种事件的历史，也不仅仅是守旧势力匪夷所思的欲拒还迎策略，而是政制缔造者和消费者乃至反对者的“人”的历史。[3]人事历然，天道有疑。康有为的人生便是一部作品，它告诉我们世间顶好的事物往往出于私情，原不是拿来教人的。文明不必自卫，卫道与护法亦不过是丧气话。中国的过去是有个王道荡荡，亦有个义气江湖，这个江湖水深浪阔，蓄得了鱼龙。

四、一个旧标准：天下为公

“一切礼乐政法，皆以为民也。但民事众多，不能一一自为。公共之事必举公人任之。”这是康有为对民本政治的概括。在中国的典籍里，统治者与被统治者关系的理想式样被设定为近乎神话的“父母—赤子”。《尚书》的“洪范”篇说，“天子为民父母，以为天下王”，“康诰”篇则说，“若保赤子惟民其康乂”，便是这种式样的表述。于是“尊君保民”成为周代官方主导的政治

---

〔1〕 汤志钧编：《康有为政论集》，中华书局1981年版，第1125页。

〔2〕 萧公权：《康有为思想研究》，汪荣祖译，新星出版社2005年版，第406页。

〔3〕 民国初年，政制与宪法皆不成款式。由于派系政争、宗族主义、地方主义等因素的影响，个人较之于制度更能左右时局的发展。因而，民国人物及其关系的复杂性可能是民国史研究的突破口。举例而言，康有为、梁启超、陈炯明等倾向于借用古人立场来处理今日危机，而孙文、廖仲恺等则站在革新立场，以相对自由的姿态与传统保持距离。相对而言，袁世凯、杨度、鲁迅等处于更为复杂的立场，他们虽都拥有传统式的教育，但并未把参加科举考试当作缙绅之阶；他们虽没有强烈的回归传统的愿望，但传统思想与行为方式不时出现在其言行中。简而言之，洪宪帝制、五四运动的复杂性象征性地代表了民国初年文化与政治的独特风貌。参见［日］山田辰雄：“近代中国人物研究”，载《文汇报》2011年9月19日。

话语，这也是整个《尚书》不断重复的主题。

“民本”一词最早见于《尚书·夏书》的《五子之歌》：“民为邦本，本固邦宁。”《诗经·大雅》的“烝民”中也有这样的话：“天生烝民，有物有则，民之秉彝，好是懿德。”这是对“民为邦本”论的进一步的说明。在前儒家的典籍中，“民”被描述成国家的基本人口以及统治的对象。《春秋左传》鲁文公十三年（前614年）邾文公说：“天生民而树之君，以利之也。民既利矣，孤必与焉。”这也仅仅陈述了一个基本的事实：人民构成了国家的基础和统治对象，而且其人口数量庞大。《春秋左传》襄公十四年（前559年）晋师旷说：“天生民而立之君，使司牧之，勿使失性……天之爱民甚矣，岂其使一人肆于民上，以从其淫而弃天地之性？必不然矣！”

美国学者艾兰“观水有道”。在《水之道与德之端》一书中，她对中国古代“人”的观念有精妙的阐释。在艾兰看来，西方人在动物与植物之间有着明显的区分，而在中国人的概念体系中，动植物同被归于“物”这一范畴。因为植物生长与再生是“物”这个概念的关键所在，于是，植物生长的原则从植物自身扩展到对所有生命的理解，当然也包括人。相应地，人不是欧洲所谓“理性的动物（reasoning animal）”，而是恰当培养后便可生长成熟的具有特定潜质的生物，并且是万物之中独具“心”的物。因此，惟有心的充分发展，人才成为完全意义上的人。

古代中国人确信，思维活动发生于心脏而不是大脑。“心”是身体中能思考与感觉的器官，它使人与动物相区别。所以按照《孟子》的说法：“耳目之官不思，而蔽于物。物交物，则引之而已矣。心之官则思……”（《告子上》）

心的最初意象是一池静止时可以清澈照人的水。心也可以在一个确定的方向运动，这种有意而为的运动被称为“志”，如《论语·里仁》所说：“士志于道”。当人民归向某一君王时，那是由于他们“归心焉”（《论语·颜渊》）。儒家理想中的统治者被当作圣王来治理国家，这就是所谓的仁政之路。他存德养性，以便能培育人民的心灵，如水之滋养植物。结果，万民心向于他，忠诚不二。另一方面，道家的圣人“无为”，不像儒家那样强调对意志的指导，而是让它自由地循道而行，却无意中抚育了天下。[1]

儒家把“民为邦本”的表述提升为一种民本主义的意识形态。[2]《孟

---

〔1〕［美］艾兰：《水之道与德之端：中国早期哲学思想的本喻》，张海晏译，上海人民出版社2002年版，第93～109页。

〔2〕王人博：“民权词义考论”，载《比较法研究》2003年第1期。

子·尽心下》载：孟子曰："民为贵，社稷次之，君为轻。是故得乎丘民为天子。"与《春秋左传》相比，《孟子》所改变的只是问题的叙事方式，用"民贵君轻"的价值判断代替了"天生民立君"的事实陈述，这种改变蕴含了儒家"认真看待民众的温饱"的意识形态，它为中国的王权统治提供了基本的合法性(Legitimacy)。[1]而在沟口雄三那里，这种民本思想是一种蕴含着"乞求"意味的君主思想：

> 自古以来的所谓民本，主要是指君主单方面自上而下地施惠于民……因此，民只能把命运寄托于君主的仁德或被包容于君主的裁决之中……换句话说，由于民要的治政全靠君主的仁德，所以古来的民本思想实质上是君主思想，全能（almighty）在君主方面。更尖锐地说，民本思想是君主方面为了柔和地（flexible）维持其专制政治并使之再生的一种安全阀（valve）的思想。从民的方面来说，民本思想客观上很容易演变成恳求君主施恩的一种乞丐思想。[2]

君主立宪的缘起恰恰是以上述观念为基调的权宜之计。在康有为的观念中，庶民是无智慧的特殊称谓，对于普通百姓的智慧，康氏并没有信心：

> 民不可使知，故圣人之为治，常有苦心不能语天下之隐焉。其施于治也，意在彼而迹在此，不能无畸轻畸重之迹焉。其始为也，可以犯积世之清议，拂一时之人心，蒙谤忍垢而不忍白焉…其操纵启闭，当时不能知，后世亦或不能知。(《康子内外篇·阖辟篇》)

如萧公权所说，康有为的立场极似法家。万物无主，有力者主之，这是康氏所遵循的原则：

> 人事之义，强弱而已矣。有以力为强弱，有以智为强弱……势者，人事之祖，而礼最其曾玄也。(《康子内外篇·势祖篇》)

事实上，民为统治之本的观念与天道的"公"的观念相伴而生。据沟口

---

〔1〕 王人博："民权词义考论"，载《比较法研究》2003年第1期。

〔2〕 ［日］沟口雄三：《中国前近代思想的演变》，索介然、龚颖译，中华书局2005年版，第259页。

雄三的考证，与民之“自营”的“私”相对的“公”有两种含义：①《韩非子》解释为“背私”，即开围之意，由此演绎出与众人共同的共，与众人相通的通。《说文解字》把它解释为“公，平分也”。②由《诗经》的用例类推，由“共”演绎为众人的公共作坊、祭祀场所等公宫、公堂，以及支配使用它们的共同体首领。在统一国家成立之后，“公”成为与君主、官府等统治机构有关的概念。[1]之后，公的概念开始了从公堂、公门、朝廷、国家这样的共同体之公到政治领域之公的演变，这一过程可以用《礼记·礼运》中阐述大同之世的一段为例证：

> 大道之行也，天下为公。选贤与能，讲信修睦，故人不独亲其亲，不独子其子，使老有所终，壮有所用，幼有所长，鳏寡孤独废疾者，皆有所养，男有分，女有归，货恶其弃于地也，不必藏于己，力恶其不出于身也，不必为己。是故谋闭而不兴，盗窃乱贼而不作，故外户而不闭，是谓大同。

这样的大同之公，几乎是共同体内平均分配之极致。[2]而这种无私性也与君主治国的无私性相联系，《吕氏春秋·贵公》一节，恰好可为例证：

> 昔先圣王之治天下也，必先公。公则天下平矣。平得於公。尝试观於上志，有得天下者众矣，其得之以公，其失之必以偏。凡主之立也，生于公。故《洪范》曰：“无偏无党，王道荡荡。无偏无颇，遵王之义。无或作好，遵王之道。无或作恶，遵王之路。”天下，非一人之天下也，天下人之天下也。阴阳之和，不长一类；甘露时雨，不私一物；万民之主，不阿一人。

天下承平之时，恩惠遍及万民。天地之惠并不偏于一类一物，而一同遍及于万物。所以，“天下，非一人之天下也，天下人之天下也”。汉代人郑玄就《礼运篇》的“天下之公”作注时说：“公犹共也，禅位授圣，不家之睦亲也。”唐朝的孔颖达也承传此意：“天下为公谓天子位也，为公谓揖让而授圣德，不私传子孙，而用尧舜是也。”他虽然强调“公犹共”，但并不主张天

---

〔1〕［日］沟口雄三：“中国公私概念的发展”，载《国外社会科学》1998 年第 1 期。

〔2〕［日］沟口雄三：“中国与日本‘公私’观念之比较”，载张中秋编：《中国法律形象的一面：外国人眼中的中国法》，法律出版社 2002 年版，第 311 页。

下为公，而解释为对天下而言君主为公。简而言之，是把公集中于君主一人之德性，王者于是成了可以做天下人知己的那个人。沟口雄三认为这一解释说明《礼运篇》的平分之意并非指一般的平分，而是局限在政治范围之内。吕不韦所谓的“公”同样也指君主一人的德性。汉代的贾谊在“人臣者，主耳忘身，国耳忘家，公耳忘私……”（《汉书·贾谊传》）中强调的也是此意。于是，对君臣秩序的强烈要求成为中国自汉代起的思想主流。〔1〕这种公私概念上的中国式观念在进入宋代以后，与天理、人欲的概念相结合，迎来了新的阶段。原本仅指君主一人的政治道德，飞跃式地横向扩大到普通的一般人（实际上以士大夫阶层为中心），内部从个人的精神世界，外部到与社会生活相关的伦理规范，即宋学所谓天理之公、人欲之私的普遍命题。〔2〕

对于上述问题的思考，得益于沟口雄三先生的卓越解释，他说：

> 大概中国的近代思想是出自共同体式（如万物一体的仁）的大同思想，而天、理、自然、公诸概念则是这个共同体的表象，在中国的近代中，没有“个我自立（作为个体的我）”的思潮，与此相反，它以独立的共和革命和人民革命为近代，并据此以展望将来。〔3〕

康有为有时把君主立宪称为“君主之仁政”，有时称作“君民共主”，这种做法无疑是对上述思想背景的响应。改革事业不能抛开那个能做天下人知己的君主，因为“天下为公，一切皆本公理而已。公者，人人如一之谓”。（《礼运注》）君主立宪实际上是从一君德治的君主主义过渡到分权公治的君主主义。君主虽已落后于三世演化与民主之公理，但毕竟是万民之一分子。在共和之前，中国必须经过君主立宪的过渡阶段，君主这一既存之物确实是中国的负担，但“在情况成熟前急求进入较高的政府形式，与维持失去效用的过时制度一样危险”。如萧公权所说，这是理解清末君主立宪思想的一个基本前提。〔4〕

---

〔1〕［日］沟口雄三：“中国公私概念的发展”，载《国外社会科学》1998年第1期。

〔2〕［日］沟口雄三：“中国公私概念的发展”，载《国外社会科学》1998年第1期。

〔3〕［日］沟口雄三：《中国前近代思想的演变》，索介然、龚颖译，中华书局2005年版，第50页。

〔4〕萧公权：《康有为思想研究》，汪荣祖译，新星出版社2005年版，第136页。

五、“治天下之具皆出于学校”

在洋务运动向变法论过渡的过程中，“开言路”是追求政治变革的士大夫们集中关注的问题。人们认识到，为了国家的富强，不仅要导入技术，还有必要变革政治体制，这样的认识与人们对西洋议会制度的关心程度适成比例。[1]最初的论说有汤震的《危言》和陈虬的《经世博议》。他们二人都建议，为了“开言路”，当使都察院相当于议会。汤震主张上级官僚属军机处，下级官僚属都察院，应当使之发挥上下两院的功能。而在陈虬看来，应在北京设都察院衙门，选六部练达公正之士，使之具有一院制议院的性质。在既存制度的范围内想要追求“开通言路”的主张，最先被想起的，正是把六科和都察院的言论反映到政治上的设想。这些论说都没有离开清朝固有的政治体制，如果寻求这些尝试的渊源，那么最直接、最近的源头是明末的东林党运动。[2]

在东林党那里，能与议会相当的机构并没有提上议事日程。不过，寻求言论通道的种种探索已经开了近代的先河。从思想史的角度来看，对议院的中国式理解要追溯到黄宗羲（1610～1695年）的观点。[3]《明夷待访录》在中国政治史上是屈指可数的最高杰作之一。所谓的儒教政治理论，在这本书里得到了最大限度的展开：

> 使天下之人不敢自私，不敢自利，以我之大私为天下之大公。……古者以天下为主，君为客，凡君之所毕世而经营者，为天下也。今也以君为主，天下为客，凡天下之无地而得安宁者，为君也。……然则为天下之大害者，君而已矣。向使无君，人各得自私也，人各得自利也。……而小儒规规焉以君臣之义无所逃于天地之间，至桀、纣之暴，犹谓汤、武不当诛之，而妄传伯夷、叔齐无稽之事。(《原君》)
>
> 学校，所以养士也。然古之圣王，其意不仅此也，必使治天下之具皆出于学校，而后设学校之意始备。……天子之所是未必是，天子之所非未必非，天子亦遂不敢自为非是，而公其非是于学校。……郡

〔1〕［日］小野川秀美：《晚清政治思想研究》，林明德、黄福庆合译，台北时报文化出版事业有限公司1982年版，第1～32页。

〔2〕［日］小野和子：《明季党社考》，李庆、张荣湄译，上海古籍出版社2006年版，第134页。

〔3〕［日］小野和子：《明季党社考》，李庆、张荣湄译，上海古籍出版社2006年版，第1页。

县学官，毋得出自选除。郡县公议，请名儒主之。自布衣以至宰相之谢事者，皆可当其任，不拘已任未任也。其人稍有干于清议，则诸生得共起而易之，曰："是不可以为吾师也。"（《学校》）

对传统政治最高原则的强调是这个文本的意义所在。归根结底，无论是君是民都不可忘记政治必须为人民这个大原则。学校是为了"养士"而存在的，但古代圣王设置学校的目的决不仅仅为了养士，事实上，"治天下之具（根本性、具体性的各种方案）皆出于学校"。于是，天子的是与非在学校或者书院这样一个"讲会"、"议论"的场所接受指摘。明末东林派兴起的时代，书院里的这种"自由"的风气，确确实实是以东林、复社为了言论自由的斗争为背景而酝酿起来的。到了清朝末年，不管是地方规模的建议，还是国家规模的讨论，在提及西洋的议院或在中国建设这一新的制度时，首先让人想起的，正是《明夷待访录》的上述观点。这一观点也是沟口雄三在《中国前近代思想的演变》一书中力求揭示的问题："天下"万民的"全体生存"问题是中国近代思想的基本课题，而这一主要关切在明末就已经形成，相应地，中国近代思想的独特性格体现为共同体优先的政治原理。[1]

六、"皇上万岁、宪法万岁"

文化意味着一种同质化的危险。不过，在政治领域里形成的共同体观念恰恰是传统中国思想的一大特色。日本学者岸本美绪把这一结构称之为"社会与国家"的同心圆连续体：

（传统中国）秩序空间的形象是，国家（以皇帝为顶点的官僚机构）和社会（民间社会集团及更不确定的人的关系网等）共同怀有维护全体社会安定秩序的实质性目的，这是一幅没有裂缝的、关联密切的秩序空间的图像。……从这一出发点看，国家层次的等质秩序并不是从一开始就形成的。但是，血缘、地缘等社会集团并没有造成完整的法共同体，绅士与地方官，乃至皇帝，均向德高望重者的情理判断开放。"修身齐家治国平天下"这样的经典语句中所见的同心圆状的连续性，可以说提供了中国

〔1〕［日］沟口雄三：《中国前近代思想的演变》，索介然、龚颖译，中华书局2005年版，第530页。

秩序像的原本形象。[1]

按照这一逻辑来推论，传统中国的民间社会，既不是只受国家支配的非自立存在，也不是自立于国家之外的自我完善的秩序空间，而是通过共同秩序观念与国家体制连接起来的连续体。这样的结构体现出“家—国—天下”这一连续体上所见到的统一性，表现于制度上是一种共同体优先的礼法秩序。它同心圆式地波及从家庭、宗族、乡党的地方社会，到以官僚为媒介的中央朝廷的国家，即共同体领域的每个角落。从政治史的连续性来看，清末以来的重大政治变动，不管以什么名义来称呼，都可以归结于某一政治势力的自上而下的统治。清末的宪政改革曾经营造出“皇上万岁、宪法万岁”[2]的全民感觉，然而，这种宪法感觉并不意味着民众有创造政治语言和生活的力量，而是指政治事务由统治者替民众制造，并为民众所消费这一事实。

君主立宪派试图在传统的连续性的基础上，或者经过对传统的再解释来改造宪法。戊戌变法的过程表明，君主立宪并没有被设想为民主以外的一个选择，而是中国第一个民主设施，如梁启超所说，它是经由“开明专制”迈向民主的过渡阶段。人们普遍认为立宪的最大困难在于：要在既无需求也无能力自治的人民中建立“民治”，唯一的解决之道是由精英分子来训练人民实行民主。这种努力的结果是，一方面，宪政话语的生产从一开始就确定了自上而下的历史基调，相应地，宪法在很大程度上是依附于中国社会的“欧洲玩意儿”（恰如传教士手中展示的西洋钟表），而不是支配中国社会的“法”。宪法的功能被限定在“一人之下，万人之上”的场域中，其作用是弥补使君主与人民相脱离的巨大断层。于是，对宪法的中国式改造集中表现在1908年《宪法大纲》中的表述：“大权统于朝廷，庶政公诸舆论。”这意味着宪法只能在君主制的框架内制定并被传统规定，换言之，宪法在本质上依然是“天

---

〔1〕［日］岸本美绪：“比较法制史研究与中国社会像”，载《人民的历史学》，东京历史科学会1993年出版，第116页，转引自［日］沟口雄三：“中国与日本‘公私’观念之比较”，载张中秋编：《中国法律形象的一面：外国人眼中的中国法》，法律出版社2002年版，第321~322页。

〔2〕1906年1月11日，出洋考察宪政的戴鸿慈等来到檀香山，在日记中描述了清末立宪的巨大效应：“至领事署，延见众商及各学堂男女教习暨诸学生，演说勉励数语，群唱爱国歌，呼‘皇上万岁’者三、‘宪法万岁’者三……其希望立宪之热诚，溢于言色，亦足见海外人心矣。”在民族主义兴起的欧洲，它是人类寻求不朽的宗教努力失败后最强大的意识形态。与“民族”这一概念的建构性相比，宪政乃至宪法万岁的全民感觉缺少构造历史的影响力。民族概念的引入确实形成了一种民族主义话语，并且参与了中国近现代历史的构建，而宪法概念及制度的引进则往往演变为政治斗争的工具。参见戴鸿慈：《出使九国日记》，陈四益点校，湖南人民出版社1982年版，第64页。

朝之物”，受“中国性”制约。

另一方面，宪政运动的这种依附性被“富强”的追求不断地再编和补强，直至被革命话语造成的“下层轰动”替代。这一过程在陈志让笔下是一种通向“帝国主义”的自强方案：“严复等社会进化论者制定了一个在道德、智力、体力诸方面自强的方案，相应地，他们也为近代中国寻求新的政治模式确定了一个历史的基调：梁启超式的新民，孙中山式的革命者，袁世凯式的军人，最终会率领中国向帝国主义迈进。”〔1〕这一基调使得革命的目标依然没有摆脱清末的遗留问题，自上而下的改革从朝廷主导转变为由政府、党、强人领袖代行人民意志，形成新秩序所需要的强有力的领导能力的建立以“代行主义”的形式出现，洪宪帝制就是这种“代行主义”的开端和高峰，继之而起的是孙中山的“训政”。〔2〕

以上分析，如果要举一例证的话，可以从1913年12月袁世凯在“政治会议”上的一次讲话中得到确认：

> 国力之强否，视其内政外交之若何；而内政外交之善否，又视其政府之强固与否，而国体为君主为民主不与焉。共和政治，为宪政之极轨，本大总统欣然慕之，然何谓招牌一改，国力即随之充足。即以目今之内政外交而论，紊乱何堪设想。一般人民以国体既改，国民均属平等，于是乎子抗其父，妻抗其夫，属员抵抗长官，军士

〔1〕［加］陈志让：《乱世奸雄袁世凯》，傅志明、鲜于浩译，湖南人民出版社1988年版，第234页。

〔2〕辛亥革命为革命派和所有参加革命的其他政治势力带来了两大任务，即共和制民主主义的实现和强有力的领导能力的建立。一方面，辛亥革命后产生了三个相当于议会的政治机构，暂时实现了有限的政治参与和民主政治：各省都督府代表联合会（1911年11月15日～1912年1月17日）、临时参议院（1912年1月28日～1913年4月8日）和正式国会（1913年4月8日～1913年11月4日）。另一方面，赋予政府或政党强有力的领导能力是实现宪政的手段，于是，宪政史上“代行主义”确立起来，并且在军法之治、约法之治和宪法之治的宪政道路上一直保有正当性。在中国同盟会1906年发表的纲领性文件《军政府宣言》中，军法之治是指“军政府督率国民旧污之时代”，“军队与人民治于军法之下，军队为人民戮力破敌，人民供军队之需要及不妨其安宁”。约法之治是“军政府授地方自治权于人民，而自总揽国事之时代”。宪法之治是“军政府解除权柄，宪法上国家机关分掌国事之时代”，而宪政实现的关键是“国民循序渐进，养成自由平等之资格”。简言之，当时的问题是：在现有的独裁权力下如何实现将来的民主主义。参见［日］山田辰雄：“袁世凯帝制论再考—古德诺与杨度”，载中国社会科学院近代史研究所编：《近代中国与世界—第二届近代中国与世界学术讨论会论文集》（第三卷），社会科学文献出版社2000年版；“军政府宣言”，载广东省社会科学院历史研究室等编：《孙中山全集》（第一卷），中华书局1981年版，第296～298页。

抵抗统帅，以抵抗命令为平等，以服从命令为奇辱。而政治遂不能收统一之效。[1]

如袁世凯所说，他寻求国力的强盛，而这种强盛是先要在他的领导下统一全国，才能取得。袁世凯试图依靠封建帝制的经验把人民聚集在他的周围，他终究被迫全部依赖于这条经验：对于中国人而言，效忠于一个人，比忠于国家或忠于抽象的约法更易于理解。袁世凯的独断专行表明他在行动上否定了“由多数决定”的西方式民主形式。他深知无论是立宪派或革命派，从没有一个敢与中国文化开战，“尊师敬长”的中国伦理传统容不下“子抗其父，妻抗其夫”的新法。袁世凯没有成为这样的反叛者，创办《新青年》的五四人陈独秀则向前迈进了一大步。同样以独断著称的他在袁世凯离世后写下惊人之语：“现代立宪国家，无论君主共和，皆有政党。其投身政党生活者，莫不发挥个人独立信仰之精神，各行其是：子不必同于父，妻不必同于夫。”[2]袁世凯对于传统经验的依赖最终“自毁长城”，而陈独秀和五四运动则开始了“剖腹藏珠”的大冒险。

从慈禧统治下的绅—军政权到军阀时期的军—绅政权，中国人始终在大一统的观念中寻求现代化的道路。社会达尔文主义在催生民族主义的同时也限制了宪法的中国语境：宪法不是西方意义上对权力品质的法律规范，而是“适者生存”之“进化”气氛中的应景之作，最后竟退化为派系斗争的工具和政争的装饰品。如陈志让所说，传统的标准是有道无道，而宪法的标准是合法违法，这是中国有了宪法之后的第一个大问题。之后的道德与宪法的问题、宪法与权力的问题、宪法与程序的问题个个都棘手难办。在民国政治顾问辛博森眼中，洪宪帝制的失败与“政治死亡”的意思大致相当：“像中国在1916年不得不做的那样，回过头去，重新开始本该在1912年完成的工作。”[3]至此，宪政之路上又生出笔与枪的焦灼战局。儒教君主制虽已终结，但它的潜能隐于历史。袁世凯的洪宪帝制，张勋的复辟政变都试图把宪法纳入传统的道义范畴。“精神宪法”的概念在宣统皇帝复位诏书的表述中达到极

---

〔1〕 陆纯编：《袁大总统书牍汇编》，转引自［加］陈志让：《乱世奸雄袁世凯》，傅志明、鲜于浩译，湖南人民出版社1988年版，第165～166页。

〔2〕 陈独秀：“孔子之道与现代生活”，载《新青年》1916年12月1日，第2卷第4号。

〔3〕 ［英］帕特南·威尔：《帝国梦魇：乱世袁世凯》，秦传安译，中央编译出版社2006年版，第264～266页。

致："以纲常名教为精神之宪法，以礼义廉耻收溃决之人心。"[1]

从文化的角度来看，对于满人而言，创造一种秩序的观念只是历史的遗物。老舍笔下的旗人基督徒"多老大"就饱受这一遗物的折磨：

> 多老大对自己是不是在旗，是否应当保持旗人的尊严，似乎已不大在意。可是，每逢他想起"敬"烟的规矩，便又不能不承认旗人的优越。是呀，这一条，和类似的多少条规矩，无论怎么说，也不能不算旗人们的创造。在他信教以后，他甚至这么想过：上帝创造了北京人，北京的旗人创造了一切规矩。[2]

对于另一个复辟者袁世凯而言，在运用了一切手段，包括暗杀之后，其大总统身份还不如在前清朝廷里做直隶总督时的处境，这使他越来越怀念古代帝王的权力。袁氏借助传统仪式称帝的事实在某种程度上与列维·斯特劳斯的观点不谋而合：神话不是关于过去的，而只是人们思考现在的一种方法。

七、结语

列文森在《儒教中国及其现代命运》中不断提出的问题是："为什么在中国历史的大部分时间里，新思想是否有悖传统，必须受到检验，而在近代，传统是否有悖于强势新思想，则必须受到检验?"[3]此说的基本预设是西方独占了一切超历史的普遍价值，中国只有接近西方才能进步。儒教中国得以存续的关键在于君主与官僚制度的对立关系与控制机制，而西方因素的出现使贫弱的中国逐渐成为一个"失去了对立关系的社会"。传统主义者由于丧失了思想的自明性而丧失自信，而反传统主义者在接受、拒绝、再接受西方思想

---

〔1〕［加］陈志让：《军绅政权——近代中国的军阀时期》，生活·读书·新知三联书店1980年版，第106～107页。

〔2〕康熙等清朝皇帝试图以诸如定期围猎、开武举的方式保持满人的尚武传统，但儒家的文化优势却一直占据上风。旗人们渴望成为经学家、诗人，以跻身文官之列。18世纪中期之后，绝大多数旗人似乎已不会骑马、狩猎，他们成为整日悠闲度日的受供养者。魏斐德认为明朝后期的危机源于文人与武人这个阶层的分离，而满人的统治体现了这两个阶层间一种新的稳定关系，一种妥协。无论是明是清，都没能解决一个困扰"近代"中国的老问题：文官武将之外的"民"如何寻求在政治上活动的余地？参见［美］魏斐德：《洪业：清朝开国史》，陈苏镇、薄小莹等译，江苏人民出版社2003年版，第364页，第622～623页；《老舍小说全集·第八卷·正红旗下》，长江文艺出版社2004年版，第399页。

〔3〕［美］魏斐德："小议列文森的官僚体系——君主对立关系主题的发展"，载《讲述中国历史》，东方出版社2008年版，第74～83页。

的过程中获得心理安定的方式。[1]列文森的独断前提并不能与历史相调和，如近藤邦康所说，“把抵抗西方之物作为游离于知的世界之外的土壤中所产生的一种情绪的、心理的要求（慰藉）来说明”，其实是在回避根本性的问题。[2]

如果承认西方独享一切超历史的普遍真理，中国的政治智慧就是零甚至负数，这显然不合常理。博尔赫斯说，一个国家的特征在其想象力中表现得最充分。当回顾人类政治智慧的开端时，西方人首先想到的是苏格拉底。在他生命的最后一个下午，他的习惯仍然是“讨论”，以不同的方式进行讨论。此后，政治便常常被想象成某种“议会”的类型，虽不失精致，却总弥漫着找不到领路英雄的失望气氛。中国人通常相信制度是决定性的东西，而新制度只有在被指涉会构成“礼”的历史与书面世界时才能存在。《礼记》中说孔子“祖述尧舜，宪章文武”，从历史的角度解决了权力品质的问题。商周之际，箕子为武王陈述《洪范》，于是西周礼乐之制被确定为一种中国式政治标准。

《洪范》中的“九畴”是治国平天下的条理，中国人向来是对它没有意见的：“初一曰五行，次二曰敬用五事，次三曰农用八政，次四曰协用五纪，次五曰建用皇极，次六曰乂用三德，次七曰明用稽疑，次八曰念用庶征，次九曰向用五福，威用六极。”这一完美的秩序如同戏文中的唱词，“文官执笔安天下，武将上马定乾坤”。直到19世纪末，中国人都把它来想象成“天下文明”的标准。当然，制礼与改制是与道义相关的大事，只有圣王才有资格，礼下庶人不过是一种额外的出路。于是，在危机四伏的清末，民主的潜能被想象成《尚书》中的“谋及乃心，谋及卿士，谋及庶人，谋及卜筮”。而在王气渐失、兵气日盛的民国，民主又被想象成“庶民的胜利”，颇有点“礼失而求诸野”的味道。

中国古时有礼仪三千，秦变制度，隋变文物，之后才有汉唐文明的舒枝展叶。百年来的生于忧患，仍是在寻求文明的翻新。若要打破“尊西人若帝天，视西籍如神圣”的虚妄，现今我们要面对的问题仍是要追问：宪政与民主何以成礼？谁人能再为时代陈述《洪范·九畴》？

相传太平军在南京住下之后，看见民间在种田做生意，便开始羡慕有家乡的湘军。万物都宁愿保持其本来面貌，中国亦如是。

---

〔1〕［日］近藤邦康：《救亡与传统——五四思想形成之内在逻辑》，丁晓强等译，山西人民出版社1988年版，第242页。

〔2〕［日］近藤邦康：《救亡与传统——五四思想形成之内在逻辑》，丁晓强等译，山西人民出版社1988年版，第245页。

晚清法制近代化变革与大陆法的移植

穆中杰 *

中国古代法发展到唐代，形成了为东亚、东南亚各国所效仿的中华法系。“所谓中华法系，是指在中国特定的社会历史条件下孕育成长的，以礼法结合为根本特征，以成文刑法典为核心内容，以《唐律疏议》为典型代表的中国封建时期的法律制度以及仿效其法而制定的东亚诸国的法律制度的统称。”〔1〕19世纪末20世纪初，绵延数千年之久的中华法系在内外综合因素的作用下终于走到了尽头。经过晚清法制变革，礼法结合的特征逐渐消失，诸法合体、以刑为主的立法体例逐渐为部门法独立的体系所取代，中国法律体系初步出现近代化特征。

一、晚清法制近代化变革的动力来源

晚清重臣载泽曾在奏请宣布立宪的密旨中提出“立宪之利有最重要者三端”，“一曰皇位永固”，“一曰外患渐轻”，“一曰内乱可弥”。〔2〕这里所说的“外患”与“内乱”由来已久，它们直接威胁到清王朝的封建统治。从这一认识出发，笔者认为，推动晚清法制近代化变革的动力主要有四个：

（一）满清王朝的衰败与殖民主义的东渐促使中国开始关注西方法制

在康乾盛世以后，满清王朝就危机四伏，吏治腐败，人口压力剧增，天灾人祸横行，百姓生活日益艰难，此起彼伏的宗教、秘密会社起义不时撞击着庞大腐朽的帝国。与此同时，西方殖民主义为谋求世界市场而向东方开始

---

* 作者系河南工业大学法学院副教授。

〔1〕何勤华、孔晶：“新中华法系的诞生?”，载《法学论坛》2005年第4期。

〔2〕参见故宫博物院明清档案部编：《清末筹备立宪档案史料》（上），中华书局1979年版，第174～175页。

大举侵略。清王朝的自身衰败、西方殖民主义东渐是两个同步进行的过程，它们之间存在着不可调和的矛盾，在各自的轨道上运行时双方还可和平相处，一旦交会势必要靠战争的手段加以解决。但是，比“奴隶贸易”还残忍的“鸦片贸易”[1]给中华民族带来了空前的民族劫难，两股势力的直接交锋已成必然趋势，1839 年林维喜被杀案充分说明中英两国治外法权方面的争端。这种形势下，中国的先进人士开始睁眼看世界，提出学习西方先进法律制度的主张。

如何学习西方呢？在经世致用派看来，有效的途径是通过翻译。比如，林则徐到广州伊始，就命令翻译广州、澳门、新加坡和印度等地的报纸和书籍，广泛搜集西方的历史、地理、法律和政治等方面的资料，翻译包括瑞士国际法学者瓦特尔（E. De Vattel，1714～1767 年）所著《各国律例》等书在内的著作；魏源曾建议设立官办译局，他在《海国图志》一书中明确提出“师夷长技以制夷”的主张。必须明确的是，鸦片战争前后，先进人士关注西方法制的研究成果或翻译成果虽给人以深刻印象，但影响最大的则是世界地理学方面的研究著作。[2]法律译著的出现，仅仅说明中国法律界开始关注西方法制，开始走向法制近代化的启蒙道路，但从法律体系方面来讲，还没有引起晚清政府主要当权者足够的注意。其中最重要原因就是晚清统治集团的保守主义倾向占据主导地位，一些关于改革的重要书籍未能迅速有效地传播。比如魏源的《海国图志》1843 年初版，1847 年和 1852 年经过修订，但是直到 1858 年才呈交咸丰皇帝；冯桂芬的《校分庐抗议》1861 年出版，直到 1889 年光绪皇帝才阅读到此书。[3]

（二）经济因素与非经济因素的互动是满清政府法制变革的内在动因

中国法制近代化的过程是一个传统法律文化与西方法律文化的矛盾冲突

---

〔1〕 马克思在谈及鸦片贸易的道德时，引用英国人蒙哥马利·马丁的话说：“可不是吗，同鸦片贸易比较起来，奴隶贸易是仁慈的；我们没有摧残非洲人的身体，因为我们的直接利益要求保持他们的生命；我们没有败坏他们的品格，没有腐蚀他们的思想，没有扼杀他们的灵魂。可是鸦片贩子在腐蚀、败坏和毁灭了不幸的罪人的精神世界以后，还折磨他们的肉体；贪得无厌的摩洛赫时时刻刻都要求给自己贡献更多的牺牲品，而充当凶手的英国人和吸毒自杀的中国人彼此竞争着向摩洛赫的祭台上贡献牺牲品。”参见马克思：“鸦片贸易史”，载中共中央马克思恩格斯列宁斯大林著作编译局：《马克思恩格斯选集》第 2 卷，人民出版社 1972 年版，第 23～24 页。

〔2〕 参见［美］费正清、刘广京主编：《剑桥中国晚清史》（下），中国社会科学出版社 1985 年版，第 175 页。

〔3〕 参见［美］费正清、刘广京主编：《剑桥中国晚清史》（下），中国社会科学出版社 1985 年版，第 219 页。

过程，也是传统法律文化迎接挑战、扬弃自身，进而实现创造性转换的过程。这一进程是众多的内外因素交织而成的极其复杂的过程，是一系列综合因素相互作用的结果。这些因素包括中国内部存在着并处于变化状态中的经济的、政治的、文化的及其他社会条件，外部因素则主要是指西方的冲击。在这些综合因素中，经济因素以外的其他因素相互作用并对经济因素发生作用，但“经济关系不管受到其他关系——政治的和意识形态的——多大影响，归根到底还是具有决定意义的，它构成一条贯穿始终的、唯一有助于理解的红线”。[1]因此，鸦片战争及其以后的外来冲击仅仅是中国法制近代化综合动力体系中一个重要组成部分，起决定性作用的还是近现代中国的经济条件。近现代中国的自然经济与商品经济并存的二元经济结构体系决定了中国法制近代化是一个极为复杂而又缓慢的历史过程。

在经济因素与非经济因素这对关系中，经济因素是自变因素，是社会发展的原动力；而文化、政治等非经济因素则是他变因素，直接影响着人们的意识，其社会功能主要是为经济生活和政治生活提供某种约定俗成的行为规范。我们考察工业革命以来的世界历史，不难看出，经济因素压倒了非经济因素，经济权力凌驾于一切权力之上，形成支配社会的政治和文化发展的决定性力量。[2]晚清社会的发展也基本遵循了这个规律。鸦片战争以后，以自给自足为特征的传统自然经济逐渐走向解体，洋务运动的出现使近代工业化开始兴起，工商业的繁荣又促进了近代社会组织的变迁，产生了近代社会团体（如商会等）与政府的新型关系，这些都标志着经济形势发生了深刻变化，多元利益主体已悄然形成，从外部产生了制约晚清政府的经济力量，传统的非经济因素已难以适应需要，旧法体系从法律形式和法律内容来看都表现出了滞后性。诚如沈家本所说：“窃维法律之损益，随乎时运之递迁，往昔律书体裁虽专属刑事，而军事、民事、商事以及诉讼等项错综其间。现在兵制即改，则军事已属陆军部之专责，民商及诉讼等律钦遵明谕特别编纂，则刑律之大凡自应专注于刑事之一部。推诸穷通久变之理，实今昔之不宜相袭也。”[3]晚清政府要挽救颓败的局势必须适应经济因素与非经济因素互动发展

---

〔1〕 见“《恩格斯致瓦·博尔吉乌斯》（1894 年 1 月 25 日）”，载中共中央马克思恩格斯列宁斯大林著作编译局：《马克思恩格斯选集》（第二卷），人民出版社 1995 年版，第 732 页。

〔2〕 参见罗荣渠：《现代化新论：世界与中国的现代化进程》，商务印书馆 2004 年版，第 242～244 页。

〔3〕《奏刑律分则草案告成由》、《档、法、律例 80 号》，转引自李龙主编：《新中国法制建设的回顾与反思》，中国社会科学出版社 2004 年版，第 22 页。

的需要，而西方列强在政治制度、经济制度、法律制度等方面的优越性已经为其他殖民地、半殖民地国家所认同和效仿，这为清政府实行变革提供了有益的借鉴和启示，促使清政府进行以“自强”、“新政”为中心的法制变革。

（三）外国对中国侵略程度的日益加深对晚清法制近代化起到催化剂作用

美国著名中国问题研究专家费正清先生认为，在近现代中国历史发展过程中起主导作用的是西方殖民主义的广泛入侵，“条约制度兴衰的一百年来，经历了帝国主义入侵中国的开始及其高潮，也经历了中国人民对侵略不断增强革命反抗的各个阶段。中国的主权在条约中不断受到损害，随着民族主义和革命的兴起，主权渐渐地又得到了维护。虽然通商口岸在开始时只是沿海贸易及对外交往的边缘地带的中心，可是在挑战与应战的过程中它们成了斗争的主要焦点。因此，必须把19世纪40年代和50年代条约制度形成的时期，看成是外国对中国生活施加错综复杂和惊人影响的起始阶段，尽管这一有着外国影响、特权、控制和最终是掠夺的时代，在中国人民的历史长河中只不过是一个小小的插曲”。[1]按照这种“挑战—应战”的模式，在中国法制变革中，西方殖民主义的入侵成为主要的推动力量。我们运用这一理论来分析晚清的法制变革，似乎有一定的道理，因为继鸦片战争之后，不到15年就爆发了第二次鸦片战争，使中国半殖民地半封建社会的程度进一步加深；随后的20年间，俄国1871年侵占伊犁，日本1874年夺取琉球，1883～1885年又爆发了中法战争，而甲午中日战争之后，中国的半殖民地半封建的程度大大加深了；1901年辛丑条约的签订，则使中国完全陷入半殖民地半封建社会的深渊，清政府完全成了西方列强在中国的统治工具。但是西方殖民主义对晚清法制变革的影响是复杂的。从晚清社会及法制状况来看，古老的中华法系已经开始缓慢进入历史变迁的进程，法制变革的基础已经确立，西方殖民主义的入侵只是起到催化、加速的作用；从当时入侵的西方法律文化来看，这种影响是多元的，既有英美法的影响，又有大陆法的影响；就“挑战—应战”的效果而言，入侵的西方法律文化影响是深刻的，但从总体上看，西方法制的内部精神无法也不可能深深地嵌入中国法制变革过程中。[2]

（四）领事裁判权问题是晚清法制近代化的直接动力

关于领事裁判权问题，《牛津法律大词典》所作的解释是：“一国通过条

---

〔1〕 参见［美］费正清、刘广京主编：《剑桥中国晚清史》（上），中国社会科学出版社1985年版，第235页。

〔2〕 参见公丕祥：《法制现代化的理论逻辑》，中国政法大学出版社1999年版，第318～323页。

约给予居住在该国的他国公民的贸易特权，尤其是指不受居民国法院管辖的豁免权和由其本国法院对他们行使司法管辖权的特权。此种特权始于公元前2000年，并于中世纪早期实施。授予领事裁判权最著名的例子就是奥斯曼苏丹给予法国人自1536年起在土耳其的权利，允许法国领事根据法国法审理法国人在土耳其的民事、刑事案件，并可要求苏丹官员协助执行其判决。此后，几乎所有欧洲国家都在土耳其攫取了这种特权。直到20世纪，这种特权还在中国、埃及、土耳其和摩洛哥等地存在。随着东方国家法律制度的日益完善和独立意识的觉醒，这种特权最终得以废止。"[1]西方殖民主义者在中国攫取领事裁判权始于1843年晚清政府与英国签订的《议定五口通商章程》，随后美法两国分别通过中美《望厦条约》和中法《黄埔条约》取得了领事裁判权。第二次鸦片战争后签订的一系列不平等条约中对领事裁判权作出了更为具体的规定。欧美其他列强，援引与中国订立的条约中的所谓“最惠国待遇”条款，纷纷取得领事裁判权。

领事裁判权严重损害了中国的司法主权，造成了巨大的危害：权利国之人民实际上几乎不受中国政府之管辖及一切法律之制裁；权利国滥用领事裁判权，使其他外国人或某种中国人不受中国法院及其他政府机关之管辖与中国法律之制裁；中国国家或人民之利益为权利国人民或其他外国人或某种中国人所侵害时，无适当有效之救济办法。[2]清政府已经认识到领事裁判权关系到国家主权问题，“故西人所谓裁判权者，虽属司法之一端而独立不羁，即外国侨寓之臣民，莫不俯首就治，法权所在，主权系焉”。[3]为了挽救统治危机，晚清政府宣布准备实行变法，推行新政。西方列强为了在华攫取更大的利益，利用清政府迫切收回领事裁判权的心理，提出改良法律制度作为其放弃领事裁判权的前提，“中国深欲整顿本国律例，以期与各西国律例改同一律。英国允愿尽力协助以成此举，一俟查悉中国律例情形及其审断办法及一切相关事宜皆臻妥善，英即允弃其治外法权”。[4]清王朝的一些重臣也联名上书，要求改良法制。自此，以领事裁判权为直接诱因的晚清法制改革终于拉开

---

〔1〕［英］沃克：《牛津法律大词典》，李双元等译，法律出版社2003年版，第170～171页。

〔2〕参见杨兆龙：“领事裁判权之撤废与国人应有之觉悟”，载艾永明、陆锦璧编：《杨兆龙法学文集》，法律出版社2005年版，第337页。

〔3〕见《大清法规大全·吏政部》第20卷下《内官制二》，高雄考证出版社1972年版，第729页，转引自张德美：《探索与抉择——晚清法律移植研究》，清华大学出版社2003年版，第152页。

〔4〕见《大清法规大全·外交部》第19卷《条约》，高雄考证出版社1972年版，第2153页，转引自张德美著：《探索与抉择——晚清法律移植研究》，清华大学出版社2003年版，第150页。

了序幕。[1]

二、晚清法制近代化变革的基本宗旨

晚清法制近代化的宗旨有一个演变的过程。在中国法律界开始关注西方法律时，最初仅仅是为了禁烟的外交需要。比如魏源曾声称他写《海国图志》的最重要的动机是想彻底了解外国人的情形，不论是论述战争的发展或是论述和谈的进行，他的中心思想是“师夷长技以制夷”。[2]作为钦差大臣的林则徐以实际行动表达了他翻译西方法律著作的初衷。他在到达广州不久，即在了解禁烟实情的基础上，颁布《谕洋商责令夷人呈交烟土稿》、《谕各国夷人呈交烟土稿》等告示，宣布鸦片为中国政府早已明令公布的违禁之物。通过翻译著作《各国律例》，他了解到“各国皆有当禁外国货物之例”是任何一个主权国家所拥有的正当权利，“但有人买卖违禁之货物，货与人正法之照办”。为此他宣布：“近日访问，乃知此等奸夷，并未领照经营，而敢偷渡越窜，若被彼国查出，在夷法也必处于正刑。”[3]

第二次鸦片战争的失败，自强成为晚清政府的当务之急，以曾国藩、左宗棠、李鸿章为主要代表的洋务运动兴起。这次自强运动始于19世纪60年代初期，到90年代中期结束，由于洋务派对西学的认识仍然停留在“师夷长技以制夷”的阶段，所以它以引进西方生产技术为主要内容，并未明确提出学习西方的政治制度、文化思想。有学者提出洋务运动的宗旨是“中体西用”，但笔者认为洋务运动只不过是中国近代化的初始阶段，它仅仅是在器物层面对“师夷长技以制夷”主张的一种实践。据何勤华先生考证，左宗棠在福建创办洋务期间，曾制定的《船政事宜十条》和《艺局章程》两个规章是中国最早引入西方军法而制定的法律文件。[4]这可以说是从法律体系角度，晚清政府对西方法制的移植。

甲午中日战争以中方的惨败而告终，同时也宣告了以富国强兵为目的的洋务运动的失败。随后发生的以变法自强为宗旨的戊戌变法虽然在广度和深

---

〔1〕李贵连先生认为收回领事裁判权是晚清法制变革的起动力之一，参见李贵连：《清季法律改革与领事裁判权：兼论沈家本法律救国思想》，载《中外法学》1990年第4期。

〔2〕参见［美］费正清、刘广京主编：《剑桥中国晚清史》（下），中国社会科学出版社1985年版，第176～177页。

〔3〕参见周其厚：“论林则徐外交思想的形成与特点”，载《齐鲁学刊》1997年第5期。

〔4〕参见何勤华：“鸦片战争后外国法对中国的影响”，载《河南省政法管理干部学院学报》2002年第4期。

度上都超过了以往，但在百日之后即在以慈禧太后为代表的保守势力反扑下以失败而告终。《辛丑条约》的签订，使晚清政府成了洋人的朝廷，清王朝统治陷入全面危机。为挽救统治危机，晚清政府终于被迫修律。

关于晚清修律的宗旨，晚清政府最高统治者在《派载泽等分赴东西洋考察政治论》中确定为以择东西洋各国良好政治为模式来修订法律和改革法制，“兹特简载泽、戴鸿慈、徐世昌、端方等，随带人员，分赴东西洋各国考求一切政治，以期择善而从”。[1]关于晚清修律的宗旨，我们还可从各大臣在奏折中看出。如法部尚书戴鸿慈在《奏拟修订法律办法折》中说：“今我皇太后皇上禀聪明，讲求新政，以长驾远驭之资，任启后承先之重，允宜采取各国之法，编撰大清国法律全典，于守成、统一、更新三主义兼而有之。此臣等所谓主事之政策也。”[2]修订法律大臣沈家本等人在《奏请编定现行刑律以立推行新律基础折》中更加明确地指出：“是以臣家本上年进呈刑律，专以折冲樽俎、模范列强为宗旨。”[3]预备立宪的专门办事机构宪政编查馆和资政院在《会奏宪法大纲暨议院法选举法要领及逐年筹备事宜折》中也明确提到这一宗旨：“著宪政编查馆、资政院王大臣督同馆院谙习法政人员，甄采列邦之良规，折衷本国之成宪，迅将君主宪法大纲暨议院、选举各法择要编辑，并将议院未开以前，逐年应行筹备各事，分期拟议，胪列具奏呈览。”[4]可见，晚清法制近代化变革的基本宗旨就是模仿列强、择善而从，根本目的则在于挽救危亡，保全统治。

三、晚清政府移植大陆法的原因与途径

历史证明，晚清法制变革主要以移植大陆法尤其是德国法为主。[5]那么，晚清政府为什么要选择移植大陆法呢？笔者认为，主要有以下一些因素：[6]

---

〔1〕故宫博物院明清档案部编：《清末筹备立宪档案史料》（上），中华书局1979年版，第1页。

〔2〕故宫博物院明清档案部编：《清末筹备立宪档案史料》（下），中华书局1979年版，第840页。

〔3〕故宫博物院明清档案部编：《清末筹备立宪档案史料》（下），中华书局1979年版，第852页。

〔4〕故宫博物院明清档案部编：《清末筹备立宪档案史料》（上），中华书局1979年版，第55页。

〔5〕卢峻教授认为：“中国自晚清沈家本以降，以东洋日本为跳板与榜样，在法律制度方面借鉴与学习西洋的基本上是欧陆罗马法系的概念与学理。”见薛波主编：《元照英美法词典》，“卢序”，法律出版社2003年版。

〔6〕关于中国重视从德国引进其法律的原因，王立民先生曾归结为四个方面：当时的德国法是欧洲最优秀的大陆法；有引进德国法并取得成功的先例；德国的有些社会近似于中国；德国又是当时快速崛起的欧洲国家。参见王立民：《法律思想与法律制度》，中国政法大学出版社2002年版，第220~224页。

（一）出国考察政治的大臣对大陆法的极度推崇

自光绪三十一年（1905 年）六月下达分赴日本、欧美考察政治的上谕至次年回国，载泽等大臣在八个月的时间内考察了日本、美国、英国、德国、法国、丹麦、瑞典、挪威、奥地利、俄国、比利时、意大利、荷兰等国的政治概况，明确推崇德国、日本之法，而对英美法则表示难以效仿或有待抉择。如在对日本考察之后，他们即对日本政体大加称赞，“大抵日本立国之方，公议共之臣民，政柄操之君上，民无不通之隐，君有独尊之权”，究其原因之一就是取法欧洲，改良律法。[1]而对美国法制则明确向晚清政府难以效仿，他们也承认“其规划之周详，秩序之不紊，当日设施成迹，且在简编，要其驯致富强，实非无故，借取镜，所益甚多”，但“美为新造之国，魄力正雄，故其一切措施难以骤相仿效”。[2]关于英国也表示有待进一步考虑，他们虽对英国中央与地方的关系表示“深合周礼之遗制，实为内政之本原”，但就其官职而言，“颇有复杂拘执之处，自非中国政体所宜，弃短用长，尚须抉择”。[3]待到德国考察，他们为德国强大的军事而君主又握有重权的国体所折服，明确表示要刻不容缓地学习与借鉴：“其良法美意行之有效者，则固当急于师仿不容刻缓者也。”[4]大臣戴鸿慈等甚至明确奏请“以取法德国为主改革军政”。出国考察大臣对德国法、日本法等大陆法的推崇是晚清移植大陆法的重要因素。

（二）当时德国法是欧洲最优秀的大陆法之一

我们考察晚清移植德国法的原因，除了晚清政府主观上的认识之外，德国法是当时欧洲最优秀的大陆法之一恐怕也是一个客观原因。德国法是在继承罗马法和日耳曼法的基础上发展起来的。与欧洲其他国家相比，以崇尚思辨理性著称的德国哲学传统，使德国法能在立法技术上坚持严密的逻辑推理，力求精确表达法律术语。以《德国民法典》为例，它极端重视其规定的准确性、清晰性及完整性，它使用的每个概念仅用一个词去表达，而每个词只表达一个概念。这种用语最精确、逻辑最严密的特点使其成为与《法国民法典》并列的法典。此外，这种传统使德国法在制定过程中特别注意法典化的实现。[5]法律的法典化、用语精确、逻辑严密是满清政府判定法律之优劣的重要标准。例如顺治帝

---

[1] 故宫博物院明清档案部编：《清末筹备立宪档案史料》（上），中华书局 1979 年版，第 6 页。

[2] 故宫博物院明清档案部编：《清末筹备立宪档案史料》（上），中华书局 1979 年版，第 7～8 页。

[3] 故宫博物院明清档案部编：《清末筹备立宪档案史料》（上），中华书局 1979 年版，第 11 页。

[4] 故宫博物院明清档案部编：《清末筹备立宪档案史料》（上），中华书局 1979 年版，第 10 页。

[5] 参见夏新华：“德国法律文化的特性”，载《德国研究》2005 年第 4 期。

就给予制定《大明律》的朱元璋高度评价，“明太祖立法可垂永久，历代之君皆不及也”。〔1〕在崇尚祖宗之法的满清政府看来，大陆法的法典自然比英美法的判例优秀，而德国法在法国法之后兴起自然比其前面的法典要优秀。

（三）德日等国社会情况与中华法系传统具有相似性

清政府在预备立宪伊始，就明确提出学习与中国传统相似的西方法制，“前经特简载泽等出洋考察各国政治，著即派政务处王大臣设立考察政治馆，延揽通才，悉心研究，择各国政法之与中国治体相宜者，斟酌损益，纂订成书，随时呈进，候旨裁定”。大臣中也有不少人认为学习西方国家法律应该选择与中国民俗民情最相近的国家，“一国之法律，必合乎一国之民情风俗”。〔2〕经过考察，认为德国、日本等大陆法与中国情况最相似，主要表现是：其一，德国人的勤俭质朴的风俗与以勤劳善良著称的中国人最为相似，如戴鸿慈等在考察德国后禀报说：“其人民习俗，亦觉有勤俭质朴之风，与中国最为相近。”〔3〕其二，德国、日本的政体与中国近似。时任直隶总督的袁世凯在奏请赴德日考察宪法时说，考虑到“各国政体，以德意志、日本为近似吾国”，为考察详备，他甚至主张赴日考察宪法德大臣德回国之期，“不必预定，总以调查完竣巨细不遗为断”。〔4〕其三，日本实行立宪时的情形与晚清时期的情形相似。如大臣达寿在赴日考察总结各国宪政后，认为中国立宪的情形与日本明治维新前的情形相似，“世界立宪之大概，与日本立宪之情形，可以得矣”。〔5〕其四，日本的法律与我国法律具有深刻的渊源，这种渊源并不因为日本学习西方而失去。如在谈到日本刑法时，大臣张仁黼就认为，“日本刑法，本沿用我之唐明律，今虽累经改正，其轻重仍多近乎中律”；在谈到民法时，他认为，“民法五编，除物权、债权、财产三编，采用西国私法之规定外，其亲族、相续二编，皆从本国之旧俗”。〔6〕此外，在晚清政府看来，以德国法为主的日耳曼法系是中华法系进化的结果，学习借鉴德国法则是对中华法系的回归，并不违反祖宗之法不可变的遗训，这也是被视为移植德国法的原因。他们在精心研究世界各国法律之后，认为世界上存在着中华法系、印度法系、罗马法系、日耳曼法系四大法系，而中华法系是其他三大法系的源

〔1〕《清史稿·世祖本纪》。

〔2〕故宫博物院明清档案部编：《清末筹备立宪档案史料》（下），中华书局1979年版，第834页。

〔3〕故宫博物院明清档案部编：《清末筹备立宪档案史料》（上），中华书局1979年版，第10页。

〔4〕故宫博物院明清档案部编：《清末筹备立宪档案史料》（上），中华书局1979年版，第202页。

〔5〕故宫博物院明清档案部编：《清末筹备立宪档案史料》（上），中华书局1979年版，第29页。

〔6〕故宫博物院明清档案部编：《清末筹备立宪档案史料》（下），中华书局1979年版，第834页。

头，“中华法系为最古，谓之支那法系，其文明东渐西被，而印度法系生焉。由此播乎欧洲为罗马法系，是为私法之始，更进而为日耳曼法系”。[1]那么，晚清进行以学习德国法为主的法制变革是复归中华法系，并不违反祖宗之法不可变的遗训，“将见支那法系、曼衍为印度、罗马、日耳曼新旧诸法系者，复会归于一大法系之中”。[2]

（四）德国迅速崛起使晚清统治者深信移植德国法能使国家强大

德国实现统一后，通过改革很快实现了经济腾飞，其中以重工业、化学工业和电器工业为代表的工业迅速发展，并带动其他相关工业部门的发展。到19世纪末20世纪初，德国实现了向工业社会的快速转型，综合国力超过了法、英等老牌资本主义国家，成为仅次于美国的世界第二工业大国。随着经济实力的膨胀，德国对外扩张野心也不断发展，为此不断扩充军事实力，在全球范围内与英国展开竞争，[3]开始在全世界范围内同英国争夺霸权。德国的迅速崛起，“挫奥报法，世称雄国，而其陆军之制，亦几为天下之所师法”，[4]这使晚清政府看到德国法能够使国家的军政迅速强大起来，从而摆脱外来殖民统治。

（五）日本等国移植德国法的成功范例起到了直接示范效果

晚清修律之前，欧亚已有不少国家成功引进德国法的范例。比如，在欧洲，奥地利是庚子年间侵华的八国列强之一，它效仿德国法之后的强大引起考察大臣的注意。他们在给清政府考察奥地利大致情况的奏折中说：“其注意军队考求武备，专用全国皆兵主义，与德国如出一途。”[5]在亚洲，日本是成功移植德国法的亚洲国家。这一范例引起晚清政府的特别重视。考察大臣戴鸿慈在奏折中说，“日本维新以来，事事取资于德，行之三十载，遂致勃兴”。甲午中日战争、日俄战争的结局已经充分说明历来被大清王朝视为东洋小国、弱国的日本移植德国法强烈的示范效果。故而他建议说：“中国近多歆羡日本之强，而不知溯始穷原，正当以德为借镜。”[6]在他奏请以取法德国为主改革军政的奏折中更是突出强调各国效法德国，“详考各国制度，以德国为主，以

---

〔1〕故宫博物院明清档案部编：《清末筹备立宪档案史料》（下），中华书局1979年版，第833页。笔者认为这种说法不切实际，是“天朝大国”观念的一种体现，但就晚清移植大陆法而言，这种说法所持的理由对于反驳祖宗之法不可变的观点具有一定的说服力。

〔2〕故宫博物院明清档案部编：《清末筹备立宪档案史料》（下），中华书局1979年版，第834页。

〔3〕参见刘宗续主编：《世界近代史》，北京师范大学出版社1991年版，第554页。

〔4〕故宫博物院明清档案部编：《清末筹备立宪档案史料》（上），中华书局1979年版，第141页。

〔5〕故宫博物院明清档案部编：《清末筹备立宪档案史料》（上），中华书局1979年版，第16页。

〔6〕故宫博物院明清档案部编：《清末筹备立宪档案史料》（上），中华书局1979年版，第10页。

各国为辅”，为此建议晚清政府“妥筹办法”。[1] 日本、奥地利等国取法德国之后的军力强盛，对于在军事上屡次失利的晚清政府无疑最具有诱惑力。这便是晚清移植德国法的重要原因。

关于晚清移植以德国法为主的大陆法的直接途径有四个：一是从翻译出版的德国法典及法学著作中接受德国法；二是从驻外使节的了解中接受德国法；三是从德国在中国设立的司法机构及其法律中接受德国法；四是从到德国考察的考察团中接受德国法。间接途径主要通过日本法来实现，具体方法有：翻译出版已仿效德国法的日本的法典和法学书籍，聘请日本法学家来讲学和帮助制定法律，派遣留学人员前往日本学习法律等。[2]

四、晚清政府移植大陆法的结果

晚清法制变革大致可以划分为两个阶段：第一个阶段从鸦片战争前后到《辛丑条约》的签订，这是中国由封建社会彻底沦为半殖民地半封建社会的过程，法制变革主要表现为司法主权逐渐丧失独立，列强在中国领事裁判权制度与会审公廨制度逐步确立；第二阶段从《辛丑条约》签订到清王朝的覆亡，这是晚清政府实行所谓“新政”的时期，法制变革主要表现为移植以德国法为主的大陆法，进行制宪活动和立法改革，在沈家本、伍廷芳的主持下，晚清政府仿照大陆法先后制定了《钦定宪法大纲》、《大清商律草案》、《大清刑事诉讼律草案》、《大清民事诉讼律草案》、《大清新刑律》、《大清民律草案》、《十九信条》等法典或草案，逐步把中国法律制度纳入到世界近代法制的框架之中。从晚清法制变革的最终结果来看，主要表现为“六法全书”[3] 体系雏

---

〔1〕 故宫博物院明清档案部编：《清末筹备立宪档案史料》（上），中华书局1979年版，第141页。

〔2〕 参见王立民：《法律思想与法律制度》，中国政法大学出版社2002年版，第224～231页。

〔3〕 关于“六法全书”的说法很多。一种说法认为包括宪法、民法、刑法、商法、治罪法、诉讼法。另一种说法是，明治初年仅有“五法”一说，“六法”的说法是从东方的传统延伸过来的，“我国的法律受到法国法的影响，明治初期有法国五法之说。顺便指出，明治九年近藤圭造抄译《法兰西五法略》公开出版，五法这一用语出现了，但是并没有六法这一词。‘六法全书’的由来虽然无法确定，但是东亚自古以来‘六’有东南西北上下的意思，而且，东亚最早的成文法之一《唐律疏议》卷一引用的李悝《法经六篇》就分为六部分，《周礼》的六官（天地春夏秋冬）、《唐六典》，等等，六法可能就是从这个东方的传统延伸过来的”。[日] 森泉章：《法学》，有斐阁2001年版，第10页，转引自李龙主编：《新中国法制建设的回顾与反思》，中国社会科学出版社2004年版，第19页正文和注释。在《废除国民党的六法全书及其一切反动法律》中关于“六法全书”的说法是指“国民党政府的宪法、民法、商法、刑法、民事诉讼法、刑事诉讼法六种法规的汇编”。见《董必武法学文集》，法律出版社2001年版，第16页。

形的形成和司法开始从形式上独立。

（一）从形式上引进了近代宪政制度

“宪法”一词在我国古代典籍中，曾出现过“宪”、“宪法”、“宪令”、“宪章”等词语，其意义主要有三种情况：一是指一般的法律、制度；二是指优于刑法等一般法律的基本法；三是指颁布法律、实施法律。近代改良主义思想家郑观应在《盛世危言》中较早使用了“宪法”一词，要求清政府制定宪法、开设议院、实行君主立宪政治。此后，“宪法”一词渐渐被作为表述国家根本法的法律专用术语。1909 年 8 月，在各方压力下，晚清政府颁布了我国历史上第一部宪法性文件——《钦定宪法大纲》。这部宪法的突出特点是重君权、轻民权。从内容上看，《钦定宪法大纲》以 1889 年 2 月 11 日公布的《日本帝国宪法》为蓝本，有 23 条内容与《日本帝国宪法》基本相同，[1]把维护大清统治和君权的神圣不可侵犯至于最重要的地位，而对臣民的权利则突出限制，强调在法律范围内才享有权利，而且这种权利“当紧急时，得以诏令限制臣民之自由”；从编制形式上开，《钦定宪法大纲》分为正文和附录两部分，正文部分是“君上大权”，附录部分是“臣民义务”，这本身就说明民权是从属于君权的，“首列（君上）大权事项，以明君为臣纲之义；次列臣民权利义务事项，以示民为邦本之义，虽君民上下同处于法律范围内，而大权仍统于朝廷”。[2]辛亥革命爆发后，晚清政府为挽救垂危的统治，急切颁布了《十九信条》，但已无法挽救覆亡的命运。

（二）以大陆法系刑法典为蓝本修订刑律

1906 年，修律大臣沈家本聘请日本法学家冈田朝太郎等起草新刑法，1907 年完成草案。该草案引起了著名的“礼法之争”，经重新修改后，晚清政府于 1911 年 1 月以《大清新刑律》为名颁行天下。这是一部以日本刑法典为蓝本的刑法典，“《大清新刑律》大体继受日本刑法”。[3]这部刑法典首先在体例上模仿了大陆法系刑法典，设总则和分则两编。总则部分主要规定了刑法的适用范围、犯罪与刑罚的一般原理和原则；分则部分则规定了具体犯罪的构成要件与法定量刑幅度。其次，移植了大陆法系刑法典中的刑法原则、制度和概念。比如采用了罪刑法定原则、正当防卫原则、轻刑原则等；引进

---

〔1〕 据谢振民言，“《宪法大纲》共 23 项，纯为将来起草宪法之原则，多系直接采自日本”。见谢振民编著、张知本校订：《中华民国立法史》（上），中国政法大学出版社 2000 年版，第 34 页。

〔2〕《大清法规大全·宪政部四》。

〔3〕 谢振民编著、张知本校订：《中华民国立法史》（下），中国政法大学出版社 2000 年版，第 886 页。

了缓刑制度、假释制度等；引入了既遂与未遂、紧急避险、时效等概念。最后，吸收了大陆法系刑罚体系，将刑罚分为主刑和从刑两类。主刑有死刑、无期徒刑、有期徒刑、拘役和罚金，从刑有褫夺公权和没收财产两种。

（三）以大陆法系民法典为参照制订民法典

民刑不分是中国法律的传统结构形式。1907 年，在沈家本等人的主持下，借鉴大陆法系关于公法、司法相区分的立法模式，参照日本、德国、瑞士等大陆法系国家的民法典，聘请日本法学家志田钾太郎和松冈义正协助起草了我国历史上第一部民法典草案《大清民律草案》。该民律草案分总则、债权、物权、亲属、继承等五编，系仿照德日民法而制定，“全案大体仿德日民法”。〔1〕另据修订法律馆的江庸，《大清民律草案》“多继受外国法”，“仿于德日”。〔2〕在商法方面，1908 年 9 月，在已经颁行的《奖励公司章程》、《商会简明章程》、《商人通例》、《公司律》、《破产律》、《商标注册试办章程》、《银行通则条例》等单行商事法规的基础上，修订法律馆聘请日本志田钾太郎帮助起草《大清商律草案》，“仿日本立法例，定为独立法典”〔3〕（后又在此基础上编制了《改订商律草案》）。但由于清王朝的覆亡，《大清民律草案》和《大清商律草案》都没有颁行。

（四）模仿大陆法系诉讼法制订大清诉讼法草案

1908 年，修订法律馆聘请志田钾太郎和松冈义正分别起草《大清刑事诉讼律草案》和《大清民事诉讼律草案》。1911 年 1 月，两部诉讼法草案相继完成。《大清刑事诉讼律草案》主要模仿日本 1890 年刑事诉讼法，分总则、第一审、上诉、再理、特别诉讼程序、裁判之执行等，较为系统地采用了公诉制度、辩护制度、审判公开等大陆法系诉讼制度和原则。《大清民事诉讼律草案》分审判衙门、当事人、普通诉讼程序、特别诉讼程序等 4 编，采用了辩论等原则，“《民事诉讼律草案》几全抄袭德国《民事诉讼法》”。〔4〕这两部诉讼法草案都是我国历史上的第一部，它们的命运同样由于清王朝的覆亡而

---

〔1〕谢振民编著、张知本校订：《中华民国立法史》（下），中国政法大学出版社 2000 年版，第 746～747 页。

〔2〕谢振民编著、张知本校订：《中华民国立法史》（下），中国政法大学出版社 2000 年版，第 747～748 页。

〔3〕谢振民编著、张知本校订：《中华民国立法史》（下），中国政法大学出版社 2000 年版，第 804 页。

〔4〕谢振民编著、张知本校订：《中华民国立法史》（下），中国政法大学出版社 2000 年版，第 991 页。

未能颁行。

（五）司法从形式上开始独立

随着预备立宪、改革官制的进行，按照司法独立的原则，晚清政府对中央和地方的司法组织机构分步骤予以改革，建立了近代意义上的司法组织体系。1906 年 12 月，晚清政府颁布《大理院审判编制法》，明确规定司法独立，“自大理院下以及本院直辖各审判厅，关于司法裁判，全不受行政衙门干涉，以重国家司法大全，而保人民身体财产”。为了实现司法独立，晚清政府进行了相应的机构改革，在中央，改刑部为法部，专掌全国司法行政；改大理寺为大理院，作为全国最高审判机关，专掌全国审判。在地方，则改省提刑按察使司为提法使司，专掌地方司法行政；省设高等审判厅，府设地方审判厅，州县设初级审判厅，专门负责审判。但在实际上，法部凌驾于大理院之上，因为它不仅主持秋审，而且有权复核各省上报的重罪案件和死刑案件。这就使司法独立仅仅停留在形式上。这点我们也可从沈家本一份奏折中将“司法独立”缩小为“审判独立”看出：“原以法部与臣院同为司法之机关，法部所任系司法中之行政，臣院所掌系司法中审判，界限分明可无疑义。司法独立，为异日宪政之始基，非谓从前刑部现审办理不善故事更张也。”“臣等窃维审判分权，系属创举，内则树直省之准的，外则系各国之观瞻，其事极为重要。而其中最难分析者，则莫如司法权限，法部固以司法行政为职权，而臣院亦为司法之审判，其事皆有维系之故，即其权遂有互相出入之虞，宪法精理以裁判独立为要义，此东西各国之所同也。臣院为最高之裁判，环球具瞻，以徵其信用，今死罪必须法部复核，秋朝审必须法部核定，权限未清，揆请专掌审判之本意，似未符合。”〔1〕

〔1〕 故宫博物院明清档案部编：《清末筹备立宪档案史料》（下），中华书局 1979 年版，第 827 ~ 828 页。

近代中国专利法移植的回顾与思考

郭 亮*

自1898年晚清政府在“戊戌变法”中颁布《振兴工艺给奖章程》至今，中国专利法制建设已经走过一百多年。百年中国专利史，“是一个从‘逼我所用’到‘为我所用’的法律变迁史，也是一个被动移植到主动创新的政策发展史”。[1]作为一种起源于西方工业文明的舶来品，专利制度是怎样被移植到中国文化土壤中的，又是如何与中国的法律制度以及整个政治经济文化融合在一起的，百年以来中国专利法经历了哪些发展和变化，其实施绩效如何，对我们今天的知识产权法制建设有何借鉴意义，这些都是本文将要探讨的问题。

一、近代中国专利法制的历史变迁

“专利”一词在中国出现较早，《国语》中就有“夫荣夷公好专利，而不知大难。……今王学专利，其可乎？匹夫专利，犹谓之盗，王而行之，其归鲜矣”[2]的记载。但这里的“专利”更多的是“专享其利”的意思，与中国古代对盐、铁、茶、丝、瓷器等实行官办或商办专营专卖的“禁榷”制度类似。

鸦片战争以后，西方列强用大炮轰开中国闭关锁国的大门，传统法律制度及观念遭到了异质文化的有力冲击，其碰撞之激烈、范围之广阔、威胁之严峻，实为亘古所未有。当“师夷长技以制夷”成为时代最强音时，作为西方近代经济强有力引擎之一的专利制度开始渐入国人视野。太平天国后期领

---

* 作者系重庆大学法学院知识产权法在站博士后，法律史博士，重庆市知识产权局工作人员。

〔1〕 吴汉东：“中国知识产权法制建设的评价与反思”，载《中国法学》2009年第1期。

〔2〕《国语·周语上·厉王说荣夷公》。

袖洪仁玕是第一个将专利思想引入近代中国的人。1859 年，他在《资政新篇》中提出将专利制度作为振兴工业、推进技术进步的重要举措：

> 倘有能造如外邦火轮车，一日夜能行七八千里者，准自专其利，限满准他人仿做。“兴舟楫之利……以坚固轻便捷巧为妙。或用火用气用力用风，任乎智者自创。首创至巧者，赏以自专其利，限满准他人仿做。”“兴器皿技艺……有能造精奇利便者，准其自售，他人仿造，罪而罚之。即有法人而生巧者，准前造者收为己有，或招为徒焉。器小者赏五年，大者赏十年，益民多者数加多，无益之物，有责无赏。限满他人仿做。”[1]

洪仁玕主张将“大专利”和“小专利”区分开来，并关注二者在专利保护期和奖赏方面的区别，这已经和现代意义上的专利制度十分接近了。但是，《资政新篇》因战乱并未实施，随着太平天国运动失败，他的专利思想只能是昙花一现。

“洋务运动”后期，随着国外工业技艺引进不断增多，越来越多的有识之士开始关注西方专利制度在社会进步中的作用。“洋务运动”领袖薛福成高度肯定了专利制度对富国强民的激励作用：“国家给予凭单，俾独享其专利，则千万之巨富可立致焉。”[2]1875 年，他又向清廷提出治平六策和海防密议十条，其中之一就是“仿西人之法，俾获世享其利”，“庶巧工日出，足与西国争长矣”。[3]在其晚年著作《筹洋刍议》中，薛福成再次提出“今中国务本之道，约有数端……精制造以兴工利。如有能制造新奇便用之物，给予凭单，优予赏赐，准独享利息若干年，不许他人仿制，而又酌其资本，代定价值”。[4]早期维新派代表人物陈炽也指出，“西人自有给凭专利之制，非止兵械精工，而百废俱兴，遂以富甲寰瀛，风行海外。……而其原皆自给凭专利一法开之。……劝工之法奈何，仿各国给文凭专利而已”。[5]将西方国家“富甲寰瀛”归因于专利，这一论断可谓振聋发聩。“甲午战争”失败宣告了

---

〔1〕 中国史学会主编：《中国近代史料丛刊·太平天国》（第二册），上海人民出版社、上海书店 2000 年版，第 523 页。

〔2〕 薛福成：《薛福成集·筹洋刍议》，徐素华选注，辽宁人民出版社 1994 年版，第 165 页。

〔3〕 薛福成：《薛福成集·筹洋刍议》，徐素华选注，辽宁人民出版社 1994 年版，第 42 页。

〔4〕 薛福成：《薛福成集·筹洋刍议》，徐素华选注，辽宁人民出版社 1994 年版，第 114 页。

〔5〕 刘锦藻撰：《清朝续文献通考》，商务印书馆 1936 年版，第 11304 页。

“洋务运动”的破产，维新派登上历史舞台。1898 年 6 月，康有为向光绪帝上奏《请励工艺奖创新折》，指出“致富致强之道”就是“彼率举国人为有用日新日智之业”，他建议下诏对“创新器者，酌其效用之大小，小者许以专卖，限若干年，大者加以爵禄”。[1]一个月后，清廷颁布上谕，“各省士民……所制之器，颁给执照，酌定年限，准其专利售卖”。[2]不久，总理衙门拟订的《振兴工艺给奖章程》（以下简称《章程》）奏准颁行，揭开了近代中国专利立法的序幕。《振兴工艺给奖章程》共 12 款，其中前 3 款明确规定以专利奖励方式振兴工艺：

> 第一款：如有出自新法，制造船、械、枪、炮等器，能驾出各国旧时所用各械之上，……或出新法，兴大工程，为国计民生所利赖，……应如何破格优奖，俟临时酌量情形，奏明请颁特赏，并许其集资设立公司开办，专利五十年。第二款：如有能造新器切于人生日用之需，其法为西人旧时所无者，请给工部郎中实职，许其专利三十年。第三款：或西人旧有各器，而其制造之法尚未流传中土，如有人能仿造其式，成就可用者，请给工部主事职衔，许其专利十年。[3]

《章程》第一次从法律上承认了发明创造的积极作用，并规定了专利的新颖性以及标准、年限。“戊戌政变”后，《章程》流产。

1901 年，清政府实施“新政”，在一片“重商”的呼声中，专利再次被张之洞、刘坤一等重臣提及。两年后朝廷设立商部，并颁布《商会简明章程》。《商会简明章程》第 26 条明文规定：“凡商人有能独出心裁制造新器或编辑新书确系有用，或将中外原有货品改制精良者，酌量给予专照年限，以杜绝仿冒与鼓励发明改良。”该条款进一步明确了专利的基本条件，如专利必须具备新颖性（新器改良）和实用性（确系有用），专利包括“能独出心裁制造”（类似于发明）和改良（类似于实用新型）等。1904 年，清政府在商部设立了负责管理专利事务的机构——保惠司，“专司商务局、所、学堂、招商一切保护事宜，赏给专利文凭，译书译报，聘请外籍工程师及本部司员升

[1] 康有为：“请励工艺奖创新折”，转引自汤志钧：《戊戌变法史》，人民出版社 1984 年版，第 359 页。

[2] 朱寿朋：《光绪朝东华录》，中华书局 1958 年版，第 4115 页。

[3] 朱寿朋：《光绪朝东华录》，中华书局 1958 年版，第 4128 ~4130 页。

调补缺各项事宜"。[1]同时，商部还颁布了《咨各省呈请专利办法说略》，专利实施趋于规范化。

民国初建，举国一片欢腾，在"实业救国"的热潮下，晚清没有完成的专利立法再次被提上议事日程。1912 年 12 月，北洋政府颁布了《奖励工艺品暂行章程》，奠定了近代中国专利法制的基本框架。《奖励工艺品暂行章程》全文 13 条，语言凝练简洁。其一，它首次引入了先申请原则。"自己发明或改良之制造品得向本部呈请奖励"，但"也有同样制品呈请在先者"不在奖励之列。其二，规范了专利申请和审查程序。章程第 3 条明确要求专利申请人必须呈送"制造说明书及图式模型"。第 4 条又规定，发明或改良之制造品，经过工商部考验合格后，属于发明的，授予 5 年以内的专利权，属于改良的，给予名誉上的褒奖。同时，"奖励种类及制造之工场名称或制品人之姓名、商号于公报公告之"。其三，明确限制或取消专利的情况。第 5 条规定："军事上应秘密之物品，工商部依主管官署之请求，得不予奖励或予之加以限制。"第 7、8 条指出，"受奖励权得让与之"，"自发给执照之日起，逾 1 年未开始营业或专卖年限内无故修业 1 年者，其受奖励权应归消灭"。其四，规定违法责任：凡伪造他人发明改良之物品，或冒用奖励标识的行为，处以徒刑或并处罚金。[2]

1923 年，因"近年来国内工业状态已逐渐发达，呈请奖励案件，亦日形增多，前项奖章规定简略，殊有穷于应付之势"，[3]北洋政府农商部修订公布了《暂行工艺品奖励章程》。新章程由原来的 13 条增加到 19 条，把专利保护对象扩大到制造方法的发明或改进，规定对产品和制造方法的发明或改进授予 5 年或 3 年的专利权，对仿造外国产品有显著成绩的给予褒奖。同时首次规定专利申请者应缴纳的费用（专利期限是 3 年的为 50 元；5 年的为 100 元；褒奖的为 5 元），并细化了取消专利权的六种情形。新增加颁布的《暂行工艺品奖励章程施行细则》共 22 条，包括总则、呈请、审查、奖励、继承和转移、取消、查禁、公布和附则 9 章。该细则首次要求专利申请人提交的说明书必须记载"请求专利之范围"，进一步规范了专利申请和审查程序。此外，北洋政府还出台了由工商部执行的《工艺品发明审查鉴定条例》及细则、《工艺品褒状条例》及细则，由实业部执行的《专卖特许条例》及细则。专利法

---

〔1〕 朱寿朋：《光绪朝东华录》，中华书局 1958 年版，第 5063 页。

〔2〕 施泽臣：《新编实业法令》，中华书局 1924 年版，第 197 页。

〔3〕 中国第二历史档案馆编：《政府公报》（第 199 册），上海书店 1988 年版，第 101 页。

制的可操作性变得更强。

南京国民政府时期，在列强干预和社会各方面的努力下，专利立法取得了长足进展。1928 年，农工商部对北洋政府 1923 年《暂行工艺品奖励章程》再次进行修改、补充，颁布了《奖励工业品暂行条例》及细则。接来下的十多年间，国民政府屡次修改专利法规，相继颁布了 1929 年《特种工业奖励法》、1932 年《奖励工业技术暂行条例》、1939 年《国民政府抄发奖励工业技术暂行条例的训令》、1940 年《奖励工业技术补充办法》、1944 年《政府机关场厂人员发明或创作专利权处理及奖励办法》等，初步形成了一个比较完整的专利法规体系。

1944 年 5 月 29 日，国民政府公布了《中华民国专利法》，这是我国历史上第一部比较完整、正式的专利法，是中国近代专利法制建设的完备形态。该法共 133 条，分发明、实用新型专利、新式样专利、附则四章。它集近代中国专利立法之大成，同时吸纳当时欧美各国先进的专利制度和原则，对申请专利的条件、授予专利的发明与不授予专利的发明的范围、专利期限审查程序、专利实施及缴纳费用等方面作了较全面的规定，体现了专利权的私权性质，具有鲜明的时代性。例如，该 法明确规定专利需具备新颖性、创造性、实用性，确立专利申请的单一性原则和先申请原则，完善专利审查及提起异议的程序，完善强制许可和回避制度，首次许可外国人在中国申请专利，首次提及专利代理人的概念等。1947 年，《中华民国专利法施行细则》颁布，再次对专利代理人和外国人申请专利作了详尽规定。随着国共内战爆发，这部专利法及细则并未在中国大陆得到有效施行，而是被国民党带到台湾地区，成为台湾地区现行“专利法”的渊源。

新中国成立前夕彻底废除了国民政府“六法全书”，肇始于晚清的中国专利法制近代化进程中断。在计划经济体制下，中央政府制定了少量专利行政规章，如 1950 年《保障发明权和专利权暂行条例》、1963 年《发明奖励条例》等。1978 年，中美贸易因知识产权问题陷入僵局，这引起了党和政府对知识产权法制建设的高度重视。同年 7 月，中共中央作出“我国应建立专利制度”的决策。历时 5 年立法筹备，1984 年 3 月 12 日，第六届全国人大常委会第四次会议通过了《中华人民共和国专利法》，并于 1985 年 4 月 1 日实施。专利法制定后经历了三次大的修改，中国用不到 30 年的时间，基本摆脱了专利法被动移植的局面，进入主动参与国际专利规则制定的新阶段。

二、近代中国专利法制的运作实践

当国门大开，西学东渐，不论晚清民国政府是否真正意识到专利法移植的重要性和必要性，不论中国社会的文化土壤是否做好迎接专利的准备，这种制度性选择伴随着不可逆转的近代化进程悄然发生了。我们不禁要问，作为从异质法文化中引进的“舶来品”，近代中国专利法制实践在这个嫁接和融合的过程中取得了哪些实际效果，又遇到了怎样的困难与挑战?

（一）洋务运动后期

1880 年，郑观应接任上海机器织布局，次年便以西人应用专利发展经济为例向李鸿章上书，希望政府为织布局采用机器织布工艺“酌给十五年或十年之限”专利，“通商口岸无论华人、洋人均不得于限内另自纺织，卑局数年来苦心巨货，不致徒为他人争衡。即利效未敢预期，而后患庶几可免矣”。〔1〕1882 年，李鸿章正式向朝廷奏请该专利，“该局用机器织布，事属创举，自应酌定十年以内，只准华商附股搭办，不准另行设局”，〔2〕获得光绪帝的认可。这是我国存案在册的第一件专利。李鸿章还将限制经营的范围由上海一隅扩大至全国，内容涉及纺织、火柴、矿业、机器工业、电报、航运等多个行业。1898 年，盛宣怀为保证汉阳钢铁厂用煤，奏请朝廷“诚恐萍乡运道开通，经营有绪，复由商人别立公司，纷树敌帜，多开小窿，抬价收买，以坏我重费成本之局，……拟请嗣后萍乡县境援照开平，不准另立煤矿公司”。〔3〕此求得到政府批准。后来湖南人曾广钧在此开设宝源聚公司采煤，便遭到湖南督抚的禁止。轮船招商局的专利也与之类似。上海商人叶澄衷呈请置备轮船公司，另设广通局，李鸿章就加以批驳：“不准另树一帜。”其后，清政府核准的专利从官督商办企业扩展到部分民办企业。1890 年，广东造纸厂获 10 年专利；1893 年，重庆聚吕火柴厂获得川渝地区 25 年专利经营权；1895 年，张裕酿酒有限公司获得专利，“准予专利十五年，凡奉天、直隶、山东三省地方，无论华洋商民，不准在十五年内，另有他人仿造，以免篡夺。”〔4〕民企申请专利

〔1〕 中国史学会编：《近代中国史料丛刊·洋务运动》（第七册），上海人民出版社、上海书店 2000 年版，第 484～485 页。

〔2〕（清）李鸿章：《李鸿章全集》第三册《奏稿（1880～1887）》，海南出版社 1997 年版，第 1339 页。

〔3〕 盛宣怀：《愚斋存稿》（第二卷），文海出版社 1975 年版，第 16 页。

〔4〕（清）李鸿章：《李鸿章全集》第三册《奏稿（1880～1887）》，海南出版社 1997 年版，第 1339 页。

时，政府通常会收取报效银，数额 1000～10 000 万银元不等，如天津自来火公司“缴纳五千两以获得十五年之制造专利权，另付五千两以继承招牌，共计 1 万两”。〔1〕报效银制度折射出晚清专利管理的随意性和专利权的行政色彩。很明显，洋务运动后期的专利权虽然“查泰西通例”，但却与西方专利制度大相径庭。姑且不论授予之专利是否达到技术革新的程度，单就权利本质而言，实则是专利制度这个“新瓶”装上了传统专卖制度的“旧酒”，在实践运作中畸变为一种设厂垄断权。随着大量外资和民间资本涌入市场，因专利垄断特权获利的企业不断受到冲击和质疑。1882 年，美国驻华公使杨格照会总理衙门：“凡此等事，率应遵奉万国公法，此贵署大臣夙所深悉者，两国所订之条约，双方率应遵守，任何一方中央地方所定之章程均不能与条约相违背，是故上述之专利实无效，盖因其条约章程相违背。”〔2〕就连曾经从该制度中获利的郑观应也批评道：“侧闻前此上海布局开办之初，有禁止仿效，准其独行之说，岂扭于泰西有保护创法者独行若干年之例而误会之耶！夫泰西此例本为鼓励人才兼筹其创始之劳，不闻因人有法而复禁仿效者，况中国此举系欲收回洋利，以拒敌洋纱洋布来源之盛，非与本国人争利也，设若误行此例是何异临大敌，而反自缚其众将士手足，仅以一身当关拒守，不亦俱乎。”〔3〕

（二）清末新政时期

20 世纪初，自然经济的日趋瓦解和资本主义工商业的发展，使得专利在近代中国有了内生的制度需求。清政府逐渐意识到专利垄断特权的弊病，在主动移植专利法制的同时，也特别强调规范专利法的实施。一方面，虽然官方认为垄断经营的专利有违市场自由竞争，也屡屡发文要求加以取缔，但是基于振兴实业和挽回利权的考量，在工矿、水利、电业等本国技术薄弱或者关乎国计民生的行业，仍应允设厂垄断权。1903 年，湖南巡抚核准湖南矿务总公司“所有湖南全省矿产，除矿务总局现在试办之新化铁矿，常宁铅矿、平江金矿外，皆归总公司经理”；1905 年，商部核准北京丹凤火柴公司“准在京城大兴、宛平两县境内专办十年”；1908 年，农工商部核准天津造胰股份

〔1〕 孙毓棠编：《中国近代工业史资料（1840～1895）》（第一辑下册），科学出版社 1957 年版，第 988 页。

〔2〕 孙毓棠编：《中国近代工业史资料（1840～1895）》（第一辑下册），科学出版社 1957 年版，第 160 页。

〔3〕 转引自林平汉：“‘十年专利’与近代中国机器织布业”，载《学术月刊》2000 年第 10 期。

有限公司“在天津专利五年”。[1]另一方面，政府尽可能给确有技术发明的企业或个人颁发专利。1906 年，王瑞兴的铜鼓铜号机器获得专利，农工商部的批复是：“本部祥加核阅，制造尚属精美……径送陆军部呈验。”[2]1907 年，农工商部授予吴金印创制西式藤帽专利，“创制专利年限，未满他人不得仿”。1909 年，农工商部就水泥电焊枕木技术授予专利，理由是“姑念在中国事属创举与他仿造洋货者不同，本部特兴格外维持自出货之日起早湖北专利 5 年”。[3]清政府对专利态度的两面性，直接决定了设厂垄断的专利和鼓励技术发明的专利杂糅在一起，仿造与技术革新并行实施。由此折射出统治者对专利法移植的态度还有些徘徊不定，对专利权的认识还比较模糊；同时也说明，西方专利法制及观念与传统中国法律文化还处在不断冲突与融合的过程中。当然，清政府也在逐步解决这个问题，新政后期，商部开始严格专利审批。如山东商人马某禀请商部，欲在山东开一家松华煤业公司，请求给予专利保护。商部认为此事既非制造又非新法，难予专利，况包办挖煤未免垄断，着不准行。[4]

（三）北洋政府时期

如果说晚清时期舶来的专利法制在移植之初发生畸变，那么到北洋政府时期，专利法制开始回归正轨，逐渐被中国社会所接受。这可以从湖南华昌纯锑炼厂设厂专利权丧失和财政总长周学熙撤回专利权要求两个案例中得到充分说明：

> 湖南华昌纯锑炼厂在晚清时购置法国机器依法炼锑，且获得垄断经营权 25 年。民国初建，各省纷纷取消此类专利，但借力于杨度与相关官员的私交，该厂继续获得专利 10 年，并禁止其他任何机器和新法设厂制炼。此举引起湖南民情激愤。该省矿商迅速集股 100 万，以英国炼法另设炼炉，具呈都督及实业司立案。工商部虽未立案，但是随着炼锑公司陆续兴起，华昌公司专利权也就无形丧

[1] 参见刘秀平：“迟滞与成长——近代中国专利制度的历史考察（1860 年代～1923 年）”，华中师范大学 2009 年硕士学位论文，第 36～38 页（表二）。

[2] “本部要批一览表”，载《商务官报》1906 年第 22 期。

[3] “本部要批一览表”，载《商务官报》1909 年第 22 期。

[4] 徐海燕：《中国近现代专利制度研究（1859～1949）》，知识产权出版社 2010 年版，第 67～68 页。

失。[1]1915 年，财政总长周学熙为自己创办的华新纺织公司向工商部申请直隶、山东、河南三省垄断经营专利权 30 年。对此，“外间啧有烦言，叠志各报”，“反对最烈者为农商部，该公司所定式拜呈明设限制，一与现今政府提倡实业之宗旨未免背道而驰”。最后，华新公司不得不表示，与其他公司“同遵旧例，一律办理。拟请核咨财政部将免征机器物料紧扣及转运棉花原料税厘之案准予取消”。[2]

自此之后，很少再有企业申请垄断经营的专利权。即使有，农商部也都能秉公执法，依律修正或者驳回。从 1913 年 5 月到 1923 年，北洋政府依据《奖励工艺品暂行章程》核准 5 年专利 97 件，获得褒奖专利 144 件，内容涉及机械及工具、电器、化学物品、矿冶、交通工具、家具、印刷及文具八大类。[3]这说明专利法的实施一定程度上促进了技术进步。最典型的例子就是味精发明人吴蕴初。1922 年，他成功地研究出廉价生产味精的方法，并于次年获得工商部颁发的“味精制品合格依章程奖励褒状”，1926 年又分别获得英、美、法三国 16 年、17 年和 15 年的发明专利权，开中国轻化产品获国际专利之先河。吴蕴初亲自创办天厨味精无限公司，并利用专利制度保护自己的创新成果，为企业在市场竞争中获胜提供了保障。1925 年至 1928 年四年间，味精产量从 1.5 万公斤跃升至 5.1 万公斤，资本总额由 5 万元增加到 10 万元。[4]但总体而言，由于政权更迭频繁，军阀割据混战，北洋政府时期专利法制的运行绩效比较差。

（四）南京国民政府时期

这一时期的专利立法虽然还有允许仿照的痕迹，但完全摆脱了晚清时期专利垄断权的观念束缚，彻底回归到激励发明创造的正轨上来。人们对专利权的私权性质有了更清晰的认识，申请专利的积极性大幅提升。有学者统计，南京国民政府共核准专利 777 件，其中发明 464 件，实用新型 312 件，新式样 1 件，褒奖专利 31 件。[5]尽管还无法与当时的西方国家相提并论，但却达到

---

〔1〕汪敬虞主编：《中国近代经济史（1895～1927）》（中册），经济管理出版社 2007 年版，第 1146 页。

〔2〕汪敬虞主编：《中国近代经济史（1895～1927）》（中册），经济管理出版社 2007 年版，第 1146 页。

〔3〕秦宏济：《专利制度概论》，商务印书馆 1945 年版，第 21 页。

〔4〕上海档案馆编：《吴蕴初企业史料·天厨味精厂卷》，档案出版社 1992 年版，第 83 页。

〔5〕徐海燕：《中国近现代专利制度研究（1859～1949）》，知识产权出版社 2010 年版，第 192 页。

了中国近代专利法制史的顶峰，标志着西方专利法移植中国取得阶段性成效，专利法开始在中国社会扎根、成长。专利法的实施，客观上为 20 世纪 30 年代、40 年代中国技术进步和民族工业经济的发展提供了动力支持。如陈大樊等研制的“套圈式旋篦蒸汽锅炉”、“竖立回火管蒸汽锅炉”，使抗战时期大后方独立自主地生产工业动力锅炉成为现实；武霈发明的“戴式自吸式二程煤气机”为大量生产煤气汽车以缓解动力车辆严重不足创造了前提条件；动力油料厂发明的“桐油制造汽油方法”，使解决“油荒”利用桐油炼制“代汽油”的大规模生产得以进行；陆宗贤发明的“快硬水泥”，为特殊国防工程施工提供了原料。〔1〕当然，专利法对中国经济社会的影响还十分有限。

三、近代中国专利法制移植的检讨与反思

回顾近代中国百年专利法律史，从洪仁玕首次引入专利思想到郑观应、康有为等有识之士大力提倡，再到民国政府主动嫁接融合，中国人对西方专利法制的认知不断深入。但专利法移植在中国却是步履蹒跚，充满着时代的艰辛。移植之始，以保护私权、鼓励发明创造为宗旨的西方专利法很快出现水土不服，无法融进中国封建母体中的情形。移植的专利法只能向传统妥协，走向垄断专卖经营的歧途，直至民国才逐步从扭曲状态回归正轨。对此林端教授指出：“法律的继受不是一次性的立法行动，而是乌格朋所指的社会变迁的过程，这种变迁以文化传递的形式出现，是个长期性的现象，直到外来的文化资产，即法律的思想渐次地被继受的一方整个吸收进其本身的社会文化里才算完成。”〔2〕

第一，近代中国专利法的制度安排及运作实践并非自发地、能动地在传统社会内部完成，而是在外力的作用和冲击下被动接受的结果。这样的移植一开始便充满着悲凉和无奈。在西方列强坚船利炮和商品、资本侵略的巨大迫力下，清政府半是抗拒、半是被迫、半是不自觉地被推向专利法移植之路。美国学者安守廉将其形象地喻为“枪口逼迫下的法律启蒙”。〔3〕1903 年，《中美续议通商行船条约》谈判在上海举行，美国最先向清政府提出保护专利权的要求：“凡美国人民创制各物已经美国给以执照者，经向南北洋大臣注册

---

〔1〕 黄立人：“论抗战时期的大后方工业科技”，载《抗日战争研究》1996 年第 1 期。

〔2〕 林端：《儒家伦理与法律文化》，中国政法大学出版社 2002 年版，第 64 页。

〔3〕［美］安守廉：《窃书为雅罪：中华文化中的知识产权法》，李琛译，法律出版社 2010 年版，第 34～60 页。

后，援照所允保护商标之办法保护其在华自执自用之利权。”[1]遭到中方强烈反对。张之洞电告中方谈判代表吕海寰、盛宣怀、伍廷芳等人，中国实业正处于初兴阶段，若强行保护、不准仿制，“中国受害实非浅鲜”，“无论将来或此时举行保护，亦万不可允”。[2]美方并不接受中方诉求，理由是“人费心思制成物件，他人盗而效之，是与夺人产物无异，文明之邦不应出此”，[3]甚至还威胁说，若中方坚持己见，美方就取消治外法权一款。经过反复磋商，清政府最终允诺：“将来设立专管创制衙门，俟该专管衙门既设并定有创制专律之后，凡有在中国合例售卖创制各物已经美国给以执照者，若不犯中国人民所先出之创制，可由美国人民缴纳规费后，即给以专照保护，并以所定年数为限，与所给中国人民之专照一律无异。”[4]对于这一条款，张之洞最终只能无奈地发出“唯有专利年限不应太宽耳”的感慨。正因此，晚清民国时期在相当长一段时间内并没有制定一部真正意义上的专利法（专利权律），也未在立法中规定保护外国人专利的条款。

第二，近代中国专利法移植是统治者调控经济、维护政治秩序和社会稳定的一种权宜之计，移植之初便带有强烈的功利主义色彩。“振兴工艺、挽回利权”、“兴专利以利百工”是当时朝野上下引入专利法的共识。这种功利性的制度选择很容易导致制度内在的逻辑矛盾和实践困境。有学者指出：“强化一种高强度的经济取向，而不是强化一种规则意识，因此，它所助长的必然是一种畸形的经济行为与取向。”[5]晚清政府在追求振兴实业、强化统治的过程中表现出极其矛盾的心态。这一点从李鸿章的奏折中一目了然：“洋机器于耕织、印刷、陶瓷诸器皆能制造，有裨民生日用，原不专为军火而设……臣料数十年后，中国富农大贾必有仿照洋机器制作以自求利益者，官法无从为

---

〔1〕中国近代经济史资料丛刊编辑委员会：《辛丑和约订立以后的商约谈判》，中华书局1994年版，第156页。

〔2〕具体内容是：“现中国各省局厂仿用外洋新机，仿造专利机件者不少，且正欲各处推广制造以挽利权。此款一经允许，各国无不援照此约。一经批准之后，各国洋人纷纷赴南北洋挂号，我不能拒，则不独中国将来不能仿效新机新法，永远不能振兴制造，即现有之各省制造各局，枪炮弹药各厂仿效外洋新法新机者，立须停工。”参见王树楠：《张文襄公全集·电牍》，台北文海出版社1966年版，第13476～13477页。

〔3〕刘保刚：“近代以来中外关于保护知识产权的谈判”，载《史学月刊》2002年第9期。

〔4〕中国近代经济史资料丛刊编辑委员会：《辛丑和约订立以后的商约谈判》，中华书局1994年版，第202～203页。

〔5〕吴忠民：《社会公正论》，山东人民出版社2004年版，第397页。

之区处。……其善造枪炮在官人役，当随时设法羁席耳。”[1]一方面，统治集团希望中国经济发展壮大以御外侮，故对官商督办企业或民办企业都给予一定区域和范围的专利垄断权保护；另一方面，统治者既不愿富农大贾使用洋机器以自求利益，形成可与官府抗衡的民间势力，又怕有人用机器制造火器，政府无法控制。因此，一旦专利法制的某些方面与维护政权稳固相冲突，统治者便会毫不留情地改变相关规定，甚至为保护官方利益，索性将专利与专卖画等号，限制民间资本进入垄断经营的行业，或对民间资本进行习惯性压榨。正如安守廉指出的：“实际上，20 世纪以前，中国所有现存的、表明国家努力提供对知识产权保护的事例目前看来其实都完完全全是为了维护皇权。这些官方的保护只是捎带且肤浅地触及对个人或并非国家的实体的财产利益的创造或维护，或是涉及对作者地位或发明创造性的褒扬。”[2]

第三，专利法移植绝不能是“东施效颦”式的简单复制，而要根据不同的文化土壤和制度环境进行自我调适和内生化。晚清民国时期，有识之士在“救亡图存”这面大旗指引下，进行了专利制度的艰难求索。但时代变得太快了，列强逼得太紧了，政治事件一件接一件的爆发，人们还没有来得及对西方专利制度及文化环境进行深入而周密的理论研究、学习思考和法律宣传，专利法移植就以片面注重形式，生搬硬套的形式加速度地开始了。其一，政府并没有建立其他配套制度促进其生长，如忽视对专利运作程序的规范化建设，专利申请和审查时往往以行政命令方式进行暗箱操作，以谋私利；其二，社会也因欠缺对西方专利法产生的社会文化背景的全面了解，缺乏必要的专利法理论准备、实践经验和民众接受过程。因此，中国人长时间似是而非地将专利制度与奖励工艺制度混为一谈，甚至将拿来主义的仿制也列入专利范畴（在当时条件下是必要的），这一切都使近代专利法制在促进科技创新和工业经济发展方面发生了扭曲，影响了制度本身的延续性和制度绩效的显现，最终损害到专利法制的公正性和权威性。

回顾历史是为了更好地认清现实、把握明天。可以说，在一个几千年来“重农抑商”、“重义轻利”的儒家法文化中，专利法移植中国能取得成功并产生一定的社会影响实属不易，值得我们充分肯定。认识到这一点，并没有

---

〔1〕 中国史学会主编：《中国近代史料丛刊·洋务运动》（第四册），上海人民出版社 1959 年版，第 14 页。

〔2〕［美］安守廉：“知识产权还是思想控制：对中国古代法的文化透视”，梁治平译，载《中国发明与专利》2010 年第 7 期。

什么不好，因为现代意义上的专利法制发源于西方，成熟于西方，中国能从中借鉴并受益，这是中国的幸运。尤其是在经济全球化的今天，专利制度早已成为世界贸易体制的基本游戏规则，谁掌握了核心专利技术，谁就赢得先机，占据产业发展的制高点。我们不仅要学会如何移植西方专利法，改革我国现行专利法制体系，我们更要学会如何运用专利制度参与国际市场竞争，并在专利一体化时期发出符合中国国家利益的声音，积极参与国际专利规则的制定，而不是一味地被西方国家牵着鼻子走。

从“密为防闲”到“明为保护”

——晚清基督教法律政策之演变及其法史疏释

乔　飞*

宗教信仰是世界各个民族都存在的文化现象。在中国传统社会，各种宗教必须在国家权力的控制之下。国家用法律政策管理和调整宗教事务，宗教自身并不能随意发展。西方国家教权对抗王权甚至制约王权的格局，在中国从来没有出现过。这种状况，直到清代中期都没有改变。清初顺康时期，出于华夏帝国的胸襟，对西来基督教实行宽容政策，然而“礼仪之争”使中国皇帝感受到西方教会对自身皇权绝对权威的挑战，遂将基督教政策从宽容转变为有限禁止。雍乾嘉三朝，出于对皇权一统的维护，清政府逐步实行全面禁止基督教的政策。这种禁教政策一如既往，直到鸦片战争爆发。清中叶以后，随着西方殖民势力的入侵以及基督教的大规模进入，传教士与信奉基督教的中国教民成为清王朝宗教管理中颇费周折的特殊对象。清王朝这一时期的基督教政策经历了从“密为防闲”到“明为保护”的曲折过程。这一管理模式转换的背后，存在着政治、外交等诸多复杂因素；从法学原理来看，这一过程现象的背后，亦能凸显中国特有的权力控制一切、维护等级秩序的法律价值取向。

一、1842 年至第二次鸦片战争爆发清政府基督教政策之演进

（一）教务问题在国际条约中的体现

自第一次鸦片战争战败，近代中国第一次加入“国际”秩序，不得不与

---

* 作者系河南中医学院人文学院教授，杭州师范大学法治中国化研究中心兼职研究员。本文系杭州师范大学“法治中国化研究基金项目”课题（编号：乙 B14 增补）成果之一，本文的撰写及发表同时受河南中医学院博士科研基金（BSJJ2010－20）资助。

此前的“天朝大国”秩序告别。其显著标志，就是清政府开始与西方列强缔结条约。其中，西方传教士在中国的传教权、中国教徒的信教权等教务问题，是西方国家与清政府条约谈判中的重要内容。《南京条约》没有直接规定中国对基督教开放的义务，但有“凡系大英国人，无论本国属国军民等，今在中国所管辖各地方被禁者，大清大皇帝准即释放”[1]之表述，实际的后果是传教士在华活动可以不受中国法律制裁。作为附约的《虎门条约》与《中英五口通商章程》赋予英国人“五口通商”权利与领事裁判权，传教士在华不仅拥有居住、传教的合法立足点，而且涉讼时不再归中国管辖，等于赋予传教士获罪免受中国法律制裁的特权。所以《南京条约》及其附约虽未直接赋予传教士自由传教的权利，但实际上已经打破了中国百年禁教的坚冰。

第一次公开提出传教问题的，是道光二十四年（1844 年）中美签订的《望厦条约》。其中第 17 款明确规定：美国人不仅能在广州、福州、厦门、宁波、上海五港口传教，而且可以建造教堂。[2]但向中国提出传教自由要求的是法国；由于法国是当时天主教的保教国，所以在取得在华商业利益之外，更想为基督教在中国取得传教特权，以确立其在列强中的特殊地位。1844 年中法《黄埔条约》中，第 22、23、24 款涉及基督教问题。[3]根据这些条款，传教士在通商五口不仅可以自由居住，而且可以自由盖堂传教且不受中国管辖，中国政府还负有保护传教士这些权利的义务。西方国家在条约中谋求的，一是神职人员传教权的正常行使，二是这种传教权要受到中国法律的保护。只不过这种权利的行使与保护，只是限于通商五口，其余广袤的中国大地，依然不允许“洋教”涉入。

（二）教务问题对中国国内法的影响

中法《黄埔条约》的法国谈判代表拉萼尼是基督教徒，他并不满足于既有的谈判成果，决心要为基督教在中国获得更大的自由空间。他以不解除基督教教禁就不与中国签约、去北京面见皇帝为要挟，并诱说解除教禁会使中国政府争取到欧洲朋友，以后中国的外交若遇到交涉困难，法国愿意调停。清政府认为此为“以夷制夷”的宝贵机遇，同意法使的要求可以用法国牵制

[1] 王铁崖编：《中外旧约章汇编》（第一册），生活·读书·新知三联书店 1957 年版，第 32 页。
[2] 王铁崖编：《中外旧约章汇编》（第一册），生活·读书·新知三联书店 1957 年版，第 54 页。
[3] 王铁崖编：《中外旧约章汇编》（第一册），生活·读书·新知三联书店 1957 年版，第 62 页。

英国。[1]1844年12月，耆英上奏道光帝，建议弛禁基督教。[2]道光帝批准了耆英的弛禁建议，并于道光二十六年（1846年）颁布“上谕”，以最高效力的法律形式明确中国已经放弃禁教国策。[3]以此为标志，第二次鸦片战争前清政府“有限弛禁”的基督教政策得以确立。

上谕从四个方面确立了对待基督教的法律原则。其一，从性质上肯定了天主教“系劝人为善”之教，从根本上改变了自雍正以来天主教为“邪说”、“邪教”的官方评价，清代的基督教政策由此开始转变。其二，确立了返还天主堂这一教产的法律义务。其三，教民没有为非作歹的行为拥有免受“滥行查拿”的权利，但教民有“藉端滋事”的行为仍受国家法律惩治。其四，仍禁止外国人赴内地传教，即其传教活动范围只限于五口通商口岸。从法理上讲，皇帝上谕是中国效力等级最高的法律形式，一切其他法律规定均不得与其相左。然而，道光发此上谕，并非出于对传教权、信教权的认同，而是基于三点现实考虑：其一，战争失利，不得不就教务问题向西方妥协；其二，迎合西方可以实现“以夷制夷”，确保大清帝国在国际关系中结交盟友、不被孤立；其三，道光认为基督教并不足以对清政府的统治秩序构成威胁。可见，上谕的背后，完全是现实的“功利”考量，绝非对“权利”的认同。一旦实际情况并不如其所愿，上谕就可以随时被突破。

咸丰元年（1851年），两江总督陆建瀛鉴于“绅耆士庶以天主教诱惑愚民，大为风俗人心之害”，加上信教之人，竟有“父兄阻止”，信教者“转向该夷告诉”之事，“邻里口角，该夷袒护，教徒径向地方官扛帮滋讼”等事发生，陆建瀛认为“此等风气，断不可长”，[4]于是草拟《内地民人习教章程》。[5]这是清代首次拟定的关于基督徒的专门管制条例。其中第1、2、6条主要重申道光弛禁上谕，但整个章程同时增加了4项具体的禁止性规定：①中国人只能自行礼拜，不得擅自建教堂；禁止教民将父祖遗产或公共产业

〔1〕参见朱金甫主编，中国第一历史档案馆、福建师范大学历史系合编：《清末教案》（第一册），中华书局1996年版，第12页。

〔2〕朱金甫主编，中国第一历史档案馆、福建师范大学历史系合编：《清末教案》（第一册），中华书局1996年版，第9～10页。

〔3〕朱金甫主编，中国第一历史档案馆、福建师范大学历史系合编：《清末教案》（第一册），中华书局1996年版，第14页。

〔4〕朱金甫主编，中国第一历史档案馆、福建师范大学历史系合编：《清末教案》（第一册），中华书局1996年版，第133页。

〔5〕朱金甫主编，中国第一历史档案馆、福建师范大学历史系合编：《清末教案》（第一册），中华书局1996年版，第133～134页。

私自赠予或出卖给教会；②禁止民教纠纷中教民请求传教士干预词讼；③禁止“国家工作人员”入教；④维护父兄对子弟信仰的管制权力，禁止传教士出面干预。咸丰帝对这一章程的批复是“甚妥，钦此”。[1]可见，在基督教弛禁的大前提下，清政府在具体法律法规上仍是尽可能控制基督教的发展，因此这一时期的基督教政策只是“有限弛禁”。

二、第二次鸦片战争爆发至清朝灭亡期间的基督教政策演进

（一）有关国际条约的规定

第二次鸦片战争结束，在1858年英美法俄与中国签订《天津条约》的谈判过程中，有许多西方传教士的参与，他们将中国进一步弛禁基督教的要求纳入谈判的范围。结果，这些条约都有扩大基督教开放程度的内容。如中英条约的第8、9、12款，中美条约的第11、29款，中俄条约的第8款。其中，中法《天津条约》第8、13款的规定堪称这方面的代表。[2]道光的弛禁上谕，尚将传教士的活动范围限定在通商五口之内，《天津条约》突破了这种限制，西方传教士只要领有执照，就可以到中国内地自由传教，中国各地官员还要“厚待保护”。可见，西方各国利用第二次鸦片战争的胜利，通过《天津条约》的签订，进一步突破清政府有限弛禁的基督教政策，迫使清政府进一步加大对基督教的开放程度。

1860年中法《北京条约》的签订，标志着清政府禁教政策的结束，开始实现“宽容”的基督教政策。该条约是清代基督教政策的重大转折点，其第6款规定：

> 应如道光二十六年正月二十五日上谕，即颁示天下黎民，任各处军民人等传习天主教，会合讲道、建堂、礼拜，且将滥行查拿者予以应得处分，又将前谋害奉天主教者之时所充天主堂、学堂、茔坟、田土、房廊等件应赔还，交法国驻扎京师之钦差大臣，转交该处奉教之人，并任法国传教士在各省租买田地，建造自便。[3]

---

〔1〕 朱金甫主编，中国第一历史档案馆、福建师范大学历史系合编：《清末教案》（第一册），中华书局1996年版，第133页。

〔2〕 王铁崖编：《中外旧约章汇编》（第一册），三联书店1957年版，第106～107页。

〔3〕 （清）李刚己辑录：《教务纪略》卷三上“条约”，上海书店1986年版；另见王铁崖编：《中外旧约章汇编》（第一册），生活·读书·新知三联书店1957年版，第147页。

与此前的法律政策相比，此条款在六个方面都有质的突破。其一，中国人信仰天主教的主体范围有所扩大，从原来的“学习天主教为善之人”扩大为“各处军民人等”，从侧面对1851年的《习教章程》进行了否定。其二，中国人的信仰权利范围有所扩大，从原来的“会同礼拜、供十字架、图像、诵经、讲说”变为“传习天主教，会合讲道、建堂、礼拜”；原来只有自己“信教”的权利，现在不仅可以“信”，而且有“传教”的权利，原来中国人没有“建堂”的权利，如今正式予以确认。其三，中国官员处理教务的权力开始受到限制；道光上谕赋予官员对“借教为恶”者“照旧例办理”的权力，中法续约改为“将滥行查拿者予以应得处分”，即从赋予官员权力的规定转变为限制官员权力的规定。其四，将以前禁教期间对天主教采取的种种措施定性为“谋害”，等于宣告百年禁教是错误的。其五，归还教产的范围进一步扩大；对没收教产的政策从“给还”转变为“赔还”，即已经无法给还的教产也要加以赔偿。其六，增加了“任法国传教士在各省租买田地，建造自便”新规定；这一款只在条约的中文文本中出现，为法文文本所无，是参加谈判的传教士私自添加的；但咸丰帝对条约中文文本的批示是：“所有和约内所定各条，均著逐款允准，……其各约内应行各事宜，即著通行各督抚大吏，一体按照办理。”[1]所以清政府对这一规定明确予以承认，从此传教士获得了在中国内地租买田地房产、建盖教堂等与传教有关的所有法律权利，清代的基督教政策由此进入“自由宽容”时期。

（二）国内法的变化

1. 对基督教管理的根本法律原则呈现“二元化”或“双轨制”特征。尽管清政府与西方国家签有上述条约，但在上至皇帝下至百官的心中，签订条约与弛禁基督教是被迫的无奈之举，也是权宜之计；所以表面上实行宽容政策，实际上出于维护集权统治的需要，仍通过各种手段限制基督教在中国的发展。恭亲王奕䜣与李鸿章的观点可以代表清政府对待基督教的实际政策。

1867年，十年修约之期在即，总理衙门针对西方各国可能提出的修约内容，拟定6条谈判计划并上奏同治皇帝，同治帝命令各地督抚对这6条谈判计划进行共同商议。传教问题是6项谈判内容之一，奕訢等总理衙门大臣先后提出数种限制传教的办法，但均觉不妥。最后，总理衙门总结说：

> 天主教之入中国，与佛道二家相等，若照僧道设官以治之，未

[1]《筹办夷务始末》（咸丰朝）卷六十七。

始非权变之策，而究竟不无流弊，且令天下以引入天主教为口实，更属非宜。抱人心风俗之忧，而存补偏救弊之念，惟有平日联络绅民，阳为抚循而阴为化导。或启其误，或破其奸，是亦不禁之禁也。[1]

这种文本规定与实际行动不一致的法律“二元化”主张，得到了地方大员的普遍赞同。如闽浙总督吴棠就限制传教一事上奏皇帝，“诚如专指，惟有联络绅民，阳为抚循，阴为化导，不禁之禁之一法也”。[2]隔日不久，湖广总督李鸿章也上奏：

各省多毁堂阻教之案，足见民心士气之可恃，而邪教不能以惹众也。……因习教而纵奸徒，固为地方之隐患。因传教而召党类，尤藏异日之祸根。惟法人以传教为业，久立专条。只有明为保护，密为防闲。督抚大吏慎选牧令，以教养为亟，实行保甲以别淑慝，崇礼明德以资劝化，多设善堂以赒困乏也，此治本之说也。[3]

2.《大清律例》相关内容的变化，表明清政府对基督教的解禁是被迫的。在这种“二元化”法律原则的指导下，《大清律例》的相关内容发生变化。尽管1846年道光就发布了弛禁上谕，并且清政府分别于1858年、1860年与西方列强签订了一系列条约，承诺对基督教实行开放，但直至1870年之前，《大清律例》中严厉惩治传教士教民的条款依然存在。从国内法来说，清政府自身的法律规定处于矛盾混乱状态。理论上讲，皇帝的上谕在中国具有最高法律效力，但各地官员无人不知皇帝颁布弛禁上谕并非真心所愿，只不过是对洋人的敷衍之举。所以，地方官员在处理教案问题时，往往并不执行上谕，而是依照《大清律例》的既有条款处理，故1846～1870年，传教士、教民在中国内地被拘捕甚至处死的案件依然时有发生。[4]这必然引起西方国家的不满与交涉。道光二十九年，法国公使发出照会，要求清政府履行承诺的条约

[1]《筹办夷务始末》（同治朝），卷五十。

[2]《筹办夷务始末》（同治朝），卷五十五。

[3]《筹办夷务始末》（同治朝），卷五十五。

[4] 如1856年西林教案中，传教士马赖与两名中国教徒被地方官府拘捕并处死；见金甫主编，中国第一历史档案馆、福建师范大学历史系合编：《清末教案》（第四册），中华书局2000年版，第35页。又如1861年贵州青岩教案中，4名中国教徒被官府杀害；1862年贵州开州教案中，传教士文乃耳与4名中国教徒被官府处死；见《清末教案》（第一册），中华书局1996年版，第230～231页。

义务，删除国内法中与条约相抵触的条款，增加弛禁的相关内容。[1]但清政府对法使的这一要求置之不理，法律规定及司法实践中的混乱状况依旧。同治二年（1863年），继任的法国公使柏尔德密鉴于各地教案依然频发、教民的正常权利没有保障，再次向总理衙门提出交涉，要求将弛禁新例载入《大清律例》。[2]在发出照会的同时，柏尔德密出示了“卷面标署同治二年新镌”的《律例刑案统纂集成》一书为证据。在明显的错误与确凿的证据面前，为了不再给西方国家以口实，同治九年（1870年），清政府续纂《大清律例》时，在《礼律·祭祀》“禁止师巫邪术”条后增附例文：“凡奉天主教之人，其会同礼拜、诵经等事，概听其便，皆免查禁。所有从前或刻或写奉禁天主教各明文概行删除。”[3]于是，基督教解禁政策终于正式纳入国家大法。

3. 一系列“行政法规”的出台标志着清政府基督教政策从“二元化”转变为“一元化”。从《大清律例》“纸面上的法”来看，基督教可以在全中国范围内自由传播、习学，但清政府实际“行动中的法”，依然是实行尽可能抵制基督教的法律政策。1871年《传教章程》、1882年中国信徒科举考试资格限定之规定、1891年《清查教堂样式处数造册咨部》依然贯彻“二元化”指导思想。有了条约自由传教条款的保护，传教士不断深入中国各地活动，皈依基督教的中国人不断增加，教会势力不断增长。由于基督教自身与中国文化习俗的本质差异，也由于部分传教士干预词讼、袒护教民，民教矛盾不断恶化，各地仇教反教情绪不断膨胀，教案层出不穷。同治九年（1870年），天津教案爆发，中外震惊。清政府意识到，“若再不筹善后之方，则教中之气焰愈张，吾民之怨愤愈积，祸患正不知所止”。[4]同治十年（1871年），在天津教案议结后，总理衙门大臣文祥等拟定《商办传教条款》，即《传教章程》共8条，要求西方教会裁撤育婴堂，禁止中国妇女进教堂，禁止传教士帮助中国教民诉讼，限定传教士的活动区域。[5]该章程控制基督教发展的意图表露无遗，因此受到天主教及新教传教士的一致反对，也遭到西方政府一致拒绝。“欧洲各国不甚嘉纳，意谓中间所指教士劣迹无据非真，且谓总署所见得

---

〔1〕《筹办夷务始末》（咸丰朝）卷十一。

〔2〕朱金甫主编，中国第一历史档案馆、福建师范大学历史系合编：《清末教案》（第一册），中华书局1996年版，第378页。

〔3〕《大清律例·礼律·祭祀》“禁止师巫邪术”条。

〔4〕《筹办夷务始末》（同治朝），卷七十六。

〔5〕（清）李刚己辑录：《教务纪略》卷三下，上海书店1986年版，第4~12页。

一失二，偏而不该”，因此，“皆置不理”。〔1〕在宽容政策已经确立的大前提下，清政府企图通过法律措施限制基督教发展的愿望未能实现。

尊奉孔子是历代中国儒生士子必尽的义务。科举考试前，儒生士子必须行祭拜孔子之礼；否则，无权参加科举考试。但基督教反对任何形式的偶像崇拜，中国士人如果皈依基督教，则不能再参加祭拜孔子的仪式。另外，士子参加科举考试之前，必须有廪生承保推荐，否则也不能参加考试。由于信徒不参加祭孔仪式，所以儒生们都不愿推荐信徒为考生，信徒若要参加科考就不得不放弃其宗教信仰。所以，科举考试的前置程序规定实际对士子入教起到不禁之禁的作用。早在同治五年（1866 年），法国公使伯洛内曾就此“不禁之禁”之规定与中方交涉，请求“凡奉教人应考求官，有与教务不协之礼节，或宽免不行，或请同省之官代行皆可”，〔2〕但清政府未予理睬。进入 19 世纪 80 年代，随着中国信徒人数的增加，这一问题日趋严重。光绪八年（1882 年），山西学政王仁堪公开禁止信教儒生参加科考，引起中外交涉；在法国公使的严厉谴责下，总理衙门不得不要求山西巡抚张之洞查办此事。〔3〕光绪十一年（1885 年），江苏学政黄体芳“为厘正学校起见”，上奏光绪帝，“欲期正本清源，惟有严定条例，注销教民籍贯，不准应试”。〔4〕经礼部与总理衙门共同讨论，黄体芳的建议遭到否定。〔5〕总理衙门与礼部都承认，公开设定信教者不能科考的条例是违背条约的，所以不能同意黄体芳的主张，原则上信徒与平民均可参加科举考试。但两部都认定儒生入教属于“迷途之误”，应给机会“悔悟”。是否让士子参加考试，不以其是否信教决定，而以其是否“安分”而定。但何为“安分”，礼部与总理衙门未予明确，这就给各地官员实际处理教民科考问题留下了极大的自由裁量空间，信徒科考的权利常被地方官剥夺，基层官员依然实施“不禁之禁”的基督教政策。但西方在华势力并未保持沉默；光绪十六年（1890 年），河北深州府被剥夺考试资

---

〔1〕（清）李刚己辑录：《教务纪略》卷三下，上海书店 1986 年版，第 12～13 页。

〔2〕台湾中研院近代史研究所编：《教务教案档》第一辑（一），中研院近史所 1974 年出版，第 98 页。

〔3〕台湾中研院近代史研究所编：《教务教案档》第四辑（一），中研院近史所 1976 年出版，第 326 页。

〔4〕朱金甫编，中国第一历史档案馆、福建师范大学历史系合编：《清末教案》（第二册），中华书局 1998 年版，第 420 页。

〔5〕朱金甫编，中国第一历史档案馆、福建师范大学历史系合编：《清末教案》（第二册），中华书局 1998 年版，第 421 页。

格的信教童生们心中不服，他们通过传教士葛光被、法国公使林椿迫使北洋大臣李鸿章作出明确答复，同意各县信教童生可以参加科举考试。[1]这种具体政策的改变，没有外国势力的压迫，肯定不会出现。光绪十七年（1891年），总理衙门又给各地方政府下发《清查教堂样式处数造册咨部》一文，要求各地认真统计教务信息，希望通过掌握教会具体情况，以便易于控制。[2]虽然通过设立章程控制基督教发展的努力失败，但清政府并不愿意就此放任教会势力发展；特别是教案的不断发生，使得清政府不可能放弃对教会的防范与管理。

1893年保护教堂上谕、1896年《办理教案失察议处章程》、1899年《地方官接待教士事宜条款》、1901年地方《保教简明章程》，表明清政府被迫放弃"二元化"管理模式，实行"一元化"基督教管理。自相矛盾的法律政策，使各地官绅民众都知道最高统治者的真实意愿是排斥而非接纳基督教。由此也使得基层官员与绅士大胆策划或默许教案发生，民教矛盾、官民矛盾、中外矛盾都因此不断激化，直接威胁到清王朝的统治。在此情况下，清政府不得不改变原有的政策，从抵制基督教传播转变为对教会实施保护，企图以此缓解与消除不断尖锐的矛盾。光绪二十一年（1893年），清政府颁布上谕，要求地方官切实保护辖区内的教堂。如有侵犯教堂的案件发生，不仅有关当事人要受到严厉惩罚，而且案发地官员也要被从重惩处。[3]该上谕充分反映了清代后期基督教政策的转变。到了光绪二十四年（1898年），清政府还在各地专门设立保甲局保护教堂。保甲局由当地素有乡望的绅士为董事，并设有巡勇；传教士外出，由巡勇护送。对教堂与传教士如果保护得力，则给予保甲绅董以奖赏；保护不得力，则给予处分。[4]此时不仅不抵制教会发展，而且唯恐其遭受不测。

不仅对传教士教堂加强保护，清政府还改变了以前对责任官员的袒护态度，专门设立了章程，规定对教案防范及处理不力官员的法律责任。光绪二十二年（1896年），监察御史陈其璋鉴于"地方官办理教案，向无议处专条，故每遇议处时，各国公使动辄怀疑，至多口舌"，为改变这种办理教案中的被

---

〔1〕（清）李刚己辑录：《教务纪略》卷四"成案"，上海书店1986年版，第22页。

〔2〕（清）李刚己辑录：《教务纪略》卷三下，上海书店1986年版，第13~14页。

〔3〕（清）李刚己辑录：《教务纪略》（卷首恭录），上海书店1986年版，第6~7页。

〔4〕参见朱金甫编，中国第一历史档案馆、福建师范大学历史系合编：《清末教案》（第二册），中华书局1998年版，第770~771页。

动局面，他上奏清廷，建议设立地方官办理教案失察议处章程，[1]总理事务衙门认为陈其璋所奏“诚为切要”，经会同吏部和兵部议定，对办理教案失职官员的责任作了详细规定。[2]

关于传教士在中国的社会地位，在19世纪80年代之前始终与中国的僧道相当，最多也就是将其与中国儒生相提并论；但西方国家竭力为传教士谋取在中国的社会地位，为此中西曾频繁发生纠纷。但到了晚清末期，国力大衰，加上法国公使毕盛与驻京总主教樊国梁的频繁交涉，光绪二十五年（1899年），总理衙门与各国公使议定《地方官接待教士事宜条款》，其规定共有5条。[3]根据这个章程，天主教传教士的教职与清政府官员的官职相对应，赋予了传教士以中国官员的社会地位。如此“套级”，在官本位观念支配的社会中，传教士受到了极高礼遇，其在中国的社会地位有了极大提高。此章程也标志着清政府自道光二十四年（1844年）第一次宣布对基督教有限弛禁以来，在对教会步步退让的政策道路上又迈出了关键一步。[4]义和团运动后，清政府更是采取保护基督教的政策，严令地方官吏保护教士和教堂。光绪二十七年（1901年），袁世凯任山东巡抚期间颁布《保教简明章程》，要求地方文武官员对教堂教士“随时妥为照料保护”，教堂教士若遭遇侵害“定即遵旨从严惩办”，对任期内相安无事者“汇案给奖”，[5]即以地方法规的形式刻意保护基督教在中国地方的权益。其他各地方政府的保教办法几乎与此雷同。不难发现，对基督教进行切实保护，是此时清政府从中央到地方高度一致的法律政策内容。从清初对基督教的压制打击，到清末对基督教的特别保护，清政府的基督教政策经历了一个蜿蜒曲折的历史过程。

三、晚清基督教政策演进之法史疏释

不难发现，鸦片战争后清政府的基督教法律政策前后并不一致，上位法、下位法之间也相冲突。外在压迫与内在惯性的矛盾，使得晚清政府的基督教

---

〔1〕朱金甫编，中国第一历史档案馆、福建师范大学历史系合编：《清末教案》（第二册），中华书局1998年版，第632~633页。

〔2〕朱金甫编，中国第一历史档案馆、福建师范大学历史系合编：《清末教案》（第二册），中华书局1998年版，第644~645页。

〔3〕王铁崖编：《中外旧约章汇编》（第一册），三联书店1957年版，第862~863页；另见（清）李刚己辑录：《教务纪略》（卷三下），第14~15页。

〔4〕杨大春：《晚清政府基督教政策初探》，金城出版社2004年版，第94页。

〔5〕王友三主编：《中国宗教史》（下册），齐鲁书社1991年版，第1018~1019页。

政策凸显“二元化”特征。对于基督教的控制管理，清政府经历了“真禁止→假保护、真抵制→真保护”的痛苦过程。与列强签订条约后，清政府表面上承诺保护传教士、教民的利益，也发布上谕承认基督教在中国的合法地位。但实际上，其在内心深处对基督教这一外来宗教极其排斥，实际行动中公然违背条约及弛禁谕旨，运用各种手段遏制基督教发展。恭亲王奕訢将之表述为“阳为抚循而阴为化导”，李鸿章将之总结为“明为保护，密为防闲”。所以，清政府的实际基督教政策处于自相矛盾的状态，呈现出“双轨制”格局，“暗法”与“明法”相背离。这种对基督教“既抵制又接纳、既抗争又妥协”[1]的矛盾政策，是中国传统法理逻辑运行的必然结果。

（一）“权力本位”是历代中国法律政策的重心

自古中国君主的权力是无所不及的，立法权、行政权、司法权均归君主所有。皇权的意志就是法律，“律”、“令”、“科”、“比”、“格”、“式”、“策”、“诏”、“制”、“敕”、“谕”、“诰”等法律形式，是君主权力意志客观化的产物，也是帝王实行权力控制、维持等级秩序的工具。政治、文化、军事等世俗方面的所有事务统归君主管理，思想、文化、信仰等精神方面的管制权力也被其垄断。

1. 思想文化领域，实行“壹教”，严防异端发生。在思想文化领域，为维护专制权力，历代中国实行单一化、强制性的教育；对于离经叛道的异端分子，则以严刑峻法待之。西周时期就设立国学、乡学，以统治者认可的诗书礼乐进行宗法伦理教育。商鞅变法，主要内容之一就是“壹赏”、“壹刑”、“壹教”，取缔一切不符合国家法令的思想言论，甚至儒家也被列为“五蠹”之首。“以法为教”、“以吏为师”，[2]实行官方强制的单一教育。秦代学在官府、禁绝私学，甚至焚书坑儒，使民顺从；法律上，有诽谤与妖言罪、妄言罪、非所宜言罪、以古非今罪、私藏诗书罪，以严厉打击各种与官方意识不一致的“异端思想”。自汉代开始，儒法合流，汉武帝“罢黜百家、独尊儒术”，董仲舒主张：“诸不在六艺之科，孔子之术者，皆绝其道，勿使并进，邪僻之说灭息，然后统纪可一，而法度可明，民知所从也。”[3]相应的法律规定，除诽谤、诬罔、诋欺等罪外，还有诽谤妖言罪、非所宜言罪和腹诽罪。隋唐至明清的科举制，更使得整个中国社会的教育内容以儒家经典宣扬的宗

---

〔1〕 杨大春：《晚清政府基督教政策初探》，金城出版社2004年版，第238页。

〔2〕《韩非子·五蠹》。

〔3〕《春秋繁露·天人策》。

法人伦为核心，以培养合乎君主专制的人才。两晋至唐宋期间，思想言论相对自由，法律惩治思想言论方面的犯罪相对宽平。但到了明清，为维护权力的至上与绝对，严厉打击各种思想言论异端的举措极其盛行；任何形式的文字或思想，一旦触犯最高权力的忌讳，就会随时面临危险。特别是清朝，君主对各种形式的民族思想、反清意识极其敏感，在号称"三代盛世"的康、雍、乾年间，文字狱竟达百余起，对各种"异端"人士大肆株连、横加屠戮，皇权独尊、权力至上的法律传统得到彻底暴露。基督教作为西方传入的宗教，在有清统治者眼中始终属于"异端"之列，出于皇权一统的惯性本能，清政府必定会对其加以控制。

2. 宗教管理方面，实行"以政统教"，国家权力深入到宗教事务的方方面面。就政府权力与宗教的关系而言，历代中国都是教权低于政权，从未出现凌驾于政权或与政权分庭抗礼的宗教力量。在组织上，宗教必须服从并维护皇权统治；在宗教教义方面，不能与维护权力至上的正统思想相违背；否则，就被列入"异端"或"邪教"，面临统治者的打击与镇压。历代中国政府除在法律上明令禁止宗教人士或信众从事有害伦常、有损人道、乖戾迷信、有害治安的活动外，还采取多种措施，以实现权力对宗教的控制。

就清代而言，对于汉传佛教、道教等传统宗教的管理，从官制的设置上，设僧录司、道录司于中央，又于中央五城分设各城僧、道协理各一人。僧官兼以"善世"等衔，道官兼以"正一"等衔。地方各府亦设僧纲司、道纪司等。龙虎山设正一真人，设提点、提举、法录局提举各一人，均直属中央。清代所有地方僧、道官均不入流，中央僧、道官地位均降品秩，[1]证明清代佛、道二教地位之低下。清政府通过法律手段，严密防范任何游离于皇权意志之外的宗教发展。对于宗教场所，清代法律规定，宗教组织自己无权决定建设。新建、扩建宗教场所，必须要得到官方批准；否则，就要受到国家法律的制裁。[2]对于普通人加入宗教组织，国家法律规定了官方控制的"度牒"制度，规定了入教者的主体资格条件、入教的程序；出家的条件是"通晓经义、恪守清规"，也有相应的出家考试。[3]宗教组织内部对僧道人员的管理，

---

〔1〕 参见《清史稿·职官志》二、三。

〔2〕《大清律例·户律·户役》"私创庵院及私度僧道"规定："凡寺观庵院，除现在处所（先年额设）外，不许私自创建增置，违者，杖一百，僧道还俗，发边远充军，尼僧、女冠，入官为奴。（地基材料入官）。民间有愿创造寺观神祠者，呈明该督抚具题，奉旨方许营建。若不俟题请，擅行兴造者，依违制律论。"见田涛、郑秦点校：《大清律例》，法律出版社1999年版，第176～177页。

〔3〕《清史稿·食货志》一，《清史稿·职官志》三。

必须遵守国家规定的“牒照”等级制度，最终由官方对宗教组织监督管理。[1]对于宗教人士是否结婚，这本来是教徒与宗教组织之间的内部事宜，完全可以由宗教组织根据教义教规进行处理，但清代国家法律却对此作出了强制性规定。[2]宗教的教义，必须与以“三纲五常”为核心的官方“正统”思想一致。在中国土生土长的道教，从未否定过儒家的纲常伦理（东晋道教理论家葛洪就曾经为君主专制权力极力辩护，赞同君臣之间的纲常伦理，强烈主张儒道兼容，其著作《抱朴子》就是儒道合流的代表）。佛教传入中国之初，主张“众生平等”，因此主张“不拜父母”、“不尊王者”，显然与中国宗法伦理相冲突；经过唐代几次“排佛”、“灭佛”事件后，佛教不得不向中国文化作出妥协，改变自己的原初教义，以适应强大的本土宗法伦理文化。历代统治者极力维护宗法伦理这一其赖以统治的精神文化支柱。清代也是如此，在国家法典中对宗教人士用“正统”思想进行约束，以防止其思想行为“越轨”。[3]对于宗

---

〔1〕《大清律例·户律·户役》“私创庵院及私度僧道”规定：“若僧、道不给度牒，私自簪剃者，杖八十。若由家长，家长当罪。寺观住持及受业师私度者，与同罪，并还俗。（入籍当差）民间子弟，户内不及三丁或在十六以上而出家者，俱枷号一个月，并罪坐所由。僧道官及住持，知而不举者，各罢职，还俗。僧、道犯罪，虽漏给度牒，悉照僧、道科断，该还俗者，查发各原籍当差。若仍于原寺观庵院或他寺观庵院潜住者，并枷号一个月，照旧还俗。其僧道官及住持，知而不举者，照违令律治罪。由礼部颁发度牒给在京及各省僧纲司等，如情愿出家之人，必须给予度牒，方准披剃。仍饬地方官严查僧官、胥吏，毋得借端需索，扰累僧徒，违者从重治罪。僧、道凡有事故，将原领牒照，追出汇缴，毋许改名更替。如有暗行隐匿，及私相授受者，僧、道照违制律治罪，僧道官斥革还俗，地方官照失察例处分。现在应付、火居等项僧道，止于优给本身牒照，不准招受生徒。其合例应招生徒之僧、道，所有许其招受之人，即于伊师原发牒照上注明年貌、籍贯、簪剃年月，伊师身故之日即为本人之牒照，不必另行给发。该州县岁底汇报该抚，该抚随五年审丁之期，另具清册报部。如所招之人身犯奸盗重罪，除将伊师牒照内名字除去外，伊师亦不准再行续招。如所招之人无罪犯而病故者，准另招一人为徒，亦于牒照内注明身故续招缘由。其牒照有水火、盗贼、遗失等情、准其呈明地方官，咨部另给。僧、道年逾四十方准招受生徒一人，如有年未四十即行招受及招受不止一人者，照违令律笞五十。僧道官容隐者罪同，地方官不行查明交部，照例议处，所招生徒勒令还俗。”见田涛、郑秦点校：《大清律例》，法律出版社1999年版，第176～178页。

〔2〕《大清律例·户律·婚姻》“僧道娶妻”规定：“凡僧道娶妻妾者，杖八十，还俗。女家（主婚人）同罪。离异。（财礼入官）寺观住持知情，与同罪；（以因人连累，不在还俗之限），不知者不坐。若僧道假托亲属或僮仆为名求娶，而僧道自占者，以奸论。（以僧道犯奸加凡人和奸罪二等论，妇女还亲，财礼入官；系强者以强奸论）”见田涛、郑秦点校：《大清律例》，法律出版社1999年版，第212页。

〔3〕《大清律例·礼律·仪制》“僧道拜父母”规定：“凡僧、尼、道士、女冠，并令拜父母、祭祀祖先。（本宗亲属在内）丧服等第，（谓斩衰、期、功、缌麻之类）皆与常人同。违者杖一百，还俗。”见田涛、郑秦点校：《大清律例》，法律出版社1999年版，第292页。

教人士的活动，国家法律严禁其有任何可能危及社会安定的举措；[1]凡与国家政治有关的事，禁止宗教人士利用宗教进行议论。[2]在清代，各省巡抚“随五年审了之期”（即每5年普查一次役丁之时），另具僧道籍册报礼部。[3]自清初即开始的保甲牌法也扩及寺观，凡寺观均发给“户口牌”，悬于门有蜘“以稽僧道之出入”，其僧纲、道纪等僧道官必须按季度向地方大吏造册汇报僧道增减出入情况。[4]

对于宗教内部的纠纷，本来应该由宗教人士自行解决。但清朝皇帝理直气壮地介入宗教纠纷，充当宗教纠纷裁判者。佛教禅宗内部曾于明末出现过圆悟与法藏之争，百年过后雍正皇帝再次提起，甚至还写了一本《拣魔辨异录》直接干预这一宗教纠纷：“朕为天下主，精一执中，以行修、齐、治、平之事，身居局外，并非开堂说法之人。……但既深悉禅宗之旨，洞知魔外之情，灼见现在魔业之大，预识将来魔患之深，实有不得不言，不忍不言者。”[5]他以皇权对宗教纠纷作出裁决：“天童密云悟派下法藏一支，所有徒众，著直省督抚详细查明，尽削去宗派，永不许复入祖庭。”[6]之所以如此，实际原因在于许多反清志士遁入空门，这些人大多栖身于法藏门下；皇帝介入宗教纠纷并加以裁决的最终目的是维护其王朝的专制统治。

对于边疆民族地区的宗教管理，清朝皇帝不仅以世俗行政权力来管理控制宗教，而且还进行教规、教义的研究，力求从根本上掌握宗教管理的主动权和主导权。[7]无量寿佛是观世音佛的师尊，是西藏喇嘛教极为重要的膜拜对象，康熙帝就按照自己的肖像在热河溥仁寺塑造了九尊无量寿佛。而喇嘛教的最高领袖达赖仅是观世音的化身，这样宗教领袖在地位上只是皇帝的徒弟或下属。为加强对蒙藏地区的控制，乾隆皇帝根据黄教教义设计了“金瓶

---

〔1〕《大清律例·礼律·祭祀》“亵渎神明”规定：“凡私家告天拜斗，焚烧夜香，燃点天灯、（告天）七灯，（拜斗）亵渎神明者，杖八十。妇女有犯，罪坐家长。若僧道修斋设醮，而拜奏青词表文，及祈禳火灾者，同罪，还俗。（重在拜奏，若止修斋祈禳，而不拜奏青词表文者，不禁）”见田涛、郑秦点校：《大清律例》，法律出版社1999年版，第276页。

〔2〕《大清律例·礼律·仪制》“术士妄言祸福”规定：“凡阴阳术士，不许于大小文武官员之家妄言（国家）祸福。违者，杖一百。其依经推算星命、卜课，不在禁限。”见田涛、郑秦点校：《大清律例》，法律出版社1999年版，第293页。

〔3〕《大清律例·户律·户役》附条例。

〔4〕参见《清史稿·食货志》一，《清史稿·职官志》三。

〔5〕《拣魔辨异录》卷一。

〔6〕《拣魔辨异录》卷一。

〔7〕任杰、梁凌：《中国的宗教政策：从古代到当代》，民族出版社2006年版，第257页。

掣签"制度,[1]确立了活佛转世这一重大宗教事务受国家权力支配的格局。"金瓶掣签"制度后经《钦定二十九条章程》完善与细化，正式成为国家法律，成为蒙藏地区佛教活动必须遵守的法律规范。[2]此外清政府还通过建立理藩院，建立喇嘛等级、朝贡、寺额制度，削弱宗教领袖的政治权力，控制宗教领袖的废立大权等措施，进一步强化皇权对蒙藏宗教的控制。[3]

对新疆、青海、甘肃等地的伊斯兰教的管理，清王朝实行"乡约管束"。其主要方法就是用伊斯兰教的伦理与教规约束教民，使之循规蹈矩以实现统治秩序。苏四十三起义后，清政府取消了伊斯兰"阿訇"之称谓，改其为"乡约"，使原有的乡约制度功能得到进一步强化。乡约要从政府领取印札，资格期限为3年。以保甲制度为基础，清政府将教户与清真寺的所属关系加以明确化、固定化，并登记造册，备留查考。各教民只能在其所属清真寺读念经文，经师也只能在本寺延请。乡约还要经常稽查户口，随月上报，否则将受处置。为确立封建正统思想的主导地位，各清真寺还设立回民义学，教授儒家诗书礼义，以使教民向化；乡约还要密切注意教民的思想行为，随时加以训导。此外，按乾隆帝谕旨，各清真寺教民要在聚礼日听取乡约宣讲《圣谕广训》；各清真寺要立有《圣谕广训》石碑，并且供奉写有"皇帝万岁、万岁、万万岁"的万岁牌。对于以上各项，乡约要严格遵行，并在年终时将各项情况总结上报，由地方官签署通过，然后送清廷备案。[4]

可见，无论何种宗教，国家对其组织、人员、教义、活动等各个方面，都进行了有力的全面控制。国家权力的触角，已经深深渗透到宗教内部的各个角落，宗教在中国不可能取得独立的地位，只能唯世俗权力马首是瞻。对外来基督教的管理，清政府自然也是行控制之本能。尽管有条约制约，但只要存在可以进行权力控制的空间，清政府就不会放弃惯常管理模式。

（二）维持等级结构秩序是中国传统法的价值取向

秩序是"在自然进程和社会进程中都存在的某种程度的一致性、连续性和确定性"。[5]人类历史上的秩序类型，主要有等级结构秩序、自由平等秩

---

〔1〕具体内容参见北京雍和宫《御制喇嘛说》。

〔2〕任杰、梁凌：《中国的宗教政策：从古代到当代》，民族出版社2006年版，第270页。

〔3〕张践、齐经轩：《中国历代民族宗教政策》，中国社会科学出版社2007年版，第231~234页。

〔4〕张践、齐经轩：《中国历代民族宗教政策》，中国社会科学出版社2007年版，第257~258页。

〔5〕［美］博登海默：《法理学：法律哲学和法律方法》，邓正来译，中国政法大学出版社2004年版，第227~228页。

序、社会本位秩序、历史唯物主义秩序四种。[1]在君主专制的中国，社会秩序首先意味着君主统治的等级秩序，一切政治、经济、文化、宗教活动，都必须在统治秩序所允许的范围内进行，以保证君主意志与权力的顺利实施。

维护君臣父子、伦理纲常的等级秩序，是历代中国传统法律文化的精神核心。清代统治者更清楚地认识到等级秩序与王政的密切关系。如康熙所言，帝王致治，首先在于维系风化，辨别等威。封建帝王本身就是绝对权威的象征，这种权威建立在森严的等级基础上。一旦上下等威不辨，则意味着权威的丧失，这是帝王统治失败的标志。[2]为加强集权统治根基，清代帝王特别注意从思想上给百姓灌输等级秩序观念。在朱元璋"圣谕六言"的基础上，清代帝王陆续颁布一系列指导社会生活的上谕，如顺治的"钦定六谕"、康熙的"上谕十六条"、雍正的《圣谕广训》等，进一步将等级精神渗透到社会各个角落。如"上谕十六条"，第一条就是"敦孝悌以厚人伦"，将孝悌原则放在首位，其余各条也与伦常孝道有关，要求子女日常生活言行举止都要惟父母之命是从，不能独立自主。"孝悌"是父家长制家庭存在的基本条件；家族是家庭的扩大，父家长制家庭一旦巩固，家族内尊卑长幼秩序自然就稳定。第9条"明礼让以厚风俗"，主要提倡长幼有序、尊卑有别的人际交往。等级秩序不仅在经书中存在，更是通过皇帝圣谕落实到社会生活中。违背这些等级秩序规范则加以惩戒，从而保证整个社会等级秩序的延续。

但基督教独尊救主、人人有罪、人人平等的教义触动了等级秩序最敏感的神经。清中叶发生德天赐教案，嘉庆帝阅读基督教《教要序论》，发现"内称其天主是万邦之大君"，阅读《圣年广益》，发现"内称所系降生之耶稣系普天下各人物之大君"。[3]在中国皇权是至上的，基督教宣扬耶稣是最大的君王，无异于是对中国至上皇权的否定。中国皇帝不仅是最高权力者，而且还是"圣人"，是天下最高的道德模范；而基督教宣扬人人有罪，号召"自君王以至士庶，人人弃邪归正"，[4]无异于是对皇帝道德神圣的攻击。这些"异端思想"，无疑向中国的君权发起了挑战，而且在很大程度上亵渎了君主的权威。因此，清朝统治者对此痛恨无比。不仅是皇帝，士大夫官员也对基督教的平等教义激烈批评，斥责其无君无父。1860年，户科给事中薛书堂上奏皇

---

〔1〕张文显主编：《法理学》，高等教育出版社2007年版，第305~307页。

〔2〕张仁善：《礼·法·社会——清代法律转型与社会变迁》，天津古籍出版社2001年版，第45页。

〔3〕《清季外交史料》（嘉庆朝）卷一。

〔4〕《清季外交史料》（嘉庆朝）卷一。

帝，斥责基督教“蛊我愚民，败伤伦理，变乱纲常”，请求厉行禁止。当时著名学者何秋寿，认为“今天主教之在西欧，设教化王以夺各国国王之权，是无君也”。[1]太常寺少卿王家璧则认为，普法战争拿破仑三世被俘，法国迅速建共和废帝制，根本原因就在于法国人信奉天主教，以致造成这种“无父子之亲，必无君臣之义”的局面。[2]姚正夫则认为天主教之毒害远超过中国的杨墨佛道：“杨氏为我尚近义，墨氏兼爱尚近仁，老氏元妙虚无，佛氏清净寂灭，虽弃其父兄，绝其夫妇，尚能自治其身。今耶稣之教，不分尊卑上下，是无君无父者也。”[3]由耶稣的“无父无母”，[4]结合传教士在中国的行为，曾任直隶知县的王炳燮也得出基督教是“率天下皆为无君、无父、无母之人”的“大罪”之教。[5]既然基督教与伦常等级秩序如此抵牾，当然要从法律政策上加以控制，但由于与西方列强已签有条约，只好就“阳为抚巡，阴为化导”以达到“不禁之禁”的目的。

对基督教进行秘密控制，目的是维护等级秩序。然而，“明为保护、密为防闲”表面保护、实为抵制的基督教法律政策，给了各地官绅遏制、打击基督教势力以合法依据，使得各地士绅乃至官员放心大胆地纵容甚至组织、策划教案的发生。清代中前期的大部分教案，都有基层官员与绅士的策划或默许。[6]最高统治者的原意，是想通过基层民众遏制基督教在华发展，以维持既有的等级秩序结构。但层出不穷的教案，不断引起列强与清政府之间的外交纠纷。每次教案议结，清政府都要大量赔款、惩治相关官员与刑罚涉案百姓，教案因此成为晚清统治者挥之不去的梦魇。而且在百姓心中，清政府成

---

〔1〕（清）何秋涛：《化异教崇圣教疏》。

〔2〕《筹办夷务始末》（同治朝）卷七十九。

〔3〕（清）姚正夫：《姚正夫集》“闲道论”上。

〔4〕《圣经》记载有一次耶稣对待其母亲和兄弟的言论：“耶稣还对众人说话的时候，不料，他母亲和他弟兄站在外边，要与他说话。有人告诉他说，看哪，你母亲和你弟兄站在外边，要与你说话。他却回答那人说，谁是我的母亲。谁是我的弟兄。就伸手指着门徒说，看哪，我的母亲，我的弟兄。凡遵行我天父旨意的人，就是我的弟兄姐妹和母亲了”（《圣经·马太福音》第12章46~50节）。按基督教的原意，耶稣在此宣告的是天国事业重于伦理亲情这一重大原则，绝不意味着人可以置亲人于不顾；相反，《圣经》里有许多上帝要求信徒必须尽人伦义务的事例与规则（如《约翰福音》第19章25~27节，《提摩太前书》第5章3~8节），但中国士大夫对此并不了解；王炳燮还对此附会加工：“母兄哀劝，终不肯认，于是母兄拜哭而去。”并且由于基督教说耶稣是童女所生，王炳燮认为基督教主耶稣“实无父之人”。参阅（清）王炳燮：《毋自欺室集》卷六。

〔5〕（清）王炳燮：《毋自欺室集》卷六。

〔6〕参见朱金甫编，中国第一历史档案馆、福建师范大学历史系合编：《清末教案》（第二册），中华书局1998年版，第355页。

了“洋人的政府”，如此直接威胁到清政府自身的统治。矛盾的法律政策，造成了晚清社会“无序”的状态。[1]因此，晚清清政府不得不改变原有矛盾的基督教政策，放弃“密为防闲”实施“明为保护”，但这种保护并不是真的对“宗教权利”的保障，而是现实的、功利的权宜措施，目的是使皇权秩序统治继续苟延残喘，然而为时已晚。从1893年颁布保护教堂上谕起，仅十几年后清王朝就在内外交困中坍塌。

余 论

无论是“密为防闲”还是“明为保护”，都是以“秩序维护”而不是“权利保障”为中心。晚清政府不明白、不愿也不可能明白法律的“权利本位”早已是当时西方国家通行的法理。就宗教权利而言，早在1122年，神圣罗马帝国皇帝亨利五世和教宗加里斯都二世就签订《沃尔姆斯宗教协定》，[2]开始确立了西方皇帝不干涉宗教事务、“教俗二元”划分的社会格局；[3]英国于1689年“光荣革命”后就颁布了《人权法案》（Bill of Rights）和《宗教宽容法》（Act of Toleration），即使是不遵从国教的各教派也可获得信仰自由。[4]美国历史的早期，罗杰·威廉姆斯就主张将宗教从国家事务中分离出去，保证世俗政治的“荒野”不去伤害宗教这一“花园”；[5]杰弗逊总统则于1786年颁布《宗教自由法案》，禁止政府对公民个人的宗教观点与信念进行任何处罚；[6]其后的宪法第一修正案（1791）明确规定“国会不得制定关于确立宗教的法律，也不得禁止宗教自由”，[7]从而确立了“政教分离”与“宗教自由”的宪法原则。法国1789年就制定了著名的《人权宣言》，认为

---

[1] “无序”是“表明存在着断裂（或非联系性）和无规则的现象，亦即缺乏智识所及的模式——这表现为从一种事态到另一个事态的不可预测的突变情形”；参见［美］博登海默：《法理学：法律哲学和法律方法》，邓正来译，中国政法大学出版社2004年版，第228页。

[2] ［美］布鲁斯·雪莱：《基督教会史》，刘平译，北京大学出版社2004年版，第200页。

[3] 丛日云：《在上帝与恺撒之间——基督教二元政治观与近代自由主义》，生活·读书·新知三联书店2003年版，第216页。

[4] W. Cole Durham, Brett G. Scharffs, *Law and Religion: National, International, and Comparative Perspectives*, Aspen publishers, 2010, p. 13.

[5] W. Cole Durham, Brett G. Scharffs, *Law and Religion: National, International, and Comparative Perspectives*, Aspen publishers, 2010, p. 18.

[6] W. Cole Durham, Brett G. Scharffs, *Law and Religion: National, International, and Comparative Perspectives*, Aspen publishers, 2010, p. 20.

[7] ［美］小约翰·威特：《宗教与美国宪政经验》，宋华琳译，上海三联书店2011年版，第106页。

“意见的发表只要不扰乱法律所规定的公共秩序，任何人都不得因其意见、甚至信教的意见而遭受干涉”。在洋枪大炮的裹挟下被迫进入世界之林的清政府，面对“宗教权利”这一法理问题，暴露出来的是惯性的权力控制以及对“世界通行法理”的盲目无知。直到濒临灭亡，清政府依然顽固地坚持传统等级结构秩序的维持，浑然不知“权利”为何物，这在清末“礼法之争”中再次得到典型体现。[1]如此逆历史潮流而动的法律理念与法律主体，自然遭受被遗弃的历史命运。

---

〔1〕 在清末的“礼法之争”中，张之洞明确主张吸收西方文明的原则是“有益于中国，无损于圣教”，即西方的法律思想、法律制度如果与数千年相沿的纲常伦理相悖，就不能接受。所以，“知君臣之纲，则民权之说不可行也；知父子之纲，则父子同罪免丧废祀之说不可行也；知夫妇之纲，则男女平权之说不可行也”（张之洞：《劝学篇》）。浙江巡抚增韫也认为：“中国风俗，如干犯伦常，败坏名教，既为人心之同恶，即为国法所不容。”沈家本等人的新律“将使伦纪纲常，翻然废弃”，这种法律，“非所以安上而全下也”（参见故宫博物院明清档案部编：《清末筹备立宪档案史料》下册，中华书局1979年版，第856页）。由于礼教派的势力过于强大，“礼法之争”以法理派的妥协而告终。

风水、环保与法律移植：清季以来的矿业环保法则

沈玮玮 *

一、清代矿政论争中的环保“观念”

自先秦到清末的两千多年间，矿业政策大体上有以下两个特点：一是矿业政策的中心是对矿产实行开放还是禁采，是官办还是民办；二是隋唐以后到明代，逐步实行矿产开发政策，任民采取，收取利税。但也是时开时禁，变幻无常。[1]清代关于矿业政策的争论主要集中在封禁与开禁上。主禁派从观念形态、习俗、经济、政治、社会、民族、涉外等各个方面搜罗了一系列的论据来反对开展矿业生产。代表性的论点主要有开矿“有伤风水龙脉”说、开矿乃“弃本逐末”说、开矿“扰民”及“易聚难散”说、开矿“商力不足”说、开矿影响民族关系和开矿不利于海防等。[2]古人概念里与环境最为紧密的概念是“风水”，因此，风水一说与环境密切相关。先从开矿有伤风水说起。

（一）风水与环境保护的契合

在清代，风水是能否进行矿产开发的先决条件之一。当时认为，只有在勘查后认为无碍风水龙脉的地方，才有可能为朝廷所批准，并被地方士绅等所接受，使得在该处开矿成为可能。因此，在有关报请开矿的呈文或奏章中，几无例外地都要由具呈人或上奏的督抚逐级声明，该址“原与城池龙脉及古

---

* 作者系华南理工大学法学院讲师，法学博士。

〔1〕 曹晓凡、程伯仕、周黎：“矿业权制度的历史沿革”，载《资源环境与工程》2006 年第 4 期。

〔2〕 韦庆远、鲁素：“清代前期矿业政策的演变（上）”，载《中国社会经济史研究》1983 年第 3 期。

代帝王圣贤陵墓并堤岸通衢并无关碍”。因此之故，许多可开应开之矿，遂因“有碍风水”、“有损龙脉”，而被长期禁闭。而有些反对开矿的地方官绅等也便借此为口实，顽固地阻遏开采。

> 康熙十七年，（浙江山阴）阖郡绅士里民，为遵宪勒石永禁开凿，以护府龙来脉，以保全越生灵事。……真龙活脉，保护则福，栽损则凶，历来应验如响，先辈公同永禁。不意明崇祯年间，奸民将陈家岭开凿烧灰，府城旋遭火盗，当蒙府主王律期升严行饬禁。……迫顺治丁戊之交，奸徒借葺禹庙，朦呈请示采石烧灰，致伤龙脉。尔时，道、府、厅、县，一时相继解缓，婿绅亦因以凋谢。山随村落，咸遭土寇焚掠，杀伤惨状，阖郡皆知。又，顺治十一年间，被土棍丁南岳等开凿茅阳禁山，灾殃立至。庠生徐允升等公呈近宪朱讳虚，蒙批署府吴讳勉，会同绅衿登山踏勘，案验往赎，惩治南岳，严行重禁。自后二十余年，奸婪屏迹。……蒙批：陈家岭、狮子、茅阳、应家诸山历奉宪禁，不许开凿，悉有成案，严行永禁，以杜奸患，以保全越。奉此，今特备列，以示后人。[1]

该地区诸矿可“真是龙脉”，但凡一经开采，便生灵涂炭。这些可以称之为“巧合”的风水之事，无疑给主禁派又一立论的根据。他们将一些兵火之灾、丢官盗贼、身死之事，都归结为由于开矿伤脉而招致的灾难，肆意进行煽动夸大，借以达到封禁矿场的目的。乾隆初年，山东省登州府蓬莱县由于“米珠薪桂，火食颇艰”，当地民人刘继武等赴部请求准在县境内开办煤窑，该县缙绅闻讯纷纷呈察府、县，力竭声嘶地申说“蓬境环海负山，地势狭窄，非村落棋布，即坟墓重叠，若果开采煤窑，实与庐墓城池风水攸关”，[2]要求严禁，最后也由登州府和蓬莱县联衔勒刻石碑，“通伤永禁”了。清初规定“若有碍禁山风水，民田庐墓及聚众扰民，或岁歉谷踊，辄用封禁”。[3]风水、庐墓和聚众在以上所举的事例中被连接在一起使用，说明风水在被用作封禁的理由时，不是孤立的，否则并不足以具有说服力。而以风水为由来反对开禁的大多是官方人士。如乾隆五年（1740 年）十二月，两江总督杨超也专门为此奏请禁矿，他说：

---

〔1〕 嘉庆《山阴县志》卷三《严禁凿山碑记略》。

〔2〕 道光《蓬莱县志》卷十三《艺文志·碑铭》。

〔3〕《清史稿》卷一二四。

宁国府之宣城县，池州府之贵池县，凤阳府之宿县、凤台县，并和州广德境内，虽俱有产煤之处，以有碍地方风水，历来封禁。……又，江宁府之上元县，城外亦有煤井数十处，数十年屡议开采，以密迩省城，枚关地脉，未经准行。〔1〕

更荒唐的是乾隆九年（1744 年）五月，直隶总督高斌也在奏章中宣称：

臣更有甚深恐惧者，去冬彗星所指，传言佥称在于齐鲁之方，今开矿适在其地。臣再三详思熟虑，此举于事则无利而有害，于地方则甚不宜，于舆情则不愿，若必俟试行无益而后中止，万一奉行不妥之处，将为圣德之累，……即赐降旨，收回成命，则及此未宣传之际，销患于未形。〔2〕

地方大员借风水一事反对开矿，甚至搬出天象示警，可谓“用心良苦”。借用风水来主禁在当时是相对最好的理由，大多数官员之所以反对开矿是怀着“多一事不如少一事”的心态。矿徒聚集，最易滋事，若同意开采则增加了官员的行政负担和责任。乾隆三年（1738 年）两广总督鄂弥达在回复广东提督张天骏的奏章中清晰地说明了这一点。他毫不客气地批评说：“倘事未举行而悬料其有弊，即苟图便安，概议寝格，致国用民生之大计阻抑不行，此则封疆大吏所断断不敢出者也。……然所谓安靖者，必地方整理，人民乐业，始可以云安靖，非图便偷安，阘茸废弛，侥幸无事，竟置朝廷重务于膜外而谓之安靖也。”〔3〕当然也有鲜明地反对用风水之说来为禁采立论的官员。如乾隆八年（1743 年）七月，某御史即认为：“若果有碍于龙脉者，人自不容其创取，其无关紧要者，又何必弃之于无用?”〔4〕

风水与环境相关最为密切的则表现在气候上。风水学以阴阳五行为依据，五行观念早就在传统社会扎根，金木水火土相生相克，不可人为打破彼此的

〔1〕《朱批奏折》工业类，转引自韦庆远、鲁素：“清代前期矿业政策的演变（上）”，载《中国社会经济史研究》1983 年第 3 期。

〔2〕《朱批奏折》工业类，转引自韦庆远，鲁素：“清代前期矿业政策的演变（上）”，载《中国社会经济史研究》1983 年第 3 期。

〔3〕中国人民大学清史研究所和档案系中国政治制度史教研室合编：《清代的矿业》（上），中华书局 1983 年版，第 39 页。以下所引材料大多来自该书，不再一一注明。

〔4〕《朱批奏折》工业类，转引自韦庆远、鲁素：“清代前期矿业政策的演变（上）”，载《中国社会经济史研究》1983 年第 3 期。

平衡。“有泉则矿盛，金水相生也。”〔1〕宋人洪咨夔也在《平斋文集大冶赋》云：“其淋铜也，经始岑水，以逮永兴，地气所育，它可类称。”因此，金水相生相伴早有所传。而开矿则无疑是对平衡的打破，这也是风水学反对采矿的缘由之一。平衡一旦打破，可能直接会导致矿区自然气候的变化。“（临朐）迤逦而西为嵩山，凝碧挺秀，丹青照耀，俗呼七宝山冈，联嶂沓至黑山，伏为洞壑，诸山之气于此结穴。遇水发，土人于洞边淘沙得金，竞传为金银矿。……况东方出震，与天地为生气，于京师为股肱，岳镇方望，拱户环围，乌可锤凿而破碎乎？”〔2〕另外，平衡被打破，在当时的开采技术下，矿难也容易发生。“至土洞深开，为积霖所陷，曰浮洞，凿者常被压陷，封洞门，人亦气闭卒于内，常数人及数十人，岁所间有。可异者，后人不知其曾浮，每重开，或旁及见尸横斜，为宝气所伤。”〔3〕

（二）矿害论中的环境忧虑

开禁对矿区环境的破坏唯有民间感知最深。开矿对环境的破坏最直接的便是“开山设厂，每不顾田园庐墓之碍，而且洗炼矿砂之信水，流入河中，凝而不散，腻如脂，毒如鸩，红黄如丹漆，车以粪田，禾苗立杀，其害一”〔4〕，作者将环境污染列为矿害之首。同样，在管乐（乾隆七年进士）看来，“旧有耙冲铜矿，前官屡欲开采，乐不可，以为洗矿锈水必损田亩，且洞口开，山腹虚，不能兴云雨，均为民患，乃请封禁”。〔5〕矿区周边的百姓对此定将深有感受。也因此，以污染环境为理由而主张封禁的声音大多在民间。一般认为，民间私采盗采矿产严重，因而百姓应是主张开矿的，实际上民间一直有反对开矿的声音。以郴州为例，康熙初年，郴州举人喻国人提出著名的坑冶“十害论”，这“十害”关系到农业生产、民间禁忌（风水龙脉）、社会稳定、自然环境与疾病安全等基本问题，是矿业生产中的普遍问题，也是朝廷开矿的大忌。十害中有六害是关乎矿区自然环境的：

> 剪淘恶水一入，田畴竟成废壤，不但衣食无资，并国赋何办？害二；穿求砂苗，深入无底，举数十里之屋庐坟墓皆有斩龙绝脉之虞，害三；炉炭无出，即砍人禁山而不惜，伐人壕树而莫顾，居民

〔1〕檀萃《滇海虞衡志》卷三。
〔2〕光绪《临朐县志》卷三上《山水》。
〔3〕张弘：“滇南新语”，载《小方壶斋舆地丛钞》第七帙，第229页。
〔4〕沈日霖：“粤西琐记”，载《小方壶斋舆地丛钞》第七帙，第180页。
〔5〕同治《雩都县志》卷十《仕绩》。

风水悉遭败坏，害四；……恶水一出，数十里沟涧澳河皆成秽浊，民间饮之则生疾病，害七；河道半被泥沙塑滞，时为迁改，乡民恐坏田苗，拼命力争，屡致争斗，害八；万山环聚，病气本深，更加掘发瘴雨岚烟，染者多疫，害九。[1]

这应该是目前史料所载最为详细论述开矿所导致的环境破坏。康熙二十三年（1684 年）前后，郴州将率先开采的一批矿点全部封禁。这之后，郴州各代州县方志都将“十害论”录入其中，对郴州的矿产开发产生了很大影响。[2]可见，环境保护的声音力度甚为强大。

更有甚者认为：“迨其（矿场）后数十年来，矿洞空虚，山灵消歇，地气春秋每一腾伏，则岁必大震，震则雷碾车毂声，民舍城垣，屡为摧毁，其间人文阻丧，三四十年无一杰发。邑之凋残困苦，至今犹指遗矿诸山为怨薮云。”[3]这就涉及人丁兴旺的层面，有代际公平的意思了。但也有学者认为，当时开矿限于技术原因，不可能进行深层开采，并且开采规模也不大，引发自然灾害的可能性很小。只要避开屋舍城垣，完全可以避免这种灾害的发生。[4]

从现有的史料来看，主禁人士中以环境立论的并不多见，也许民间的声音被记史者所故意掩盖。这也正从侧面说明，清代矿政中并未将环境保护作为首要考虑的因素，甚至并未过多考虑。清初拟定的矿业政策，禁采的理由被表述为：“惩前代矿税之害与矿徒之扰，每内外臣工奏请开采，中旨常慎重其事。”[5]乾隆八年（1743 年）经张廷玉等九卿廷议，决定“凡各省有可开采之山场”，除金银外，“其余俱听百姓于地方官给照开采”。其后虽续有争论，矿禁基本开放的政策已经确立。乾隆十五年（1750 年）以后，主禁的言论也很少见了。[6]主开的言论中有益于农村劳力的转移，能为解决民间生计

---

〔1〕 康熙《郴州总志》卷六《风土志·坑冶（附）》。

〔2〕 林荣琴：“清代区域矿产开发的空间差异与矿业盛衰——以湖南郴州桂阳州为例”，载《中国社会经济史研究》2003 年第 3 期。

〔3〕 宋起凤：“矿害论”，载乾隆《大同府志》卷二十六《艺文》。

〔4〕 刘龙雨：“清代至民国时期华北煤炭开发：1644～1937”，复旦大学 2006 年博士学位论文，第 21 页。

〔5〕《石渠余纪》卷三《纪矿政》。

〔6〕 韦庆远、鲁素：“有关清代前期矿业政策的一场大论战”，载韦庆远：《档房论史文编》，福建人民出版社 1983 年版，第 113～124 页；许涤新、吴承明主编：《中国资本主义发展史》第一卷，人民出版社 1985 年版，第 454 页。

开辟新的途径，在当时的讨论中曾占有重要的地位。[1]这也是当时大势所趋。即使在道光二十五年（1845 年）出现了石达开在贵县龙山矿工中密图革命，追金田起义，矿工悉附之的事件，[2]在吉林省桦甸县出现了韩宪宗那样占地数百里，人数四五万，每日采金数百两，拥兵设防，组织有序的采金集团，[3]开禁也已成定局。因此，持环境破坏论者始终在开采和封禁的论争中显得无足轻重。

另外，我们可以往前追溯。在宋代，官府对矿业管理官员的考课极为重视，逐步制定出一套完整的奖惩制度。管理矿业之官对课额亏减、治绩败坏者，都要依其情节轻重分别给予展磨勘、降官、除名、籍没家财等处罚，尤为严重者，则以刑律制裁。[4]但对因矿业而带来的环境灾害均不作要求。这些人为灾害可能在当时都被冠之以“风水不顺”而当成了“天灾人祸”，成为“正当性抗辩事由”了。而到明万历年间，矿税之祸成为反对开矿的最大理由。我们有理由相信，在当时开矿“上而裕国，下而利民，中而惠商”[5]三利的诱惑下，官方很难首先考虑环保。因此，清代律法中亦均未体现对矿业环境保护的规定。

（三）开禁对环境破坏之证

杨煜达对滇东北地区在清代中叶由于开发铜矿对环境的破坏作了详细的考证，从铜矿生产本身的各个环节来探讨采矿技术生产对环境所带来的影响。首先是找矿。寻找矿苗必然要对矿山植被进行清除，所以“有矿之山，概无草木”。[6]另外，在矿业生产的各个环节里，都需要大量的炭和木柴。吴其濬在《滇南矿厂图略·滇矿图略》一书中有详细的介绍采矿的各个环节，可以借此推测炭与木柴大量使用的情况，进而推断环境污染的程度。中国科学院成都山地灾害与环境研究所根据《东川府志》的有关记载作出了相应的估计：“每炼铜 100 斤，需木炭 1000 斤，至清乾隆年间炼铜最盛时，年产铜量达 1600 万斤，烧 100 斤炭需 10000 斤柴，据此估算每年需砍伐约

---

〔1〕 高王凌：“关于清代矿政的几个问题”，载《清史研究》1993 年第 1 期。

〔2〕 唐凌：“广西近代矿业史大事记（上）”，载《广西地方志》2003 年第 3 期。

〔3〕 傅笑枫：“论清代东北矿业”，载《北方文物》1989 年第 2 期。

〔4〕 王菱菱：“论宋代矿业管理中的奖惩制度”，载《河北大学学报（哲学社会科学版）》1996 年第 3 期。

〔5〕 沈日霖：“粤西琐记”，载《小方壶斋舆地丛钞》第七帙，第 180 页。

〔6〕 倪蜕：《复当事论厂务疏》。

10 平方公里森林。”[1]综合考虑而言，从 1726 年到 1735 年间，主要的矿厂及其近周的森林被破坏殆尽。1736 年至 1773 年间，炭山已渐去渐远，交通较方便地区的原始林均已砍伐，环境与开发之间的矛盾已经明显。到 1774 年至 1801 年年间，滇东北地区的铜业继续保持了在云南铜业中的主导地位，但林地被毁面积扩大，使植被退化和水土流失面积也进一步增加，导致了山洪、泥石流、滑坡等自然灾害趋向恶化。到了 1802 年至 1855 年间，铜业进一步下滑，由于乾隆时的大开发和嘉庆时的流民进山运动，滇东北地区可供砍伐的原始林地已很少，多残存于交通不便，和铜厂距离又很远的高山深箐中，尽是“有树之家，悉伐以供薪炭”。[2]130 年来，因为铜业的需要，使滇东北地区损失了 6450 平方公里的森林，约占土地总面积的 21%。仅因铜矿开发就使滇东北地区的森林覆盖率下降了 20 个百分点。这些林地在植被被砍伐后，由于没有适当的保护措施，自然变成了水土流失的地区。到咸丰五年（1855 年），滇东北地区的环境问题发展到了 1950 年以前的顶峰。[3]

当然，开禁对环境的极大破坏也与开采技术落后有关。以东北地区为例，东北矿业为资金和条件所限，无力购置机器，更新设备，基本沿用土法生产。即使有机器往往因使用不当，不能发挥应有效力。采金是“水以人序，灯以豆油，碾以牲力，运以人工，费用大”而收效少。煤矿的生产方法粗笨落后，全恃人力，工人劳动强度高而效率低。矿业中因不谙做矿，亏赔数万吊者有之；矿石采炼不尽，利弃于地者有之；矿脉遗失，不可复得者有之；矿洞坍陷，被迫停工者亦有之。[4]诸如此类，不仅矿工未曾经过严格职业训练，“大半皆附近居民，不过于春耕夏耘之暇，就近采取以资养活”。加之技术设备落后，找矿和采矿都十分原始，若再考虑到当时烧炭技术（薪炭转化率），耗木相较现在而言更多，我们就不难推测：矿产量越多，对环境的破坏便越大。

---

〔1〕 中国科学院成都山地灾害与环境研究所：《中国泥石流》，商务印书馆 2000 年版，第 11 页。现在的《东川市志》也认为：“清乾隆年间，伐薪烧炭，年毁林地约 10 平方公里。”载《东川市志》，云南人民出版社 1995 年版，第 266 页。

〔2〕 光绪《东川府续志》卷三《轶事》。

〔3〕 杨煜达：“清代中期（公元 1726～1855 年）滇东北的铜业开发与环境变迁”，载《中国史研究》2004 年第 3 期。

〔4〕 傅笑枫：“论清代东北矿业”，载《北方文物》1989 年第 2 期。

二、清末民国法中的矿业环保法则

（一）近代以来的中国矿政观念

洋务运动以来，中国兴办矿业之风甚为浓厚。矿业毕竟是实业的重中之重。鸦片战争后，面对外国帝国主义大肆在中国倾销商品，掠夺原料的局势，以林则徐、包世臣等为代表的改革家提出了以开矿增加白银来源，发展工商的思想，在社会上引起了很大反响。19 世纪七八十年代，以郑观应、马建忠等为代表的维新派，进一步提出把开发矿产作为与外洋进行商战和振兴民族经济的主张。郑观应分析清初封禁煤矿的原因，认为有三个方面：其一，“本朝鉴明覆辙，乃一切封禁，以安民心”；其二，“任用非人，办理不善，激成变故，以致查封”；其三，“风水之说深入人心，动以伤残龙脉为辞，环请封禁。不知地形之凶吉，本无关于地宝之蕴藏，而庸师俗人辄生疑阻”。[1]他尤其对深入人心的风水观念进行了猛烈抨击，直斥“于以叹信风水而阻止开掘者，乃外人之功狗而中国之蟊贼也”，并举别国不讲风水的实例证明风水之说纯属无稽之谈：“日本不讲风水，国祚永久，一姓相承至数千年。欧洲不讲风水，富强甲于五洲，其商民有坐拥多资富至二三百兆者。由是言之，风水安足凭哉?”[2]郑观应用于批驳风水说的重要理由就是风水阻碍了“国富民强”。在当时的环境下，当务之急乃是发展民族工业，进而增强国力。因此，矿政便纳入到了“强国梦”的主旨下。

19 世纪末，以康有为、梁启超为代表的改良派更是把开矿山、发展资本主义经济作为改革的重要内容。当然，办矿风气日浓，与中国社会对矿产的需求量日增也很有关系，大量的企业需要大量的燃料和原料。[3]矿政一旦同“变法图强”联系起来，环境便更不值得考虑了。我们可以看到，晚清矿章在十余年时间内，先后修订 5 次，其频繁程度为同期其他各类经济法规所无。其主要的用意之一就是借此约束洋商，实现中外合资办矿的“权操自我”，进而为国富民强做准备。因此，关于洋股的规定，是历次被修改的主要内容。[4]而有关矿山安全与环境保护的内容则丝毫没有进入立法者的考虑之中。

---

〔1〕 夏东元主编：《郑观应集》（上），上海人民出版社 1982 年版，第 703 页。

〔2〕 夏东元主编：《郑观应集》（上），上海人民出版社 1982 年版，第 713 页。

〔3〕 唐凌：“洋务运动时期的矿业生产环境”，载《玉林师专学报（哲学社会科学版）》1996 年第 1 期。

〔4〕 李玉：“论晚清矿章关于办矿洋商的规定及其效果”，载《南京大学学报（哲学·人文科学·社会科学版）》2002 年第 4 期。

（二）清末民国矿业法中的环保条款

光绪二十四年（1898 年），清政府开始制定中国近代第一部矿业法规《矿物铁路公共章程二十二条》。该章程着重强调了开矿选址应该避开当地居民坟墓、陵寝、宅基，以免破坏当地风水，这是当时的一大特色。“……至公司买地，遇有庐墓所在，务当设法绕越，以顺民情而免争执，不得勉强抑勒。”很明显，该条文仅针对宅基墓地，是以避免激化矿区周围的群体矛盾，稳定矿区社会秩序为目的。接着在光绪二十八年（1902 年），清廷外务部奏定《矿务章程十九条》，该章程是对《矿物铁路公共章程二十二条》内容的补充和发展。在处理矿厂开办与当地坟墓问题上，该法规也体现了弹性和变通的基本理念，提出了“绕坟建矿”、“避墓造厂”。“采验矿苗，应须打钻掘井，遇有田舍坟墓所在，务须绕越，如实在无法绕越，应明业主由公司给资费以便迁移。”该条相对光绪二十四年的重大变化是不再使用“风水”一词，更加明确地指出仅是针对田舍坟墓，并且提出了实在无法绕越，可以给资费以供搬迁。这表明在当时的观念里，风水并非绝对不能破坏，至少可以搬迁重找新的风水，风水是可以被补偿和买卖的。

光绪三十年（1904 年）11 月，伍廷芳参酌编辑由刘坤一和张之洞提交的矿章，并交“矿章稿本”于商务部，最后裁定命名为《矿务暂行章程》（共 38 条）。该章程“采取各国矿章，详加参酌”，以保利权。通观全文，涉及矿区环境的可能只有一条内容，即对矿区面积给以严格限制的规定：矿区不得超过 30 平方里（即 7.5 平方公里），每年按亩纳租。矿区面积的大小关系到矿区环境影响的程度，而 7.5 平方公里的土地也非小数，[1]这一规定的依据现已无从考察。但粗略估计，能达到 7.5 平方公里的矿区对环境的污染和破坏将十分巨大。只能说该条立法在当时并未更多考虑环保因素。

另外，同样在光绪三十年，英国矿师布鲁特将他所编辑的矿物条例转呈给张之洞，张之洞派人加以修改完善，形成《光绪矿律五十九款》。这部矿法严格上说是由外国人拟定的，所以在内容和编写上都显得比较科学和详细。在维护和保持矿厂周围的环境方面，该法提出了保护矿区周围的水利设施和禁止滥伐森林的规定，但针对水污染防治的条文并未涉及。光绪三十三年

---

〔1〕 即使是在当代，7.5 平方公里也是十分大的区域。首钢搬迁后将产生近 7.5 平方公里的土地放量，这 7.5 平方公里的土地放量是包括了搬迁前首钢的冶炼、热轧项目所占土地，即 7.5 平方公里是首钢的核心面积。参见“搬迁后首钢 7.5 平方公里现址将建城市新区”，新华网 2006 年 3 月 29 日报道。

（1907 年），张之洞等人参照《光绪矿律五十九款》对原有矿法加以修改、补充和订正，编成了《大清矿务章程》，对矿区的地面、地下、矿界、矿税、地股等各方面作了较为全面的规定。而涉及环保的条文规定在"树木水道"一章中，该章规定了靠近矿厂的树木、水道、水利、排泄等方面的具体实施办法和限制。例如，砍伐树木必须征得业主的同意，不得擅自将矿产废水排往他处生活区等。这是至清末以来规定得最为全面的矿山环保条款。宣统元年（1909 年），矿务总局会同农工商部、外务部修订了《大清矿务章程》正章 14 章 81 款，附章 9 章 46 条。宣统二年（1910 年）8 月，该章程得以修改并御览备案，但并未实施。该修订案增加了矿务警察一项，强调矿务警察的职权及"雇用巡役条例"，除规定矿务警察保卫矿厂财产安全外，还明确规定了他们诸如检查安全隐患、排查设备及打扫卫生等事宜。另外，该矿务附章新增加了如下内容：领照细则一章中，"呈明事项"中多了"丁、矿地内有何村镇、坟墓、山河、道路等项"、"戊、业主姓名人数如系官地亦应声明"等项。矿务禁令一章中，"矿地预防险害之责任"、"不准施工之界限"、"矿商有协力除患之责"等项也更加明晰。[1]这些新增的事项事关矿区环境卫生、宅地墓冢、林木水利、矿区自然灾害预防和矿区地界等。虽然有些条文仅是消极的不作为规定（如不得将废水排至生活区），但已有对矿区环境保护的全面考虑，难能可贵，但未及实施，清朝就亡了。

以上可见，清末矿业立法中对矿区环保的详细关注是通过在英人设计的《光绪矿律五十九款》基础上逐渐完善形成的《大清矿务章程》。可以说《大清矿务章程》中有关环保的条款是当时西方矿业环保理念的反映。而在光绪二十四年、二十八年和三十年拟订的矿业章程中并没有严格的环保意识，仅延续了清代矿政论争中所关注的风水问题的考虑，一旦科学思维"侵入"国人头脑，风水的观念便不再具有说服力，所以清廷的矿业立法也随之抛弃了风水的说辞，直接用"宅地坟墓"等表述，更加直接。并且在立法中经济思维也逐渐取代风水思维，规定可以通过补偿资费来换取"宅地坟墓"以换取矿区用地。这不能不说是"变法图强"的写照。当清廷不得不面对西方矿业环保理念时，立法又再次完善了矿区环保的诸多条款。

及至清廷覆灭，民国的矿业立法并未继续西方矿业环保的意识。民国三年（1914 年），袁世凯以大总统教令第 34 号公布《矿业条例》，共 9 章 111

---

〔1〕 参见蒋朝常："晚清时期中国近代矿业法规述评（1840～1911）"，载《中国矿业大学学报（社会科学版）》2009 年第 2 期。

条。该条例规定的矿区界限大大缩减，最高为10平方里，是光绪三十年《矿务暂行章程》规定的1/3。同时，还规定了矿业工程如有危险或损害公益时，矿业权者应当预为防范，或暂行停止。但并没有直接规定环保的条款。民国十八年（1929年）提出《矿业法》初稿，由立法院审查修正后以国民政府令公布实施。该法共9章121条。除了新增“国家保留区，禁止开采”外，并未涉及环保条款。民国二十一年（1932年）修正的《矿业法》仅仅是增补了《矿产税条例》而已。[1]翁文灏于1930年在北京大学矿科讲授中国矿法时，曾专门讨论了三个问题：一是提倡矿业与保存矿利；二是小矿问题；三是官矿问题。这三个问题是当时讨论矿业法引起争执的三个方面，[2]但均没有对环境保护的讨论。因此，通观整个民国立法，并没有专门的环境保护法，在矿业法中也未曾设计专门的环保条款。

三、当代中国环境治理中的矿业法则

毋庸置疑，在环保理念盛行的时代，矿业环境保护法律制度当然是矿产资源法律体系的重要组成部分。1996年新修订的《矿产资源法》对矿业环境保护作了原则性规定：开采矿产资源，必须遵守有关环境保护的法律规定，防止环境污染。矿业环境保护遵循“污染者负担”和“预防为主、综合治理”的原则。现有涉及矿业环境保护的法规有：①《矿产资源规划管理暂行办法》。该办法设立了矿山生态环境保护专项规划制度，对矿山开发利用的“三废”处理、矿山开发建设的生态环境保护、矿山土地复垦与土地保护利用、矿山环境污染和生态破坏的治理及矿区地质灾害监测与防治进行统筹规划并保障实施。②建设矿产资源开发利用项目首先应当进行环境评价，同时实行“三同时”制度。③土地复垦制度。《矿产资源法》、《水土保持法》和《土地复垦条例》等均规定了“谁破坏、谁复垦”、“谁复垦、谁受益”的复垦原则。④矿产资源开发损害补偿制度。《矿产资源法》规定对他人造成损失的应负责赔偿并采取必要的补救措施。《水法》规定开采矿藏导致地下水位下降、枯竭或地面塌陷，对他人造成损失的，采矿单位应采取补救措施，并负责赔偿。⑤污染物集中处置及达标排放制度。《水污染防治法》和《海洋环境保护法》对企业污水达标排放进行了明确限制。对超标排放罚款，达标排放

---

〔1〕谢振民编：《中华民国立法史》（上），中国政法大学出版社2000年版，第596～598页。

〔2〕臧胜远：“中国矿产资源法规的历史发展沿革——清朝末年与民国初年的矿业法”，载《中国地质》1987年第9期。

征收排污费，严禁有毒废水排放。除此之外，还包括基本农田保护制度、重大事故紧急处理制度、限期治理制度等，这些制度共同构成了我国现行的矿业环境保护法律制度。〔1〕看似体系完备，规定却比较零散。环境保护毕竟涉及方方面面，企图在一部法规中对矿业环境保护规定到底，也不符合环保的真意——环保要具体到每一个方面。而有关矿业环保条款并未在《矿产资源法》中占据相当比例。这与《矿产资源法》的法律性质定位有关。当前矿业法治制度趋向于以“矿”为主的产权分配制度，而很少有以“业”为对象的行政管制制度。该法对矿业场所健康安全、矿业职工培训、矿业中介组织、矿业生态环境保护等方面的规定极少。因此，有学者认为从矿业发达国家及我国矿业实践来看，我国目前的矿业制度法律体系是不完善的。因此建议制定矿业管理法，〔2〕借此强化矿业立法的公法属性。这又回到了学界关于公法私法的划分。

当然，《矿产资源法》早在2004年就被提上了修改议程。李显冬认为目前矿产资源法在矿山环境方面存在以下问题：①环境保护的法律规定不完善，目前只有原则性的规定，缺乏可操作性；②矿山环境治理保证金等资金制度建立、运行难度大；③多头监管、缺乏协调。一旦涉及环境破坏和治理责任的承担，各部门则多避而远之。针对这些问题，他主张在明确《矿产资源法》的管理法、交易法双重定位的前提下对该法进行修改，重点增加管理法方面的内容。具体建议是改变“重开发、轻保护”的立法与管理倾向，将保护矿产资源及矿山生态环境放在首要位置，应将矿山环境保护与治理作为一项原则在总则中进行规定。同时，将矿山环境的保护与治理单列一章，明确规定矿山环境主管部门与职责，相关部门职责分工与协调，以及政府和矿山企业环境保护治理的责任；建立矿山地质环境影响评价制度和日常监管制度；建立矿山环境治理保证金制度，对征收标准、征收运营机构、使用管理等作出原则性规定。〔3〕从这些建议中，我们不难看到，矿业环境保护的重任依然落在政府肩上。环境保护的国际环境迫使政府不得不加大管理力度，当然，个

---

〔1〕高芙蓉：“论内蒙古矿业环境保护法律制度的完善”，载《内蒙古社会科学（汉文版）》2003年第1期。

〔2〕康纪田：“改革开放30年矿业法治的进程及其思考”，载《中共山西省委党校学报》2008年第6期。另见康纪田：“让矿业法独立于矿产资源法的法治价值”，载《资源环境与工程》2006年第6期。

〔3〕李显冬：“‘中国矿业法修订’研究课题建议书（节选）”，载《资源与人居环境》2007年第21期。

人和企业进行矿业环境保护和治理的利益驱动也需要加强，这是管理法中亟待加强的部分。环境保证金制度可以作为切入点，也应当是矿产资源法修订的亮点。

以上两种立法建议仅仅是形式不同而已，而矿业环保理念的考虑必当在矿业立法中占据高地。只不过李显冬的建议更加务实，面对当前矿业环保问题十分突出的局面，利用修订法律的契机，将矿业环保的条文及时推出。立法也分轻重缓急，过多地考虑法律的学理分类，不如应时而定，在当前制定单行法的可能性不大的同时，争论法律性质的意义并不太大。

至于矿山地质环境影响评价制度到底推行多远，也关系重大。有学者指出，为了维护矿业开发的环境安全，我国应创建矿业开发的国家环境安全评价体系。矿业开发的国家环境安全评价体系包括资源安全评价和环境安全评价，具体内容有以下四项：矿产资源战略安全评价；矿山地质安全评价；矿山生态环境安全评价；矿业环境安全评价。[1]环境影响评价已经融入环境安全的考虑中，包容性极大，影响到基本国策和国家安全，而矿山地质环境影响评价制度涵盖面过于狭小。因此，应在立法时将矿业环境影响评价放在基本国策和环保法的基本原则理念中来，只不过在矿产资源立法中更加细化而已。当代中国将环境保护作为基本国策，而且矿业环境保护同诸多基本国策相连（节约资源、耕地保护和水土保持），在官方立法设计和学者立法建议中均加大了对矿业环境保护的规定，形成了政府和企业共治的环境保护和治理模式，其中环境影响评价和环境保证金制度最有代表性。前者自清代以来在观念和制度中均有体现，只不过并未规范化和体系化，也尚未上升到国家安全的高度。这与时人对环境的重视程度大有关系，而且环境问题的凸显也始于20世纪，人类的认识水平毕竟有一个过程。后者是当代特有的制度，通过积极的经济刺激来迫使采矿权人自觉保护矿区环境，而清代以来尤其是清末民国时期只是通过消极的补偿损害来对环境破坏进行弥补，经济因素的积极作用并未被发现和使用。当时的官方和民间可能只是出于“有损害即有赔偿”的理念考虑，并未有过积极保护环境的观念。

四、矿业环保理念的传统与当代转变

清中叶以来，矿业发展如火如荼。相对于清早期时开时禁的状况大有

〔1〕 王世进、饶运章：“矿业开发的国家环境安全及其评价体系研究”，载《中州学刊》2006年第1期。

不同，但清早期在封禁与开禁的矿政论争中，主禁派中少数人所持有的环保理由并未被重视，对环境的考虑都被涵盖在风水论中，使得环境保护的论调被遮蔽。纵然时人中不乏对矿业环境保护的忧虑，但声音过于微弱，更何况发此论者大多为民间人士。加之，清以来由政府主导，官商合营的矿业经营模式就更容不下民间远见志士对环境的“杞人忧天”。因此，仅就滇东南的铜矿开采所带来的环境破坏灾难在清代就十分惊人，而且一直延续至今。

清末官方秉持“变法图强”的国策，在洋务运动的推行下，矿业进一步发展。在矿业立法观念中，同西方争夺矿利，扩大政府收入来源成了重中之重。立法中仅通过消极补偿因矿业发展带来的直接损害（宅地坟墓）加以有限补偿，而对环境破坏带来的无形损害只字不提。同时随着科学意识的启蒙，民智逐渐开化，将风水论逐渐抛弃。但当时民智开启也未曾带来环保理念的主张。我们或许可以认为，风水论在清早期曾与环境相连，在一定程度上能够阻止对一些矿业的开采，从而避免了对矿区周边环境的破坏。而当风水论被彻底抛弃时，没有相应的环保理念在矿业发展理念中占据位置，从而导致了清末对环保的更加忽视。虽然在英人的帮助下，清末制定的《大清矿务章程》对矿业环境保护作了比较全面的规定，但未及实行，清廷灭亡。等到了民国，政府彻底抛弃了《大清矿务章程》的环保理念。这也说明，法律的生硬移植注定失败。民国的矿业立法重点也依旧放在矿业的开采上，对矿种和小矿权作了详细规定。即便在新中国时期华北人民政府所颁布的《太行区采矿暂行条例草案》（1949 年 3 月），无一条不是将矿区的生产作为立法的主要目的，无一条关涉环保。[1]经济的发展始终是第一位的。当经济发展到一定程度时，环境问题逐步凸显，因此环境保护才被政府所重视，环保立法才会日益兴盛。随着 1982 年颁布环境保护法，1990 年《国务院关于进一步加强环境保护工作的决定》将保护环境作为基本国策，1992 年可持续发展成为国家战略，1994 年国务院批准了第一个国家级可持续发展战略——《中国 21 世纪人口、环境与发展白皮书》等，环境保护可以说在经济发展的国际环境下逐步上升到首要位置。中国的环境保护也正是在这一环境下不断被强调和重视，矿业环境保护也不例外。当代中国对矿业环境保护同国际接轨，在与基本国策和各项法律政策相协调的前提下，利用积极经济调控

---

〔1〕 中国法学会董必武法学思想研究会编：《华北人民政府法令选编》（内部资料），2007 年印行，第 401 ~403 页。

手段来实施的。因此，它摆脱了清代以来片面看待矿业环境损害和保护，试图仅仅通过官方行政强制手段去杜绝矿业环境破坏的困境，反而在积极开发矿业的同时，更多通过积极经济调控手段去保护环境。我们需要注意的是，这一观念的转变是在国际经济发展和环境保护的背景下发生的。正是走向世界才使得中国的环保急速发展，而在清代至民国时期这一转变则是不可能发生的。

文化对抗下的风俗习惯法典化
——1909 年澳门《华人风俗习惯法典》初探

何志辉 *

一、绪论

自澳门开埠至鸦片战争前，中华法系之律例体系在澳门长期适用，不仅深深扎根于澳门华人社会，亦在一定范围内对澳门土生葡人的生活产生了影响。由此形成的早期澳门法制发展格局，便是中华法系的主导治理与澳葡内部的有限自治。[1]此种华洋共处分治格局虽迭经曲折而不绝，印证着中国政府对澳门拥有的全部主权。这一铁的事实是一切殖民主义者无论如何置辩亦颠扑不破的。

然自鸦片战争以来，因列强环视下的国际时局促成葡萄牙对华政策的趁机调整，近代澳门社会逐步在形式上被纳入葡萄牙政府的殖民管治之下，维系了三百余年的共处分治状态遂因之告终。待 1887 年清政府与葡萄牙签署《中葡和好通商条约》之后，葡萄牙因缘际会获得了梦寐以求的所谓“永居管

* 作者系澳门科技大学法学院助理教授，西南政法大学法学研究所、中国人民大学法律文化研究中心研究员。

〔1〕 学界对此问题的探讨，参见吴志良：《生存之道：论澳门政治制度与政治发展》，澳门成人教育学会 1998 年出版，第 83～93 页。关于澳门治理格局的早期状态及其近代嬗变，笔者近年陆续发表的论文“明末葡人居留澳门之历史反思”（载《澳门科技大学学报》2008 年第 6 期）、“共处分治中的主导治理”（载《澳门研究》2009 年总第 51 期）、“《中葡和好通商条约》与澳门地位条款”（载《澳门研究》2009 年总第 54 期）、“鸦片战争前后的时局与澳门”（载《澳门研究》2011 年总第 62 期）及“明代澳门的特别立法与司法”（载《岳麓法律评论》2012 年卷）等均有涉及。更系统的史事梳理及相关分析，参见何志辉：《澳门法制史研究》（澳门 21 世纪科技研究中心 2008 年出版）、《明清澳门的司法变迁》（澳门学者同盟 2009 年出版）、《从殖民宪制到高度自治》（澳门理工学院一国两制研究中心 2009 年出版）和《治理与秩序：全球化进程中的澳门法》（社会科学文献出版社 2013 年版）。

理”资格，进而据此将事实上的殖民管治演绎为近代国际公法意义上的殖民管治。[1]澳门虽然并非像日据台湾或英占香港那样沦为“殖民地”，但大清律例体系也一如港台两地置于殖民统治的境遇，从此基本被澳葡政府强行排拒于澳门司法之外，取而代之者是万里之遥的欧洲法典编纂运动影响下的葡萄牙近代成文法律体系。

中华法系在近代澳门被排拒的过程，一方面是葡萄牙近代法典法体系的逐步延伸与法律适用过程，另一方面则是从澳葡政府下设华政衙门到1894年葡国司法统一改革下的澳门法区法院的司法建制过程。[2]不过，澳门社会毕竟始终以华人占绝对多数，来自中国律例及法典的民事法制成分，也长期在此扎根并深刻影响着澳门华人社会，成为澳门民事关系及司法实践中最重要的法律依据。正因为有着根深蒂固的宗法文化传统，其对强行延伸适用于此的葡萄牙殖民法制的文化抵制尤为剧烈，在关涉人身关系的民事法制领域（主要包括婚姻、家庭与继承制度），逐步形成极为特殊的文化缓冲与兼容状态。此种状态维系到辛亥革命前夕，《大清律例》虽在形式上被葡萄牙及澳葡政府排拒适用，但在实践中这种排拒于人身关系的民事法制领域并未全面奏效，以至于葡萄牙政府不得不作出妥协并颁行法令，以示对中国律例中的民事法制及传统民事习惯之效力的认可和兼容。作为这一认可的制度承诺，则是1909年澳门《华人风俗习惯法典》的制定和颁行。这部法典极为鲜明地体现出传统宗法文化的坚韧，由此形成的与葡萄牙殖民管治下之国家正式法的文化对抗，使对方不得不在形式上予以法典化的认可，并通过实质上的保留适用，借此来缓和殖民管治因匮

---

〔1〕 对此问题的分析，需要结合1887年《中葡和好通商条约》关于澳门地位的条款分析。关于该条约在中国近代史上的地位，几乎所有研究澳门史的学者都有类似结论。代表性文章可参见王昭明：“鸦片战争前后澳门地位的变化”，载《近代史研究》1986年第3期；黄庆华：“澳门与中葡关系”，载《中国边疆史地研究》1999年第2期；黄启臣：“澳门主权问题始末”，载《中国边疆史地研究》1999年第2期；郑永福、吕美颐：“历史上关于澳门问题的中葡条约”，载《郑州大学学报（哲学社会科学版）》1998年第1期；柳华文：“1887年《中葡和好通商条约》国际法简析”，载《澳门研究》1999年总第10期。近年国内出版的代表性论著，参见吴志良：《生存之道——澳门政治制度与政治发展》，澳门成人教育学会1998年出版，第173～189页；黄启臣：《澳门通史：远古～1998年》，广东教育出版社1999年版，第302～303页；黄鸿钊：《澳门史》，福建人民出版社1999年版，第292～301页；邓开颂等编：《澳门历史新说》，花山文艺出版社2000年版，第274～276页；费成康：《澳门：葡萄牙人逐步占领的历史回顾》，上海社会科学院出版社2004年版，第198～201页；黄庆华《中葡关系史：1513～1999》，黄山出版社2006年版，第816～824页。笔者的分析，参见何志辉：《澳门法制史研究》，澳门21世纪科技研究中心2008年出版，第282～317页；《治理与秩序：全球化进程中的澳门法》，社会科学文献出版社2013年版，第174～198页。

〔2〕 何志辉：《近代澳门司法：制度与实践》，中国民主法制出版社2012年版，第73～108页。

乏历史正义与国际法理而时刻紧绷的威权危机。宗法文化对抗法典理性下的风俗习惯之法典化，据此成为近代澳门法制发展中的一道独特风景。

关于1909年澳门《华人风俗习惯法典》，澳门史学与法制史学界长期鲜有研究。迄今所见的研究成果仅有两份：一是澳门史学者吴志良的《澳门政制》有一节内容[1]，简介该法之渊源、内容与特征，并附录该法典之中文本，然该项内容置于澳门政制变迁之下，仅为简明扼要的初步介绍；二是法理学者黎晓平与人合著的《望洋法雨：全球化与澳门民商法的变迁》有一章内容，[2]从法律文化角度探究了法典的制定、内容及特色，因侧重法律文化分析而忽视法典本身的历史因缘，在史事考证方面存在错讹，文本分析方面亦失之偏颇。笔者的《近代澳门司法：制度与实践》对此一笔带过，[3]近期新著《澳门法制史新编》则将其置于澳门民事法制发展变迁之内，并进行较为详实的史事考证和文本分析。[4]本文即以该份研究为据，围绕这部法典的出台始末、制定原因及主要内容另组成文，透视近代澳门在殖民管治下的法律权威与法治体系关系的异质性和地方性，从某种意义上亦不失为诠释中国传统法律智慧对葡萄牙殖民法制之逾淮成枳的修复或矫正，借此以收抛砖引玉之效。

二、出台始末：从保留适用到代为立法

鉴于澳门社会长期以华人为主，华洋共处的格局保留着华南历史文化与风俗习惯传统，于1869年延伸适用的《葡萄牙民法典》在此难以真正楔入人们的社会生活。在家庭制度、人身关系和财产关系等方面，华洋之间的文化隔阂使制度上的隔膜更趋明显。意识到华洋之间的文化隔阂与中葡之间的制度隔膜，葡萄牙政府在将《葡萄牙民法典》延伸适用于澳门之际，亦于1869年11月18日颁行一项法令，对民法典中不适合中国风俗习惯的规范部分作了相应保留。[5]根据该法令第8条第1款B项的规定，“在澳门，华务检察官

---

〔1〕 吴志良：《澳门政制》，澳门基金会1995年出版，第41页以下。

〔2〕 黎晓平、汪清阳：《望洋法雨：全球化与澳门民商法的变迁》，社会科学文献出版社2013年版，第38～55页。

〔3〕 何志辉：《近代澳门司法：制度与实践》，中国民主法制出版社2012年版，第101～102页。

〔4〕 何志辉：《澳门法制史新编》，社会科学文献出版社2014年版。

〔5〕 参见［葡］施白蒂：《澳门编年史：19世纪》，姚京明译，澳门基金会2000年出版，第176～177页；［葡］叶士朋：《澳门法制史概论》，周艳平、张永春译，澳门基金会1996年出版，第56页。需要指出的是，有部分著作将其误作“1879年11月18日”，例如米健等：《澳门法律》，中国友谊出版公司1996年版，第26页。有部分研究不察其详，以讹传讹而沿袭出错，例如前引黎晓平、汪清阳：《望洋法雨：全球化与澳门民商法的变迁》，社会科学文献出版社2013年版，第39页。

权限内案件所涉及的华人风俗习惯”允许保留。[1]此处所指的“华人”是就法律层面而言，既包括非葡籍的澳门华人，也包括在种族和文化上原属华人的葡籍人士。这条法令颁布后，澳葡政府下属的华政衙门之华务检察长负责的华人民事案件明显增加。对葡萄牙政府而言，这条法令既具有开明性质，究其实也是不得不然。不过，作为大陆法系国家的葡萄牙，崇尚基于理性主义的法典法文化，对于这套与法典精神相异的华人风俗习惯，实际是持疑惧态度的。将风俗习惯法典化，遂成为19世纪末20世纪初葡萄牙为澳门“立法”的任务之一。

1909年6月17日，历经40年对华人风俗习惯的“兼容”，葡萄牙海军暨海外事务部颁行了一部与欧洲法典编纂完全异质的《华人风俗习惯法典》。[2]法典于1909年9月2日正式生效，把澳门华人在民事领域的风俗习惯以法律的形式固定下来，作为《葡萄牙民法典》在澳门地区的特别补充法。这部契合澳门华人社会法律需求的风俗习惯法典共33条，以当时广东和广西地区流行的风俗习惯为蓝本，对澳门华人的婚姻家庭、继承和相关民事问题作出较详细的规定，对不适合华人风俗习惯的部分民事法律规范作了相应保留。就内容而言，该法典主要规定实体私法规范，此外还规定了冲突规范，处理一般法律冲突和人际法律冲突，以及它与《葡萄牙民法典》和其他法例之间的冲突。例如，该法典第21条规定“遗嘱须依葡萄牙法例订立”，第30条还允许当事人协议选择《葡萄牙民法典》以及其他法例或者排除对该法典的适用。

三、制定原因：情感、文化与经验的启迪

《华人风俗习惯法典》的制定，是葡萄牙政府基于澳门华人社会实际状况而作出的制度妥协，借此试图通过适度范围的文化兼容，促成葡萄牙民事法制在异质性的文化土壤的扎根。究其成因，主要在于澳门华人社会的民族情感不可调和，华南地区的宗法文化根深蒂固，而香港地区港英当局适度采行《大清律例》的做法则为此提供了直接的镜鉴。

---

〔1〕［葡］叶士朋：《澳门法制史概论》，周艳平、张永春译，澳门基金会1996年版，第49～54页。

〔2〕1909年澳门《华人风俗习惯法典》译文，参见黄汉强、吴志良主编：《澳门总览》，澳门基金会1996年版，第67～69页。该法典虽为“澳门省总督具奏”，惟因资料所限，目前难考其真正执笔者。有研究分析认为，从法典条文之表述风格、利益取向、意识形态等方面看，执笔者可能是熟悉葡国法律的澳门华商。参见前引黎晓平、汪清阳：《望洋法雨：全球化与澳门民商法的变迁》，社会科学文献出版社2013年版，第54～55页。

（一）民族情感之因素

澳门虽长期华洋共处，但毕竟是“王土”所在、“王法”所及之地。直到亚马留政府执政之前，占人口绝对多数的澳门华人，对于明清中国政府有着强烈的政治认同，从未想过会被纳入葡萄牙政府的殖民管治之下。虽然澳督亚马留凭借武力强悍推行殖民举措，包括驱逐中国官员、关闭中国海关、征收华人赋税等，而清政府及广东地方官员对此未有及时回应，导致1849年刺杀亚马留的政治事件，为葡萄牙趁势通过外交讹诈攫取治权提供了口实，但澳门华人对澳葡政府的殖民管治从未真正认同。此后，清政府虽已默许澳督亚马留生前所作的殖民管治措施，但直至1887年《中葡和好通商条约》缔结之前，葡萄牙对澳门的殖民管治是无据可循的，在近代国际公法上更缺乏基本法理。因此，澳葡政府对澳门华人社会的治理，通常只能转道利用社会中介力量来进行。实际上，澳督比加多就曾提出一个构想，把华人的保甲制度纳入葡澳政府的管理体系。[1]这一思路虽未被采行，但由此演绎出来的华政衙门，即前期的华务检察官署及后期的华人专有法庭，则成为治理澳门华人事务的常规办事机构。即便如此，华政衙门处理的华人事务及案件还是非常少，绝大多数华人都依靠宗族势力或社团力量解决纠纷。

这种民族情感表现在法制方面，使得葡萄牙虽然通过颁行法令的方式，将其法典、法律及法令源源不断延伸至澳门适用，但这些异质性的制度始终像油浮在水面。由于这些法律赖以适用的文化土壤不同，契合欧洲资本主义自由竞争时代和个人主义精神的内容，在澳门这样一个于近代急速蜕变为“赌城”的微型社会，所遭遇的便不仅是精神层面彼此产生隔膜，更在制度层面频频发生龃龉。因此，澳葡政府虽然取得对澳门华人民事纠纷的管辖权，但澳门华人内部真正诉诸澳葡政府并遵循司法途径的案件微乎其微。绝大多数的民间纠纷，或者以私了方式解决，或者借助宗族势力解决，或者借助社团力量解决。尤其是19世纪后期社团制度日趋发展，[2]原有的宗族逐步演变为宗亲社团，而各种同业公会及行会、商会机构也往往兼有调解或仲裁功能，民事及商事纠纷通常在此环节予以消化。

不独华人社会基于民族情感对葡萄牙法制的延伸表示排拒态度，甚至一

---

〔1〕 陈文源：“近代华政衙门的组织结构与职能演变”，载《华南师范大学学报（社会科学版）》2011年第1期。

〔2〕 关于19世纪后期澳门社团的发展，详见娄胜华：《转型时期澳门社团研究——多元社会中法团主义体制解析》，广东人民出版社2004年版。

些在澳居留的葡人尤其是澳门土生葡人，也对这套形式主义化的葡国成文法制没有多少亲近之感。在法律职业被高度垄断和技术化的情况下，这些不谙法律的澳门葡人遇到纠纷而涉讼之际，也只能通过支付高昂的成本去依赖职业法律人士。正因为近代葡国法制是 19 世纪欧洲范围成文法编纂运动的产物，这套法典法本身无论对葡萄牙本土居民还是海外居民，无疑都是具有近代气息的、因而显得陌生的制度体系和话语体系。因此，相当一部分澳门葡人对这套葡国制度的理解程度和接纳态度，不仅不能跟在葡萄牙国内的一般民众相比，甚至还不如绝大多数澳门华人对大清律例的理解和接纳。

于是，澳葡政府在适用葡萄牙延伸过来的法律制度时，不仅需要考虑澳门华人社会基于民族情感所作出的排拒态度，还必须谨慎对待澳门葡人社会在此方面的隔膜状况，而针对前者作出及时回应尤其显得重要。这种回应要么是通过国家暴力机器继续强制推行殖民法制，要么是通过委婉兼容的方式使排拒态度逐渐软化，从而最终实现葡萄牙法制在澳门的统一适用。在此方面，20 世纪初期的葡国法律家，大多持后一种态度。例如，曾任葡萄牙殖民大臣的法学教授玛索菲，深受康德思想学说的影响，认为成文立法的作用有限，法律应以符合适用对象的文化背景为本："对殖民地的土著人而言，其习俗就是最好的立法，因为最能适应他们的实际情况。土著人不喜欢我们的法规，而我们也无任何必要将之强加于人，除非是为追求一种不切实际的法律统一，或捍卫我们制度的绝对价值。"[1]这种观点在当时的葡萄牙具有代表性，亦颇为契合政府对海外属地的管理需求。在澳门华人社会究竟如何面对《葡萄牙民法典》及相关问题上，葡萄牙政府明智地选择了后一种方式。

（二）宗法文化之因素

澳门华人社会基于民族情感的排拒态度，依托于在此根深蒂固的传统宗法文化。如果没有后者，则这种排拒态度难以持久。正是宗法文化力量的存在，使排拒葡萄牙法制，转而适用宗法文化基础上的律例及礼制成为可能。

自 19 世纪初期《法国民法典》在欧洲范围广泛发生影响以来，葡萄牙立法者对甚嚣尘上的理性主义同样持乐观态度。但其后不久在德意志诸邦发生"法典编纂"之争，论争一方代表萨维尼等人提出的"法是民族精神之体现"等观点，也在一定范围内引发欧洲有识之士的重视。在萨维尼看来，法是一个民族"共同信念和具有内在必然性的共同意识，而不是因偶然的和专断的缘故而产生的观念"，深深地植根于一个民族的历史之中，首先产生于习俗和

---

〔1〕［葡］叶士朋：《澳门法制史概论》，周艳平、张永春译，澳门基金会 1996 年版，第 49 页。

人民的信仰，其次乃假手于法学，因而完全是沉潜于内、默无言声而孜孜矻矻的伟力，而非法律制定者的专断意志所孕就的，这种力量便是一个民族所特有的禀赋和取向，此即萨维尼所谓的“民族精神”。〔1〕萨维尼关于法是民族精神的相关论说，道破了异质文化难以在他乡如愿生长的真谛。在澳门华人社会，宗法文化便是萨维尼所言的内在地、默默地起作用的力量，使异质的葡国成文法在此遭遇架空。

在中国传统文化源流中，宗法文化源远流长，存于周代，变于两宋，新于明清。从周代形成的宗法制度，在中国绵延数千年，深刻影响着中国古代社会。周代宗法制度与分封相结合后，以天子为大宗，诸侯为小宗，使古代华夏形成以血缘和姻亲构成的家国一体的政治文化形态。虽然周代宗法制度到后来已非原貌，但其吸收儒家思想后，经过两宋时期与儒家思想结合的改造，从原来上层宗法成功转变为庶民社会宗法制度，深入到广大乡村世界，〔2〕至明清时期成为乡土中国的标志性文化，其中关于父权、夫权及族权的思想绵延尤具社会影响。宗法文化不仅是一套伦理法则，亦在中国古代演化为地方治理的社会中介。以明代而论，其时官方对乡村进行管理的基层组织，既包括维系赋税的里甲制度，也包括维护治安的保甲制度，但保甲里长往往被宗族长老所替代，这些组织或被宗族势力所弱化，或径直与之重叠。〔3〕国家政权因维护基层秩序之需，也对宗族势力予以扶植，包括对自选族长之合法地位的认可，对族长处理宗族内部事务权力的认可，使地方宗法维护获得相当的权威性。〔4〕

追根溯源，澳门宗法文化渊源于华南地区。华南地区宗法文化的繁兴，不仅表现在出于团结宗族力量而形成的收族现象和同姓联宗祭祖现象，亦表现在各地普遍兴建宗族祠堂和修编家谱。〔5〕在华南地区，宗法文化之兴盛得益于两个方面：其一，因汉族与少数民族杂居现象普遍，官方为维系汉族文

---

〔1〕［德］萨维尼：《论立法与法学的当代使命》，许章润译，中国法制出版社2001年版，第25～30页。

〔2〕参见张小也：《官、民与法：明清国家与基层社会》，中华书局2007年版，第71页。

〔3〕参见张小也：《官、民与法：明清国家与基层社会》，中华书局2007年版，第72页。

〔4〕明洪武初年颁布《大明令》，在婚姻、继承方面给予族长权力，例如规定：“凡妇人夫亡，无子守志者，合承夫分，须凭族长，择昭穆相当之人继嗣。其改嫁者，夫家财产及原有妆奁，并前夫之家为主。”明隆庆初年，陈氏宗族所订《族法家规》得到祁门县政府的批准。参见刘广安：“论明清的家法族规”，载《中国法学》1988年第1期。

〔5〕叶汉明：“明代中后期岭南的地方社会的家族文化”，载《历史研究》2000年第3期。

化的纯正地位，极力通过推广儒家思想，包括实行“以家达乡”的儒化工程，使家族之家训与乡里之乡约互相配合，使家族伦理和乡村教化紧密联结，借此更好地实现汉族正统化和教化少数民族。从朝廷到地方强化宗族文化的结果是使宗法文化原本弱于中原地带的华南地区反而更盛行。[1]其二，明清时期虽有多次海禁，广东沿海地区却在例外，“重农抑商”被“轻本重末”的观念所逐步取代；而清朝土地兼并日趋严重所导致的自耕农纷纷破产，在客观上促成人们外出经商或充当雇工的流民潮。[2]这些变化非但没有冲击宗法文化的根基，反而顺应时势渗入到新兴的商贸文化之中。[3]正因个人与家族荣辱与共，个人身份地位亦取决于家族社会地位，提高宗族社会地位方能实现个人价值。注入以上诸因素的华南地区宗法文化，即使漂洋过海于海外地区，仍往往是宗亲会多于同乡会，其内部团结的密度使当地文化也难以楔入。[4]澳门地处华南沿海，在文化属性上从属于岭南文化，宗族文化与华南地区一脉相承。往来商贸及扎根澳门的华人多系粤闽人士，华南地区宗法文化在此生根发芽，且随着宗族势力发展而逐步纠结成团。在殖民管治之前，澳门华人与葡人虽有接触往来，但大多不过是常态的商品贸易，在日常生活世界则各行其道、互不侵扰。自殖民管治以来，澳葡政府面对内部致密结构的华人宗族势力，也不得不屡屡作出必要而及时的妥协，或以其他方式试图使之转为治理华人的社会中介力量。立足于此，通过编纂法典的方式对华南地区宗法文化进行认可，便是《华人风俗习惯法典》应运而生的社会基础。

（三）香港经验之因素

鸦片战争以来，因香港割让和开埠发展，澳门作为国际商贸港口的地位

---

〔1〕 对此可资佐证的文献，是张渠于雍正年间宦粤时所作而于乾隆初成书的《粤东闻见录》：“粤多聚族而居，宗祠、祭田家家有之。如大族则祠凡数十所；小姓亦有数所……大族祭田数百亩，小姓亦数十亩……吾乡乃邦畿之地，以卿大夫而有宗祠者尚寥寥无几，其尊祖睦族之道，反不如瘴海蛮乡，是可慨也。”参见张渠：《粤东闻见录》，广东高等教育出版社 1990 年版。

〔2〕 据道光时期《瑞金县志》记载，瑞金县种烟和制烟业中所聚集的雇工，来自闽、粤地区的达到数万人。参见卞利：《国家与社会冲突与整合——论明清民事法律规范的调整与农村基层社会的稳定》，中国政法大学出版社 2008 年版，第 30～32 页。

〔3〕 例如南海太原霍氏晚节公把“酿酒之法”写入“家箴”，告诫子孙世代遵守。后来，这一家族又将有关手工业和商业的注意事项，如关于所谓“工有百艺之当做”、“商有百物之当货”等具体规定写进家训，以规范子孙的行为。参见叶显恩：“明清珠江三角洲土地制度、宗族与商业化”，载《中华文学研究所报》1997 年第 6 期。

〔4〕 参见叶显恩：“明清珠江三角洲土地制度、宗族与商业化”，载《中华文学研究所报》1997 年第 6 期。

受到打击，但港英政府在治理香港华人社会方面的经验却值得澳葡政府重视。

1841 年 1 月，英国侵略者武力占领香港后，并未立即在此移植英国法，而是宣布保留适用清朝法制。1841 年 2 月 1 日，英国驻华商务总监义律和英国驻远东舰队支队司令伯麦联名发布《义律公告》（*Captain Elliot's Proclamation*），宣称“官厅执政治民，概依中国法律风俗习惯办理，但废除各种拷刑，并准各乡耆老秉承英国官吏意旨管辖乡民，仍候国主裁夺”。[1] 1843 年 4 月 5 日，英国颁行《英皇制诰》（*Letters Patent*）和《皇室训令》（*Royal Instructions*），[2] 成为在香港建立殖民统治的宪法性文件，标志着英国法在香港移植的起步。根据这两份文件，英国宣布香港成为“英国属土”，从此受英王管辖，并宣布在香港设立立法局和行政局，分别作为总督的立法咨询机构和行政咨询机构。自此开始，《大清律例》成为香港华人家庭与继承等方面的制度依据，其效力甚至延伸至清朝灭亡后的 60 余年，至 1971 年港英政府以《婚姻法》取代其中关于家庭方面的条款，中国旧式法制的适用才告终结。所谓“义律公告”开启了近代香港二元法制的独特模式，[3] 对于葡澳政府之治理澳门华人社会具有借鉴意义。虽然葡萄牙作为大陆法系奉行成文法制的统一适用，不像港英政府是以《大清律例》的适度认可作为在港推行英国普通法和衡平法的砝码，但在成文法制长期遭遇澳门华人社会架空的窘境中，通过适度妥协乃至不惜替澳门华人社会“立法”越来越有必要。因此，迟至 1909 年颁行的《华人风俗习惯法典》，是葡萄牙对港英政府 60 余年推行以华（法）治华（人）策略的最终认可。不同的是，港英政府一开始即以“义律公告”方式公开承认《大清律例》在华人社会的适用，澳葡政府则必须依托于葡萄牙为澳门制定的特殊法典对澳门华人社会进行殖民管治。

四、内容与特点：法典形式下的宗法文化

纵览《华人风俗习惯法典》之规定，可见该法是对中国传统宗法文化的法典化。法典开篇即指出“鉴于需要将澳门华人在家庭和继承方面的一些风俗习惯提高到法律权利义务层次”，意味着它调整的重心在家庭与继承制度，而这正是宗法文化的核心内容。需要指出的是，被葡萄牙政府视为“风俗习

---

〔1〕《香港与中国：历史文献资料汇编》，香港广角镜出版社 1981 年版，第 166 页。

〔2〕《香港法例》（Laws of Hong Kong），1986，附录第 1 卷。

〔3〕苏亦工：《中法西用：中国传统法律及习惯在香港》，社会科学文献出版社 2002 年版，第 61 ~ 77 页。

惯”的这些内容，大多已被纳入传统的律例体系之中，并不都是排斥在国家法之外的风俗习惯。葡萄牙对澳门进行殖民管治以来，将葡萄牙延伸进来的法制视为正式法源，将华人社会遵循的中国律例视为“风俗习惯”，意在明确葡国法制在澳门社会的正当性与唯一性，显见其蓄意为之的殖民心态，而非单纯的文化误读。就具体内容而言，该法典所谓的风俗习惯，主要包括如下内容：

（一）婚姻关系

在中国传统宗法文化中，儒家思想所强调的父为子纲、夫为妻纲，均与宗法文化的家长制一脉相承。法典对此均有相关规定，表现在婚姻关系上则是突出夫权，彰显“男尊女卑”观念，赋予男性的权利远远大于女性。

夫权地位首先体现在离婚制度上。例如，法典规定，丈夫可以下列任何一理由，向法院提出离异和分开财产：妻子婚后35年仍无生育；严重虐待或中伤；麻风病；搬弄是非；小偷小摸；醋性十足。[1]这正是中国古代礼制“妇有七出”的法律化，是以维护男尊女卑的等级制家庭关系为依归的。不仅如此，作为宗法婚姻的附带品，法典还完全剥夺了离婚后妻子对子女养育的权利。夫权的另一体现是纳妾制度。法典规定，丈夫在婚内和离婚后都可以纳妾。[2]纳妾源于宗法制度，宗旨在于维系香火传承。《礼记·婚仪》载：“婚姻者合二性之好，上以事宗庙，下以继后世。”“继后世”意味着婚姻承载宗族延续的使命，纳妾遂成血缘延承的一种选择。明代为社会稳定而限制纳妾，[3]规定平民须因无子方可纳妾，违者杖四十。但这类限制至清代大大放宽，以致稍有钱财者纷纷纳妾。广东一带风气尤甚，清徐柯《清稗类抄》称“粤人好蓄妾，仅免饥寒者即置一妾，以备驱使”。[4]正因华南地区纳妾成风，澳门华人社会也普遍盛行。在无从遏制的情况下，葡萄牙政府干脆对此予以法律上的确权处理。至于财产分割以及离婚后子女抚养问题，根据法典相关规定，妻子与丈夫的权利也明显不对等。[5]

（二）家庭关系

法典在家庭关系上，同样明确了父权与夫权的地位。值得注意的是，法

---

〔1〕《华人风俗习惯法典》第8条。

〔2〕《华人风俗习惯法典》第10条。

〔3〕李明：“明代纳妾制度剖析”，载《乐山师范学院学报》2008年第7期。

〔4〕参见刘正刚、刘强：“清代粤人好蓄妾现象初探”，载《中国社会经济研究》2007年第1期。

〔5〕《华人风俗习惯法典》第3、4条。

典对于家庭关系的拟制有较为详细的规定，此即立嗣制度。

法典对无子立嗣作出规定。所谓立嗣（俗称立后），是指自身未能生育儿子而立他人之子为自己的宗祧继承人，嗣子和养子同为收养之子。法典规定，华人无男嗣时应当立一养子;[1]养子应当从近亲属中挑选，尤以丈夫兄弟和最亲近辈分者的次子优先考虑;[2]养子过继后即离开亲生父母家，并在继父母家享有和亲生子同样的权利，[3]这些权利具有一切民事和宗教效力。至于立嗣之子的身份，法典作出如下规定：首先，须以同姓同宗立嗣。为防外姓乱宗，维护宗族利益，历代法律严禁立异姓为嗣。[4]明清时期稍有放宽，虽允许收养3岁以下异姓之子，但不得以无子遂立为嗣，从而阻却了异姓为后之路。如此一来，即使无子人家已收异姓养子，仍需另立同姓同宗嗣子以续香火，否则死后只要族人告官，仍须再立继子。[5]其次，须以昭穆相当为嗣。所谓昭穆即为辈分，立嗣子须在同宗诸侄辈之中选择。此乃儒家人伦之重点，不容混淆。此外，法典还针对华南地区华人家庭为儿子立嗣的习惯，规定父母有为已逝的儿子立嗣子的权利。[6]明清时期，父在子亡应否替子立嗣，在官方与民间看法不一。一般认为，未成年未婚之子死亡不宜立嗣。但在民间社会，父辈为早夭者立嗣的做法十分普遍。华南地区尤其重视宗族关系及宗法传承，此类做法屡见不鲜，官府对此充耳不闻。因此，葡萄牙政府也立足华南地区实际，对为亡子立嗣的问题予以确认和规范。

（三）继承制度

在继承制度方面，法典同样彰显出传统宗法文化的基本观念。

1. 法典依循传统宗法伦理，通过规定继承权只归儿子，[7]排除了已婚女性家族成员的继承权。之所以如此处理，是因女性与男性之“宗”不同。诚如学者分析所言：“其‘宗’的所属分成自然性与社会性两个方面。从自然性的意义上来看，女性仍属于父亲的宗，并且这种关系从出生直到死亡终生不变。另一方面，从社会性的意义上来讲，女性由于婚姻而取得夫宗的地位，

---

〔1〕《华人风俗习惯法典》第13条。

〔2〕《华人风俗习惯法典》第14条。

〔3〕《华人风俗习惯法典》第17条。

〔4〕例如，《唐律·户婚律》规定：养异姓男者，徒一年；与者，笞五十。

〔5〕关于宗祧继承及中国传统礼制文化，参见丁凌华：《中国丧服制度史》，上海人民出版社2000年版。

〔6〕《华人风俗习惯法典》第19条。

〔7〕《华人风俗习惯法典》第22条。

由于女性在社会性的意义上被排除在父宗之外，因此她不能承继来自父宗的财产。"[1]不过，关于未婚女性家族成员，该条第2款给予了有限的保障，规定未婚女性可获得其他儿子遗产的1/4作为嫁妆。

2. 法典在继承顺序上充分体现了长幼有序和宗祧继承的观念。依据法典规定，长子和代表人在财产继承上所获财产是其他人的两倍，[2]从而在财产继承的数量方面维护了长子特权。不过，中国传统宗法制度强调嫡庶之分，所谓立嫡以长不以贤，立子以贵不以长。法典在此方面虽有规定长幼之分，却未规定嫡庶之辨。不仅如此，法典还赋予妻妾所生儿女的平等权利，[3]因此即使是庶长子也有权利获得特权。这一观念是与宗法文化相悖的，也使传统文化强调的嫡庶差异发生改变，表明近代欧洲男女平等思潮的文化影响力。

3. 依据法典规定，长子和代表人不仅在财产继承上获得特权，还可以获得身份继承及公产管理的权利。在传统宗法文化中，继承不仅涉及财产的移转，还有身份（如爵位）的承续。前者可以扩及所有的儿子及其他晚辈，但后者只能由长子或代表人承续，此即所谓宗祧继承。宗祧原意是宗庙，引申为祭祀的权利。中国人对祭祀是非常看重的，古人云："国之大事，在祀与戎。"对祭祀身份的继承，即是对先人身份的继承。宗祧应由嫡长子继承，但如果嫡长子不肖，则应由其他贤能之子担当。因此，法典规定身份继承者既有长子，也包括父亲选定的任一代表人。至于公产管理和在宗教民事上的代表权，则是宗祧继承在宗族制上的延续。在华南地区尤其是广东一带，宗族共有族产现象十分普遍，族产主要用于建祠修墓、纂谱联宗、办学考试、迎神赛会、兴办公益事业、赈济族人贫困等。族产既能为家族成员谋福利，也可成为家长行使宗族权利的经济支持。因此，拥有公产管理是一项基于身份继承而派生的财产权利，同样获得了法典的确认。

纵览上述基本内容，可见该法典贯穿中国传统宗法伦理，将礼教纲常纳入华人社会的婚姻家庭与继承关系，是对传统律例体系所涉民事规范的法典化技术处理。不过，该法典并非全然迁就宗法伦理，在某些方面也添附了近代西方民事法制的成分。例如，依据法典规定：华人依照中国宗教仪式缔结的婚姻，与本国律例所承认的天主教婚姻和民事婚姻具有完全同等效力。[4]

---

[1] [日] 滋贺秀三：《中国家族法原理》，张建国、李力译，法律出版社2003年版，第20页。
[2] 《华人风俗习惯法典》第22条。
[3] 《华人风俗习惯法典》第11条。
[4] 《华人风俗习惯法典》第2条。

传统华人婚姻缔结方式，首次在法律层面得到了葡萄牙政府的承认。还要指出的是，法典借助近代西方理性主义观念，也对传统宗法文化作出了一定程度的改造。其时，华南地区尤其是广东沿海风气比内地开化，在洋务运动及清末立宪之际频频引领潮流，源自西方的男女平等观念促成女性权利意识的觉醒，对以父权及夫权为核心的宗法伦理构成了冲击。因此，法典在某些地方赋予女性一定的权利。例如，法典规定，妻子有一定的财产支配权利，即对于私己财产的自主管理。〔1〕私己财产主要包括结婚时陪嫁的财产和婚前购置的首饰，离婚时可以带走。在某些情况下，还允许夫妻对于财产所属进行商讨。又如，法典虽规定男子有权纳妾，但妻妾具有平等的权利。例如规定，正室和旁室在家长权利和儿女继承上地位平等。〔2〕这在一定程度上体现出宗法文化的现代转向。此外，法典奉行华人属人法的原则，即如果澳门华人并非两广地区人士，其风俗习惯与华南地区不同，亦可通过任何法律允许的途径进行证明，其风俗习惯获得同等尊重。

五、世易俗移：法典的撤销及其影响

辛亥革命以来，随着封建帝制的推翻和民国政府的建立，中国国民思想观念开始向现代急遽转型，尤其是男女平等观念的广泛传播，契合大清律例的旧式风俗习惯也在移风易俗。因此，《华人风俗习惯法典》颁行不久就遭遇了历史性危机，在婚姻家庭和继承等方面都难以适应时代的发展。

不过，由于其时中国国内政局不稳，从北洋政府到南京国民政府都无暇顾及澳门，葡萄牙政府则趁势加紧对澳门社会进一步的殖民化，加之澳门华人社会的保守阶层和既得利益者安于现状，其时中国内地被废止的旧式婚姻家庭及继承法制，在澳门社会仍被《华人风俗习惯法典》所确权和延续。1917 年 11 月 29 日，为配合这套针对华人社会的规范的适用，葡萄牙还通过第 3637 号法令，颁行《澳门华人专有法庭章程》，以便借此处理华人社会的民事、商事（破产除外）和轻微的刑事案件。1920 年 9 月 27 日，该章程通过《第 311 号训令》作出修改。不过，华人专有法庭并未存续很长的时间，至 1927 年 10 月 20 日即被取缔。〔3〕

二战前夕，随着葡萄牙国内形势与国际局势的变化，葡萄牙政府开始酝

〔1〕《华人风俗习惯法典》第 3 条第 2 款第 1、2 项。

〔2〕《华人风俗习惯法典》第 11、27 条。

〔3〕何志辉：《近代澳门司法：制度与实践》，中国民主法制出版社 2012 年版，第 149 ~ 153 页。

酿包括本土及海外属地的法制改革。受此影响，澳门政府于1933年委任一个小组，着手研究修订该法典。1948年7月24日，葡萄牙政府颁布《第36987号法令》[1]，正式撤销依1909年6月17日法令颁行的《华人风俗习惯法典》。

第36987号法令总共5条，是葡萄牙政府针对澳门的华人事务和土生葡人而颁行实施的一个特别国际冲突法。该法令第1条规定，依1905年11月3日法令规定为葡萄牙国籍的澳门出生人士，须遵守葡萄牙民事法律。第2条规定，澳门出生的非葡萄牙籍华人以及其他华籍人士，在家庭和继承法方面遵守中国民事法律。这两条即是典型的总括式单边冲突规范：前者表明澳门出生的葡籍人士在民事领域内的活动依葡萄牙法，后者表明澳门华人在家庭与继承法方面受中国民事法律规范的支配，使原本适用于澳门华人的特殊规范得以继续延续，并可追随有可能发生变化的中国民事法律，从而较之以往由葡萄牙专门为澳门拟订《华人风俗习惯法典》之类规范更为方便而灵活。[2]但要指出的是，《华人风俗习惯法典》的撤销，并不代表华人风俗习惯尤其是传统宗法文化在澳门的消亡。就葡萄牙殖民管治时期而论，澳门华人社会的诉讼案件一直数量稀少，这是因为绝大部分的民事纠纷都已在民间解决，所依据的规则也正是这样一些风俗习惯及民间规则，它们具有难以抹煞的传统宗法文化色彩；而在这些纠纷的解决过程中，通常也是德高望重的宗族长辈或华人权威充当着裁判的角色。

至此，本文已初步完成对《华人风俗习惯法典》的相关探讨。需要指出的是，这部法典被撤销后仍有文化影响力的存续，亦从另一方面印证了所谓“法律作为民族精神”的存在，印证了生生不息的传统法律文明在现代社会仍有着随时可复苏的蛰伏，它们不会因为异质性的法律文明不予正式认可而主动退隐。至于其间仍然交织的传统与现代、宗法与法律、伦理威权与法治权威的斗争或纠葛，以及由此折射的以宗法文化为核心的中国传统法律智慧对葡萄牙殖民法制之逾淮成枳的修复或矫正过程，亦仍然值得学界予以探索和深思。

---

[1] 黄汉强、吴志良主编：《澳门总览》，澳门基金会1996年版，第67~69页。

[2] 蓝天主编：《一国两制法律问题研究（澳门卷）》，法律出版社1999年版，第14页。

公务浪费惩治：根据地和新中国法制的历程及启示

段俊杰 *

浪费现象是古今中外普遍存在的，它存在于生产、分配、交换、消费等人类活动的各个环节之中，其一般定义是："对人力、财物、时间等用得不当或没有节制。"〔1〕浪费会带来很多负面效果，比如过度消耗有限的物质资源和对人类劳动的不尊重，这对社会和个人的发展都是不利的。中国自古有着勤俭节约的优良传统，对浪费现象一直持反对的态度。当前，中国经济飞速发展，社会财富大量增加。但与此同时，浪费现象也大量存在并愈演愈烈。比如，粮食浪费的情况就触目惊心。〔2〕社会上对制止浪费的讨论越来越多也越来越激烈，呼吁立法制止浪费的声音日渐高涨。但是，如何用法律来控制浪费现象需要具体问题具体分析。浪费按其性质可以分为私人性质的浪费和公务性质的浪费。〔3〕对私人性质的浪费，法律不应直接规范。因为私人对其财产享有所有权，所有权中的处分权能赋予了私人任意支配自己财产的合法性，国家对私人性质的浪费只能通过税收等手段来加以调节，比如对奢侈品征收高额消费税。而对于公务性质的浪费（典型的就是三公消费），法律可以而且

---

* 作者系中国人民大学法学院法律史专业博士研究生。

〔1〕《现代汉语词典》，商务印书馆2005年版，第814页。

〔2〕在2013年的全国政协会议上，全国政协委员、国家粮食局局长任正晓提到：这几年国家粮食局搞了一个调查测算，粮食产后，储藏、运输、加工等环节损失浪费总量达700亿斤以上，而餐桌浪费的粮食保守估计约500亿斤。两项加起来达到1200亿斤的浪费，这些浪费的粮食足可以养活两亿人口。

〔3〕公务性质的浪费可归纳为如下几种表现：公务用车浪费、公款吃喝浪费、公费出国浪费、豪华办公大楼浪费、政府会议浪费、能源资源消耗浪费和政绩工程浪费等。见范柏乃、班鹏："政府浪费与治理对策研究"，载《浙江大学学报（人文社会科学版）》2008年第6期。为方便论述，以下简称公务浪费。

应该对其进行直接的规范，因为这涉及公众利益。下文所述的浪费行为，如无特别说明皆指公务性质的浪费行为。

在中国古代，许多朝代的法律都有对"放散官物"行为施以处罚的规定。如《唐律》规定："诸放散官物者，坐赃论（谓出用官物，有所市作及供祠祀、宴会、剩多之类）。"〔1〕即把浪费官产的行为以贪赃论处。史籍记载中许多官员被弹劾免官的理由之一就是"放散官物"。但是，正像贪污贿赂等其他腐败问题一样，公务浪费现象在中国古代从来就没有被根除。有效治理公务浪费其实是一个世界性的难题，世界各国都根据自己国家的历史、文化、传统等特定情况提出了对策，有的已经取得了成效。但是，在中国现有的体制、国情之下，西方的做法并不一定完全适用于中国。改革开放以来，我国走上了法制化的轨道。针对日益严重的公务浪费现象，不断有人建议国家尽快把公务浪费纳入到刑法的调整范围，提出了设立"挥霍浪费罪"的立法建议，〔2〕尤其是近几年，不断有全国人大代表建议在刑法中设立"挥霍浪费罪"。〔3〕

笔者对此不敢苟同。事实上，中国共产党廉政建设史上曾经有过将浪费行为入罪的先例。通过对中国共产党以法律手段治理公务浪费的历史考察，我们可以得到的认识是，中国共产党对公务浪费的惩罚政策是逐渐轻缓化的，从根据地到新中国，中国共产党对公务浪费的治理经历了未规定为犯罪、规定为犯罪、不规定为犯罪的过程。这一历史经验对于我们当前作出正确的立法决策有着重要意义，会让我们慎重地对待公务浪费入罪。

一、未将公务浪费规定为犯罪的时期

1925年6月~1926年10月，香港、广州两地工人举行大罢工，即历史上著名的"省港大罢工"。这次罢工堪称是中国共产党执政的预备演习。〔4〕在中

---

〔1〕 刘俊文撰：《唐律疏议笺解》，中华书局1996年版，第1143页。

〔2〕 相关文章可见张云福："试论浪费行为的法律责任"，载《法学》1983年第9期；文敬："论浪费罪及其构成"，载《政治与法律》1984年第4期；李艳芳："关于制定我国反浪费法的建议"，载《法学家》1994年第3期。也有学者主张在不增加现有罪名的情况下，对贪污罪或者对渎职罪进行扩大解释，以达到打击公务浪费的目的。

〔3〕 如2013年3月召开的全国人大会议上，全国人大代表、保康县马桥镇尧治河村党委书记孙开林建议："中央已经出台了'八项规定'、'六项禁令'，应借此东风，修改刑法，尽快将挥霍浪费入罪。"

〔4〕 "省港大罢工"是在中国革命初期由中国共产党领导的一次规模宏大、影响深远的反帝爱国运动，同时也是中国"工人阶级掌握政权的学习"，是"将来自己阶级掌握政权的预备"，"是将来中国政府的先声"。参见张希坡：《人民代表大会制度创建史》，中共党史出版社2009年版，第13页。

国共产党的领导下，省港罢工工人代表大会通过了相关的法律章程，对罢工组织内部的贪污腐化徇私舞弊行为进行坚决的斗争。

当时没有制定统一的惩治贪污法规，关于惩治贪赃舞弊的规定则散见于《罢工委员会组织法》、《审计局组织法》、《纠察队应守纪律》、《骑船队组织法》、《纠察队纪律》、《会审处组织法》、《会审处办案条例》等法律章程之中。尽管这些规范性文件列举的罪行不一定全面系统，处刑办法也不够规范化，但它基本上包括了当时贪污受贿罪的种种表现形式和所采取的治理手段。当时规定，凡公务人员（包括负责干部、一般职员和执行公务的普通队员）利用职权，有贪污自肥、受贿舞弊、侵吞公款、截留财物、盗卖公物证券、勉扣粮食、假公济私、勒索钱财等行为者，一经证实，即以贪污罪论处。[1]从中可以看出，在当时浪费行为还没有被列入刑法打击的范围，甚至可能还没有受到关注。但是，从这一时期对贪污罪的规定可以看出，贪污罪的内涵是非常广泛的，包含了涉及侵害公共财物的大部分犯罪行为，可以说是一个比较笼统和包罗性很强的概念。

二、将公务浪费行为规定为浪费罪的时期

1931 年中华苏维埃政权建立后，苏维埃工农民主政府对于贪污受贿行为一直进行着坚决斗争，同时也开始注意立法惩办严重浪费的行为。

当时，由于国民党的封锁，包括中央苏区在内的各级苏区都面临着极度的物资匮乏情况，物资的多寡在当时不仅意味着能否维持苏区正常社会秩序，也关系到新生政权的生死存亡。在中央苏区初创阶段，苏维埃财政制度尚不健全和统一，很多地方处于各自为政的状态，财经纪律松弛，贪污浪费现象十分严重。但是由于忙于战事，中央和地方都未对其采取有力措施。直到 1931 年 11 月，中华苏维埃共和国临时中央政府成立，中央意识到了反对贪污浪费斗争的重要性和迫切性，于是决定在中央苏区开展一场大规模的反贪污反浪费斗争，并将节省经济、统一财政、检举打击贪污浪费这几项重要内容结合起来。

（一）相关法规、措施及效果

中华苏维埃共和国建立之初，在 1931 年 11 月中央执行委员会第一次全体会议通过的《地方苏维埃政府的暂行组织条例》第七章“地方苏维埃政府

---

〔1〕 参见张希坡：“革命根据地有关惩治贪污浪费的刑事法规”，载《北京政法学院学报》1983 年第 2 期。

的财政”第68条中即规定：“若违反本条例的财政支出手续，依照浪费公款论罪。”这是把公务浪费作为犯罪处理的宪法性法律规范，公务浪费行为至少从这时起开始以犯罪论处。

反贪污浪费斗争运动发起后，为了规范斗争的手段和程度，中华苏维埃共和国中央执行委员会于1932年12月15日专门颁布了题为《关于惩治贪污浪费行为》的第26号训令。训令规定了对浪费行为的具体惩治办法：苏维埃机关、国营企业及公共团体的工作人员，因玩忽职务而浪费公款，致使国家受到损失者，依其浪费程度，处以警告、撤职，以至1个月以上3年以下的监禁。[1]训令将浪费罪的主体确定为“国家机关、国营企业及公共团体的工作人员”，即一切公职人员；犯罪者主观上是“玩忽职守”，即因过失而非故意浪费公款；客观后果是“致使国家遭受损失”，而非重大损失。可见，当时对浪费行为采取了零容忍的严惩态度。这里的浪费罪也有惩治渎职的成分，但更多的是强调惩治特殊环境里的挥霍浪费行为，以保卫新生的红色政权。另外，1934年4月10日人民委员会公布的《苏维埃国有工厂管理条例》中规定：“厂长不执行上级命令，或浪费金钱物料，或使工厂受到重大损失者，须受刑事处分。”[2]这个条例是针对苏维埃国有工厂的特别法。由于工厂的生产涉及大量的物资，如果造成浪费，其危害后果也是非常大的，因此对厂长的责任有这样明晰的规定，并以刑事处分为震慑来促使厂长认真履行职责。苏维埃政权还采取了相关配套措施：其一，建立了统一会计制度；其二，建立了各级工农检察组织并赋予他们查处贪污浪费的职权。

中央苏区的反贪污浪费斗争，使党和苏维埃政府大量的增收和节支，获得了巨大的经济效益，有力地支援了中央红军的第五次反“围剿”战争。[3]但是由于王明“左”倾错误的领导者在军事战略决策上和军事指挥上的一错再错，致使中央红军未能最后粉碎第五次“围剿”而被迫转移长征。在此背景之下，这样的运动式斗争也告一段落。

（二）浪费罪的模糊性

值得提出的是，根据《红色中华》的报道等相关史料可以看出，当时查处的腐败类案件中以贪污为最大宗，在查处贪污案中会涉及案犯的公务浪费行为。可以看出，当时的法规中虽有浪费罪，但是在司法实践中对公务浪费

〔1〕见《红色中华》1934年1月4日第140期，第2版。

〔2〕见《红色中华》1934年4月4日第175期，第4版。

〔3〕参见林天乙：“中央苏区的反贪污浪费斗争评述”，载《福建党史月刊》1990年第2期。

的查处是侦查其他犯罪行为的附属。在当时比较著名的赵宝成浪费包庇贪污分子案中，被告被判决做苦工一年，而他所谓的犯罪行为中重要的一项就是“浪费达万元”。〔1〕然而，该案其实是一起冤案，赵宝成后来在中共七大上被彻底平反了，他被判浪费其实是当时政治斗争的后果。〔2〕这也恰恰说明，以浪费来定罪有被用来进行陷害报复的危险。因为何谓“浪费”，其行为的表现形式如何，如何界定浪费的数额都难以有固定的标准。“浪费”其实是一个模糊的犯罪概念，很难用犯罪客观行为的理论来对它进行归纳。或许也正因为如此，在当时很少有专门查处浪费来进行定罪的，而最典型的案例又被证明是个冤案。

可见，当时虽然规定了浪费罪，但是却没有单纯因为公务浪费行为而进行刑事处罚的情况，而是附随于贪污等犯罪行为查处而查处。为何会有这样的效果呢？笔者认为，其一，贪污和浪费常常很难分开；其二，浪费罪虽然在条例中得以规定，然而真正在司法中作为犯罪进行打击则有所顾忌，这个顾忌主要是操作性问题。贪污比较好认定，采取各种手段把公共财物收归己有的就是贪污。而浪费则是对于公共财物不珍惜、不恰当的使用，很难有一个标准来把握，只能以超过平常人认为的合理范围来认定，主观性太强。因此，浪费罪在当时发挥的主要是震慑作用，单纯的浪费行为通常是由行政处罚来解决的。〔3〕

三、公务浪费以贪污罪论时期和非罪化时期

抗日战争爆发后，中国共产党领导的抗日民主政权的法制继承了苏区法制的革命精神，同时结合抗日根据地的实际及其政权建设的需要，在内容和形式上有了新的变化。通过对中共抗日根据地相关法制史材料的考察，我们可以得出这样的结论：中共抗日根据地政权前期对公务浪费行为的规定中，最大的特点是将公务浪费行为以贪污论罪；而在后期，浪费罪逐渐从贪污罪

〔1〕具体案情见“人民委员会对于中央总务厅与瑞金县苏贪污浪费的处分”，载《红色中华》1934年1月4日第140期，第2版。

〔2〕遗憾的是，很多研究者并没有注意到赵宝成后来被平反并追认为革命烈士的事实，仍然把他以罪犯的身份来进行评判。

〔3〕如1934年2月28日，以吴亮平为部长的中央国民经济委员部就中央印刷厂的严重浪费问题，作出《关于中央印刷厂工作的决定》。鉴于中央印刷厂的严重浪费情况，决定给予前厂长杨其鑫和现厂长古远来严重警告处分。见“国民经济人民委员部关于中央印刷厂工作的决定”，载《红色中华》1934年3月3日第157期，第3版。

的内容中排除了，大部分地区开始非罪化。解放战争时期，公务浪费进一步非罪化。

（一）抗日根据地政权前期对公务浪费行为以贪污罪论

1939年制定的作为中共领导下各个抗日根据地立法榜样的《陕甘宁边区惩治贪污条例（草案）》规定：边区所属之机关部队及公营企业人员，或群众组织及社会公益事务团体之人员，有下列行为之一者，即以贪污论罪：……为私人利益而浪费公有财物者。〔1〕类似的规定还有1942年10月12日通过、15日公布的《晋察冀边区惩治贪污条例》第3条规定："有下列行为之一者为贪污罪：……⑦浪费公有财物供私人挥霍享乐者。"〔2〕1941年9月公布的《晋西北惩治贪污暂行条例》第2条规定："凡有下列行为之一者，即以贪污论罪：……⑪图私人便利而浪费公有财物者。"〔3〕1940年12月3日由山东临时参议会通过公布施行的《山东省惩治贪污暂行条例》第2条规定："有下列行为之一者，以贪污论罪：……⑩为私利浪费公用财物者。"〔4〕1943年7月2日通过的《渤海区惩治贪污暂行办法》第2条规定："有下列行为之一者，以贪污论罪：……⑩为私利浪费公粮或其他公用财物者。"在其第5条还具体规定了浪费的概念："所谓浪费者指不按制度与公务上需要，不应开支而开支，或应少开支而多开支者而言。"〔5〕

从这些规定中可以看出，这一时期的浪费行为的犯罪主观方面被限定为"为私人利益"，这与中央苏区时期规定的因"玩忽职务"而浪费公款不同，对于非为"私人利益"而导致的公有财物的浪费并没有被规定为贪污罪，也没有相应的刑事制裁手段。对于为"私人利益"而浪费公共财物被视为贪污行为，而非为个人利益的浪费，在中央苏区时会受到刑事制裁，在此时却已经不再用刑法来制裁了。这是刑事政策的一个转变，体现了法制的发展。

---

〔1〕韩延龙、常兆儒编：《中国新民主主义革命时期根据地法制文献选编》（第4卷），中国社会科学出版社1984年版，第60页。

〔2〕韩延龙、常兆儒编：《中国新民主主义革命时期根据地法制文献选编》（第4卷），中国社会科学出版社1984年版，第60页。

〔3〕韩延龙、常兆儒编：《中国新民主主义革命时期根据地法制文献选编》（第4卷），中国社会科学出版社1984年版，第137～138页。

〔4〕韩延龙、常兆儒编：《中国新民主主义革命时期根据地法制文献选编》（第4卷），中国社会科学出版社1984年版，第147页。

〔5〕韩延龙、常兆儒编：《中国新民主主义革命时期根据地法制文献选编》（第4卷），中国社会科学出版社1984年版，第171～172页。

（二）抗日根据地政权后期和解放战争时期公务浪费逐渐非罪化

抗日战争后期，在某些中共抗日根据地的《惩治贪污条例》中“为私人利益而浪费”的条款被逐渐取消，浪费行为开始非罪化。如 1945 年 3 月 10 日施行的《修正山东省惩治贪污暂行条例》第 2 条规定了贪污罪的 6 种罪状：“有下列行为之一者，以贪污论罪：①买卖公共物品从中舞弊者。②克扣公家财物自肥者。③伪造或虚报收支账目者。④擅移公款作为私人营利者。⑤假借公家名义私收捐税或私募资财者。⑥勒索敲诈收受贿赂者。”[1]可见，抗日战争前期规定的“为私人利益而浪费公有财物者”的以贪污论罪的规定被取消了，浪费不再作为一种犯罪行为处理。

解放战争时期，中国共产党领导的解放区政权不再把浪费行为作为犯罪处理。浪费行为在当时各解放区的法规中都以行政处罚手段来进行解决。如 1947 年 5 月 6 日由东北行政委员会颁布的《东北解放区惩治贪污暂行条例》第 3 条规定的 7 种以贪污论的罪状没有关于浪费的规定。[2]1948 年 1 月 10 日公布的《晋冀鲁豫边区惩治贪污条例》第 3 条规定的 8 种以贪污论的罪状也没有关于浪费的规定。[3]类似的情况在其他根据地也是存在的。考虑到中国共产党强有力的统一领导和对政策法制的统一性要求，其实各个根据地的法规都是大同小异的，它们都以中央文件为准，以中央所在地的法制为参照。因此，浪费不再被规定为犯罪是当时中共各级解放区政权的普遍做法。

从解放区的史料可以看出，浪费行为在当时是用行政纪律手段加以处分的。如 1948 年 6 月 15 日发布的《太岳区惩治滥用浪费民力暂行条例》第 5 条规定：“严格禁止浪费民力，如有下列情事之一者，应分别情节大小，予以批评、警告、记过、撤职查办等行政纪律之处分。”此处指的虽是浪费民力，但也是浪费的一种。1949 年 9 月 1 日颁布的《苏北区奖励节约惩治贪污暂行条例》第三章是关于“惩治贪污”的规定，同时规定了关于贪污和浪费的处理办法。其中第 6 条规定：“凡利用职权贪污受贿，盗卖吞没，浮报冒领，克扣截留，或挪用公粮、公款，物资或盗用战争缴获物资等一切舞弊行为，概

---

〔1〕 韩延龙、常兆儒编：《中国新民主主义革命时期根据地法制文献选编》（第 4 卷），中国社会科学出版社 1984 年版，第 161 页。

〔2〕 韩延龙、常兆儒编：《中国新民主主义革命时期根据地法制文献选编》（第 4 卷），中国社会科学出版社 1984 年版，第 239 页。

〔3〕 韩延龙、常兆儒编：《中国新民主主义革命时期根据地法制文献选编》（第 4 卷），中国社会科学出版社 1984 年版，第 195 页。

以贪污论罪。"[1]第8条规定：严重破坏经济制度，或任意浪费公款公物，或因职务上疏忽，致使公款公物遭受损失者，得按情节之轻重，分别予以批评、警告、撤职处分。[2]可见，贪污与浪费在条例制定者的头脑中仍然存在着千丝万缕的联系，对它们之间的界限还是没有明确的认识。但是，浪费不再作为犯罪已经成为确定的做法。

（三）小结

从抗日战争时期和解放战争时期中国共产党领导的根据地政权对浪费行为的规定可以看出，从最初的把"为私人利益而浪费公有财物者"以贪污论，到后来不再被认为是贪污罪的罪状之一，浪费行为最终被排除出刑事制裁范围，被划入到行政纪律制裁手段管辖之下。这是法制不断精确细化的表现，是立法技术进步的结果。这一转变透露出的信息是，中国共产党对打击浪费行为有着越来越成熟的认识，不再靠刑事手段来处理。为何会有这样的转变？虽然无法找到当时规定的制定者来询问，但这种考量或许是制定者在经历了治理浪费的长期实践后得出的理性判断。1947年8月，董必武同志在全国土地会议上的报告中指出："浪费、腐化、贪污相互间有某种程度的关联，但亦有分别，不能一样看待。"[3]从董老的话中我们或许可以看出立法者对浪费与贪污的区别是有认识的，这或许也解释了为什么后来会用刑事和行政的不同手段来解决两个问题。

四、新中国对公务浪费的非罪化处理

新中国成立初期，法制基本上处于初建阶段，十分不完善，而社会治理则主要依靠开展各项运动，即所谓的"运动式治理"，法制建设的努力由于没有得到最高层领导的认可而逐渐趋于弱势。1952年，为了解决新中国政权中存在的贪腐等问题，一场声势浩大的"三反五反"运动展开了，"三反"当中就包括了"反浪费"。

1952年3月8日，政务院批准了《中央节约检查委员会关于处理贪污浪费及克服官僚主义错误的若干规定》，其中包含了对处理浪费问题的原则性规定。当时把浪费分为三种，分别是个人生活上的超支与铺张浪费、集体生活

〔1〕韩延龙、常兆儒编：《中国新民主主义革命时期根据地法制文献选编》（第4卷），中国社会科学出版社1984年版，第231页。

〔2〕韩延龙、常兆儒编：《中国新民主主义革命时期根据地法制文献选编》（第4卷），中国社会科学出版社1984年版，第232页。

〔3〕《董必武选集》，人民出版社1985年版，第150页。

上的超支与铺张浪费、业务上的浪费。其中，规定“可作专案议处，酌予刑事处分”的有“情节特别严重的个人生活与工作上挥霍性的超支”和“情节严重因而招致国家巨大损失的业务上的浪费”。应该注意到，《中央节约检查委员会关于处理贪污浪费及克服官僚主义错误的若干规定》是一个原则性的规定，它的具体落实还要依赖于其他实施条例的制定。后来，政务院根据上述规定确定的原则制定了《中华人民共和国惩治贪污条例》，用以规范对贪污犯罪的打击，但是却没有制定关于打击浪费行为的条例。因此，在司法实务中，对浪费行为真正作为犯罪处理就难以操作了。

是什么原因导致的对浪费的惩治没有规定具体的条例呢？或许我们可以从当时对浪费行为的处理所遇到的麻烦中看出一些原因。李富春在1952年1月11日所做的《关于中国科学院“三反”运动的情况报告》中提到：“关于住房、汽车、暖气等问题，首先在党团员中说明这是政府批准的，不是浪费，更不是贪污。然后，在适当的时机向群众说明，以解脱李四光、吴有训、华罗庚等的包袱。”[1]可见，当时人们对于何谓浪费并没有一个统一的标准，在“三反”运动中，国家对科学家给予的住房、汽车、暖气等优待也被当做浪费而受到错误的批判。浪费的标准如此难以把握，如果贸然对浪费进行刑事惩罚，将会产生许多的冤屈。因此，反浪费主要以教育引导、改造思想的方式进行。1952年5月23日，中共中央下发了《中共中央关于推迟县区乡的“三反”和中小城市的“五反”的指示》，因为“由于过去各地‘三反’、‘五反’的影响，使社会经济生活和城乡交流发生了阻滞现象”。[2]可见，“三反”运动也带来了很多的负面作用，而其中重要的一点就是标准难以把握，尤其是浪费行为，是十分主观的概念。“三反”运动结束后，浪费问题并没有得到根除。后来毛泽东说，要每年搞一次运动，反对浪费。但是限于精力，只是在个别年份又搞了几次反对浪费的运动。

改革开放后，中国重新走上了法制化道路。1979年颁布的《刑法》中没有把公务浪费规定为犯罪，腐败行为中的主要罪名是“贪污受贿罪”。而且，到1997年颁布新《刑法》的时候，贪污罪和贿赂犯罪又分别规定在不同的章节。而浪费罪在罪刑法定的刑事立法背景之下，不复存在。

---

〔1〕 张培田主编：《新中国法制研究史料通鉴》，中国政法大学出版社2003年版，第2003页。
〔2〕 张培田主编：《新中国法制研究史料通鉴》，中国政法大学出版社2003年版，第2038页。

五、结论

当前，中国经济飞速发展，国家财政迅速膨胀，人们对民生改善的期许大大增强，面对日益严峻而难以有效控制的巨额三公消费，尤其是其中的严重浪费现象，民众产生了强烈的不满。面对治理浪费现象无力的窘境，公务浪费行为入刑的呼声渐起也就不足为怪了。可是，解决公务浪费难道动用刑法就会取得更好的效果吗？笔者认为，答案并不那么乐观。

恰如上文分析的，在中共法制发展历史上曾经对浪费行为用刑法来约束。但是，也确实存在概念模糊、难以操作的问题，如何认定浪费有很大的主观性，犯罪客观方面难以明确，强行入刑会有打击面过大和随意认定的问题，这样会有损害司法公正的危险，也不符合刑法谦抑性的要求。所以，中共政权后来逐渐实行了浪费行为的非罪化，而改用行政手段治理。这种转变体现了立法者对法治规律和刑法局限性的认识的不断深化。这一历史经验也启示我们，当前治理公务浪费，要警惕动辄启用刑法的倾向，而应当根据历史和国情，采取更为有效的行政治理措施。

生育国家干预的历史、法理与限度（论纲）

——兼及我国“计划生育”法制的困境与改良

吴 欢*

作为法学研究的对象，人类“生育”或曰“生殖”行为的法律性质就像“变色龙”一样，在不同的社会、政治、经济、文化环境，甚至性别视角下会呈现出权利、义务或者权利义务兼具的不同面相。[1]大致而言，随着人类法治文明的不断进步和人权保障事业的不断发展，“生育权”逐渐成为国际社会公认的一项基本人权，是衡量一国法治文明程度和人权保障进步与否的重要指标之一。[2]但是，无论是在历史还是现实中，无论是中国法律传统还是西方法律传统，无论是大陆法系还是英美法系，人们均能发现公民生育行为和生育权背后那双国家干预之手。[3]究其原因，仍在于“生育”法律属性的“变色龙”特征和生育问题在人类生存延续、国家人口战略与社会可持续发展方面的重要地位和意义。

---

* 作者系浙江大学光华法学院2012级博士研究生、杭州师范大学法治中国化研究中心兼职研究员。本文是杭州师范大学“法治中国化”研究基金项目系列课题“公民生育权的国家干预范围及其伦理与法理依据”（编号：乙A04）的阶段性成果。

〔1〕参见徐国栋：“论作为变色龙的生育的法律性质”，载《河南财经政法大学学报》2012年第1期。徐国栋教授指出：“无妨说，生殖是权利还是义务取决于环境。在一定的时候，对于一定的人，它是权利；在一定的时候，对于一定的人，它却是义务；或者在同一个时候，它对于一定的人是权利，对于一定的人是义务。”

〔2〕参见湛中乐、伏创宇：“生育权作为基本人权入宪之思考”，载《南京人口管理干部学院学报》2011年第2期；张学军：“生育自决权研究”，载《江海学刊》2011年第5期。

〔3〕参见崔卓兰主编：《计划生育法律问题研究》，中国法制出版社2013年版，第6~8页。另见盛亦男、杨文庄：“西方发达国家的家庭政策及对我国的启示”，载《人口研究》2012年第4期。

在当代中国，“计划生育”作为一项基本国策已经被确立并被执行了30余年。〔1〕尽管这一基本国策在执行过程中具有较强的国家强制性，但无论是我国宪法还是单行法律法规，均没有否认“生育”作为公民基本权利的法律地位。与此同时，基于社会主义初级阶段的基本国情和国家人口战略需要，国家也通过经济、法律、文化等诸多手段，对公民生育权的实现进行了干预。这些干预手段，尤其是通过法律对公民生育权进行严格规制，取得了明显的政策效果。据测算，“计划生育”基本国策施行以来，中国大约“少生”了3到4亿人。〔2〕但是这一基本国策的长期推行，也造成了极其巨大的负面社会影响，引起了国际社会对中国人权状况广泛而持续的关注。〔3〕尤其是2012年6月，在“神舟九号”飞船即将把中国首位女航天员送上太空之际，陕西省安康县镇坪镇曝光了骇人听闻的强制引产怀孕7个月产妇的事件，即“陕西安康强制引产案”，引起了国内外舆论的广泛关注，网友惊呼“飞船上天，人权落地”。〔4〕大国崛起背景下的人权惨案，暗示着国家对公民生育权的干预超出了正当性与合法性的边界，存在伦理法理依据上的缺失。与此同时，随着中国提前步入“老龄化”社会，“人口红利”消耗殆尽，“未富先老”问题突出，决策者和学术界也开始逐渐反思推行了30余年的“计划生育”基本国策

〔1〕1978年《宪法》第53条第3款规定：“国家提倡和推行计划生育。”1980年中共中央印发《关于控制人口增长问题致全体共产党员、共青团员的公开信》，提倡：“一对夫妇只生育一个孩子”；1980年《婚姻法》第2条第3款规定：“实行计划生育。”1982年《宪法》第25条规定：“国家推行计划生育，使人口的增长同经济和社会发展计划相适应。”第49条第2款规定：“夫妻双方有实行计划生育的义务。”2001年《人口与计划生育法》第2条第1款规定：“……实行计划生育是国家的基本国策。”但事实上，在新中国成立后不久，政府就在官方层面倡导“计划生育”，只是尚未上升到基本国策的高度，也未发动举国力量予以推行。

〔2〕参见刘华：“计划生育30年　全国少生3亿人”，载《华夏时报》2001年6月28日，第3版。但这是2001年的测算。另见陶涛、杨凡：“计划生育政策的人口效应”，载《中国人口》2011年第1期。文章指出：“无计划生育条件下，我国2008年生育率水平的预测值大概在2.5左右。1972～2008年，排除经济社会发展的影响，单纯由于计划生育的作用，中国少生了4.58亿人。”对此说法的质疑，见王丰、蔡永：“4亿中国人是怎么少生的?”，载《中国改革》2010年第7期。

〔3〕西方国家对中国“计划生育”基本国策的最大质疑，就是担忧在其推行过程中会发生侵犯人权的情形，故中国官方和学界经常需要对此作出解释，见朱效亮、王晓燕：“限制生育会侵犯人权吗?”，载《法学研究》1989年第5期；查瑞传：“计划生育和保障人权”，载《人口研究》1993年第5期；湛中乐、苏宇：“中国的计划生育、人口发展与人权保护”，载《人口与发展》2009年第5期；等等。

〔4〕见“陕西安康孕妇强制引产事件”，载百度百科，http://baike.baidu.com/view/8790006.htm，2014年4月1日23:30最后访问。

的利弊得失。[1]民间社会和部分学者早已高呼取消和废除“计划生育”，2013年党的十八届三中全会也提出了“坚持计划生育的基本国策，启动实施一方是独生子女的夫妇可生育两个孩子的政策，逐步调整完善生育政策，促进人口长期均衡发展”的改革任务。[2]这一切都说明，是时候对国家干预生育的历史演进进行全面总结了，是时候对国家干预生育的伦理与法理依据进行全面反省了，是时候对我国“计划生育”法制的困境进行全面揭示并进行全面改良了！

依据宪法学基本原理，国家不可以对公民的基本权利进行干预和限制，除非此干预和限制本身须具有正当性与合法性，干预的手段与范围须有伦理与法理上的依据，符合基本权利保障的目的。[3]本文即试图以国家干预生育的历史、法理与限度为切入点，以“生育”的“变色龙”属性和基本权利地位为理论背景，分析中西法律传统中对公民生育行为进行干预的一般手段和基本模式，尤其针对中国现行的“计划生育”基本国策从法律层面进行剖析，指出其干预范围与手段在伦理和法理依据上的缺失以及执行中的问题，并提出对其进行正当性与合法性修复的若干建议，以期促进国家对公民生育权的干预朝着更加科学化、人道化和法治化的方向发展。唯需特别交代的是，国家对于公民生育权的干预手段、方式众多，“人工授精”的法律规制、“借腹生子”的法律限制、“近亲婚禁”的法律禁止、“在押嫌犯”的生育限制、“听妻入狱”的生育考量、单方“中止妊娠”的纠纷解决等，均可算作广义上的“国家干预”。[4]但限于主旨和篇幅，本文仅分析我国现行“计划生育”基本国策奠定的干预方式、手段和范围。

---

〔1〕 参见彭希哲、胡湛：“公共政策视角下的中国人口老龄化”，载《中国社会科学》2011年第3期；穆光宗：“中国的人口红利：反思与展望”，载《浙江大学学报（人文社会科学版）》2008年第3期；蔡昉：“未富先老与中国经济增长的可持续性”，载《国际经济评论》2012年第1期；等等。

〔2〕 见《中共中央关于全面深化改革若干重大问题的决定》（2013年11月12日中国共产党第十八届中央委员会第三次全体会议通过）。

〔3〕 参见林来梵：《宪法学讲义》，法律出版社2011年版，第240～255页；张翔：“基本权利限制问题的思考框架”，载《法学家》2008年第1期；秦前红：“论我国宪法关于公民基本权利的限制规定”，载《河南省政法管理干部学院学报》2005年第2期；等等。

〔4〕 相关研究可参见，许莉：“供精人工授精生育的若干法律问题”，载《华东政法学院学报》1999年第5期；杨军：“代孕法律问题研究”，西南政法大学2007年硕士学位论文；刘闻敏：“关于禁止近亲结婚规定的法理学思考”，安徽大学2010年硕士学位论文；陈秀萍：“死刑犯之生育权问题探微”，载《河北法学》2009年第11期；陈敬涛：“‘听妻入狱’的传统内涵与现代意义——以‘听妻入狱’和同居会见制度的比较为分析路径”，载《黑龙江教育学院学报》2012年第1期；马忆南：“夫妻生育权冲突解决模式”，载《法学》2010年第12期；等等。

一、国家干预生育的历史演进与基本模式

人类“生育”作为一种生物现象和社会现象，与法律意义上的“生育”、“生育权”概念不同。本文所关注的主要是法律意义上的“生育”，但是在对其进行历史考察时，则不可避免地涉及生物意义和社会（学）意义的“生育”。“生育”的字面含义有二：一是指“生长、养育”。如《管子·形势解》曰：“道者，扶持众物，使得生育，而各终其性命者也。”二是指“妇女受孕、足月怀胎和生产的全过程”。[1]当然，这二者都侧重于指生物（学）意义上的“生育”行为。社会（学）意义上的“生育”含义较为宽泛。著名社会学家费孝通先生指出：“当前的世界上，我们到处可以看见男女们互相结合成夫妇，生出孩子来，共同把孩子抚育成人。这一套活动我将称之为生育制度。”[2]可见，社会（学）意义上的“生育”包括求偶、结婚、生殖、抚育等各种相关的人类社会活动和有关制度安排。法律意义上的“生育”含义则较为狭窄。学界主流观点认为：“目前，中国法律上的‘生育’概念，严格来讲指的是生育制度中‘生殖’的范畴。”[3]

生物（学）意义上的“生育”现象自人类诞生之初就存在，先于人类文明而产生，先于政治国家而出现，已经并且必将继续伴随人类社会发展的始终。社会（学）意义上的“生育”制度也是人类社会文明进步的重要指标和象征。“生育权”则是人类社会发展到近代以后，随着民主、人权与法治的进步而出现的法律概念。但是，三者又是密不可分的。因为归根结底，近现代“生育权”概念的形成和发展，是以人类千百万年来的自然生育现象的存在为基础的，也是以人类文明社会数千年来的生育制度为发展前提的。甚至，如果以当代中国第三代人权理论中“生存权和发展权是最大、最基本的人权”的观点[4]来看，“生育”恰恰是更大、更基本的人权。如果没有父母的“生育”行为，子女连“出生”的机会都没有，就更谈不上享受其他各种人权了。所以，“生育权”与“生育”行为、“生育”制度具有天然的密切联系。如果要考察当代中国国家干预生育的手段、范围、边界及其伦理与法理依据，进

---

〔1〕《辞海》，上海辞书出版社 1979 年版，第 107 页。

〔2〕费孝通：《生育制度》，天津人民出版社 1981 年版，第 1 页。

〔3〕邢玉霞：《中国生育权立法理论与热点问题研究》，知识产权出版社 2008 年版，第 2 页。

〔4〕参见徐显明：“生存权论”，载《中国社会科学》1992 年第 5 期；“人权的体系与分类”，载《中国社会科学》2002 年第 6 期；“世界人权的发展与中国人权的进步——关于人权法律史的理论思考”，载《中共中央党校学报》2008 年第 2 期；等等。

而改良我国现行的“计划生育”法制，就必须与历史上的“生育”现象联系起来，必须与历史上国家干预生育的行为联系起来，而暂时不论这些干预行为是否符合现代法治原则和人权保障的基本要求。

（一）国家干预生育的历史演进

人类先民很早就意识到人口在人类社会发展延续中的重要意义，也自发地采取过对人口增殖进行干预与控制的手段。[1]进入文明国家阶段，为了以有限的资源供养更多的人口，进而提升综合国力，古今中西各民族、各国家更加自觉地对生育行为进行干预。古今中西国家干预生育的历史悠久，有关的案例、事件甚多，干预的手段也不限于法律强制。[2]下文仅就其中具有法律史意义的典型案例进行整合与列举，试图勾勒出古今中西国家干预生育历史演进的一般轨迹。

1. 中国法律传统中的人口增殖思想与政策。在中国法律传统中，虽然没有发育出近代以来的“生育权”概念，但是以国家政权的强制力为后盾，对人民生育行为或生育能力进行干预的现象还是广泛存在的。这种干预可以从三个方面考察：一是中国古代悠久而深刻的人口增殖思想；二是国家基于增强综合国力的需要而采取的鼓励人口增殖的政策；三是一个特殊的面向，即国家基于惩罚犯罪的目的，对罪犯施以宫刑。

首先看中国法律传统中的人口增殖思想。在中国古代，“人口的多少，人口和土地的比例关系，生产人口和非生产人口的结构等，是古代思想家在考察人口现象时主要关心的问题。仅从他们对人口数量增长的不同观点来看，大体上可以把古代人口思想分为：主张人口大量增长；主张人口适度增长；反对人口增长过多、过快，这实质上是主张控制人口增长的三种类型”。[3]主

---

〔1〕 如古代中西方社会广泛存在的“溺婴”现象，以及古斯巴达社会存在的扼杀存在生理缺陷的新生儿现象等。有学者指出：“古今中外，溺婴行为一直存在并随着经济、社会的各种因素时升时降。早在古罗马，溺婴是很普遍的现象，一系列的考古挖掘论证了罗马晚期及拜占庭早期不但在不列颠，而且在近东地区存在的溺婴现象，Giladi（1990）指出，早在伊斯兰教崛起之前，阿拉伯半岛上的部落就有溺婴的习俗。……再看看中国的情况，长期存在的溺婴习惯使父母结束其孩子的生命要比延长他们的生命更容易。这一做法的起源可以追溯到几千年前。”参见齐麟：“对‘溺婴’的人口社会学分析”，载《西北人口》2002 年第 2 期。另见刘晶辉：“试论斯巴达人的优生学和对儿童的尚武教育”，载《大同职业技术学院学报》2000 年第 4 期。

〔2〕 参见徐国栋：“论作为变色龙的生育的法律性质”，载《河南财经政法大学学报》2012 年第 1 期。

〔3〕 参见张纯元主编：《人口经济学》，北京大学出版社 1983 年版。当然，具体到思想家个人，他们的人口思想也会根据他们自身思想体系的不同特征和侧重点而出现不同的面貌。

张人口大量增长的观点一直是中国古代人口思想的主流。〔1〕殷商甲骨文关于祭祀的记述中就有浓厚的生殖崇拜思想，《诗经》里也有许多诗篇歌颂多子多福、子孙绵绵。管仲曾下令“丈夫二十而室，妇人十五而嫁”〔2〕。孔子很重视夫妇关系，并把繁衍后代看做婚姻和家庭的基本任务。他认为一个国家应当人口众多，“地有余而民不足，君子耻之”〔3〕。孟子继承孔子的人口思想，主张“广土众民”〔4〕，鼓吹“不孝有三，无后为大”〔5〕。这种宣扬传宗接代的思想长期支配着中国人的生育观。墨子认为贤明的统治者应当使国家富、人口多，“人民寡则从事乎众之”〔6〕。他主张“兼相爱、交相利”，提倡非攻、节用、节葬、力耕和早婚，他还反战、反杀殉、反对大量蓄养宫女婢妾。南朝的周朗宣称治国者“不患土之不广”，“患民之不育”,〔7〕认为若要使人口迅速增加，必须消除天灾人祸，让人民安居乐业，夫妻团聚，并提倡早婚。明朝的丘浚声称：“庶民多则国势盛，庶民寡则国势衰。”〔8〕他认为天生万物都必须资以人力而后能成其用，劳动人口增长，财富才能增长；没有庶民则国不成国，君不成君，因此君主必须掌握户口数量，鼓励人口增殖。中国古代思想家也较早地提出了人口适度增长的思想。商鞅认为国家富强在于农战，而要搞好农业就应当使人口和土地的数量相适应：“地狭而民众者，民胜其地；地广而民少者，地胜其民”〔9〕。管子主张“富民有要，食民有率，率三十亩而足于卒岁”〔10〕。按照这个标准，“凡田野，万家之众，可食之地方五十里，可以为足矣”〔11〕。东汉的王符更明确地指出了人口和土地必须相称：“土多人少，莫出其财是谓虚土，可袭伐也。土少人众，民非其民，可匮竭也。是故土地人民必相称也。”〔12〕在古代中国，还存在主张控制人口规模的思想。

---

〔1〕 参见李卫东：“我国古代部分学者的人口思想”，载《西北人口》1996年第3期；曹志淑：“略论我国人口的历史和人口思想”，载《云南师范大学学报（哲社版）》1987年第6期；裴倜、王冲：“中国古代人口思想及其规律”，载《四川大学学报（哲学社会科学版）》1981年第4期；等等。

〔2〕《国语·齐语上》。

〔3〕《礼记·杂记下》。

〔4〕《孟子·尽心上》。

〔5〕《孟子·离娄上》

〔6〕《墨子·节葬下》。

〔7〕《宋书·周朗传》。

〔8〕《大学衍义补·蕃民之生》。

〔9〕《商君书·算地》。

〔10〕《管子·禁藏》。

〔11〕《管子·八观》。

〔12〕《潜夫论·实边》。

韩非最先明确表示反对人口增长过多过快，认为这是当时社会纷争的根源："今人有五子不为多，子又有五子，大父未死而有二十五孙。是以人民众而货财寡，事力劳而供养薄，故民争。"〔1〕马端临声称古时"户口少而皆才智之人，后世生齿繁而多窳惰之辈"，所以古时"民众则其国强，民寡则其国弱"；而他生活的时代人们才益乏而智益劣，因此"民之多寡不足为国之盛衰"。〔2〕明朝的徐光启认为"生人之率大抵三十年而加一倍"〔3〕，所以江南地区日益人多地少，解决问题的根本办法是发展农业生产。清末洪亮吉指出："田与屋之数常处其不足，而户与口之数常处其有余也。又况有兼并之家，一人据百人之屋，一人占百户之田，何怪乎遭风雨霜露颠踣而死者之比比也。"〔4〕他认为解决的办法：一是"天地调剂法"，即任凭水旱疾疫天灾减少人口；二是"君相调剂法"，即由统治者采取措施，鼓励开荒、移民，限制兼并，实行减税、救济、发展生产等。尽管存在上述众多人口思想和主张，但一般而言，传统中国历代统治阶级均主张"广土众民"，并采取种种手段鼓励人口增殖。

其次看中国古代国家鼓励人口增殖的政策。中国古代国家干预生育的手段一般是软性的，主要表现为通过国家政策鼓励人民生育，但也注重通过国家法令进行保障。春秋时期，越王勾践被吴王夫差灭国后，卧薪尝胆，振贫吊死，并规定"令壮者无取老妇，令老者无取壮妻。女子十七不嫁，其父母有罪；丈夫二十不娶，其父母有罪。将免者以告，公令医守之。生丈夫，二壶酒，一犬；生女子，二壶酒，一豚；生三人，公与之母；生二人，公与之饩"。〔5〕最终聚集民心、依靠民力战胜吴国。"从记载可以看出，勾践奖励生育的政策主要包括提倡婚配年龄相当，强制实行早婚，命医接生和奖励、补贴生育四方面内容。而无论是婚配年龄相当还是提倡早婚，其目的都是提高育龄妇女的孕育率，提高孕育率乃是增殖人口的首要条件。命医接生可以提高新生婴儿的成活率。给新生儿家庭以奖励和补贴，前者是为了鼓励生育，后者是为了解决抚养困难。在生活条件艰苦、医疗卫生水平低下的古代社会，

〔1〕《韩非子·五蠹》。
〔2〕（宋）马端临：《文献通考·自序》。
〔3〕（明）徐光启：《农政全书·井田考》。
〔4〕（清）洪亮吉：《意言·治平篇》。
〔5〕《国语·越语上》。

这些都是增殖人口的重要措施”。[1]越王勾践通过奖励民间生育，尤其是生女子和多生育来实现人口的增殖和国力的提升，最能体现古代中国国家层面对臣民生育行为的软性干预。此后的中国历史上，这种鼓励人口增殖的政策和法令比比皆是。如西汉高祖七年下诏规定：“民产子，复勿事二岁。”[2]这是通过暂免徭役以减轻臣民养子的后顾之忧。西汉元帝时为减少民间“生子辄杀”现象，将原来从3岁起“出口钱”改为自7岁起“出口钱”，也是通过缓征人头税鼓励臣民生子。[3]东汉章帝元和二年下诏规定：“人有产子者复，勿算三岁”及“今诸怀妊者，赐胎养谷人三椹斛，复其夫，勿算一岁。”[4]这也是通过缓征人头税和减免徭役以鼓励生育的举措。唐太宗贞观元年发布《令有司劝勉庶人婚聘及时诏》，规定：“男年二十，女年十五以上，及妻丧达制之后，孀居服纪已除，并须申以媒媾，命其好合。若贫窭之徒，将迎匮乏者，仰于其亲近，及乡里富有之家，裒多益寡，使得资送。……刺史县令已下官人，若能使婚姻及时，鳏寡数少，量准户口增多，以进考第。如其劝导乖方，失于配偶，准户减少，以阶殿失。”[5]这一诏令鼓励民间适龄男女及时婚配，并将户数多寡和婚配情况作为地方官员的考绩指标，实际上也是从鼓励人口增殖的目标出发的。宋元时期继续把户口增减作为对地方官政绩考核和提升奖赏的重要标准。如南宋规定，贫乏之家生男生女不能抚养者应予以救济，各地官府有义务收养因饥谨而遗弃之小儿，民间有收养遗弃小儿者官出粟补助。这一规定虽然不是直接鼓励人民生育，但是也在客观上免除了贫苦人民生育子女的后顾之忧。明清时期更注重通过赋役减免来鼓励生育。明朝万历年间，张居正施行“一条鞭法”，减缓人头税负。清康熙五十一年下诏，规定今后“滋生人丁，永不加赋”。雍正元年又逐步实行“摊丁入地”，丁银和地赋统以田亩为征收对象，取消了全部人头税。这些都是通过优惠或减轻赋税徭役手段鼓励人口增殖的例证。究其原因，就在于在古代小农经济

---

〔1〕 参见李志庭：“春秋战国时期越王勾践的人口思想和人口政策”，载《杭州大学学报》1997年第3期。尤其需要说明的是，浙江的原始社会与许多地方一样，也有过“食婴”之风。勾践奖励生育政策中规定“将免者以告，公令医守之”，以及对于新生儿家庭的物质奖励和补贴，无疑是有利于克服、制止陋习，以利于人口增长。

〔2〕《西汉会要》卷四七。

〔3〕《汉书·元帝纪》。

〔4〕《东汉会要》卷二八。

〔5〕《唐大诏令集》，卷一一零。

的生产条件下，人口的增殖是国家强盛的标志，也是社会安定的保障。[1]

最后看中国古代比较特殊的干预生育手段，即宫刑。宫刑实质上是以国家强制力为后盾，对犯罪臣民生育能力的强制剥夺。宫刑表面上似乎与国家干预生育联系不大，但如果看到历史上的宫刑多与国家惩治犯罪活动联系起来，当会理解，此种对人民生育能力的干预，依然是国家干预生育的一种类型，只不过干预的对象被特定化了。徐国栋教授指出："从历史来看，男性生殖权较早以消极的方式呈现，包括净身和宫刑两种。前者在某种意义上是自为的，可以理解为对自己的生殖权的放弃；后者是他为的，是对犯人生殖权的剥夺。它们都不表现为生孩子的权利，而是表现为不让生孩子的处遇，故都是消极的。"[2]据《尚书》记载，宫刑是苗民"五虐之刑"之一，尧帝诛灭苗君却承用其五刑。[3]从夏商时代起，宫刑就是传统"五刑"之一，后被汉文帝废而不止，武帝时司马迁受之以赎罪，称"哀莫大于心死，辱莫大于宫刑"[4]。直到北齐改"墨劓剕宫大辟"为"笞杖徒流死"，宫刑才从国家法定"五刑"中取消。受过宫刑的人可留在君主后宫服务，即后世所谓之太监。当然，后世太监更多是自愿阉割的，如明代权臣魏忠贤，就是自愿净身入宫，这不在本文讨论之列。传统礼法主张"公族无宫刑，不翦其类也"[5]，即强调贵族阶级犯罪不适用宫刑。这体现了"刑不上大夫"的等级法思想，也说明古人较早就认识到"宫刑"对于臣民生育能力的剥夺及其意义。

2. 西方法律传统中的人口增殖思想与政策。与中国古代国家干预生育多停留在思想和经济、社会政策层面不同，在西方法律传统中，生殖行为与生殖能力较早地与国家法律有了联系。这一方面表现为西方思想家在论及国家治理秩序时对人口问题的强调，另一方面则表现为运用国家法律手段，规定鼓励人口增殖。此外，与中国法律传统类似，西方法律传统中也通过阉割手段实现对特定人生育权的特别干预。

首先看西方思想家在他们的政体和政制思想中对人口问题的强调。在古斯巴达城邦时代中，斯巴达人就已经通过"弃婴场"、"烈酒浴"和"少年

---

〔1〕裴倜、王冲："中国古代人口思想及其规律"，载《四川大学学报（哲学社会科学版）》1981年第4期。

〔2〕徐国栋："论作为变色龙的生育的法律性质"，载《河南财经政法大学学报》2012年第1期。

〔3〕《尚书·吕刑》。

〔4〕司马迁：《报任安书》。

〔5〕《礼记·文王世子》。

军”等手段，实现优生学的目的。[1]在古希腊和古罗马时期，西方思想家对于人口问题的论述则更加深刻和清醒。[2]柏拉图认为，理想国里要实现“共产共妻共子女”：“共产”会使城邦的每个人不为继承自己的财产而欲添子女；“共妻”会取消家庭，抑制宗法势力的扩展；“共子女”使人不斤斤计较个人有无后代。柏拉图还认为城邦之人应是健康聪明的人，要注意选择优良人种，畸形或残疾的孩子要被秘密埋掉，只有健康的、生理无缺陷的孩子才能得到抚养。柏拉图还强调理想国里每一个城邦的人口数目应为5040人，为确保此数，他建议采取立法、强制移民和公开请外入人籍等措施。亚里士多德人口社会思想的内容与柏拉图正相反，他认为，“凡一国公民是由中间阶级构成的，就是最好的政治社会”，他还极重视家庭人口多少对社会安定的作用。亚里士多德还以船只的大小与航行的关系来说明一个国家必须有适中人口数，才有利于经济生活。他还指出，适度人口的标准一是政治上便于管理，二是经济上能自给自足，国家的职责就在于调节一国居民的数量及他们的相互关系。亚里士多德还具有人口优生思想，他主张：①男27岁、女17岁是最佳结婚年龄；②力戒早婚，否则后代“身型弱小”，妇女“易于受妊”，“艰于分娩”；③冬季外边活少，正是“营家侍室”的良辰；④妇女妊期禁酒；⑤45岁后不宜生育；⑥畸形与残废婴儿禁养并堕胎。他还强调财产应与人数相适应，认为“在订立财产限额的同时，还需规定生儿育女的人数”。柏拉图和亚里士多德的人口思想是西方人口思想史上的两座高峰和两大源头，西方后世人口思想基本上源于他们的观点。资产阶级革命和工业革命以后，以马尔萨斯的人口理论为标志，西方人口思想开始进入新的发展阶段。[3]马尔萨斯从他所谓人类本身固定的两个法则（“食物为人类生存所必需”和“两性间的情欲是必然”）出发，引申出二者之间的不平衡，认为：“人口的增殖力无限大于土地为人类生产生活资料的能力。人口若不受到抑制，便会以几何比率增加，而生活资料却仅仅以算术比率增加。”[4]基于上述论断，他提出了三个命题：“人口增加，必须受生活资料的限制；生活资料增加，人口必增加；占

---

〔1〕 见刘晶辉：“试论斯巴达人的优生学和对儿童的尚武教育”，载《大同职业技术学院学报》2000年第4期。

〔2〕 参见杨中新：“外国人口思想简介”，载《人口研究》1984年第3期；王大庆：“古希腊的人口和人口思想初探”，载《求是学刊》2002年第6期。

〔3〕 参见孙秀民：“简论西方人口与政治关系的思想”，载《辽宁教育学院学报》2000年第6期。

〔4〕 ［英］马尔萨斯：《人口原理》，朱泱等译，商务印书馆1992年版，第7页。

优势的人口增长力，为贫困及罪恶所抑压，致使现实人口得与生活资料相平衡。"[1]因此，他反对济贫法，认为这不利于限制工人人口增殖，反而会使失业和贫困等现象更严重，而"积极抑制"人口增长的手段是贫困、罪恶、瘟疫和战争。19世纪上半期至20世纪初是西方人口思想史上的又一个重要发展时期。从以马尔萨斯人口论为代表的"古典人口模式"的确立，到坎南等人"适度人口论"的提出，标志着西方人口理论完成了从古典到现代的演变。[2]这一时期，许多专家学者，特别是社会学家从文化、社会、法学角度对人口问题进行了探究，其中也蕴含着丰富的人口与政治关系的思想，但其内容主要是国家应采取增加人口的政策。[3]

其次看西方法律传统中对人口增殖的鼓励措施。[4]由于公民放弃履行生殖义务影响城邦的人口安全，故希腊的典型城邦把生殖定为义务，以惩罚和奖励两手促成其履行。就惩罚而言，雅典不结婚的人要交纳罚金，数目依其财产量而异。[5]就奖励而言，斯巴达的立法曾规定：凡有三子的父亲可免服兵役，要是生有四子，就完全免除城邦的一切负担。[6]为了敦促罗马人履行生育义务，古罗马首先采取奖励的方略。奖励表现为授予"三子权"，它兼具公法和私法属性，是一种行政权利能力的升等和对遗嘱能力的维持。[7]古罗马还规定，女生来自由人生了3个子女的，女解放自由人生了4个子女的，免受宗亲的监护，并取得遗嘱能力。[8]为了敦促罗马人履行生育义务，国家还采取惩罚方略，从而把生育完全义务化。颁布于公元9年的《关于婚姻的帕皮亚和波帕亚法》与公元前18年的《关于正式结婚的优利亚法》一起对婚姻制度实行改革，特别鼓励罗马市民结婚并且多生子女，对独身者采取某些

---

〔1〕［英］马尔萨斯：《人口原理》，朱泱等译，商务印书馆1992年版，第43页。

〔2〕参见王宇："论19世纪上半期到20世纪初期的西方人口思想及演变"，载《郑州大学学报（哲学社会科学版）》1993年第2期。

〔3〕见孙秀民："简论西方人口与政治关系的思想"，载《辽宁教育学院学报》2000年第6期；中共中央党校教务部、国家人口和计划生育委员会宣教司编：《人口理论概要》，中共中央党校出版社2009年版。

〔4〕主要参考徐国栋："论作为变色龙的生育的法律性质"，载《河南财经政法大学学报》2012年第1期。

〔5〕［古希腊］柏拉图：《法律篇》，张仁智、何勤华译，上海人民出版社2001年版，第188页。

〔6〕［古希腊］亚里士多德：《政治学》，吴寿彭译，商务印书馆1965年版，第87页。

〔7〕［日］盐野七生：《罗马人的故事VI：罗马和平》，张丽君译，台湾三民书局1998年版，第134页。

〔8〕［古罗马］盖尤斯：《法学阶梯》，黄风译，中国政法大学出版社1996年版，第56页。

限制其权能的措施。苏联像罗马人一样把生育设定为公民的义务，以奖励和惩罚两手强制其公民履行。就奖励而言，1944 年 8 月 18 日，苏联最高苏维埃主席团发布命令设立英雄母亲勋章，授予生育并抚养了 10 个以上的孩子，其中有 3 个走上了卫国战争战场的母亲。英雄母亲有资格佩戴奖章，并有权在退休金等方面享有一些特权，还可享有食品等特殊供应。[1]就惩罚而言，为鼓励生育、保证战争时期的人口需要，苏联于 1941 年开始对无子女家庭征税，所有 20～50 岁的已婚男性公民和 20～45 岁的已婚女性公民若非出于健康原因而未生育子女的，需交纳相当于其月工资 6% 的无子女税。[2]而在罗马尼亚，生殖甚至成为一种较为重度的义务，齐奥赛斯库政权积极限制堕胎与避孕，不能受孕的女性要缴纳罚金，违规堕胎者将受到判刑的处罚。[3]殖民地时期的美国采用英国的习惯法，以胎动为标准，允许胎动前的堕胎，胎动后的堕胎则为犯罪。[4]1803 年，英国颁布了《埃伦伯勒法》，该法把胎动作为界线，此后的堕胎导致责任者死刑；此前的堕胎导致责任者处海外流放 14 年以下的刑罚。受《埃伦伯勒法》影响，美国到 1849 年有 20 个州制定了限制堕胎法，只允许为挽救孕妇生命的治疗性堕胎。[5]但是，1973 年的 Roe v. Wade 案使堕胎在美国完全合法化，以该案为标志，生殖对于女性在美国成了权利—义务的分时共存体。该案的终审判决确定："在孕期的前 6 个月，是否堕胎属于妇女个人的私生活权。它与避孕、性、婚姻、生殖、分娩等一样，是宪法保障的个人基本权利，任何州不得剥夺。"在怀孕的前 6 个月，妇女以消极方式表现的生殖权可以完全自由地或相对自由地行使；在怀孕的最后 3 个月，妇女的生殖行为表现为义务，这一义务首先是为了维护胎儿的生命权而存在的，其次是为了丈夫的生殖权而存在的，最后是为了尊重国家亲权而存在的。但在植物人为孕妇的情形下，生殖仍然是义务。在大学健康服务中心诉皮亚齐一案中，法院确定：即使堂娜签署了生育预嘱，根据《乔治亚州

---

〔1〕 新华网电："俄向多子女家庭颁光荣父母勋章"，载《厦门晚报》2009 年 1 月 22 日，第 15 版。

〔2〕 参见白彦锋："我国应对人口形势变化的财税政策选择——来自俄罗斯的'无子女税'的启示"，载《地方财政研究》2007 年第 7 期。

〔3〕 See B. Bereson, Romania's 1966 Anti – Abortion Decree: The Demographic Experience of the First Decade, In Population Studies, Vol. 33, No. 2 (1979), p. 209.

〔4〕 参见黄贤全："试论美国妇女争取堕胎权利的斗争"，载《西南大学学报（社会科学版）》2008 年第 6 期。

〔5〕 参见黄贤全："试论美国妇女争取堕胎权利的斗争"，载《西南大学学报（社会科学版）》2008 年第 6 期。

自然死亡法》，在她怀孕期间也无权终止生命维持治疗。[1]关于男性的生育权问题，美国联邦最高法院通过一系列判决确定：男性流产只适用于未婚父亲，已婚父亲不享有这种权利，只适用于私生子，对婚生子不适用。[2]

最后看西方法律传统中的阉割与生育权的关系。除自愿阉割外，对于与女自由人同居的男奴，查士丁尼的立法规定，可以阉割他并拆散同居关系。在波斯和伊斯兰传统的影响之下，东罗马帝国741年的《法律选集》第17题规定，以阉割来惩治性犯罪。在奥斯曼帝国，哈里发以阉割惩治嗜烟者。[3]德国法西斯政权于1933年恢复了中世纪去势之刑，不仅适用于性犯罪，而且作为附加刑适用于惯犯。[4]西班牙独裁者弗朗哥曾长期对包括共产党在内的异议人士施以阉割之刑，直到1963年才取消。这些都是以剥夺生育能力的形式实施的国家刑罚。但在基督教的影响下，君士坦丁皇帝规定对阉人为宦者处以死刑，查士丁尼第142号新律继续禁止实施阉人手术，废除自愿阉割，列奥六世皇帝也有类似规定，这体现了对公民生育能力的保护，甚至是强制性保护。这些措施保障了人们的生殖权，尽管立法者都没有这样说；此外，基督教对于这些措施的出台也有重要贡献。徐国栋教授总结指出："从自愿净身者的角度看，它是人们行使身体权的一种方式，在中国，这样毁伤父母给予的身体的行为是一种严重的不孝行为。无论古今中外，这种身体权的行使都有获得报偿的机会。从宫刑设计者的角度看，他们开创了一种以剥夺生殖权为效果的刑罚制度，其潜命题是不为统治者所喜的人不应留有后代，从而开创了生殖权国家干预的刑罚路径。"[5]实属确论。

3. 新中国"计划生育"政策的发展演变。通过对中西法律传统中与生育行为、生育能力有关的法律现象的初步罗列可以看出，中西法律传统均在不同程度上将干预生育作为防卫、惩治犯罪的手段或者提升国力的手段，并且随着社会的发展进步和人类文明水平的升华，均废除了强制剥夺人民生育能力的规定。这是中西法律传统的某种内在暗合，也体现了人类社会发展的某

---

〔1〕［美］劳笛卡·劳："财产、私生活和人的身体"，载徐国栋主编：《罗马法与现代民法》（第6卷），厦门大学出版社2008年版，第296~297页。

〔2〕 See Melanie G. Mc Culley, The Male Abortion: the Putative Father's Right to Terminate his Interests in and Obligations to the Unborn Child", In *The Journal of Law and Policy*, Vol. VII (1998), No. 1.

〔3〕 参见谢坤："小议阿拉伯人的水烟袋"，载《阿拉伯世界》1997年第4期。

〔4〕 参见倪正茂：《比较法法学探析》，中国法制出版社2006年版，第762页。

〔5〕 徐国栋："论作为变色龙的生育的法律性质"，载《河南财经政法大学学报》2012年第1期。

些共同规律。[1]这一规律直到近现代乃至当代，仍在中西人口和生育法制上有所反映，只是反映的方式不同而已。在当代中国，宫刑早已不是国家法定刑罚手段，而且因其非人道的刑罚方式，早已被人类法治文明所共同抛弃。但是将人口增殖问题作为国家发展战略的重要考虑因素的传统还是被继承下来。新中国"计划生育"政策的发展演变大致经历了如下过程和阶段：[2]

（1）1949～1961年："计划生育"的提出阶段。新中国建立之初，当时政府有关部门制定的一些社会经济政策实际上是限制节育，鼓励多生的。1953年8月，邓小平指示卫生部改变限制节育的态度和做法，帮助群众节育。1954年12月，刘少奇在国务院节育问题座谈会上代表中共中央发表讲话，指出："现在我们要肯定一点，党是赞成节育的。"1956年9月，周恩来在《关于发展国民经济的第二个五年计划的建议的报告》中提出："我们赞成在生育方面加以适当的节制。"这是中国共产党第一次在公开发表的文献中阐述节育问题。这一时期，许多学者纷纷阐述控制人口增长、实行计划生育的必要性。其中最具影响的就是著名经济学家马寅初发表的《新人口论》。但是，在1957年的"反右派"斗争中，以马寅初为代表的关于控制人口的正确主张，被当做"马尔萨斯主义"遭到围攻和批判。1958年开始的"大跃进"运动出于对工农业生产形势盲目乐观、不切实际的估计，而片面强调了人多是好事的一面，忽视了人多有困难的一面。接连的政治运动，导致新中国的人口理论研究和生育宣传活动被迫停顿。

（2）1962～1970年："计划生育"的实行阶段。随着国民经济的恢复，自1962年起，又出现了全国性的生育高峰，人口的急剧回升和膨胀再度引起党和政府对人口与计划生育问题的重视。1962年12月，中共中央、国务院发出《关于认真提倡计划生育的指示》，重申要重视和加强对这一工作的领导。1964年1月，国务院成立计划生育委员会，下设办公室，卫生部妇幼卫生司负责计划生育技术指导工作。同年5月，经国务院批准，成立科学技术委员会计划生育专业组，统一组织协调全国的计划生育科学研究工作。1963年10月国务院召开的全国第二次城市工作会议，把积极开展计划生育列为会议主

---

[1] 有关中西法文化更多的暗合，见范忠信：《中西法文化的暗合与差异》，中国政法大学出版社2001年版。

[2] 参见郭仁汪："我国人口和计划生育工作的发展历程"，载《当代广西》2007年第10期；另见杨发祥："当代中国计划生育史研究"，浙江大学2004年博士学位论文；中共中央党校教务部、国家人口和计划生育委员会宣教司编：《人口理论概要》，中共中央党校出版社2009年版，第104～114页。

要内容之一。正当“计划生育”工作已经在城市取得进展并向广大农村推行的时候，席卷全国的“文化大革命”使“计划生育”工作再次受到干扰和破坏。“计划生育”机构同各级党组织和政府机构一起，受到普遍冲击而陷于瘫痪、半瘫痪状态，工作被迫中断。

（3）1971～1978年：“计划生育”的全面展开阶段。1971年2月，全国中西医结合工作会议经过认真讨论，由卫生部、商业部、燃料化学工业部向国务院送交了《关于做好计划生育工作的报告》并得到国务院批转。报告确定了第四个五年计划期间的人口增长指标，提出了做好“计划生育”工作的几项主要措施。这一文件是国务院决心克服生育无政府状态，实行有计划地控制人口增长的具体部署，也是20世纪70年代在我国全面开展“计划生育”的新起点。1973年，周恩来又提出：人口增长要和国民经济的发展相适应。1974年底，毛泽东在国家计划委员会《关于一九七五年国民经济计划的报告》上作出了“人口非控制不行”的重要批示，进一步指导和推动了全国城乡的“计划生育”工作。为适应“计划生育”工作开展的需要，1973年7月，国务院成立“计划生育”领导小组及其办公室，各省、自治区、直辖市也成立了专门工作机构。

（4）1979年至今：“计划生育”作为基本国策阶段。1978年通过的《宪法》第一次把“计划生育”纳入国家的根本大法，使人口和计划生育工作的实现有了坚实的法律保障。[1]1980年，中共中央发出《关于控制我国人口增长问题致全体共产党员、共青团员的公开信》，提倡一对夫妇只生育一个孩子。[2]1982年，中共十二大报告正式把实行“计划生育”确定为我国的一项基本国策。同年年底，全国人大五届五次会议通过的现行《宪法》规定：“国家推行计划生育，使人口的增长同经济和社会发展计划相适应。”同时规定：“夫妻双方有实行计划生育的义务。”在这之前，全国人大五届三次会议通过的《婚姻法》规定：夫妻双方都有实行计划生育的义务，晚婚晚育应予鼓励。《宪法》和《婚姻法》中的这些规定，从法律上确立了“计划生育”的基本国策地位，把实行“计划生育”提到了公民必须履行的义务的高度。1981年全国人大五届四次会议通过的《政府工作报告》中，把中国的人口政策概括为“限制人口的数量，提高人口的素质”，明确了“计划生育”工作的范围，

---

〔1〕1978年《宪法》第53条第3款规定：“国家提倡和推行计划生育。”这部宪法虽然具有过渡性质，不久即被1982年《宪法》替代，但这一规定却得以继承和保留。

〔2〕《公开信》中明确指出：“这（计划生育）是一项关系到四个现代化建设的速度和前途，关系到子孙后代的健康和幸福，符合全国人民长远利益和当前利益的重大措施。”要求共产党员、共青团员，特别是各级干部，带头响应国家的号召，积极、耐心地向广大群众进行宣传教育。

根据这一政策提出的“晚婚、晚育、少生、优生”的要求，取代了70年代“晚、稀、少”的提法。至此，新中国“计划生育”基本国策的基本内涵基本定型。

虽然在官方书写的“计划生育”历史叙事中，似乎新中国的党和国家领导人个个都对“计划生育”问题自始至终保持着清醒的认识，[1]但是现实的逻辑却不是这样的。直到新中国成立之初，当时的最高领导人毛泽东还坚持传统“人多力量大”的思维，鼓励人口增殖，甚至以此作为国力强盛的标志。而撰写《新人口论》，理智地反思人口问题，提出应当控制人口过快增长的学者马寅初却遭受到错误的政治批判。[2]到了改革开放的新时期，面对新中国成立初人口的急剧膨胀带来的众多现实问题，以及人口数量在国际竞争中权重的下降甚至产生负作用，执政者才开始转变思路，国家人口战略考虑的不再是如何实现人口增殖，而是如何避免人口过快增长，以保护环境资源和提升综合国力。于是，“计划生育”成了国家的基本国策，传统的鼓励人口增殖变成了今日的控制人口增长。但是，30年来，以“基本国策”之名，“计划生育”在令当代中国少生几亿人的同时，也造成了许多人伦悲剧。较为晚近也是较为引人注目的例子就是“陕西安康孕妇强制引产案”。2012年6月，在“神舟九号”飞船即将把中国首位女航天员送上太空之际，陕西安康县曝光了骇人听闻的强制引产怀孕7个月产妇的事件，引起国内外舆论的广泛关注，人们惊呼“飞船上天，人权落地”。此案再次引发了国人对“计划生育”基本国策的广泛反思。在新中国“计划生育”基本国策实行30年后的今天，中国社会又面临着“未富先老”、“大国空巢”的“人口老龄化”危机，独生子女心理和经济压力巨大等现实问题，反思并适当调整甚至放松“计划生育”基本国策，成为执政者开始考虑的问题。[3]而在诸多理论研究者看来，“计划

〔1〕 参见中共中央党校教务部、国家人口和计划生育委员会宣教司编：《人口理论概要》，中共中央党校出版社2009年版，第16页以下。另见《中国计划生育全书》编辑部编：《党和国家领导人关于人口与计划生育的论述》，中国人口出版社1997年版。

〔2〕 相关论述和史实可参见穆光宗：“还原马尔萨斯和马寅初人口思想的历史价值”，载《人口与发展》2010年第3期；李文：“陈云、马寅初与中国二十世纪五十年代的计划生育——兼谈毛泽东的人口观”，载《中共党史研究》2009年第5期；子舒：“马寅初与《新人口论》被批判的前后”，载《党史纵横》2002年第7期；等等。

〔3〕 中共中央党校教务部、国家人口和计划生育委员会宣教司编：《人口理论概要》，中共中央党校出版社2009年版，第149页以下；湛中乐等：《公民生育权与社会抚养费制度研究》，法律出版社2011年版，第260页以下；张维庆主编：《中国计划生育概论》，中国人口出版社1998年版，第244页以下；等等。

生育”政策严重侵害基本人权，国际社会也以此为据攻击中国人权状况，“生育”这个伴随人类社会发展始终的问题，又开始考验中国政治家和法律人的智慧。

“计划生育”基本国策面临今日的广泛质疑，并非一日之寒。从网友搜集的各地雷人“计划生育”标语，可见这一政策在实践中的恐怖。如：“能引的引出来，能流的流出来，坚决不能生下来”，“宁可家破，不可国亡”，“该扎不扎，见了就抓”，“该扎不扎，房倒屋塌；该流不流，扒房牵牛”，“谁不实行计划生育，就叫他家破人亡”，“一人超生，全村结扎”，“普及一胎，控制二胎，消灭三胎”，“宁添十座坟，不添一个人”，“喝药不夺瓶，上吊就给绳”，“少生孩子多种树，少生孩子多养猪”。[1]当代中国“计划生育”行政执法的恐怖现状，不仅体现在这些雷人标语中，更体现在独立学者滕彪冒险亲临一线采写的《临沂计划生育调查手记》中。[2]该手记真实反映了基层“计划生育”行政执法的种种黑幕与潜规则，尤其凸显了“计划生育”行政执法的野蛮与残暴，是反思当代中国“计划生育”行政执法乱象的绝佳素材。笔者也曾对从事基层“计划生育”工作的本科同学进行采访。[3]这些同学都在湖北基层乡镇和街道从事“计划生育”工作，有的虽然不是专职“计划生育”干部，但也必须配合“计划生育”部门执法。A 同学困惑于“计划生育”是否侵犯人权，B 同学则称：“我们也不想搞那些伤天害理的事情，我们就是要罚钱，我反正不会干那种缺德的事情（指强制引产）。”这些话，或许道出了基层“计划生育”执法的真实利益生态。

（二）国家干预生育的基本模式

纵观古今中西国家干预生育的历史演进和典型案例，可以总结出国家干预生育的基本模式。笔者使用“基本模式”而非“历史阶段”的提法，意在指出在国家干预生育问题上，并不存在所谓的放之四海而皆准的历史发展规律，也不存在具有终极意义的国家干预生育法则，有的只是根据历史条件和

---

〔1〕 这些雷人标语伴随着触目惊心的照片，在互联网上广泛流传。但平心而论，这些标语主要存在于 1990 年代末到 21 世纪初，这段时间是中国基层“计划生育”行政执法最为混乱，引发矛盾最多最大的时期。学者陈桂棣和吴春桃夫妇所著的《中国农民调查》（人民文学出版社 2004 年版）中对此有揭露，笔者出生于 1986 年，对此惨烈之状也有亲身见闻。

〔2〕 滕彪：“临沂计划生育调查手记”，载共识网，http：//www.21ccom.net/articles/zgyj/ggzhc/article_2010082616886.html，2014 年 4 月 1 日 23：30 最后访问。

〔3〕 出于可以理解的原因，这里作了化名处理。限于主旨和精力，笔者没有采用更为常见和规范的问卷等社会调查方法，但并不意味着笔者所接触到的信息是非典型的和非真实的。

情境做出的政策选择与法制应对。归纳起来，主要包括以下几种模式：

1. 以“阉割”或“宫刑”等手段对部分人民的生育能力进行破坏，以实现对特定违法犯罪行为的打击与惩罚。这实质上是将国家干预生育作为一种社会防御、惩戒手段，具有较强的国家强制色彩，同时也严重违背人道和人性。这种模式在古代中西方均有体现，在现代社会也有一定程度的遗存，但因其强烈的非人道性，已经逐渐销声匿迹。这种模式不是本文关注的重点。

2. 以积极“奖励”生育或者轻度“惩罚”不生育为表征，通过法律、经济、税收、宣传等手段倡导和鼓励人民进行生育活动，以增加人口数量，提升综合国力。这实质上是将国家干预生育作为一种国力提升手段，国家强制色彩较弱，同时更加符合人性和人道。这种模式在古今中西均有体现，而且成为古今中西国家干预生育的主流模式，其中的法律干预手段是本文关注的重点。

3. 将“计划生育”作为国家的基本国策，并且通过一系列的法律制度推行这一基本国策。但是，与第二种模式不同的是，这一基本国策的政策指向并非鼓励生育活动，而是对生育活动进行计划与控制。这实质上是以国家发展战略的名义推动国家权力在生育活动领域的强制深度介入，国家强制色彩最强，同时也存在正当性与合法性的巨大争议，面临着人道与人性，法理与伦理的多重拷问。这种模式迄今为止仍在当代中国被顽固坚持，但也存在着进一步发展完善的空间和趋势。这种模式是本文研究的出发点和落脚点。

二、国家干预生育的疑难问题与法理基础

从国际范围来看，从近代以前的将国家干预生育视为社会防御、惩戒手段和国力提升措施，到现代民主国家将生育权视为基本人权的国际潮流，体现了国家公权力对公民个人生命与尊严的尊重与保护，这是值得肯定与鼓励的历史性进步。但是在我国，以“计划生育”基本国策为典型标志的国家对公民生育的干预，到目前为止依然存在众多理论和现实中的困境，而且在短时间内不会被彻底放弃。[1]本节将着重分析国家干预生育的法理难点与伦理困境，以及国家干预生育的正当性与合法性基础，并简要表达作者对有关问

〔1〕 2013 年党的十八届三中全会《决议》提出了“启动实施一方是独生子女的夫妇可生育两个孩子的政策，逐步调整完善生育政策，促进人口长期均衡发展”的改革任务，但同时也强调“坚持计划生育的基本国策”。事实上，中国“计划生育”政策调整的阻力，更多地在于既得利益部门和既得利益群体的阻挠。

题的基本立场。

（一）国家干预生育的疑难问题

在现代社会，国家干预公民生育的理论难点，归根结底还是源自于“生育”的权利义务属性和地位问题。对此问题不加以厘清，会直接导致国家干预生育立法、执法和司法实践中的某些误区。此外，国家干预公民生育的正当性与合法性基础问题，国家干预公民生育是否违背人道和伦理问题，以及国家干预公民生育的诸多手段和措施中，哪些是最值得警惕和关注的问题，也是需要加以讨论的。

1. “生育”的法律性质问题。生育，究竟是一项权利还是一项义务，或者兼而有之，需要从历史和法理的角度进行厘清。徐国栋教授在对古今中西国家干预生育的历史进行考察后，指出：“生殖权首先以消极的方式出现在男性身上，19 世纪的妇女运动导致了女性生殖权的出现，这两方面的生殖权直到 20 世纪下半叶才合流，形成不分性别的生殖权概念。在这一概念下，男女在流产问题上仍面临不同的对待。生殖的性质随着特定国家的人口形势而变，在有的国家是义务，此等义务的轻重在各国又各不相同；而在有的国家是权利。尽管如此，国家仍把剥夺生殖权作为打击罪犯和进行社会防卫的手段。”[1]浙江大学光华法学院翟翌博士则以我国的人口政策调整为背景，深入探讨了计划生育权利义务的双重属性。他认为，现有计划生育公法理论无法应对中国人口政策即将到来的调整，需要新的解释方案：中国宪法文本中的计划生育兼具权利和义务的双重属性，包括作为社会权的计划生育权、作为社会福利义务的计划生育义务；作为社会权的计划生育权与作为自由权的生育权不同，计划生育义务并非强制性义务；计划生育权的实现以公民履行计划生育义务为前提；社会抚养费制度应依据计划生育的双重属性进行理解和调整；计划生育的权利义务双重属性不仅可解释现行计划生育制度，也能为今后人口政策转向提供正当性和具有弹性的调控工具。[2]两位学者的观点着眼点不同，得出的结论却有暗合之处，给笔者很大的启发。但笔者需要指出的是，“生育”虽然并非一开始就是基本人权，但是在当今世界民主法治人权潮流浩浩荡荡不可阻挡，我国经济社会条件发生重大变化，特别是人口红利

〔1〕 参见徐国栋：“论作为变色龙的生育的法律性质”，载《河南财经政法大学学报》2012 年第 1 期。

〔2〕 翟翌：“论计划生育权利义务的双重属性——以我国人口政策调整为背景”，载《法商研究》2012 年第 6 期。

消耗殆尽、老龄化社会即将来临之际，应当从理论上和立法上将“生育”明确为我国公民的基本人权和基本权利，如此才能应对国内外的多重挑战。〔1〕

2. 生育权的基本范畴问题。生育权若属宪法规定的基本人权和公民基本权利，则其权利主体是谁？包括哪些具体内容？这些是生育权的基本范畴问题，也是框定国家干预公民生育之范围与手段正当性与合法性边界的前提。遗憾的是，目前学界，尤其是公法学界对这些问题依然处于众说纷纭的状态。〔2〕关于生育权的主体，有学者认为生育权主体仅限于女性，有学者认为男性也有生育权，有学者认为夫妻双方均有生育权，还有学者探讨了单身女性或男性的生育权，还有学者研究了死刑犯等更为特殊的主体的生育权。〔3〕关于生育权的内容，有学者认为仅限于是否生育权，有学者则进一步延伸到与之相关的何时生育、如何生育等问题，还有学者专门探讨了生育自决权问题。〔4〕笔者认为，生育权既然属于基本人权和公民基本权利，则其权利主体应为具体的公民，其内容包括是否生育、何时生育、如何生育等与生育有关的自决权。换而言之，公民有生育的权利，也有不生育的自由；公民有权自由而负责地决定生育子女的时间、数量和间隔时间；公民有权选择生育的方式；公民的生殖健康权利也应受到保障，所以，生育权并非一项单独的权利，而是由众多相关权利组成的权利束。〔5〕也正因为其属于公民基本权利，不可

---

〔1〕 本选题在提交杭州师范大学法治中国化研究中心举办的课题立项论证会讨论时，杭州师范大学法学院朱炜副教授指出，从宪法基本权利与自由的原理来看，“生育”定性为“公民基本权利”尚存疑问，于法无据，需充分论证，目前似仅可看作“公民自由”的范畴，否则会面临质疑“计划生育”基本国策的危机。笔者感谢朱炜副教授的宝贵意见，但基于民主法治的普世价值，“生育”定性为“公民基本权利”较宜，“计划生育”国策并非不可动摇；与此同时，将其作此定性也并非一定否定“计划生育”之正当性，因为依据宪法学原理，对公民基本权利国家可作限制，唯此“限制”的手段和范围须受“限制”，即应当经受正当性与合法性的考量，本选题的研究即试图框定国家干预公民生育行为之手段与范围的正当性与合法性边界。

〔2〕 参见湛中乐等：《公民生育权与社会抚养费制度研究》，法律出版社 2011 年版，第 17 页以下。

〔3〕 参见樊林：“生育权探析”，载《法学》2000 年第 9 期；于晓琪：“对我国立法中生育权主体的评价与思考”，载《人权》2003 年第 3 期；刘志刚：“单身女性生育权的合法性——兼与汤擎同志商榷”，载《法学》2003 年第 2 期；贾敬华：“罪犯生育权的性质和权源分析”，载《法学杂志》2008 年第 3 期；史彦：“特殊主体生育权研究”，吉林大学 2010 年硕士学位论文；等等。

〔4〕 参见湛中乐、伏创宇：“生育权作为基本人权入宪之思考”，载《南京人口管理干部学院学报》2011 年第 2 期；张学军：“生育自决权研究”，载《江海学刊》2011 年第 5 期；杨胜万、尚木：“国外家庭生育计划及生育自决权评介”，载《中国医学伦理学》1992 年第 1 期；等等。

〔5〕 参见湛中乐等：《公民生育权与社会抚养费制度研究》，法律出版社 2011 年版，第 23～24 页。

避免地应当在行使过程中受到法定的制约与限制，即这一权利亦存在边界。

3. 国家干预生育的法理问题。如果按照前一问题的基本逻辑，这个问题其实就是，既然生育权属于公民的基本权利和基本人权，那么，国家干预公民生育权的正当性与合法性依据是什么？关于这个问题，可以从两个方面进行分析。首先，生育权属于公民基本权利和基本人权。正因为其所具有的这样的权利属性，所以生育权具有较高的法律效力，是公民法定权利体系内最高位阶的权利之一，也是现代国家人民作为“主权者”之地位的体现，是现代国家公民所具有的“人之尊严”的象征。此种权利不得被随意限制、克减乃至剥夺，而必须由国家通过立法、执法和司法活动加以保障。保障包括生育权在内的基本人权和公民基本权利，是现代民主法治国家的基本宗旨和任务。[1]其次，国家可以基于正当理由和程序，对公民的生育权加以限制。公民基本权利和基本人权虽然在权利位阶上具有最高性，但并不意味着国家全然不能够对其加以限制。因为国家是由一个个公民组成的整体，如果每个公民都任意行使自己的权利而不受约束和限制，当然是最理想的状态。但是在现实中，这种理想状态是不存在的，其结果必然是人人得不到自由和权利，人类社会将重演丛林社会的悲剧。从社会契约的角度而言，国家的起源就是人民达成社会契约，让渡部分权利，忍受国家对公民权利的有限度的支配与控制，以获得生存与发展所必需的安定的社会秩序。[2]所以，国家可以对公民的基本权利进行适当干预和限制，唯此干预与限制须经受正当性与合法性的拷问。

4. 国家干预生育的伦理问题。如前所述，“生育”具有生物、社会和法律等多重意义。尽管当代绝大多数研究者是从社会和法律的角度对“生育”问题展开论述，将“生育”视为国家发展战略中的重大问题加以讨论，但是我们终究不能回避“生育”的生物属性。[3]换而言之，人类的生育能力和生

〔1〕 参见周永坤：“论宪法基本权利的直接效力”，载《中国法学》1997年第1期；上官丕亮：“宪法基本权利的性质新论”，载《云南大学学报》2008年第1期；杨海坤、陈峰：“建议制定我国宪法性法律‘尊重和保障人权法’——完善我国公民基本权利体系的另一种思路”，载《宪政与行政法治评论》2009年卷。

〔2〕 参见张翔：“基本权利冲突的规范结构与解决模式”，载《法商研究》2006年第4期；“公共利益限制基本权利的逻辑”，载《法学论坛》2005年第1期；“财产权的社会义务”，载《中国社会科学》2012年第9期。

〔3〕 医学界的学者则较为注意这一问题，可以参见李尚为：“辅助生殖实施过程中生育权和生殖伦理问题的探讨”，载《北京大学学报（医学版）》2013年第6期。

育意愿是人作为生物的第一本能，人类通过生育后代复制自身基因的权利是人作为生物与生俱来的自然权利。这种生物本能和自然权利，是人类社会生存延续之根本，也是人类纲常伦理之要害。在先民社会，部落生存延续的第一要务就是繁衍人口，所以人类社会经历了漫长的母系社会时期。在母系社会里，对种族繁衍作用突出的女性受到了广泛的尊崇，这就是先民社会自发地对"生育"伦常加以尊重和保障的表现。就连所谓的专制黑暗的古代王朝，对"生育"伦常也同样表现出了高度的尊重。中国俗语所谓"不孝有三，无后为大"，虽然一直被当做所谓的"封建思想"加以批判，但其中体现的对人类生育本能和伦常的关注却值得深思。在人权保障已经成为世界潮流的当代，如果要对公民的"生育"行为施加国家干预，除了满足法理正当性的要求外，还不得不面对伦理正当性的拷问。从"生育"的伦常视角出发，国家政权必须尊重"生育"作为人之为人的根本属性的地位，不能仅仅将"生育"视为实现国家发展战略、提升综合国力的工具和手段。这种对于"生育"伦常的尊重，其实也和现代人权理论所要求的对"人之尊严"的尊重具有内在的暗合性。[1]所以，国家干预生育必须回应伦理质疑。

5. 国家干预生育的要害问题。这个问题其实就是，国家对生育权的干预范围和手段十分广泛，但哪些"干预"才是要害问题，哪些应当剥离出本选题的讨论范围？人工授精、借腹生子、近亲结婚、同居会见、代孕妈妈、丁克家庭等，似乎都涉及国家干预的问题，但应当从本文的研究中剥离出去。还有许多学者从民法的角度探讨生育权问题，诸如认为生育权是人格权、人身权、配偶权等，并研究夫妻之间生育权冲突解决，单身女性生育权实现等问题。[2]如有学者认为："从法理上解释，生育权是自然人一项基本的民事权利。非婚生育、未婚生育和违法生育是生育行为的无效，与生育权的享有和取得无关。非婚人工生育是享有生育权的权利主体实现其权利的一种方式，只要不违法，不损害社会公共利益，权利人就有选择的权利或自由，无需他人的同意或许可。对生育权的保护是民法的一个重要方面。"[3]笔者对此不敢苟同，本文也不涉及这类问题。除了文章主旨的限制外，还因为笔者认为这

〔1〕 现代人权理论强调"人之尊严"，就是强调人应当成为国家的目的而非手段，这与"生育"的伦常目的具有暗合之处。见湛中乐等：《公民生育权与社会抚养费制度研究》，法律出版社2011年版，第3~4页。

〔2〕 参见周征："生育权的私法化"，载《中华女子学院学报》2005年第5期；王浩："妇女生育权实现的法律保护"，载《政法论坛》2000年第4期；等等。

〔3〕 武秀英："对生育权的法理阐释"，载《山东社会科学》2004年第1期。

些思路没有抓住国家干预公民生育问题的要害。生育权问题或许在某种意义上是私法问题，但是任何私法问题，归根结底都是公法问题，研究私法问题到最后都不可避免地触碰到公法的壁垒。"公民生育权的国家干预"这个命题本身就蕴含着公民与国家的关系，这是典型的公法关系、公法问题。所以从公法的角度进行研究，更能够解决这样的紧迫问题。

（二）国家干预生育的法理基础

在明确了关于国家干预公民生育的基本问题之后，接下来需要探讨的重点问题就是，国家干预公民生育的法理基础，亦即国家干预公民生育的正当性与合法性依据。对此可以结合宪法学基本原理中的"基本权利限制"理论加以探讨。

首先，国家可以对作为基本人权和公民基本权利的生育权加以干预。"法国大革命"时代的"天赋人权"观念认为，基本人权和公民基本权利是造物主赋予公民的不可剥夺、不可克减、不可限制的权利，任何针对基本人权和公民基本权利的干预都天然地缺乏正当性；国家的义务在于担当"夜警"的角色，在公民的基本人权和基本权利受到侵害时提供保护和救济即可。这与彼时自由放任的资本主义历史发展阶段是相吻合的。[1]但是，随着《魏玛宪法》等现代宪法类型的出现，国家越来越多地承担促进公共利益和社会福利方面的职能，这天然地带来了国家权力的扩张和公法学理论的变革。[2]古典的宪法基本权利理论在应对公民对国家越来越多的权利诉求和国家越来越多地承担公共福利给付义务的现实面前缺乏解释力。因为古典理论一方面将国家权力束缚在极小的范围之内，另一方面又要求国家对公民的权利诉求予以回应。公民也不可能一方面要求国家为其提供更多的服务，另一方面又绝不容许国家权力有丝毫扩张。所以，在现代公法理论中，随着国家职能的全面扩张，国家权力对公民生活干预的范围也与日俱增；公民在享受国家提供的全方位福利之时，也必须容忍公民权利伴随社会义务的后果。因而，在宪法学理论中逐步发展出基本权利限制理论。公民基本权利限制是宪政实践中客观存在的、不容否定的客观现象，是宪政实践中公民法定基本权利现实化的必要条件和途径。公民基本权利的限制就是通过一定的合宪形式，对公民基本权利的内容、范围和实现途径作出一定的限制，从而实现权利之间的和谐和基本权利在实践中的实现。其直接目的就是避免权利主体在行使权利过程

〔1〕 参见林来梵：《宪法学讲义》，法律出版社2011年版，第198~202页。

〔2〕 参见章剑生：《现代行政法基本理论》，法律出版社2008年版。

中出现权利冲突的现象，也使法院在具体审理案件中的裁判有裁量和权衡的依据，对那些可能产生冲突的基本权利，由立法机关在立法时对权利的行使和权利范围作出限制性规定。[1]时至今日，“国家可以对基本权利进行一定的限制，这一命题应该说毫无疑问。因为，基本权利的不受限制必然导致社会公益的丧失和基本权利的相互对抗和妨碍”[2]。具体到本文，基于基本权利限制的理论，作为基本人权和公民基本权利的生育权，因其对国家发展战略和社会可持续发展影响巨大，公民在享受国家提供的人口政策福利时，也必须容忍国家对这一权利的干预和限制，这也是我国“计划生育”基本国策的宪法理论依据。

其次，国家对公民生育权的干预本身应当受到限制。现代福利国家的现实需求为国家全方位干预公民生活提供了必要性理由。但是国家干预公民生活，尤其是干预基本人权，以及对公民基本权利的行使进行干预和限制，还必须经受充分的正当性与合法性考量。因为归根结底，国家行使公权力，进行福利行政的目的是促进公民的自由发展与公共利益。国家对公民基本人权和基本权利的各种干预，也必须以此为出发点和落脚点，才能获得正当性与合法性基础，也才具有存在的价值与意义。所以，基本权利限制理论的一个隐含的命题就是，“对公民基本权利的限制本身应当进行限制”[3]。根据“基本权利限制”的理论，基本权利为公民构筑起了一个自由的私人领域和生活空间，但也允许国家出于公益或其他价值的考虑而对基本权利予以干预。从这个意义上说，宪法规定的基本权利的限制要件，正是国家侵入私人领域的合宪性理由。在具备这些要件时，公权力介入公民的私人领域被认为是宪法所允许的，是对基本权利的合宪干预；反之，如果国家并不具备这些阻却违宪事由，其干预就会被评价为违宪。以“基本权利限制”理论发源地德国为例，德国联邦宪法法院在审查国家权力是否构成对公民基本权利的侵害时，也是遵循这一思路：①确定公权力行为是否涉及某项基本权利的保护领域；②判断这项基本权利是否受到了真正侵害；③再比对宪法去探求这些侵害是否具备阻却违宪的事由。[4]遵循这一思路，可以得出基本权利限制的分析框架：“如果国家的一项限制基本权利的行为，能够通过法律保留原则、宪法规

〔1〕 参见张勇：“论公民基本权利限制的法哲学基础”，载《经济与社会发展》2007年第7期。

〔2〕 张翔：“基本权利限制问题的思考框架”，载《法学家》2008年第1期。

〔3〕 参见林来梵：《宪法学讲义》，法律出版社2011年版，第198～202页。

〔4〕 赵宏：“限制的限制：德国基本权利限制模式的内在机理”，载《法学家》2011年第2期。

定的限制理由、比例原则、本质内容保障等的审查，则该限制行为的违宪性被阻却，从而可以认定是对基本权利的合宪的干预。如果限制基本权利的行为不具备这些违宪阻却事由，则将被认定为是对基本权利的违宪限制。"〔1〕就我国"计划生育"的基本国策而言，尽管在现代公法理论中，可以将"计划生育"视为兼具权利义务属性，可以分为作为社会权的"计划生育"权和作为社会福利义务的"计划生育"义务两种面向。〔2〕但是究其本质而言，"计划生育"的基本权利属性是主要的，"计划生育"的义务属性是次要的，即使在"计划生育"已成为国家基本国策的背景下，国家通过具体行政行为对公民生育权利进行干预，进而要求公民履行"计划生育"义务，都必须接受正当性与合法性的拷问。〔3〕换言之，国家对公民生育权的干预，应当在目的、范围、手段、方式、程序等多方面全方位地满足正当性与合法性、伦理与法理的基本要求。这是依法治国和保障人权理念的基本要求，也是依法行政和法治政府建设的应有之义。

最后但并非最不重要的，国家对于公民生育权的干预还应当接受人类生育伦理的拷问。前已述及，生育行为和生育活动具有重要的人伦价值意涵。中国古代生育的伦理价值基础定位于家族本位，即血缘延续的至高无上。家族血缘延续的伦理价值基础导致古代的生育行为具有如下特质：①生育是一项伦理义务，生育行为对于生育个体而言，具有极强的伦理道德色彩。"不孝有三，无后为大"，就是将生育行为视为是血缘传承、家族延续的伦理责任，进而实现生命延续的不朽。②生育是婚姻的目的。中国古代婚姻并非纯粹追求婚姻当事人的快乐与幸福，而是以"上以事宗庙，而下以继后世"为宗旨。这样的宗旨具有浓厚的伦理属性，如果男女之婚姻不能达成此种伦理宗旨，不能实现生育的目的，女性就可能会被依照"七出"之法中的"无子"一则被休弃。可见，中国古代婚姻的神圣性即在于伦理性的生育目的，伦常考量重于情感寄托。③生育是社会责任的承担。生育行为不仅承担着延续家族血脉的伦理义务，而且对于社会承担着滋生人口的伦理责任。〔4〕可见，中国古代的生育行为具有浓厚的伦理价值考量，对此考量不可简单地视为落后予以批判，而应当充分尊重此种民族文化心理。否则，国家的生育干预政策注定

---

〔1〕 张翔："基本权利限制问题的思考框架"，载《法学家》2008 年第 1 期。

〔2〕 翟翌："论计划生育权利义务的双重属性——以我国人口政策调整为背景"，载《法商研究》2012 年第 6 期。

〔3〕 参见湛中乐等：《公民生育权与社会抚养费制度研究》，法律出版社 2011 年版，第 45 页。

〔4〕 参见湛中乐等：《公民生育权与社会抚养费制度研究》，法律出版社 2011 年版，第 3 ~ 4 页。

会受到传统伦常的强烈抵抗而难以收到实效。事实上，伦常考量不仅仅是中国古代生育文化的重要面向，也内在地与近代以来的生育权观念相暗合。近代西方生育权理论的价值基础在于个人权利本位。早期的观点认为，个人权利本位的生育权是天赋人权，是人格价值的体现，是个体追求幸福与快乐的途径，其理论依据是个体主义（赋予生育主体依据个人利益的优先性自主行使生育权）、人道主义（自然人并非生育的机器也并非生育的手段，生育与否以及如何生育是人格尊严、人格自由的体现）、快乐主义（自然人是否行使生育权，全凭个人对于生育行为的判断）和多元主义（任何人不得将个人的生育理想强加给他人，生育理想的差异应该得到宽容与尊重）。[1]以1942年"斯金纳诉俄克拉荷马"案为起点，欧美司法实践进一步将生育权定位为人类自由、隐私权或者自决权，其背后的价值则是个人主义和个人人格的尊严。[2]由此可见，现代西方权利话语中的生育权，其实也潜在地具有对人格尊严、人道尊严的伦理考量。这种个人本位的伦理考量尽管和中国古代家族本位的伦理考量并不尽相同，但是都体现了一种并不将生育简单地视为一种工具，简单地视为一种手段的倾向，而且不同程度地体现了对人类生育本身的敬畏与尊重。如何在这两种伦理倾向之间求得平衡与协调，也是当代中国国家干预生育法制需要深刻反思的议题。

三、我国"计划生育"法制的现实困境

国家基于人口战略和可持续发展的重大目的，对公民生育行为进行必要的干预和限制，具有正当性与合法性基础；但更为重要的是，国家干预公民生育行为的手段与范围等要素必须同样经受正当性与合法性的考量，经受伦理与法理的拷问，这才是"限制的限制"理论的真意，也是尊重古今中西生育伦常的表现。我国"计划生育"基本国策从目的上讲具有正当性，而且业已经过各级立法获得了形式上的合法性，但是恰恰在立法、执法和司法层面，出现了许多漏洞和缺失，甚至是违背制定这一基本国策初衷的现象。这些现象与问题绝不是无关紧要的，如果不加以解决，会影响甚至消解"计划生育"基本国策的正当性与合法性，使之陷入"违宪"的危险状态和"逆伦"的尴尬境地。以笔者所见，我国的"计划生育"法制立法、执法和司法活动存在如下困境和漏洞。

---

〔1〕参见王歌雅："生育权的理性探究"，载《求是学刊》2007年第11期。

〔2〕相关探讨参见张千帆：《西方宪政体系》（上），中国政法大学出版社2004年版，第292页。

（一）我国“计划生育”立法层面的困境

当前我国“计划生育”法制在立法层面的困境主要体现在，从国际法文件到宪法、法律、行政法规等一系列立法文件一方面未能将国际法文件中的人道性、法治化内容吸收于其中，另一方面又未对国家干预公民生育划定合法性边界，提供正当性依据，从而留下许多漏洞与空白，让行政权在“计划生育”执法领域的运行缺乏规制，使其如同脱缰的野马，处于裸奔状态。具体而言：

1. 我国“计划生育”立法对国际法文件中的相关规定未能充分吸收。二战以来，随着国际人权事业的进步，一系列国际法文件和国际条约不断强调和扩大了公民生育权的含义和意义，但是这些内容都没有恰当地导入到我国国内法的立法精神和具体制度当中。这些国际法文件包括：[1] 1968 年德黑兰世界人权会议通过的《德黑兰宣言》第 16 段规定：父母享有自由负责地决定子女人数及其出生间隔的基本人权，这一规定将生育问题视为基本人权。1969 年联合国大会通过的《社会进步和发展宣言》第 4 条规定：父母有自由而负责地决定其子女数目和出生间隔的专有权，这一规定进一步将生育权视为父母专有权。1974 年联合国世界人口大会通过的《世界人口行动计划》第 14（F）段规定：所有夫妻和个人都有自由而负责地决定其子女人数和生育间隔以及获得作出这种决定所需的信息、教育和方法的基本权利；夫妻和个人在行使这一权利时应考虑到他们本人及他们未来的孩子的生活需要以及他们对社会所负有的责任，这一规定强调了国家在生育问题上的义务与夫妻方面的责任。1979 年《消除对妇女一切形式歧视公约》第 16 条（1）.（E）规定：缔约国应保障妇女在男女平等的基础上有相同的权利和自由负责地决定子女人数和生育间隔，并有机会获得行使这种权利的知识、教育和方法，这一规定从妇女的角度进一步强调了国家保障生育权的义务。1984 年国际人口大会通过的《有关实施〈世界人口行动计划〉的 25 项建议》规定：各国政府应该作为一项迫切的任务，普遍地向夫妻和个人提供信息、教育和方法以帮助他们达到他们所希望生育子女的个数；计划生育信息、教育和方法应该包括所有医学核准的、恰当的计划生育方法，包括自然的计划生育方法，以确保夫妻和个人能够根据不断变化的个人和文化价值自愿和自由地作出决定，这一

---

[1] 主要参考徐国栋：“论作为变色龙的生育的法律性质”，载《河南财经政法大学学报》2012 年第 1 期；湛中乐等：《公民生育权与社会抚养费制度研究》，法律出版社 2011 年版，第 6～7 页；崔卓兰主编：《计划生育法律问题研究》，中国法制出版社 2013 年版，第 50～59 页；等等。

规定进一步地强调了政府义务。[1]1994 年世界卫生组织人口与发展国际会议提出的生殖权定义是“生殖权的基础是承认所有夫妇和个人自由并负责地决定其子女的数目、他们的出生间隔和出生时间并享有这样做的信息和手段，它还包括获得高标准的性生活与生殖健康之权；它们也包括一切人在免受歧视、强制和暴力的情况下作出生殖决定的权利”。[2]这一定义是迄今为止最具进步性的生育权定义。徐国栋教授认为，这一定义“首先增加了个人的生殖权，这意味着它不认为结婚是行使生殖权的必由之路。其次，它提出了性生活与生殖健康权的新概念，这当然意味着国家的责任。最后，它反对以歧视、强制和暴力的方式影响人们的生殖决定。歧视可能跟种族有关，例如在我国，汉族受计划生育约束，一些少数民族不受约束，这构成对汉族的歧视，当然我们认为这是保护性歧视。定义中的‘强制’和‘暴力’的用语可能意在批评中国计划生育政策的推行方式，算得上是一个反华条款。正因为这样，我们国内研究生育权的文献对这一定义视而不见”。[3]联合国《公民权利和政治权利国际公约》是国际人权保护的最重要的公约，我国政府已经签署十余年但全国人大仍未批准，无法在我国生效。综上可知，尽管众多国际法文件对生育权有着较为全面和系统的规定，但是无法通过法制管道导入到我国的国内法体系当中，这就导致包括生育权在内的中国人权保障问题在国际法层面失去重要支撑，也给国际社会攻击中国人权问题提供了口实。

2. 我国宪法关于“计划生育”基本国策的规定失之笼统。从我国宪法的视野来看，“计划生育”基本国策地位的奠定经历了较长的过程。1949 年《共同纲领》第 6 条规定：“中华人民共和国废除束缚妇女的封建制度。妇女在政治的、经济的、文化教育的、社会生活的各方面，均有与男子平等的权利。实行男女婚姻自由。”这实际上是对妇女平等权的宪法宣告，为妇女生育权的平等保护奠定了基础。1954 年《宪法》和 1975 年《宪法》均保留了这一条款，但没有对生育权问题进行规定。1978 年《宪法》第 53 条第 3 款规定：“国家提倡和推行计划生育。”这是“计划生育”第一次进入国家根本法。1982 年通过的现行《宪法》虽然没有否定“生育权”作为公民基本权利的地位，但也没有明确地将“生育权”规定为公民基本权利。与 1978 年《宪

---

〔1〕 参见王世贤：“生殖权之检讨”，载《河北师范大学学报（哲学社会科学版）》2006 年第 3 期。

〔2〕 See Sharma S, Reproductive Right of Nepalese Women: Current Status and Future Directions, In *Kathmandu University Medical Journal*, 2004, No. 1, p. 52.

〔3〕 徐国栋：“论作为变色龙的生育的法律性质”，载《河南财经政法大学学报》2012 年第 1 期。

法》相比较，1982年《宪法》关于“计划生育”的规定有了明显的变化。首先，1982年《宪法》在“总纲”章第25条规定：“国家推行计划生育，使人口的增长同经济和社会发展计划相适应。”进而在“公民的基本权利和义务”章第49条第2款规定：“夫妻双方有实行计划生育的义务。”这就在条款数量上有所增加。其次，1982年《宪法》在文字表述上更加明确，一方面在第25条规定了基本国策层面的“计划生育”，另一方面又在第49条第2款规定了作为公民基本义务的“计划生育”。[1]尽管如此，我国现行《宪法》有关“计划生育”基本国策的规定仍然失之笼统，在缺乏宪法解释机制和宪法适用机制的当代中国，很容易滑向其制定初衷的对立面。众所周知，1982年《宪法》第25条是我国现行“计划生育”基本国策的宪法依据，但目前学界已经有学者开始慎重反思“计划生育”作为基本国策，是否违背1982年《宪法》本身的保障公民基本权利的价值追求，特别是在2004年宪法修正案将“国家尊重和保障人权”写入《宪法》以后，“计划生育”基本国策面临着更加严峻的正当性拷问。[2]笔者认为，即使将来真的变革“计划生育”这一基本国策，也不一定要通过废除这一条款的方式实现。事实上，这一条款预留了“计划生育”政策调整的解释空间，即根据“经济和社会发展”的变化作出新的解释。1982年《宪法》第49条第2款存在的问题似乎更加严重：一方面，这一条款位于“公民的基本权利和基本义务”章，但是却将“计划生育”规定为夫妻必须履行的基本义务，这就无视了“生育权”的基本人权属性；另一方面，这一规定的表述方式还存在“非夫妻可不实行计划生育”的可能漏洞。因为从字面含义来看，夫妻以外的个人没有实行“计划生育”的义务，而随着人类基因技术和生殖科技的不断发展，人工授精、试管婴儿等现象不断出现，这样的宪法规定无疑失之保守。[3]但对此问题同样不需要通过修法的方式解决，今后可以通过激活宪法解释机制，一方面将1982年《宪法》第49条第2款中的“计划生育的义务”解释为社会福利性质的义务，并申明“生育权”的基本人权属性；另一方面将此条款中的“夫妻”进行扩张解释，以适应社会发展变化带来的挑战。

3. 我国相关法律对“计划生育”基本国策的规定较为空洞苍白。为了落

---

〔1〕 湛中乐等：《公民生育权与社会抚养费制度研究》，法律出版社2011年版，第7页。

〔2〕 参见湛中乐、苏宇：“中国的计划生育、人口发展与人权保护”，载《人口与发展》2009年第5期；崔静：“计划生育的宪政解读——以人权为切入点”，载《贵州社会科学》2006年第2期；张文江：“人权与计划生育关系的法理分析”，载《山西农业大学学报（社会科学版）》2006年第3期；等等。

〔3〕 参见邢玉霞：“生育权在现代生殖方式中的行使范围”，载《法学杂志》2007年第5期。

实“计划生育”的基本国策，在法律层面，我国初步建立了以《人口与计划生育法》为统帅，兼及《婚姻法》、《妇女权益保障法》等法律的“计划生育”法律体系。2001 年制定通过的《人口与计划生育法》是落实我国“计划生育”基本国策的基本立法，但其中诸多规定均属政策宣示性质，较为空洞苍白。有学者总结，《人口与计划生育法》存在的问题包括：有些条款欠缺可操作性，缺少法律实施细则；法律责任定位不够准确；法律保留原则适用不妥；许多地方用词不规范，表述不严谨；与国际公认的原则和精神差距较大等。[1]与之同级并密切相关的《妇女权益保障法》等法律，也多为“政策法”，所规定的内容多属口号性宣传，宣示意义大于规范意义，往往口惠而实不至。更为严重的是，这样的立法甚至进一步抹杀了公民生育权的基本权利属性，强调其公民义务属性。《婚姻法》和《妇女权益保障法》等法律也只是照搬了《宪法》和《人口与计划生育法》的有关规定，而没有进一步具体化。具体而言，如《人口与计划生育法》第 17 条规定：“公民有生育的权利，也有依法实行计划生育的义务。夫妻双方在实行计划生育中负有共同的责任。”《妇女权益保障法》51 条第 1 款规定了“妇女有按照国家有关规定生育子女的权利”，这里的“有关规定”语焉不详，甚至存在通过行政法规、地方性法规甚至规章等低层级“规定”，将“权利”变相地转变为“义务”，从而挤压公民生育权权利空间的嫌疑。又如，《人口与计划生育法》第 20 条第 1 款规定：“育龄夫妻应该自觉落实计划生育避孕节育措施，接受计划生育技术服务指导。”这样的规定有将“落实计划生育避孕节育措施，接受计划生育技术服务指导”规定为公民法定义务的嫌疑，也是对基层政府和各级“计划生育”行政部门强迫公民采取指定的节育措施、接受指定的“计划生育”服务措施的姑息和纵容，为个别地方暴力推行“计划生育”大开方便之门。再如，《人口与计划生育法》第 41 条规定：“不符合本法第 18 条规定生育子女的公民，应当依法缴纳社会抚养费。”但是该法第 18 条并没有规定什么样的生育行为合法，什么样的生育行为违法，从而给法律的理解和适用带来极大的困难。[2]国家有关“计划生育”的基本法律存在前述诸多问题，原因首先在于相关立法在立法宗旨与精神上没有坚持保障基本人权；其次是在具体规定上不确定法律概念较多，存在立法的科学性与合理性的问题；最后是“计划生育”基本国策所涉及的相关内容，如基本养老保险制度、基本医疗保险制度、

---

〔1〕 参见崔卓兰主编：《计划生育法律问题研究》，中国法制出版社 2013 年版，第 74 ~ 76 页。

〔2〕 参见崔卓兰主编：《计划生育法律问题研究》，中国法制出版社 2013 年版，第 74 页。

生育保险制度和社会福利等社会保障制度尚处于建立和发展状态，社保投入成为空头支票，社保基金空账运行，农村社保和养老保险的保障功能几乎为零。在此情形下，传统的“养儿防老”不仅是心理需要，更是农民的养老投资，这就必然带来超生现象屡禁不止，也必然导致《人口和计划生育法》独木难支，孤掌难鸣，所以这些法律只能采取较为粗疏的立法模式。

4. 我国与“计划生育”相关的行政法规违背立法目的自我授权。目前，我国“计划生育”基本国策的具体执行依据主要是《计划生育技术服务管理条例》、《流动人口计划生育工作条例》、《社会抚养费征收管理办法》等行政法规。这些行政法规一方面细化了计划生育基本立法，但另一方面存在突破立法权限自我授权等问题。《人口与计划生育法》明确授权立法的主要有7项内容，体现在5个法律条文中：①生育调节的办法授权省、自治区、直辖市人民代表大会或其常委会制定；②少数民族实行计划生育的办法，省、自治区、直辖市人民代表大会或其常委会制定；③计划生育奖励措施，授权省、自治区、直辖市和较大的市的人民代表大会或其常委会或者人民政府制定；④流动人口计划生育工作具体管理办法、计划生育技术服务的具体管理办法和社会抚养费的征收管理办法，授权国务院制定；⑤中国人民解放军执行《人口与计划生育法》的具体办法，授权中央军事委员会制定。[1]本来，《人口与计划生育法》授权国务院或者地方立法机关制定有关生育条件和避孕节育等涉及公民人身权等基本权利的法规，就存在违反法律保留原则的嫌疑。这其中，尤其被社会公众广为诟病的就是国务院制定的《社会抚养费征收管理办法》。该办法在立法指导思想上存在严重的“以罚代管”问题。对计划外生育者征收社会抚养费，最早是从地方性实践开始的。社会抚养费的前身称作“超生罚款”、“计划外生育费”。1995年8月，国务院新闻办发布的《中国的计划生育》白皮书中首次提出“社会抚养费”概念，并指出：“对多生育子女的家庭，则征收一定数额的社会抚养费，这样做既是对多生育子女行为的限制，也是多生育子女者对社会的一种补偿。”2000年9月1日，财政部、国家发展计划委员会、国家计划生育委员会联合发布文件，决定将“计划外生育费”统一更名为“社会抚养费”，按照行政事业性收费收取。根据《人口与计划生育法》第45条的授权，国务院于2002年制定了《社会抚养费征收管理办法》。“社会抚养费”是对不符合法律规定条件生育子女的公民对社会增加的社会事业公共投入不足给予补偿的行政性收费，目的是对违法生

---

〔1〕 参见湛中乐等：《公民生育权与社会抚养费制度研究》，法律出版社2011年版，第135页。

育的公民给予必要的经济限制，以调节自然资源的合理利用和保护环境。[1]所以，“社会抚养费”本质上是国家依据福利行政需要，对违反“计划生育”法规超生或违规生育带来的社会抚养成本的上升的一种补救，其本质属性是属于“行政收费”，具有补偿、惩戒和调节功能。[2]但是基于多年来“超生罚款”的执法惯性和对于公民生育权基本权利属性理论认识的欠缺，在“计划生育”立法和实践环节，多将“社会抚养费”定性为“行政处罚”。这样的立法和执法认识水平应当予以纠正。

5. 我国与“计划生育”相关的地方法规体系混乱、内容冗杂、质量堪忧。这里的问题主要存在于与“计划生育”有关的地方性法规、地方政府规章和大量存在的行政规定之中。各省、市、自治区的“人口与计划生育条例”是各地方根据各地具体情况执行“计划生育”基本国策和“计划生育”基本立法的直接依据。但是，这些地方性法规一方面互相抄袭，呈现出趋同甚至雷同的现象；[3]另一方面更加加强突破立法权限自我授权，以罚代管，甚至出现罚款之外，授权以暴力或变相暴力形式开展“计划生育”工作。具体而言：首先，有些省份的“人口与计划生育条例”的个别条款与上位法律、行政法规有冲突。由于受立法技术、人员素质和省情的局限，有些省份的“人口与计划生育条例”含有与国家法律、行政法规相抵触的条款，给保护公民权利和计划生育事业的健康发展造成了一定的困难，也阻碍了国家法律、法规在全国的统一贯彻实施。地方“计划生育”立法的这一缺陷，为基层“计划生育”行政执法中发生侵权行为埋下了隐患，成为滋生行政违法行为的温床。其次，地方“计划生育”立法地区性差异过大。各省“人口与计划生育条例”个性太强、共性不足，尤其是关于公民的生育条件、生育权利、计划生育义务、政府的管理职责、计划生育奖惩措施等方面的规定存在较大差异，尤其是在社会抚养费征缴标准上地区差异严重。虽然这与地方性法规的“地方性”有关，但是这样会导致“计划生育”基本国策的实施效果和作用在各省份之间出现严重的不平衡，造成地方“计划生育”立法割据和执法割据的不良局面，不利于全国“计划生育”法制建设的统一，而且会削弱中央立法

---

〔1〕 参见湛中乐等：《公民生育权与社会抚养费制度研究》，法律出版社2011年版，第143～144页。

〔2〕 相关讨论参见上官丕亮、余文斌：“社会抚养费行政处罚论之批判——写在我国《人口与计划生育法》实施十周年之际”，载《法治研究》2012年第4期。

〔3〕 参见孙波：“试论地方立法‘抄袭’”，载《法商研究》2007年第5期；曹胜亮：“论地方立法的科学化”，载《法学论坛》2009年第3期；等等。

和国务院及其计划生育行政主管部门的权威。再次，部分地方“计划生育”立法缺乏上位法依据。由于多方面的原因，地方层面的“计划生育”立法是先于国家层面的“计划生育”立法而出现的，这就必然导致这些地方“计划生育”立法在制定之初就面临着“于法无据”的局面。在全国的“计划生育”基本立法制定之后，又由于立法的惰性和惯性，以及地方利益和部门利益的羁绊，地方立法中那些与上位法冲突、矛盾的做法并没有及时地加以纠正和修订。最后，地方“计划生育”立法技术和质量有待提高：一是各省份“人口和计划生育”条例中的一些专有名称不统一，不规范；二是有些规定太笼统、太原则，可操作性不强；三是有些地方立法结构不严谨，形式不规范；四是有些地方立法在规范内容上重实体，轻程序；五是有些地方立法不注意与相关部门法律、法规相衔接，从而导致法律体系内部不融洽；六是一些地方立法的条款在逻辑上存在紊乱，需要加以整理和规范。[1]

（二）我国“计划生育”执法层面的问题

相比立法层面的缺失与疏漏而言，我国“计划生育”行政执法层面的问题更加突出，也是导致国际舆论和普通民众对“计划生育”执法反响强烈的重要原因。就笔者所见，基层“计划生育”行政执法层面的问题或曰弊端主要有：

1. 基本立法粗疏，执法准据下移。如前所述，我国现行宪法、法律、行政法规所涉及的“计划生育”立法规定，虽然具有种种瑕疵和问题，但制度设计本身并不特别存在缺陷。[2]问题在于，这些立法往往都是粗线条的，缺乏可操作性和执行力的。因此，基层“计划生育”执法只能依靠更具体，从而也就更具危险性、更缺乏正当性与合理性依据的地方性法规、地方政府规章甚至行政规定。所以在实践中，在地方正式的“人口和计划生育”条例之外，还存在各种以“地方政府规章”甚至以行政规定等形式出现的“计划生育”执法准据。这些“红头文件”不是我国规范意义上的“法”的范围，也没有经过严格的立法程序，[3]但往往更加明目张胆地违背上位法，自我授权、以罚代管、明码标价、暴力执法。这些文件、通知、规定，虽不是法律意义

〔1〕 参见崔卓兰主编：《计划生育法律问题研究》，中国法制出版社2013年版，第76～77页。

〔2〕 参见湛中乐等：《公民生育权与社会抚养费制度研究》，法律出版社2011年版，第7～8页。

〔3〕 有关“红头文件”的研究，参见刘松山：“‘红头文件’冲突法律的责任归属——兼评福州王凯锋案”，载《法学》2002年第3期；李维丽：“政府红头文件若干法律问题研究”，山东大学2010年硕士学位论文；陈丽芳：“‘红头文件’法治化探讨”，载《云南行政学院学报》2007年第3期；等等。

上的行政执法"法源",〔1〕却在"计划生育"工作实践中真正发挥着作用，而且也是"计划生育"执法乱象的冠冕堂皇的效力依据。这就导致基层"计划生育"执法行为无法受到立法层面的有效制约，甚至处于随心所欲的状态。对此问题必须加以高度重视和妥善处理。

2. 服务职能空转，以罚代管普遍。前述各层次"计划生育"法规最终都需要被落实到基层。但是，前述法规中各种初衷较好的制度设计，各种"计划生育服务职能和政策，以及需要地方政府进行的各种配套服务工作，到了基层计划生育"执法领域就会被全部取消或者极度压缩。在很长一段时间内，基层"计划生育"执法不见服务，只见罚款，罚款就能生，有些地方甚至出现了"二胎指标"买卖的现象。〔2〕更有甚者，有全国人大代表建议："国家可建立一个转赠平台，让合法拥有二胎生育权的公民，在自愿的原则下，将二胎生育指标转让给有需求的公民。"这一建议无疑是在无法杜绝基层"二胎指标"买卖之现实的情况下，采取的一种妥协的做法。但是这一建议还是受到了广泛的批评。评论认为：①"二胎指标转赠"实质上是一种买卖，而且有能力购买者主要是富人，这就剥夺了法律赋予穷人的生育权利。②"二胎指标转赠"超越了公民的社会道德以及法律底线。"二胎指标转赠"市场化、金钱化，是在向社会灌输"钱可以买到一切"的错误理念，还会萌生和衍生买卖和伦理等问题。③"二胎指标转赠"会加深贫富印记，锐化社会对立。目前在许多地方，富人在计划生育方面已经享受"超国民待遇"，"二胎指标转赠"只能起到火上浇油的作用。〔3〕尽管这些评论带有一定的"民粹"情绪，但也深刻指出了当前"计划生育"行政执法中的某些问题。

3. 基层财政紧张，罚款供养队伍。仅就所谓的"罚款"（即"社会抚养费"）而言，"计划生育'罚款'"在收缴以后，本来应全部上缴国库，实行收支两条线，杜绝回流或变相回流到执法机关手中。但在现实中，所谓的"计划生育'罚款'"，实际上却成为基层"计划生育"队伍的主要经费来源。

---

〔1〕 有关这类"行政规定"的法律地位与实际作用的论述，参见胡建淼：《行政法学》，法律出版社2010年版，第188～194页。在基层"计划生育"执法实践中，起到执法准据作用的往往不是国家的基本法律、法规，甚至不是规章，而是各级基层政府发布的、合法性与合理性存在重大缺失的行政规定。

〔2〕 前述《临沂计划生育调查手记》和笔者访谈得到的情况显示，基层"计划生育"执法多以"指标化"、"任务化"的形式进行，"二胎指标"买卖因此成为部分"计划生育"执法人员牟利的重要手段。

〔3〕 参见"二胎指标可转卖?"，载《大连日报》2012年3月8日，第13版。

前引《临沂计划生育调查手记》显示："乡镇所征收社会抚养费的主要用途，其中20%用于乡镇和村居社会抚养费征收工作经费，70%用于乡镇的计划生育工作事务性支出，10%用于县级计划生育工作统筹经费。"〔1〕这实际上成了"罚钱养队伍"。当然，这一问题的发生也有其现实原因，中国基层政权承担众多公共职能，但国家财政转移支付和拨款有限，在满足了"三公消费"之后，养队伍、维持基层运转成为必须解决的问题。所以，国家对基层这种做法也就放任自流。但正如学者指出的，随着"社会抚养费"征收标准的水涨船高，越来越多的人产生疑问："收缴的巨额收入到哪里去了？"从《社会抚养费征收管理办法》来看，现在的社会抚养费，从名称到用途，都存在语焉不详的地方，因此不由得让人产生怀疑："社会抚养费"到底"抚养"了谁？如果笼统地说用在了计划生育、育龄妇女保健等工作上，却没有明细账目，就很难让人信服，也不由得不让群众质疑，"社会抚养费"是不是更多地被用在"养"计划生育部门的工作人员上。〔2〕

4. 罚款因人而异，巧借罚款敛财。在各级法规规定的所谓"社会抚养费"、"罚款"缴纳标准之外，更有甚者，基层"计划生育"执法部门及其工作人员或者另立名目开拓财源，或者实行弹性标准，根据各种利益关系可多可少，任意性极大。有钱可以多生，有关系可以不罚或者少罚，"计划生育"执法缺乏基本的平等性。前述"陕西安康孕妇强制引产事件"中，"计划生育"执法部门要求当事人缴纳的"罚款"数额，就经历了数度讨价还价，最终因为当事人无力缴纳而酿成悲剧。有报道显示：〔3〕"为了切实维护群众的合法权益，推动人口计生工作健康发展，项城市委、市政府决定，自9月1日至9月30日在全市范围内集中开展计划生育乱收费乱罚款整治活动。整治的主要内容：一是摊派征收社会抚养费，乡村干部代收、坐支、截留、挪用、私分社会抚养费；二是故意放水养鱼、以罚代管；三是在发放一、二胎生育

〔1〕滕彪："临沂计划生育调查手记"，载共识网，http：//www.21ccom.net/articles/zgyj/ggzhc/article_2010082616886.html，2014年4月1日23：30最后访问。

〔2〕参见崔卓兰主编：《计划生育法律问题研究》，中国法制出版社2013年版，第193页。

〔3〕参见杨光林："项城集中整治计划生育乱收费乱罚款"，载《周口日报》2010年9月3日，第2版。另见刘启风："加强对无计划生育罚款的管理和监督"，载《中国监察》1995年第6期；正朔："硕大的漏洞——乡村计划生育罚款乱支付的透视"，载《党风与廉政》1996年第4期；等等。刘启风指出，当前农村按规定把计划生育罚款用在计划生育工作上的为数不多，而且出现了许多问题：一是罚款不列入乡镇财政预算外资金，逃避监督管理；二是罚款成了乡镇领导的小金库；三是罚款被侵吞；四是罚款成了少数乡镇干部奢侈浪费的资金来源；五是罚款成了一些乡镇领导干部比阔气、讲排场的经济保障。

证过程中借机收费、搭车收费、收取节育押金；四是借病残儿鉴定、承认残儿鉴定进行违规收费；五是以经济处罚代替落实节育措施的各种收费；六是办理各种计划生育证明收费；七是非执法主体收费或存在收费打白条等行为。”报道虽然从正面立论，但也折射出诸多“罚款”乱象。

5. 计生一票否决，驱使暴力执法。在以罚代管、选择性执法之外，因为基层政绩考核实行“计划生育一票否决”制度，当罚款还不能解决问题的时候，扭曲的政绩观就会驱使基层决策者采用血腥、暴力、强制的手段打击超生，以致强制引产事件屡屡发生。类似“强制引产”的野蛮执法，不仅违背一般法治原则和人道精神，其所使用的强制手段，也是违反国家“计划生育”基本立法原意的。我国《人口与计划生育法》第 18 条规定：“国家稳定现行生育政策，鼓励公民晚婚晚育，提倡一对夫妻生育一个子女；符合法律、法规规定条件的，可以要求安排生育第二个子女。”对于该条规定，权威出版的《中华人民共和国人口与计划生育法释义》一书指出：“本法对生育政策规定的原则之一即是‘国家推行计划生育，对公民来说不是强制性义务，是倡导性义务，主要采取国家指导、群众自愿，因此必须从鼓励和提倡入手’。”〔1〕可见立法者对于“计划生育”义务，并没有将其定性为必须强制公民履行的强制性义务，而更多的是一种倡导性义务。对于违反此种义务，除了征缴“社会抚养费”作为补偿和惩戒外，也不得采取任何强制公民履行的其他手段。在 2012 年《行政强制法》施行后，类似于“强制引产”等强制公民履行“计划生育”义务的所谓执法措施（包括某些行政规定），均是违法和无效的，应当立即纠正和逐步清理。可见，上自宪法法律，下至法规规章，从没有规定如此野蛮的执法手段，但是这样的野蛮执法行为一直屡见不鲜，其根源就是“计划生育一票否决”压力下被扭曲的政绩观作祟。

6. 行政救济缺失，信访复议无门。“计划生育”行政复议是指公民、法人或其他组织以计划生育行政主体作出的具体行政行为侵犯其合法权益为由，依法向有复议权的行政机关申请复议，受理申请的复议机关依照法定程序对引起争议的具体行政行为进行审查并作出裁决的活动。〔2〕“计划生育”行政复议是“计划生育”行政执法最主要的行政领域内部的救济渠道，此外还包括行政监察和信访等。这些行政内部监督机制本应是公民权益的守护者，应

---

〔1〕 张春生主编：《中华人民共和国人口与计划生育法释义》，中国法制出版社 2003 版，第 165 页。

〔2〕 参见崔卓兰主编：《计划生育法律问题研究》，法律出版社 2013 年版，第 269 页。

当担负起对行政权的运作进行自我审查的作用和使命。但在现实中，这些行政性的救济机制对“计划生育案件”设有禁区，公民生育权益和其他相关权益受到侵害无法在行政渠道内获得解决，甚至面临被“截访”、“办学习班”的危险。前引《临沂计划生育调查手记》显示，多地基层政府均通过非法的“学习班”、“小黑屋”等形式，强行关押控告和申诉“计划生育”违法执法问题的群众，完全无视《行政复议法》、《行政监察法》和《信访条例》等法律法规赋予公民的行政救济权利。[1]

（三）我国“计划生育”司法层面的问题

“计划生育”行政执法是典型的具体行政行为，理应受到行政内部救济渠道的监督和行政诉讼的司法审查，但是在中国当下，人民法院受理或者依法审理“计划生育”行政执法纠纷案件几乎没有可能，甚至还主动或被动加入“计划生育”执法队伍，导致公民生育权被侵犯后得不到司法救济。

1. “计划生育”行政案件属于司法“禁区”。受行政诉讼受案范围的限制，以及受制于司法实践中的“禁忌”与“潜规则”，[2]“计划生育”类行政案件无法或者很难进入法院大门，横行乡里的“计划生育”行政权力很难受到司法审查的制约，不仅公民生育权受到侵害时很难得到救济，即使在“计划生育”行政执法中其人身、财产权益受到侵害时，亦很难得到保护。作为首善之区的北京市，其高级人民法院下发的一则“计划生育案件受理范围和执行问题”的通知显示，该院不仅为公民提起“计划生育”行政诉讼设置了重重障碍，而且还为所谓“社会抚养费”征缴的执行大开方便之门。[3]一份来自广东省河源市紫金县人民政府的文件则显示，县政府成立“计划生育行政诉讼和申请执行计划生育非诉讼工作领导小组”，由副县长、县计划生育局局长、县人民法院副院长分任组长、副组长，县卫生、监察、公安、计划生育、法制、司法等主管部门成员为组员，负责指导、协调和处理相关工作。[4]在这样的机构架设下，法院对“计划生育”行政执法的司法审查职能

---

〔1〕滕彪：“临沂计划生育调查手记”，载共识网，http://www.21ccom.net/articles/zgyj/ggzhc/article_2010082616886.html，2014 年 4 月 1 日 23:30 最后访问。

〔2〕参见范忠信：“中国司法传统与当代中国司法的潜规则”，载百度文库，http://wenku.baidu.com/view/97dd86d276eeaeaad1f33024.html，2014 年 4 月 1 日 23:30 最后访问。

〔3〕参见北京市高级人民法院：“计划生育案件受理范围和执行问题”，载中顾法律网，http://news.9ask.cn/xzss/bjtt/200910/248456.html，2014 年 4 月 1 日 23:30 最后访问。

〔4〕参见广东省河源市紫金县政府文件《印发关于计划生育行政诉讼和执行非诉讼案件的实施意见的通知》（紫府〔2002〕109 号）。

无疑会被架空，而文件主要内容也显示，保障“申请执行计划生育非诉讼工作”，即依“计划生育”执法部门的申请向当事人征缴“社会抚养费”的顺利进行，才是这份文件制定和实施的初衷。另有来自法院方面的调研报告显示，基层法院将“严把立案关”，“通过依法维护计划生育管理部门行使计划生育管理权，坚定了基层干部做好计划生育工作的信心和决心”作为工作成绩和经验加以介绍；虽然报告承认，在“计划生育”行政诉讼中也存在着诉权交代不清和适用程序不当等问题，但他们更为关心的是“申请执行计划生育非诉讼案件”，即“社会抚养费”征缴难的问题，而他们给出的应对方案是“加强部门间协作配合，加大计划生育案件执行工作力度”。[1]在这样的重重压力与关联之下，人民法院很难做到依法受理和公正审理“计划生育”行政诉讼案件，维护公民的合法权益。

2. 基层司法机关参与“计划生育”行政执法。基层法院不仅做不到监督“计划生育”的行使，审查其合法性，反而有时“助纣为虐”，在“维稳”的高压下，参与基层政府主导的“计划生育攻坚战”，“计划生育专项斗争”，甚至出动国家暴力机器威慑群众。在很多地方出现的“计划生育”野蛮执法事件中均可以看到法院、检察院和公安机关的身影，执法部门和基层政府就是要造成一种国家暴力机器做后盾的高压态势，迫使公民遵守和服从“计划生育”执法。据报道，2003 年年初至今，福建省宁化县法院共受理征收“社会抚养费”案件 76 件，全部执行终结，实际执行标的 234 144 元，居全市各县市首位，得到县委县政府的高度赞誉。在执行过程中，该院坚持宣传教育在先，强制执行在后的原则。从宣传计生国策及违反计划生育的危害入手，促进当事人自动履行。在执行终结的 76 件中，有 61 件自动履行。针对一些“钉子户”、“刁难户”，该院采取精心组织、统一行动、重点突破的策略，并对典型案件曝光，取得了执行一案带动一片的效果。同时，该院坚持边执行边监督，如发现行政机关在实施具体行政行为中存在不完善之处便主动向其提出，不断规范行政行为，促进依法行政。一年多来，该院共向计生部门提出合理化建议 8 条，全部得到采纳。[2]这一报道的标题是《宁化法院积极服务当地计生工作》，而且堂而皇之地登上了“中国法院网”加以宣传报道，本

---

〔1〕 参见“法院计划生育行政诉讼和非诉讼执行案件审执情况调研报告”，载 http：//wendang.freekaoyan.com/baogaozongjie/diaoyanbaogao/20071215/119772693390118_2.shtml，2014 年 4 月 1 日 23：30 最后访问。

〔2〕 参见曹春祥、巫朝辉：“宁化法院积极服务当地计生工作”，载中国法院网，http：//old.chinacourt.org/public/detail.php? id = 115600，2014 年 4 月 1 日 23：30 最后访问。

应该是对基层“计划生育”执法进行监督的法院，却以“服务”当地计生工作为荣耀，可见基层法院在“计划生育”行政执法中角色之错位何等严重。

3. 基层司法机关受制于“计划生育”行政执法。由于司法体制改革还有待深化，司法独立只是学术界的美好愿望，基层法院自身各项事务均受制于地方政权，甚至其自身的“计划生育”问题也需要仰仗于地方“计划生育”行政部门。法院每年干部职工的“计划生育”情况是地方政府对法院考核的重要指标，故法院即使受理“计划生育”案件，亦无法有效承担司法救济之职责。有报道显示了某基层法院“计划生育”工作的开展情况，“一是领导重视，成立了以院长为组长的计生工作领导小组，并将计生工作列入目标管理进行责任制考核，强调在完成各项工作的同时，要同步完成计生工作的各项指标，对计生工作年终考核行使一票否决权。二是提供生殖健康优质服务，为育龄妇女创造方便条件。三是成立计生案件强制执行领导小组，对计生案件从立案到实施强制措施均开辟‘绿色通道’，做到快立案，快执行，人员车辆双优先，确保计生案件能顺利快速执行。……七星高新区人口计生局局长谢正刚……对该院2010年度人口和计划生育工作给予了充分肯定。……同时，领导就抓好今后人口和计划生育工作提出了明确要求，并希望七星区法院在人口和计划生育工作方面继续多出经验、出好经验，为全区人口和计划生育工作多做贡献”。[1]由此可见，基层司法机关的“计划生育”工作极大地受制于“计划生育”行政执法部门。在这种情况下，对基层司法机关客观公正审理“计划生育”行政案件也就很难抱有更大的期望了。

四、我国“计划生育”法制的正当性修复

综合前文的讨论，笔者的基本立场是：综观中西法律传统，“生育”应当被视为是一项基本人权，这不仅是国际人权发展潮流的要求，也是我国建设法治国家与和谐社会的应有之义。作为公民基本权利，生育权可以因为国家和社会发展的重大正当理由和目的受到国家干预，但是国家干预公民生育权的手段和范围需要有正当性与合法性，需要有伦理和法理上的依据。我国现阶段将“计划生育”作为基本国策，具有目的上的正当性，但是在对公民生育权的性质认定上存在暧昧不明之处，在推行这项基本国策的手段和方式上

---

〔1〕 参见卜庆文、谌姝霖：“七星区法院计划生育工作成绩突出”，载桂林市七星区法院网，http：//glqxfy. chinacourt. org/public/detail. php？ id =97，2014年4月1日23：30最后访问。这样的报道在互联网上随处可见，由此亦可看出基层法院受制于“计划生育”行政执法是一种普遍现象。

存在重大的合理性缺失，应当对我国国家干预公民生育的立法、执法和司法等层面进行正当性修复。基于这样的基本立场，参考有关学者的研究成果，笔者认为，应当对我国国家干预公民生育的基本国策及其执行进行正当性修复和法理伦理改良。具体建议如下：

（一）法理层面的正本清源

在法理上，应当顺应世界民主法治人权的发展潮流，将“生育”定性为公民的宪法基本权利。[1]这样的定性并不妨碍国家“计划生育”基本国策的推行。

1. 国家“计划生育”基本国策的正当性来源于保障公民基本人权的目的。因此，国家推行“计划生育”基本国策，其宗旨与目的只能是保障和促进基本人权，否则就不具备正当性与合法性。将“生育”定性为公民基本权利并不违背现行“计划生育”基本国策的宗旨与目的。

2. 在将“生育”定性为基本人权的前提下，我国的“计划生育”基本国策也能获得正当性解释。因为承认和确立“生育权”作为公民基本权利的地位，并不否认国家基于国家发展战略的需要对其进行必要的干预。在现代福利行政背景下，对公民基本权利科以社会性义务是具有理论与现实依据的。所以，将“生育”定性为公民基本权利，并不意味着公民在行使此权利时可以无拘无束为所欲为，而应当受到国家发展战略和社会现实条件的制约。国家据此干预生育，鼓励甚至要求公民“计划生育”，仍然具有正当性与合法性。

3. 将“生育”定性为公民基本权利，可以从法理上遏制“计划生育”国策执行中的诸多侵犯基本人权之举，从而巩固“计划生育”基本国策的正当性与合法性基础，也有利于减轻国际舆论压力，回应人民权利诉求。

4. 将“生育”定性为公民基本权利，也为我国现行“计划生育”基本国策在今后依据社会条件的变化而采取的调整预留了法理空间。随着我国经济社会的加快发展，人口结构的急剧转型，“人口红利”日益消耗，老龄化社会提前到来，我国有必要从国家政策层面重新审视“计划生育”问题，有必要对“计划生育”的基本国策作出战略性调整。将“生育”定性为公民基本权利，有助于从法理层面为“计划生育”基本国策的调整提供理论支持。

---

〔1〕 参见湛中乐、伏创宇：“生育权作为基本人权入宪之思考”，载《南京人口管理干部学院学报》2011 年第 2 期；张学军：“生育自决权研究”，载《江海学刊》2011 年第 5 期。

（二）立法层面的协调完善

在法理层面正本清源之后，还应当对现行“计划生育”立法体系进行进一步的协调与完善。在“计划生育”立法层面，要坚持可持续发展、权利义务相统一、因地制宜和法制统一的原则，对现行的“计划生育”立法体系进行全面而系统的清理与整顿，有些立法文件还需要进行必要的修订和完善。[1]具体而言：

1. 在对待与生育权有关的国际法文件上，应当采取积极的态度，勇于承担国际责任，尽快批准和承认有关人权和生育权保障的国际法文件，从而一方面切实提升国内人权保障水平，另一方面树立起负责任大国的对外形象。

2. 在与“计划生育”基本国策有关的宪法规定上，可以暂不修改有关条文的表述，但应当发展宪法解释技术，启动宪法解释机制，将“国家推行计划生育，使人口的增长同经济和社会发展计划相适应”的规定解释为根据经济和社会发展的变化可以调整目前的计划生育政策，将“夫妻双方有实行计划生育的义务”扩张解释为包括个人生育行为，以规制科技发展带来的生育问题。[2]

3. 在计划生育基本立法的完善上，应当增加立法的可行性，并且确立和落实“权利本位”的立法指导思想，修订有关“义务本位”的规定，加强计划生育服务职能，承担起国家对公民的责任。在立法内容方面，尤其应当尽快废除一孩生育行政许可制度，充分保障公民的初次生育权；适时调整生育政策，开放生育第二胎。[3]

4. 在相关行政法规、地方性法规的修订完善上，应当坚持依照立法权限立法，杜绝以罚代管和自我授权，坚持“以人为本”的立法原则，以中央立法统领地方立法，清理行政法规、地方性法规与“计划生育”基本立法不一致的内容，同时注意总结行政法规和地方性法规中的成功经验，并上升为中央立法。

5. 在规章以下的与“计划生育”有关的行政规定的完善上，应当进行彻

---

〔1〕 参见崔卓兰主编：《计划生育法律问题研究》，中国法制出版社 2013 年版，第 91 ~ 94 页；另见湛中乐等：《公民生育权与社会抚养费制度研究》，法律出版社 2011 年版，第 260 页。

〔2〕 需要说明的是，笔者虽然主张“生育权”应当作为公民的基本权利，但是并非刻意追求将此权利入宪。一方面并非只有宪法明文规定的才堪称基本权利，另一方面也不需要宪法作出明确规定，可通过宪法解释技术将其解释为“保留权利”、“当然人权”，只是目前中国宪法解释机制一直沉睡而无从启动。

〔3〕 参见崔卓兰主编：《计划生育法律问题研究》，中国法制出版社 2013 年版，第 104 页。

底的行政规定清理与审查工作，依据规则制定权限，修改和废除有关违反上位法、自我授权、以罚代管的行政规定，结束计划生育执法准据上的混乱和粗疏局面。

（三）执法层面的正当性修复

在“计划生育”行政执法层面，除了细化相关法规，上移执法准据外，还应当树立“以人为本”的执法理念，杜绝“以罚代管”现象；应当增加执法投入，实行“收支两条线”，杜绝“罚款养人”现象；应当树立公平公正的执法理念，杜绝“敛财执法”现象；应当转变政绩考核机制和政绩观念，杜绝“暴力执法”现象；应当完善行政救济渠道，杜绝“执法犯法”现象。此外，根据学者的研究，还应当完善“计划生育”行政执法的程序，并严格遵循法定程序执法。[1]具体而言：①明确规定颁发各种与“计划生育”有关的证照的法定期限，保障相对人的程序权利；②作出“计划生育”行政执法行为应当采取要式形为的规定，以便于相对人据此要式维护自身合法权益；③作出“计划生育”行政执法的相关决定时应当告知行政相对人有关权利的规定，以便于相对人行使救济权利；④“计划生育”行政复议机关应当在法定期限内作出复议决定，以尽快解决“计划生育”行政纠纷；⑤“计划生育”执法机关应当依法申请人民法院强制执行，以杜绝暴力执法和野蛮执法；⑥提高“计划生育”行政执法人员的法律意识和个人的执业素养，以加强“计划生育”行政执法能力和水平；⑦定期派“计划生育”行政执法监督专员到各地督查，以实现对“计划生育”行政执法的有效监督；⑧建立完善的“计划生育”经费监管机制，以保障“社会抚养费”真正做到“取之于民，用之于民”。

（四）司法层面的正当性修复

在“计划生育”司法层面，应当坚守司法机关依法独立审判的地位，切实发挥监督“计划生育”行政执法的基本功能，充分保障人民群众的生育权利。具体而言，人民法院应当依照《行政诉讼法》受案范围的有关规定，杜绝“计划生育”行政案件司法潜规则，将“计划生育”行政案件纳入司法审查的范围；应当坚持“司法依法独立”，保持法院中立裁判地位，避免参与“计划生育”执法，避免既当“运动员”又当“裁判员”；应当继续深化司法体制改革，杜绝地方政府借机干预“计划生育”执法案件的司法审判，也避免司法机关因自身的“计划生育”工作受制于“计划生育”行政机关而影响

---

〔1〕 参见崔卓兰主编：《计划生育法律问题研究》，中国法制出版社2013年版，第136~139页。

审判的公正和权威。

总之，一个和谐稳定的社会，必须是一个尊重与保护每一个公民人权和尊严的社会。“生育权”作为公民最大和最基本的人权，必须受到国家宪法和法律的切实保护。“计划生育”基本国策不可动摇，并不意味着“计划生育”国策的执行手段和方式不需要随着经济和社会发展的实际情况作出调整。尤其是在现行“计划生育”执法正当性极度缺失的情况下，探讨国家干预公民生育的伦理与法理依据，对其进行正当性与合法性修复显得极为紧迫和重要。

春秋爵命制度与诸侯交往法制

张　锋*

按照《周礼》、《礼记》、“春秋三传”等传统文献的说法，周代诸侯的身份等级，是依照周王室颁定的“爵命”制度进行排序分等的。所谓“爵”即爵位，所谓“命”即授命。据《礼记·王制》称，在虞夏时代就出现了爵制，殷周两代各有因袭损益，而尤以周代爵制最为发达，形成了周代的爵命制度。[1]春秋以后，周代的爵命礼制逐渐走向崩溃，在这个历史进程中，爵命制度对春秋时代的列国交往法制产生了深刻影响，其在春秋时代走向衰落的过程，更可说明春秋各国交往法制的一般走向，值得关注。

一、文献所载的春秋诸侯“爵命”体制

在春秋时代诸侯国间日益频密的交往中，确定诸侯国法律地位高低的制度，一般按照诸侯所拥有的爵位等级的高低来区分，即在传统经典中提到的“爵命”。“爵命”由两部分组成，“爵”就是爵位，指贵族的爵位等级；“命”指任命，指爵位的任命来源。周代的爵制情况究竟如何，一直存在较大争议，不独文献上的记载多有出入，出土金石材料与文献冲突之处也不少。但从总体上看，说“爵命”是周代通行的贵族爵制，则并没有多大的问题，尽管《礼记》、《周礼》、《孟子》等先秦文献中较系统地提到周代爵制的文字在细节上有所冲突，其内容有的简略，有的概指，有的含糊其辞，有的是推想之语，而且大多是后人追记，但从近年结合文献记载与金石考古的研究成果看，

---

* 作者系河北联合大学讲师、中国人民大学法律史专业2011级博士研究生。

〔1〕参见十三经注疏整理委员会整理，（汉）郑玄注，（唐）孔颖达疏：《礼记正义》，北京大学出版社1999年版，第387页。

完全否认周代存在爵制的观点是难以成立的。[1] 在此姑且将先秦典籍中谈论爵命制度最详细的《周礼·春官宗伯·典命》中的一段文字引出，以观其详：

> 典命掌诸侯之五仪、诸臣之五等之命。上公九命为伯，其国家、宫室、车旗、衣服、礼仪，皆以九为节；侯、伯七命，其国家、宫室、车旗、衣服、礼仪，皆以七为节；子、男五命，其国家、宫室、车旗、衣服、礼仪，皆以五为节。
>
> 王之三公八命，其卿六命，其大夫四命。及其出封，皆加一等。其国家、宫室、车旗、衣服、礼仪亦如之。
>
> 凡诸侯之适子誓於天子，摄其君，则下其君之礼一等；未誓，则以皮帛继子、男。
>
> 公之孤四命，以皮帛视小国之君，其卿三命，其大夫再命，其士一命，其宫室、车旗、衣服、礼仪，各视其命之数。侯、伯之卿、大夫、士亦如之。子、男之卿再命，其大夫一命，其士不命，其宫室、车旗、衣服、礼仪，各视其命之数。[2]

按照这种说法，诸侯分为五等，诸侯下的臣僚也分五等，一共十个等级，由中央政府分别授予自九命到无命的阶衔。概括起来，可作下表是观：

表1－1 《周礼·春官宗伯·典命》所载周代爵命制度

命	爵位	身份
九命	上公	诸侯
八命	王之三公	卿、大夫
七命	侯、伯	诸侯
六命	王之卿	卿、大夫
五命	子、男	诸侯
四命	公之孤卿、王之大夫	卿、大夫

---

〔1〕 参见王世民：“西周春秋金文中的诸侯爵称”，载《历史研究》1983年第3期；陈恩林：“先秦两汉文献中所见周代诸侯五等爵”，载《历史研究》1994年第6期；张铮：“论周代五等爵制与五服制”，载《求索》2007年第12期。

〔2〕 十三经注疏整理委员会整理，（汉）郑玄注，（唐）孔颖达疏：《周礼注疏》，北京大学出版社1999年版，第640～645页。

续表

命	爵位	身份
三命	公、侯、伯之卿	卿
再命	公、侯、伯之大夫，子、男之卿	卿、大夫
一命	公、侯、伯之士，子、男之大夫	大夫、士
无命	子、男之士	士

可见，《周礼》所描绘的爵命体制，分为封建的诸侯和附属的臣僚两大体系。

封建的诸侯，分公、侯、伯、子、男五种，共三等：公为第一等，九命。侯、伯为第二等，七命。子、男为第三等，五命。

附属的臣僚，分公、[1]卿、大夫、士四种，按照所服侍的君主等阶不同，各有各自的等阶。王室三公为八命，王室之卿为六命，王室大夫为四命。作为地方诸侯的公、侯、伯不设天子级别的三公，但“公”级别的诸侯，可以在其臣僚中设立“孤卿”作为最高的卿，[2]与王室大夫一样是四命，“侯、伯”这第二等的诸侯，不设“孤卿”，[3]而设卿、大夫、士三种。这样，公、侯、伯前两等诸侯的臣僚就有孤卿、卿、大夫、士四级，其中孤卿为四命，卿为三命，大夫为再命（二命），士为一命。而第三等诸侯的子、男，其卿为再命，与一、二等诸侯的大夫同等。其大夫为一命，与一、二等诸侯的士同等。子、男诸侯的士无命。

当然，经过现代史学家的考据和考古的结论，对于周代究竟是否存在这样一种规整的爵制，曾占主流的观点是否定和怀疑的。[4]不过，近年学界的

---

〔1〕 天子（王室）之“公”，即三公之“公”，而不是诸侯的“公”爵。

〔2〕 据《春秋左传正义》载，鲁宣公十六年晋以士会为中军元帅、太傅，要向天子申请士会的册封。其注曰：“大傅，孤卿。”《周礼》“典命”条注“孤卿”曰：“郑司农云：九命上公，得置孤卿一人。《春秋传》曰：‘列国之卿，当小国之君，固周制也。’”春秋时代列强争霸，霸主是有权使用“公”这一级别的诸侯特权的。参见：十三经注疏整理委员会整理，（晋）杜预注，（唐）孔颖达疏：《春秋左传正义》，北京大学出版社2000年版，第774页；十三经注疏整理委员会整理，（汉）郑玄注，（唐）孔颖达疏：《周礼注疏》，北京大学出版社1999年版，第640～645页。

〔3〕 依《春秋左传正义》所载，诸侯为侯伯者，即称霸（伯主）的诸侯，虽非公爵，可以享有专设孤卿的特权。可参见文六年晋设太傅阳子、太师贾陀，宣十六年晋设太傅士会等事。

〔4〕 参见傅斯年：“论所谓‘五等爵’”，载《历史语言研究所集刊（第二本第一分）》，中华书局1987年版，第110～129页；郭沫若：“周代彝铭中无五服五等之制”，载郭沫若：《中国古代社会研究（外二种）》，河北教育出版社2000年版，第251～255页；童书业：《春秋史》，中华书局2006年版，第113页。

研究成果表明，春秋时代确实继承了西周时代的法律传统，有一套完整的爵命制度，这一点并不能被完全否认。[1] 主要的证据，是密布于《左传》和《国语》中关于当时爵命制度的大量记载：

《春秋左传正义》中的证例有：

鲁隐公元年蔑之盟，言及邾克爵命事：

> 三月，公及邾仪父盟于蔑，邾子克也。未王命，故不书爵。曰“仪父”，贵之也。[2]

鲁庄公二十七年，天王赐齐桓公为侯伯：

> 王使召伯廖赐齐侯命，且请伐卫，以其立子颓也。[3]

鲁文公元年，文公即位，天王赐命以彰明其合法性：

> 天王使毛伯来锡公命。[4]

鲁成公八年，天子赐命鲁成公，这是当时天王赐命迟延的例子：

> 秋，七月，天子使召伯来赐公命。[5]

鲁成公二年，鲁成公会晋师于上鄍，赐晋将佐命服：

> 秋，七月，晋师及齐国佐盟于爰娄，使齐人归我汶阳之田。公会晋师于上鄍，赐三帅先路三命之服，司马、司空、舆帅、候正、

---

〔1〕 参见瞿同祖：《中国封建社会》，上海世纪出版集团2005年版，第46~53页；王玉哲：《中华远古史》，上海人民出版社2000年版，第585~586页。

〔2〕 十三经注疏整理委员会整理，（晋）杜预注，（唐）孔颖达正义：《春秋左传正义》，北京大学出版社2000年版，第56页。

〔3〕 十三经注疏整理委员会整理，（晋）杜预注，（唐）孔颖达正义：《春秋左传正义》，北京大学出版社2000年版，第327~328页。

〔4〕 十三经注疏整理委员会整理，（晋）杜预注，（唐）孔颖达正义：《春秋左传正义》，北京大学出版社2000年版，第555页。

〔5〕 十三经注疏整理委员会整理，（晋）杜预注，（唐）孔颖达正义：《春秋左传正义》，北京大学出版社2000年版，第839页。

亚旅，皆受一命之服。[1]

鲁襄公十九年，鲁襄公享晋六卿将佐于蒲圃，赐之命服：

公享晋六卿于蒲圃，赐之三命之服；军尉、司马、司空、舆尉、候奄皆受一命之服。[2]

鲁昭公三年，游吉如晋送少姜葬，言及送葬礼制及爵命制度：

三年，春，王正月，郑游吉如晋，送少姜之葬。梁丙与张趯见之。梁丙曰："甚矣哉！子之为此来也。"子大叔曰："将得已乎？昔文、襄之霸也，其务不烦诸侯，令诸侯三岁而聘，五岁而朝，有事而会，不协而盟。君薨，大夫吊，卿共葬事。夫人，士吊，大夫送葬。足以昭礼、命事、谋阙而已，无加命矣。今嬖宠之丧，不敢择位，而数於守适，唯惧获戾，岂敢惮烦？少姜有宠而死，齐必继室。今兹吾又将来贺，不唯此行也。"[3]

《国语》中的记载，略举例几则以证之：

《晋语四》记秦穆公宴重耳事，言及此宴使用诸侯相见之礼及诸侯命服制：

明日宴，秦伯赋《采菽》，子余使公子降拜。秦伯降辞。子余曰："君以天子之命服命重耳，重耳敢有志，敢不降拜？"[4]

《周语上》记襄王赐命晋惠公、晋文公事：

襄王使邵公过及内史过赐晋惠公命，吕甥、郤芮相晋侯不敬，晋侯执玉卑，拜不稽首。

……

〔1〕 十三经注疏整理委员会整理，（晋）杜预注，（唐）孔颖达正义：《春秋左传正义》，北京大学出版社2000年版，第805～806页。

〔2〕 十三经注疏整理委员会整理，（晋）杜预注，（唐）孔颖达正义：《春秋左传正义》，北京大学出版社2000年版，第1097～1098页。

〔3〕 十三经注疏整理委员会整理，（晋）杜预注，（唐）孔颖达正义：《春秋左传正义》，北京大学出版社2000年版，第1355～1357页。

〔4〕 徐元诰撰：《国语集解》，中华书局2002年版，第339页。

> 襄王使太宰文公及内史兴赐晋文公命，上卿逆于境，晋侯郊劳，馆诸宗庙，馈九牢，设庭燎。及期命于武宫，设桑主，布几筵，太宰莅之，晋侯端委以入。太宰以王命命冕服，内史赞之，三命而后即冕服。既毕，宾、飨、赠、饯如公命侯伯之礼，而加之以宴好。[1]

以上诸例，都可以证实当时确实存在爵命制度，且《周礼》所言不同爵级间诸侯贵族的高下等阶，在《左传》、《国语》等文献中都可找到对应之处。因此，比较审慎的观点，当是在没有十分过硬的证据时，尚不可否认周代，尤其是春秋时代爵命制度的存在。当然，当时的爵命制度是否完全就是《周礼》等典籍所描述的那种情况，则也不可妄言判断。

二、爵命体制对春秋时代的诸侯交往的影响

值得注意的是，春秋时代的诸侯交往活动，特别是春秋前期的诸侯交往，确实是受到当时的爵命制度深刻影响的。

依照《春秋左传正义》这个基本文献材料，笔者经过粗略的统计，春秋诸侯国间的会盟活动，共数约在230次，会盟以外的交战、朝聘、吊问活动更是多到不可胜数。在这些诸侯国间的交往中，可以明显看到当时诸侯爵命制度对列国法律地位的影响，而这种影响也不是一成不变的，在春秋时代这二百多年的历史中，列国的法律地位等阶，经历了从以爵命为确定依据到以实力和利益为确定依据的变化过程。

关于此点，可先以春秋前期几次规模较大、参与列国较多、影响较深远的事件为例进行观察。

例1：隐八年瓦屋之盟。关于此次盟会，依《春秋左传正义》，隐公八年《经》曰：

> 秋，七月，庚午，宋公、齐侯、卫侯盟于瓦屋。[2]

根据这个记载，此次盟会的顺序是：宋、齐、卫。此次会议的议题是齐国主持斡旋宋、卫两国间的纠纷。齐国是此次会议的召集国和主持方，本应当在排序上排首位。但宋国是公爵，齐国、卫国都是侯爵，本次会盟，各国

---

〔1〕 徐元诰撰：《国语集解》，中华书局2002年版，第31~36页。

〔2〕 十三经注疏整理委员会整理，（晋）杜预注，（唐）孔颖达正义：《春秋左传正义》，北京大学出版社2000年版，第125页。

的外交代表都是国君，因此便以国君的爵位排序：宋在前，齐、卫在后。

杜预注《经》曰：

> 齐侯尊宋，使主会，故宋公序齐上。[1]

孔颖达疏《经》曰：

> 《春秋》之例，国以大小为序。《外传·郑语》云："齐庄、僖於是乎小伯。"此齐侯即僖公也。此盟平宋、卫也。齐为会主，则齐宜在上。今宋在齐上，故特解之，由宋敬齐侯与卫先遇，故齐侯尊宋使为会主。[2]

孔颖达解释说"《春秋》之例，国以大小为序"，这当不甚确切，因为春秋时代列国会盟的次序是一个变化的过程。从本次会盟的经文记载看，在春秋初年，爵命体制对列国的会盟活动还起着严格的规范作用。

例2：隐十一年滕、薛两国朝鲁争长事。鲁隐公十一年，鲁国相邻的两个小国薛、滕来朝鲁国，由于两国当时都是侯爵，无法确定谁先谁后，便在朝会次序上发生了争议。《春秋左传正义》，隐公十一年《传》曰：

> 十一年，春，滕侯、薛侯来朝，争长。薛侯曰："我先封。"滕侯曰："我，周之卜正也。薛，庶姓也。我不可以后之。"公使羽父请於薛侯曰："君与滕君，辱在寡人。周谚有之曰：'山有木，工则度之；宾有礼，主则择之。'寡人若朝于薛，不敢与诸任齿。君若辱贶寡人，则愿以滕君为请。"薛侯许之，乃长滕侯。[3]

杜预注曰：

> 周之宗盟，异姓为后。盟载书皆先同姓。[4]

---

〔1〕十三经注疏整理委员会整理，（晋）杜预注，（唐）孔颖达正义：《春秋左传正义》，北京大学出版社2000年版，第125页。

〔2〕十三经注疏整理委员会整理，（晋）杜预注，（唐）孔颖达正义：《春秋左传正义》，北京大学出版社2000年版，第125页。

〔3〕十三经注疏整理委员会整理，（晋）杜预注，（唐）孔颖达正义：《春秋左传正义》，北京大学出版社2000年版，第140~142页。

〔4〕十三经注疏整理委员会整理，（晋）杜预注，（唐）孔颖达正义：《春秋左传正义》，北京大学出版社2000年版，第141页。

薛侯主张“我先封”，是指本国受封比滕国早。而滕侯主张“我，周之卜正也。薛，庶姓也。我不可以后之”，认为自己做周的卜正官，是周的同姓国，与鲁国同姓，而薛不是姬姓诸侯国，所以认为“我不可以后之”。鲁国根据“周之宗盟，异姓为后”的法则，确定在爵位相同的情况下，在鲁国国内的朝聘，比照周室盟会的惯例，按照“宾从主礼”和“与主盟国同姓者优先，异姓者为后”的法则排序，让滕侯排在了薛侯前面。同时又向薛侯表示：“寡人若朝于薛，不敢与诸任齿。”明确表示若自己朝薛时，自不会与薛同姓的任姓国家在顺序上争先。

可见，在春秋初年，诸侯相会的位列次序，与宗法礼制、爵命的关系是非常紧密的。

例3：践土之盟中的诸侯国排序。僖公二十八年《经》：

> 五月癸丑，公会晋侯、齐侯、宋公、蔡侯、郑伯、卫子、莒子，盟于践土。[1]

这次会盟，经文记载的顺序是：晋、齐、宋、鲁、蔡、郑、卫、莒。

在此次会盟中，晋、齐都是王室册封的侯伯，大略相当于周礼中所言的级别最高的“九命上公”、“九命作伯”，所以序于诸侯之上。关于侯伯，以晋文公受册封为例：

> 丁未，献楚俘于王，驷介百乘，徒兵千。己酉，王享醴，命晋侯宥。王命尹氏及王子虎、内史叔兴父策命晋侯为侯伯，赐之大辂之服，戎辂之服，彤弓一，彤矢百，玈弓矢千，秬鬯一卣，虎贲三百人。曰：“王谓叔父：‘敬服王命，以绥四国，纠逖王慝。’”晋侯三辞，从命，曰：“重耳敢再拜稽首，奉扬天子之丕显休命。”受策以出，出入三觐。[2]

在这次册命中，晋文公从侯爵上升到“侯伯”的地位，成为诸侯之伯，正式拥有王室授予的征伐诸侯、协和列国的特权。按《左传》上的说法，齐国也有这种特权。因此，在春秋之世，侯伯国家（也就是现在所说的霸主国

---

〔1〕十三经注疏整理委员会整理，（晋）杜预注，（唐）孔颖达正义：《春秋左传正义》，北京大学出版社2000年版，第505页。

〔2〕十三经注疏整理委员会整理，（晋）杜预注，（唐）孔颖达正义：《春秋左传正义》，北京大学出版社2000年版，第516–519页。

家）多序于其他国家之上。

宋是公爵，在诸侯中爵位较高，列于作为诸侯之长的"侯伯"之下，但位居其他侯爵国家之上。鲁、蔡是侯爵，列在宋之下。郑是伯爵，序于鲁、蔡之下。卫国本是侯爵，先世甚至曾做过"侯伯"，但一者入春秋后国势日衰，二者践土盟会时卫国正处于内乱中，参加盟会的卫国代表不是君主（卫成公出奔，不在本国），而是尚未受王室册命承认的卫国摄政叔武（卫成公的弟弟），所以称子，与莒同列。

但是，此次盟会的序列，《左传》中还有不同于此处的记载，在春秋晚期的鲁定公四年，诸侯会于召陵，《左传》记载卫国使节祝佗为卫国争取先歃权时的发言时提到：

> 祝佗私於苌弘曰："……晋文公为践土之盟，卫成公不在，夷叔，其母弟也，犹先蔡。其载书云：'王若曰：晋重、鲁申、卫武、蔡甲午、郑捷、齐潘、宋王臣、莒期。'藏在周府，可覆视也。"[1]

这里的顺序与前述春秋经上记载的顺序完全不同，即：晋、鲁、卫、蔡、郑、齐、宋、莒。据说这是"载在盟府"的盟约文本上的顺序，其真实性自无可怀疑。但这个顺序就完全乱掉了：晋、鲁、卫、蔡，原先受封时都是侯爵，郑是伯爵，反而放在齐国（侯爵）前面，宋是公爵，却放在齐的后面、莒的前面。

关于这个问题，孔颖达在僖公二十八年践土之盟经文的疏解中解释：

> 正义曰：传称"王子虎盟诸侯于王庭"。而不书子虎，知子虎临盟不与歃。定四年传称践土之盟："其载书云：'王若曰：晋重、鲁申、卫武、蔡甲午、郑捷、齐潘、宋王臣、莒期。'"其次与会不同者，会之班次以国大小为序，及其盟也，王臣临之，异姓为后，故载书之次与会异也。定四年召陵之会，传称"祝佗言於苌弘曰：'践土之盟，卫成公不在。夷叔，其母弟也，犹先蔡。'苌弘说，告刘子，乃长卫侯於盟。"如彼传文，则践土、召陵二盟，卫皆先蔡。而经书诸国之序，二会皆蔡在卫先者，《释例》曰："周之宗盟，异姓为后。故践土载书，齐、宋虽大，降於郑、卫。斥周而言，止谓王

---

〔1〕 十三经注疏整理委员会整理，（晋）杜预注，（唐）孔颖达正义：《春秋左传正义》，北京大学出版社2000年版，第1778～1786页。

官之宰临盟者也。其馀杂盟，未必皆然，践土、召陵二会，蔡在卫上，时国次也。至盟乃正其高下者，敬恭明神，本其始也。”〔1〕

也就是说，践土之盟中列国会晤时有一个顺序，而最后签订盟约时的签字则是另一个顺序。列国会晤，以国大小为序，签盟时，由于此次会盟，王室、重臣、王子亲临盟会现场主持盟会，属于“周之宗盟”，为了表示尊王，便将周室的宗亲同姓国放在前面，异姓国放在后面。

那么，在践土盟约的签盟顺序中，周的同姓国是晋、鲁、卫、蔡、郑，其中晋是新册封的侯伯，序第一，鲁、卫、蔡都是侯国，序在晋后，郑国爵伯，序在鲁、卫、蔡之后。这个排序是没有问题的。而周的异姓国中，齐是作为诸侯之长的“侯伯”，与晋相同，所以序第一，宋爵为公，序在齐后，莒爵为子，序在最后。

结论就是：在春秋前期的列国交往中，无论哪种排序，都是依照各国的爵命等级排列的，这是春秋前期诸侯交往中的一般法律规范，也是符合周代礼制“定贵贱、别亲疏”的基本精神的。具体的规则，则经历了从“序国以爵位”到“序国以大小”的变化，而在这个过程中，“周之宗盟，异姓为后”、“异姓相交，同姓居前”等法则，终春秋之世，并没有太大的变化。

三、春秋时代诸侯交往中爵命体制的破坏及破坏原因的法学分析

但这并不意味着春秋时代的爵命制度是一成不变的。正相反，作为“礼崩乐坏”时代大潮的一部分，诸侯的爵命制度也在春秋时代日渐被破坏，各国交往中的君主身份与国家地位也日益脱离传统的爵命体系，日益形成新的诸侯交往法则：从以爵位和亲缘为标准序列诸侯席位，过渡到以实力和利益为标准排列国家座次。而这种席位座次的变化，正反映出新秩序的形成和与之配套的新法律规范的形成。

（一）春秋时代诸侯交往中爵命体制的破坏

尽管在春秋诸侯交往中的身份排序法制上，大体仍然秉持前述各项基本法则，但从《左传》的相关记载中，也能看到这些法则被破坏和新法则创设的一般过程。大体而言，可以从相关文献记载中看出这样的趋势：随着历史的演进，在当时的诸侯国交往中，对这种依爵命排顺序的礼制，各国秉政者

〔1〕 十三经注疏整理委员会整理，（晋）杜预注，（唐）孔颖达正义：《春秋左传正义》，北京大学出版社2000年版，第505页。

的关注态度越来越松懈淡漠，而代之以实力和利益为标准的新排序。如陈国虽是侯国，但国土较小，又是妫姓国，属于“三恪”之国，本来排序在姬姓侯爵的卫国之下，但由于陈国近楚，为了抑制楚国的北上，齐桓公便将陈国“班在卫上，终於《春秋》”；[1]莒（子爵）、邾（子爵，原是附庸）这两个小国在齐国的支持下实力日益壮大，在春秋中后期的法律地位明显上升，乃至在会盟中可以位列薛、杞这些伯爵国家之上，而贵为侯爵的邢国则序在伯、男爵国之下；前面提到的薛、滕这两个国家，入春秋初为侯爵，但后来被称为薛伯、滕子，薛称“伯”的原因，据孔颖达疏：“齐桓霸诸侯，黜为伯。”[2]滕称子的原因则不详，僖公十九年经称“宋人执滕子婴齐”[3]，从这个事件以后，滕国在春秋经中只称子，则滕国降爵，当与宋襄公谋霸有关。由此可见，春秋时期的国家等阶排序与各国的国力变动和列强争霸的格局不无关系。另一个趋势是，春秋前中期的会盟者多为各国君主，而后期的会盟者多为各国的执政卿大夫，这反映了各国国内政治与国家结构的深刻变迁。也就是说，这种繁复和脱离时局变化的法律制度，正在日益为时人所抛弃。

（二）春秋时代爵命体制破坏原因的法学分析

春秋时代爵命体制的破坏，从法学角度分析，有多个原因。约略说来，可简析如下：

1. 王室衰弱，导致确保这一制度严格执行的中央权力日渐松弛。西周曾经是一个统一的、相对夏商两代而言更为集权化的王朝，王室不独掌握在军事上占压倒性优势的 14 个王师，且通过宗法礼制和婚姻血缘与地方诸侯保持着密切的统治联系。但平王东迁以后，由于王室日益衰弱，地方诸侯的离心独立倾向日益增强，原先约束其行为的王室礼法和交往规范日益崩溃。这种变化，一方面给地方诸侯以相当的活力，令地方诸侯国从宗周的严格控制下解放出来，在频密的诸侯间交往中成为日益明显具有相对独立性的法律主体。另一方面，则是宗周王室所颁行的制度在诸侯间越来越难以执行。以王室向新继位的诸侯颁布爵命授权为例，《春秋左传正义》鲁成公八年疏曰：“春秋之时，赐命礼废，唯文公即位而赐，成公八年乃赐，桓公死后追赐，其余皆

---

〔1〕十三经注疏整理委员会整理，（晋）杜预注，（唐）孔颖达正义：《春秋左传正义》，北京大学出版社 2000 年版，第 290 页。

〔2〕十三经注疏整理委员会整理，（晋）杜预注，（唐）孔颖达正义：《春秋左传正义》，北京大学出版社 2000 年版，第 140 页。

〔3〕十三经注疏整理委员会整理，（晋）杜预注，（唐）孔颖达正义：《春秋左传正义》，北京大学出版社 2000 年版，第 449 页。

不得赐。苟以得之为荣，故不复讥其缓也。”[1]可见来自中央的维系力量日益松弛，有的诸侯甚至以获得王室赐命为荣了。这令地方诸侯的胆量越来越大，僭越礼制的情况也越来越常见。

我们说，这其实是国家结构形式发生重大变革的表现，如果说西周时代还是中央严格控制地方的“封建联邦”体制的话，那么到平王东迁以后，西周的宗法封建统治秩序逐渐崩溃，随之出现的，正是春秋时代各国诸侯的活跃。虽然说“君子屡盟，乱是用长”[2]，但这其实是春秋时代的时代大潮，列国诸侯在屡乱屡盟、屡盟屡乱的怪圈里，其实是在寻找和建设一种新的国与国之间的秩序。

2. 列国实力的剧烈变动，导致这种制度的社会物质基础逐渐不复存在，而新的法律规范的社会物质基础则逐渐形成。先以晋国为例：晋国本是侯爵，入春秋时国家的疆域本不大，人口也不算繁庶，军力也不雄厚，依周室王命，春秋之初只能建一军[3]。但在晋献公上台以后，大力对外进行扩张，不顾王室禁令和宗法礼制，大灭同姓，广兼土地。随即扩军为二[4]，完全不把周室王命放在眼里。到晋惠公被俘于秦穆公时，晋人又作州兵，“甲兵益多”[5]，晋文公于城濮战前，已扩军为三[6]，城濮战后，晋国称霸诸侯，王室不得不派大员亲来抚慰，不仅肯定晋国以前的非礼非法的扩张行径，甚至还册封其为诸侯之长的“侯伯”，公开承认其霸主的合法地位。晋国遂更加肆无忌惮，又以御狄为名，在三军之外新编了“三行”[7]，作为新编军队的编制，这样

[1] 十三经注疏整理委员会整理，(晋) 杜预注，(唐) 孔颖达正义:《春秋左传正义》，北京大学出版社 2000 年版，第 839 页。

[2] 十三经注疏整理委员会整理，(汉) 郑玄笔，(唐) 孔颖达正义:《毛诗正义》，北京大学出版社 1999 年版，第 884 页。

[3] 参见十三经注疏整理委员会整理，(晋) 杜预注，(唐) 孔颖达正义:《春秋左传正义》，北京大学出版社 2000 年版，第 292 页。

[4] 参见十三经注疏整理委员会整理，(晋) 杜预注，(唐) 孔颖达正义:《春秋左传正义》，北京大学出版社 2000 年版，第 348 页。

[5] 十三经注疏整理委员会整理，(晋) 杜预注，(唐) 孔颖达正义:《春秋左传正义》，北京大学出版社 2000 年版，第 434 页。

[6] 参见十三经注疏整理委员会整理，(晋) 杜预注，(唐) 孔颖达正义:《春秋左传正义》，北京大学出版社 2000 年版，第 502 页。

[7] 称“行”而不称“军”，据杜预注称是为了“以辟天子六军之名”，考虑到春秋时代“行”经常用于形容步兵，而晋作“三行”的目的又是为了抵御善于步兵作战的狄族，故这里的“行”很可能是以步兵为主的军队。参见十三经注疏整理委员会整理，(晋) 杜预注，(唐) 孔颖达正义:《春秋左传正义》，北京大学出版社 2000 年版，第 527 页。

晋国实际上已经开始维持六个军的常备编制了，这不仅远远超出了在春秋之初王室对其确定的一军礼制，更是僭越了王室的六军礼制。到鲁成公三年，晋国干脆公然设立六军编制，视王室礼制法令为无物。六军编制的膨胀，是晋国强卿崛起的表现之一，不仅威胁到周室的礼制，更威胁到晋国公室的地位。所以到晋悼公在位时，一度裁掉新三军的编制。但实际上晋国的兵力保有量一直非常庞大：鲁昭公十三年平丘之会时，晋国诸卿为了威吓诸侯，在离平丘不远的邾南举行大阅兵，一股脑出动了四千乘大军（依春秋晚期的兵制，当为三十万人〔1〕）云集邾南，旌旗蔽日，车马喧天，令前来参加会议的列国代表无不色变。这无论如何早就超出了三军的编制。至于疆土，更是逾制之甚！按照过去的礼制和王室法令，本来各地方诸侯的疆土，有“天子之地一圻，列国一同”〔2〕之说，但晋国到春秋末期，其疆土已经扩张到数圻之多，光是其中几家强卿占有的土地和军力，就有“十家九县，长毂九百”〔3〕，加上“其馀四十县，遗守四千”〔4〕，相较于周代礼制的规定，真是数目惊人了。基于这样的国力，让它满足其初封的侯爵地位，显然是不可能的。

而其他一些为侯、伯爵国家的命运则远不能与晋国相比了。先以陈国观之，终春秋之世，陈国一直在扮演两个角色：一是做强权的附属，根据时势的不同，跟着某个强权东跑西颠地打下手；二是被强权蹂躏，不停地挨打，甚至连疆域与它相差不大的郑国也频繁地攻伐袭扰它。这样一个悲哀的侯国，最终的命运是被楚国灭掉、置县。陈国疆域本也不算太小，与郑国相类。但郑国自庄公以来一直是中原的小强国，东讨西伐，反复构衅邻邦，甚至连强横如晋、齐、楚、秦这些霸主级的强权也不敢对其小视。这样的国家，自然要争取与之相适应的法律地位。而陈这样拥有王命侯爵级别的诸侯，却始终为人所轻视，在春秋各国交往中很少发出自己的声音。同样作为侯爵的鲁国，

---

〔1〕关于春秋车制颇有争议，有一乘配徒兵十人说、三十人说、七十二人说等。现代军事史专著一般认为，春秋中晚期以后，每乘战车配徒兵七十二人较为可靠。参见蓝永蔚：《春秋时期的步兵》，中华书局 1979 年版；《中国军事通史》，军事科学出版社 1998 年版；《中国军事史》编写组：《中国历代军事制度》，解放军出版社 2006 年版；台湾三军大学编著：《中国历代战争史》，军事译文出版社 1983 年版等军事史学专著。

〔2〕十三经注疏整理委员会整理，（晋）杜预注，（唐）孔颖达正义：《春秋左传正义》，北京大学出版社 2000 年版，第 1176 页。

〔3〕十三经注疏整理委员会整理，（晋）杜预注，（唐）孔颖达正义：《春秋左传正义》，北京大学出版社 2000 年版，第 1406 页。

〔4〕十三经注疏整理委员会整理，（晋）杜预注，（唐）孔颖达正义：《春秋左传正义》，北京大学出版社 2000 年版，第 1406 页。

在春秋之世始终为齐、晋、楚所压制。在这个王室衰微、中央孱弱、纲纪大坏、礼制崩溃的时代里，显赫的出身若没有实力的支撑，其法律地位只能是不停地降级。到鲁襄公二十七年的弭兵会议上，鲁国执政卿季武子居然假借君命给鲁国使节叔孙豹施压，要求他在这次重要的会盟上将鲁国的法律地位降为晋国的属国，以免除向霸主缴纳贡赋的义务。可怜这个侯爵国家当年在受封时是如此显赫（“乃命鲁公，俾侯于东，锡之山川，土田附庸”〔1〕，“地方七百里，革车千乘”〔2〕），此时却落到如此地位。这样一个国家，在当时各国交往中的法律地位自然会离它本来的爵命越来越远。

可以确定的是，正是春秋时代列国实力的剧烈变动（不管是向着哪个方向的），导致原先划定列国权利与义务的爵命制度逐渐走向名存实亡。到战国之世，中原诸侯纷纷公然僭越称王甚至称帝。各国在其国内也推行各种官爵制度的革新，如封君制度和军爵制度，对西周以来的传统爵命制度构成了更大的冲击。从这个意义上讲，西周至春秋时代曾经对各国交往影响深远的爵命制度，在当时的时代趋势下，确实是日趋没落的。

3. 春秋各国内部国家结构的变革，导致这种制度的政治和法律基础不复存在。本来依照周制，受封的诸侯与诸侯的臣僚各有其爵命，但无论如何，在西周确立的封建礼制这样一种法律制度下，君主和臣僚的关系总是要“明贵贱、别亲疏”的，爵命，正是定上下、贵贱的重要制度设计。而春秋中叶以来，列国卿大夫势力逐渐崛起，干犯公室，专擅国柄。国家重器，握于其手，人事兴废，操于其口，甚至胆敢做出弑君逐嗣、废长立幼、秽乱宗室、杀戮王臣等原来西周礼制绝对不能容忍的大逆罪行，对此，中央王室和国内公室却不能予以有效的追究。如此，则君臣上下秩序完全混乱，各国内部的国家统治秩序也和传统宗周统治秩序一样，全面崩溃了。《论语》上提到，齐景公问政于孔子，孔子有感于齐国强卿陈桓擅政，言简意赅地答道：“君君、臣臣、父父、子子。”这个回答令齐景公大发感慨：“善哉！信如君不君，臣不臣，父不父，子不子，虽有粟，吾得而食诸?”〔3〕可见在孔子所处的春秋后期，强卿擅权已经成为列国中一个普遍性的政治问题。对于西周时代确立的

〔1〕 十三经注疏整理委员会整理，（汉）郑玄注，（唐）孔颖达正义：《毛诗正义》，北京大学出版社2000年版，第1661页。

〔2〕 十三经注疏整理委员会整理，（汉）郑玄注，（唐）孔颖达正义：《礼记正义》，北京大学出版社1999年版，第1090页。

〔3〕 十三经注疏整理委员会整理，（魏）何晏注，（宋）邢昺疏：《论语注疏》，北京大学出版社1999年版，第184页。

礼制而言，这个问题带来的破坏，绝对是结构性的、毁灭性的，强卿的出现破坏了西周礼制确立的封建身份法体制，破坏了大宗与小宗之间的正常关系，导致周代礼制秩序的结构性毁灭。

这是因为：虽然春秋时代早期霸主（齐桓公、晋文公、楚成王、秦穆公等）的崛起是周室王纲失落的结果，但这些霸主都还非常注意取得霸主地位的途径和程序的合法性问题，一般都尽可能争取宗周王室的支持、认可和授权。他们追求霸主地位时，还要张大“尊王”的旗帜。因此早期的称霸诸侯对传统礼制的态度还是比较支持和维护的。如童书业先生所言：“到了此时，周天子的真正实力已消灭无遗，而他的威严表面上反而比以前格外煊赫起来，这就是霸主的手段和作用。因一般霸主‘尊王’的权术，君臣间的礼制才谨严了”[1]，斯言极为切要！以春秋初年齐桓公称霸时纠合诸侯所立的盟约为例，看一下霸主所立之法与强卿所立之法的区别：

鲁僖公九年葵丘之盟，《穀梁传》记其约文曰：

> 葵丘之会，陈牲而不杀，读书加于牲上，壹明天子之禁，曰：“毋雍泉，毋讫籴，毋易树子，毋以妾为妻，毋使妇人与国事。”[2]

《左传》记其约文曰：

> “凡我同盟之人，既盟之后，言归于好”。[3]

齐桓公所立盟约的宗旨，还是打着“壹明天子之禁”的旗号，重申中央的合法权威。而盟约的内容，仍然重申“毋易树子”（禁止立庶为嗣）、“毋以妾为妻”（严明妻妾之别）等与封建宗法礼制密切相关的法律规定。

而鲁成公十一年第一次弭兵之会（宋西门之盟）的盟约，则是由当时各国的强卿主持缔结的，其内容就与传统的宗法礼制相去甚远，《左传》记其盟文曰：

> “凡晋、楚无相加戎，好恶同之，同恤菑危，备救凶患。若有害

---

〔1〕 童书业：《春秋史》，中华书局2006年版，第172页。

〔2〕 十三经注疏整理委员会整理，（晋）范宁注，（唐）杨士勋疏：《春秋穀梁传注疏》，北京大学出版社1999年版，第145～146页。

〔3〕 十三经注疏整理委员会整理，（汉）郑玄注，（唐）孔颖达正义：《春秋左传正义》，北京大学出版社2000年版，第411页。

楚，则晋伐之；在晋，楚亦如之。交贽往来，道路无壅；谋其不协，而讨不庭。有渝此盟，明神殛之，俾队其师，无克胙国。"[1]

盟约全文中，丝毫不提"尊王"、"攘夷"、"修礼"、"明嫡庶"之类的传统礼制内容，而基本上全是与当时晋、楚两个超级大国的利益息息相关的内容，主要是一些有关外交友好往来、互相承认对方的霸主地位和霸业体系的合法性、确立和维护其他诸侯对两个霸主的依附关系等。礼制的维系，这个春秋早期霸主视为主要合法宗旨的口号，已经被扔到九霄云外去了。我们知道，这本来也不是这些严重破坏宗法原则与礼制规范的强卿们所乐于谈论的话题。

《孟子·万章下》记北宫锜问孟子曰：

北宫锜问曰："周室班爵禄也，如之何？"孟子曰："其详不可得闻也。诸侯恶其害己也，而皆去其籍，然而轲也尝闻其略也……"[2]

关于爵禄等级的问题，孟子用非常不确定的语气说："其详不可得闻也。"又解释说："诸侯恶其害己也，而皆去其籍，然而轲也尝闻其略也。"这是一句令人玩味的话，按照孟子的解释，在他所生活的时代，周室爵禄已经"其详不可得闻也"，原因在于"诸侯恶其害己也，而皆去其籍"。他所说的"诸侯"，大体上是指入战国以后的新兴诸侯，而不是春秋时代的传统诸侯。入战国以后的新兴诸侯，大多是由春秋晚期强卿势力转化而来，如齐之田氏，宋之戴氏，晋之韩、赵、魏之类。这些靠篡弑上位的诸侯，自然对维护爵命体制无甚好感。"皆去其籍"的行为，显然是在某种有意或官方容许的情况下进行的，以至于孟子没有可靠的材料可以详述此制。

因此，从种种线索观察，周代的礼制大崩溃，肇端于平王东迁、王纲大堕，而其关键性的转折点，或说毁灭其制度基础结构的大变革，正是发生在春秋中期以后的列国强卿执政时期。这个时期彻底毁灭了包括爵命制在内的西周传统礼制，为战国时期的列国大变法打下了基础。这是爵命体制灭亡的政治制度因素和法律基础因素。

---

〔1〕 十三经注疏整理委员会整理，（汉）郑玄注，（唐）孔颖达正义：《春秋左传正义》，北京大学出版社2000年版，第859～860页。

〔2〕 十三经注疏整理委员会整理，（汉）赵岐注，（宋）孙爽疏：《孟子注疏》，北京大学出版社1999年版，第319～320页。

四、结论

通过以上分析，可以得出以下结论：首先，在先秦时代，尤其是周代，爵命礼制确实是一种客观存在的礼法制度，对当时的诸侯交往，尤其是春秋时代的诸侯交往，有着深远的影响。其次，随着历史的发展，西周以来的爵命体制对春秋时代诸侯交往的规范作用越来越有限，并最终在战国时代走向末路。其原因可概括为三点：一是爵命体制所属的礼法规范本身的法律性质由西周王朝的统治秩序逐渐演变为春秋诸国间的交往法制；二是春秋时代各国交往中社会物质基础经历了剧烈的变动，各国在历史发展过程中导致的国力升降已与西周封建的爵命礼制渐行渐远；三是各国内部国家结构出现的深刻变革，导致爵命礼制不仅在列国交往中失去了意义，也在各国的国内政制中渐成具文。当然，对于春秋各国交往过程中爵命制度所起到的历史作用和演变过程，本文只是做了一个初步的、粗浅的分析，对于这个问题的深入研究，还需要学界的进一步重视和研讨。无论如何，学界之中曾有观点认为春秋各国“有大小强弱之分，但它们在国际法上的地位却是平等的”，以及认为春秋时代已经贯彻了“国家主权平等原则”[1]，从本文的分析看，这种认识显然是值得商榷的。正确地认识春秋各国交往法制史中的具体制度，还是应该秉持尊重历史的态度，尽力避免民国学者洪钧培先生以来的“持今证古”[2]思路带来的种种消极影响，以求最大程度地还原和迫近春秋各国交往中所遵循、沿袭和衍化的各种真实法制。

---

〔1〕 孙玉荣：《古代中国国际法研究》，中国政法大学出版社1999年版，第63页。

〔2〕 陈顾远：“春秋国际公法序”，载洪钧培：《春秋国际公法》，中华书局1939年版，第2页。

附录一：传承中华法律智慧，改良外来移植法制

——中国法律史学会2013杭州年会讨论综述

余钊飞* 胡荣明**

2013年10月9~11日，由中国法律史学会主办、杭州师范大学承办，浙江理工大学、中国计量学院、浙江财经大学协办的传统法智慧与移植法制本土化改良国际研讨会暨中国法律史学会2013年年会在杭州西湖花港海航酒店举行。来自中国社会科学院、中国政法大学、中国人民大学、北京大学、西南政法大学、西北政法大学、华东政法大学、中南财经政法大学、杭州师范大学以及我国台湾和澳门地区有关高校等一百多所国内高校及美、日、韩等国家的二百余名专家学者参加了西子湖畔的这场为期两天的学术讨论。

年会以"中华传统法智慧与移植法制的本土化改良"为主题，旨在贯彻十八大报告"建设优秀传统文化传承体系，弘扬中华优秀传统文化"之精神。年会在第八届中国法律史学会执行会长、杭州师范大学法学院范忠信教授和西北政法大学汪世荣教授主持下拉开序幕。在开幕式及首场大会讨论中，参会各方代表特别强调了认识和弘扬优秀传统法律文化这一宗旨。第八届中国法律史学会执行会长杨一凡教授、中国社科院法学研究所所长李林教授、中国政法大学副校长朱勇教授、浙江省法学会副会长牛太升教授、杭州师范大学校长杜卫教授和法学院院长李安教授、浙江理工大学法学院院长王健教授等在致辞中先后表达了对中华传统法律智慧的认知，特别强调中华传统优秀法文化的传承和弘扬体系建设，强调对近代以来自国外移植的法制进行民族化或本土化改造，都认为此为贯彻十八大"完善中国特色社会主义法律体

---

* 作者系杭州师范大学法治中国化研究中心研究员。

** 作者系杭州师范大学法治中国化研究中心研究员。

系"、"加快推进社会主义现代化，实现中华民族伟大复兴"精神的重要一环。在大会主题发言环节，中国大陆学者代表西南政法大学俞荣根教授更阐释了儒学正义论的七大主题和中华法系礼法文明遗产，纠正了以律令法为中华法制全貌的错误认知；台湾地区学者代表辅仁大学黄源盛教授从法律继受与法律语言转换角度反省了法律移植的得失，特别揭示了只要真实信守则即使超前的移植法制也会使人民相安无事地接受的规律；美国学者代表廖凯原教授更通过对轩辕黄帝法制思想的量子信息力学解释申说了中华传统法律智慧的现代意义。

年会随后展开了分组学术讨论。四个分会场分别从中华传统法律思想文化的历史启示、中国古代法制的成就与智慧（上、下）、近现代中国法制移植的利弊得失等主题进行了深入探讨。

在中国社科院法学所吴玉章教授、中国政法大学张中秋教授先后主持的第一分会场讨论中，14 位学者先后发言。中国政法大学王宏治教授阐发了中国法律传统中的明德慎罚、恤刑慎杀思想对今日死刑复核制度完善的意义，北京师范大学柴荣教授申述了古代中国调整财产关系、人身关系的实际规则体系及其原则对当代中国民法建设的指导意义，江苏大学张先昌教授阐发了法家"法治"思想对当代中国法治建设的借鉴意义，武汉大学柳正权教授述说了中国传统法律文化的原心原情定罪对当代中国法制的影响，兰州大学韩雪梅教授对藏族传统法制中的赔命价制度中的侵权行为法智慧成果进行了总结，辽宁大学张锐智教授对儒家文化作为东亚各国法制改革的宝贵资源的情形做了阐述，华东理工大学李瑜青教授提出了普通道德与作为法律基础的道德有异的命题，中国政法大学张国钧教授阐释了亲属容隐保全人伦对于法治社会建设的特别意义，日本学者荆木美行、人民大学副教授尤陈俊等也发表了相应学术观点。法律史知名学者李力、徐晓光、崔永东、宋四辈、史彤彪、周少元等进行了学术评议。

在扬州大学夏锦文教授、中南财经政法大学陈景良教授先后主持的第二分会场讨论中，13 位学者先后发言。中国政法大学屈超立教授从宋代司法巡查制度出发阐发了传统监察法制的借鉴意义，海南大学叶英萍教授就唐律"官司出入人罪"制度对当代中国法官责任制度建设和冤假错案防范的特别借鉴意义进行了阐述，中国计量学院温慧辉副教授从周礼三刺、三赦、三宥制特别阐发了传统仁道矜恤法律文化的现代意义，西北大学马泓波副教授就宋代家法国法联合反赌博机制的现代启示意义作了说明。上海师范大学教授戴建国、南开大学教授岳纯之、河北联合大学讲师张锋等也发表了相应见解。

法律史知名学者苏亦工、曹旅宁、童光政、张全民等对发言进行了学术评议。

在由西南政法大学陈金全教授、苏州大学艾永明教授先后主持的第三分会场讨论中，13 位学者先后发言。北京航空航天大学郑显文教授重点阐发了古代中国重大疑难案件复决机制的现代借鉴意义，华侨大学张国安教授阐发了古代中国监察制度的当代借鉴意义，浙江财经大学蒋铁初教授从刑讯目的出发探寻消灭刑讯逼供的有效途径，安徽师范大学刘道胜教授对“官有律令，民从私约”的法律传统进行了现代解读，郑州大学梁凤荣教授阐述了古代中国瑕疵担保、追夺担保、信用担保制度对培育诚实信用、公平交易的市场经济法制的重要意义，中国政法大学李雪梅教授从明清碑刻题材出发阐释了古代中国非正式法生成路径及其法律秩序建构作用对现代的启发意义，浙江财经大学田东奎教授从明清水权纠纷调解模式出发探讨了传统调解机制的现代意义。中国政法大学教授南玉泉、新疆大学教授白京兰等也发表了相应见解。法律史知名学者徐永康、徐立志、张少瑜、周东平、柏桦、俞江等分别对上述主题发言作了学术评议。

在由华东政法大学丁凌华教授、南开大学侯欣一教授先后主持的第四分会场讨论中，12 位学者先后发言。中国社科院高汉成研究员就中国法制近代化进程中的“中西结合”理想追求与实践差距进行了阐发，河南工业大学穆中杰副教授主要探讨了晚清法制现代化和大陆法移植问题，浙江理工大学何邦武副教授探讨了自由心证原则在近代中国证据法建设中的接受规律，澳门科技大学何志辉助理教授则通过澳门法之中西文化对抗下的风俗习惯法典化探讨了外来法制本土化的规律；中南财经政法大学陈会林副教授从婚约制度的历史价值及现代意义阐述出发提出了婚约入法与国际接轨的建议，华中科技大学饶传平副教授通过 20 世纪中国宪法社会权确立历程总结了近代中国宪法的大同思想渊源及其启示。中央民族大学邓建鹏教授、福州大学蔡晓荣副教授、苏州大学方潇教授和汪雄涛副教授等也发表了相应学术见解。法律史知名学者王立民、程汉大、张生、李交发、周子良等分别对上述发言作了精彩点评。

分组讨论之后，各分会场共推出了 7 位学者在第二天的大会上做了主题报告。武汉大学陈晓枫教授特别阐释了中国基本法文化的文化底蕴与当代变迁，从个人人格附属于家长的角度阐发了中国传统法制的局限；上海政法学院倪正茂教授特别主张弘扬中国传统激励型法律文化，以矫正惩罚型法律文化的片面性；南京大学张仁善教授总结了近代中国法制移植速成与法治目标疏远之尴尬历史，阐述了移植法制本土化之艰难和困碍；西华大学吴佩林教授从清代四川南部县诉讼档案出发分析了清代地方社会的诉讼实态，纠正了前人关于地方区域性“健讼”民风的简单评价；西南政法大学曾代伟教授考察了抗战时期大后方司法改革经验及其对今日司法改革的借鉴意义；黑龙江大学孙光妍教授考察了哈尔滨解放区法制建设中的苏联法中国化实践，反省了自苏联移植的法制中国化的利弊得失；夏新华教授就刘少奇在苏联宪法移植过程中的作用进行了探讨，澄清了新中国移植苏联宪法的原因。韩国学者任大熙教授也参加了讨论。

本次年会也是中国法律史学会的换届选举会，选举产生了新一届理事会、常务理事会和执行会长。吴玉章、赵晓耕、霍存福、汪世荣、张中秋、侯欣一6位教授当选新的执行会长，并于闭幕式上发表了未来办会设想。资深学者代表杨鹤皋教授、孔庆明教授，协办单位代表陶丽琴、蒋铁初教授，2014年年会承办单位代表汪世荣教授、第八届法律文化博士论坛承办单位代表戴建国教授等也分别致辞。最后，资深学者和新任执行会长们为获得第一届“曾宪义法律史奖学金”的24名同学颁发了荣誉证书和奖金。

附录二：《法治中国化研究》约稿函与注释体例

为全面反省近代以来中国法制变革的利弊得失，为全面省察移植法制与中国本土资源之间的亲疏离合，为推动民主法治普世价值与中国民族传统在未来中国法制中更好地结合，为探索建设具有“中国风格”、“中国属性”的未来中国法律制度体系之具体可行方案，杭州师范大学法学院于2011年特组建“法治中国化研究中心”，以为学术同志者之共同研究阵地；创办《法治中国化研究》年刊，以为法治中国化研究的学术园地。年刊由范忠信教授担任主编，余钊飞博士任执行主编，每年出版一卷。主要发表“法治中国化”研究基金系列课题招标研究的阶段性成果，也发表国内外学者关于法治中国化课题或相近课题的研究成果，还刊载相关研究资料、学术信息等。年刊可设“法治理念中国化”、“部门法制中国化”、“当代案例点评”、“中外法律史料”、“读书与评论”、“资料与回忆”、“学术随笔”等栏目。诚挚邀请海内外学者赐稿。一经采用，稿酬从优。年刊注释体例如下：

一、一般规定

1. 文中注释采用脚注，每页重新注码，注码放标点之后。
2. 稿件作者通常仅标明所在单位及技术职务。
3. 非直接引用原文，注释加“参见”。非引自原始出处，注释加“转引自”。
4. 引文出自同一资料相邻页，只注明首页；相邻数页，注明“第×页以下”。
5. 出版日期仅标明年份，通常不要“第×版”、“修订版”等。
6. 原则上要求所引资料出自公开发表物。未公开发表的，采“××××年印行”。
7. 原则上不引用网上资料。确有必要的，应注明详细网址及访问时间。

8. 外文注释从该文种注释习惯。

二、注释例

（一）著作

范忠信：《中国法律传统的基本精神》，山东人民出版社 2001 年版，第30 页。

（二）论文

范忠信：“中西法律传统中的‘亲亲相隐’”，载《中国社会科学》1997 年第 3 期。

（三）文集

龚祥瑞：“比较宪法学的研究方法”，载《比较宪法研究文集》第 1 册，南京大学出版社 1993 年版。

（四）译作

［英］梅因：《古代法》，沈景一译，商务印书馆 1984 年版，第 69 页。

（五）报纸

王启东：“法制与法治”，载《法制日报》1989 年 3 月 2 日。

（六）古籍

《宋会要辑稿·食货》卷三。

（清）沈家本：《沈寄簃先生遗书》甲编，第 43 卷。

（七）辞书

《辞海》，上海辞书出版社 1979 年版，第 243 页。

（八）港澳台著作

戴炎辉：《中国法制史》，台湾三民书局 1966 年版，第 45 页。

稿件请投至以下邮箱：Yuzhaofei1981@163. com

联系人：余钊飞